ŒUVRE

DE

PAUL DE KOCK

PARIS — IMP. DE LA SOC. ANON. DE PUBL. PERIOD. — P. MOUILLOT. — (I) 37175.

ŒUVRE DE PAUL DE KOCK

CERISETTE

FRIQUETTE

MON VOISIN RAYMOND

PARIS
JULES ROUFF ET Cie, ÉDITEURS
14, CLOITRE SAINT-HONORÉ, 14

CERISETTE

Le garçon, qui passait avec une botte de foin sous son bras. (P. 4.)

I

L'AUBERGE DU CERF SANS CORNES

C'était vers le milieu de l'année mil huit cent quarante-deux, par une journée brûlante du mois de juillet, que, sur les huit heures du soir, un voyageur entrait dans une auberge située sur la route de Paris à Nemours, et à deux lieues environ de cette dernière ville.

Cette auberge, qui portait pour enseigne : *Au Cerf sans cornes*, enseigne que les savants de l'endroit se plaisaient à vouloir expliquer sans jamais y parvenir, et qui faisait beaucoup rire toutes les commères des environs, quand elles parlaient de l'aubergiste, qui était marié, et qu'elles trouvaient sans doute bien audacieux dans son enseigne ; cette auberge servait de poste, le chemin de fer ne fonctionnant pas encore sur cette route ; elle servait de ferme, elle servait de cabaret ; je serais embarrassé pour vous dire à quoi elle ne servait pas.

Le voyageur qui venait d'y entrer ne s'annonçait pas d'une façon brillante ; il était facile de voir qu'il faisait sa route pédestrement. C'était un homme de quarante-huit ans, d'une taille moyenne, assez maigre de corps et fort jaune de peau ; son visage était même arrivé à un état bistre qui faisait douter si celui qui le portait était né en Europe.

Les traits de ce visage n'étaient point réguliers, mais, en revanche, ils étaient fortement dessinés ; un front large, déjà pas mal dégarni et chargé de rides, un nez fort et légèrement carré à l'extrémité, de petits yeux gris surmontés de larges sourcils, des pommettes saillantes, une grande bouche qui souriait rarement, enfin, des cheveux bruns grisonnants et d'épaisses moutaches encore assez noires, voilà le physique de ce voyageur qui pouvait passer pour laid et qui paraissait plus âgé qu'il ne l'était réellement.

Cependant, lorsque après avoir regardé cet homme on prenait le temps de le considérer à loisir, on trouvait dans ses yeux une expression qui vous était sympathique, si vous aviez quelque sensibilité au fond du cœur ; il y avait dans ces yeux-là de la brusquerie et de la bonté, et, quand il parlait, les coins de sa bouche avaient une ironie légère qui n'était pas déplaisante et semblait promettre quelque chose de mieux que ce que l'on entend sortir à chaque instant de toutes ces bouches qui s'ouvrent pour ne rien dire et qui pourtant en disent encore trop.

Ce voyageur était vêtu d'une grande et longue redingote bleue, croisée et boutonnée jusqu'en haut. Un pantalon bleu à passe-poil rouge, et qui devait avoir été d'uniforme, retombait sur des guêtres blanches.

Un col noir, une casquette recouverte d'une toile cirée, comme celles que portent les marins ; enfin, sur le dos, un sac de soldat, et à la main un gros bâton, voilà quel était le costume du voyageur ; tout cela annonçait un militaire regagnant ses foyers, et le costume ne mentait point.

Ce personnage est entré dans une cour qui précède les bâtiments, où sont entassés des instruments de labourage et des ustensiles de cuisine ; où le fumier, placé négligemment dans un coin, sert de refuge aux animaux de basse-cour et de commun pour les valets; où les vieilles marmites gisent confondues avec les pioches et les fourches, les peaux de lapins avec les lapins vivants; en sorte qu'on ne sait trop si l'on est dans une écurie ou dans une cuisine, et s'il est convenable d'entrer là avant ou après dîner.

A la vérité, on pouvait éviter cette entrée de si fâcheuse apparence. Une grande salle de la maison avait une porte qui ouvrait directement sur la route, mais cette porte était presque constamment fermée, soit que le maître du *Cerf sans cornes* craignît qu'une double entrée ne lui permît pas de bien faire la police de son auberge, soit qu'il pensât allécher les voyageurs en leur faisant traverser sa cour peuplée d'animaux morts et vivants, le fait est que cette entrée était toujours ouverte et la porte de la grande salle souvent fermée : les personnes qui voulaient manger, loger, s'arrêter ou se reposer au *Cerf sans cornes*, entraient presque toutes par la cour garnie de fumier.

Il y avait beaucoup de mouvement dans l'auberge au moment où le voyageur y entrait : M. Chatouillé, l'aubergiste, en veste blanche, pantalon de nankin passé, le tablier retroussé sur la cuisse gauche, le bonnet de coton posé assez galamment sur l'oreille, allait, venait, criait, donnait des ordres, faisait peur aux chats et aux chiens, et s'essuyait le front à chaque minute avec le revers de sa manche, en s'écriant :

— Crédié ! en avons-nous de ce monde, aujourd'hui !... C'en est étourdissant !... Et ma femme qui n'a pas voulu que j'aille à la pêche ce matin !... Nous manquerons de poisson... et tout le monde me demande de la matelote... Tant pis ! j'essayerai de leur en faire rien qu'avec des petits oignons, du lard, des champignons et des croûtes de pain... Ça se fait. On leur dira que le poisson est tellement cuit qu'il a fondu.

Mme Chatouillé, grosse maman de quarante ans, qui avait été fort bien et semblait encore assez provocante entre chien et loup, unissait ses cris à ceux de son époux, et trouvait même le moyen d'étouffer la voix de celui-ci; mais, atteinte depuis quelques mois par une attaque de goutte, elle ne pouvait quitter son fauteuil.

Elle s'en dédommageait en criant plus fort et en agitant à chaque instant sa sonnette, surtout lorsque son époux, M. Chatouillé, restait un peu longtemps loin d'elle.

Un garçon d'écurie, faisant l'office de marmiton, une vieille servante et une jeune fille, composant tout le personnel de la maison, tâchaient d'exécuter les ordres de leurs maîtres et de servir les nombreux voyageurs rassemblés dans l'auberge.

Et comme chacun était fort occupé, on ne fit pas attention au nouveau personnage qui venait de se présenter.

Il est vrai que ce voyageur n'arrivait pas en voiture, que rien en lui n'annonçait quelqu'un qui ferait de la dépense, et dans cette modeste auberge, comme dans un riche hôtel de Paris, disons mieux, comme partout enfin, on s'inclinait devant la richesse, devant les écus, et l'on n'avait pas le temps de voir les pauvres diables, ou, du moins, on ne faisait pas semblant de les avoir vus.

L'ancien militaire s'est arrêté au milieu de la cour ; il a jeté un coup d'œil autour de lui, puis il a secoué la tête en murmurant :

— Nom d'une pipe ! si on se figure que c'est propre ici !... J'en ai pas mal vu de cassines... et les Bédouins ont des maisons qui ressemblent assez à des chenils, mais c'est en Afrique .. En France, je ne croyais pas qu'on voulait prendre les modes de l'Algérie !... Voyons !... du monde !... Ils passent tous devant moi en courant, il y a donc une noce dans cette auberge ?.. Hola ! hé ! la maison !...

M. Chatouillé.

Le garçon, qui passait avec une botte de foin sous un bras et un pain de deux livres sous l'autre, s'arrête cependant devant le voyageur et s'amuse à passer son pain du côté de son foin, en disant :

— Qu'est-ce que vous voulez, monsieur ? Vous cherchez quelqu'un ?...

— Je cherche un gîte pour cette nuit, l'ami ; je pense que je trouverai cela ici ?...

Au lieu de répondre, le garçon, qui semble très embarrassé de son foin et de son pain, les passe sous son autre bras et se met à crier :

— Ohé ! bourgeois !... c'est encore du monde... un voyageur !...

Quand vous en aurez fini avec vos champignons, vos oignons et votre matelote... (P. 7.)

Venez donc !... Je ne me souviens pas si c'est le pain ou le foin qui est pour le petit salon...

M. Chatouillé est accouru ; il toise des yeux le voyageur, il remarque la poussière qui couvre les habits et les souliers de ce nouveau venu ; le résultat de cette inspection est de prendre un air impertinent, en disant :

— Eh bien ! qu'y a-t-il ? Pourquoi me dérange-t-on ?... Ah ! c'est pour monsieur? Que demande monsieur? On ne me laissera pas le temps de faire cette matelote...

— Est-ce que les aubergistes ne sont pas faits pour se déranger quand il leur arrive des voyageurs? dit l'ancien militaire, en fixant à son tour sur le maître de la maison des yeux qui ne sont pas tendres.

— Pardonnez-moi, monsieur; vous voyez bien aussi que je me d'range, puisque me voilà!...

— Oui, mais vous arrivez comme un chien qu'on fouette...

— Monsieur, si vous aviez une matelote à faire... et que vous fussiez dans ma position... Mais, enfin, que me voulez-vous?

— Une chambre... mais une petite chambre bien modeste... un coin dans une grange, dans un grenier, ça m'est égal, je ne suis pas difficile, je dors très bien sur la paille, moi; ensuite, deux sous de pain, deux sous de fromage, et je vous laisserai tranquille; vous n'aurez plus besoin de vous occuper de moi jusqu'à demain matin.

— Oser se présenter dans une auberge comme la mienne! murmure M. Chatouillé, se tournant vers son garçon qui continue à changer de bras son pain et son foin; et cela pour y faire une dépense de quatre sous!... C'est vraiment se moquer du monde!... N'es-tu pas de mon avis, François?

— Monsieur, est-ce le pain ou le foin qu'on attend?... Dois-je courir dans le petit salon ou à l'écurie?...

— Comment, animal, est-ce que tu veux faire attendre ces personnages distingués qui m'ont commandé un souper soigné?... Le foin est pour leur cheval... l'écurie attendra... cela va de source... Quelle buse que ce garçon!...

— Eh bien! aubergiste, par où faut-il avancer?... Quel est mon chef de file?... Voyons, sacrebleu! vous n'allez pas me laisser moisir dans votre cour, où ça ne sent pas la rose?

— Je suis désolé, monsieur, de ne pouvoir vous recevoir... mais je n'ai pas ce que vous me demandez...

— Vous n'avez pas de pain et de fromage dans votre *cambuse!*... Allons donc!... c'est pas possible!... Elle serait gentille, votre auberge!

— Ce n'est ni le pain, ni le fromage qui manquent, monsieur; grâce au ciel, on trouve chez moi de quoi se restaurer... aussi bien que chez le premier traiteur de Paris... François, va recommander qu'on entretienne le feu sous la matelote... un feu doux... pour que les oignons ne brûlent pas... quand je les mettrai... Oui, monsieur, et vous voudriez manger un chapon que vous en auriez d'excellents ici.

— Je ne vous demande ni chapon, ni matelote... je ne veux que du pain et du fromage; il me semble que chacun est libre de souper comme il lui plaît ou suivant ses moyens.

— Certainement, monsieur... François, tu diras à Jeanneton d'éplucher deux maniveaux de champignons... trois maniveaux de champignons... Bah! qu'elle en épluche quatre : plus il y en aura de champignons... mieux cela vaudra, et une botte de petits oignons... une énorme botte. Voilà une matelote qui me donnera du mal!... mais, aussi, quelle gloire si je réussis! et je réussirai!...

— Quand vous en aurez fini avec vos champignons, vos oignons et votre matelote... vous me répondrez, j'espère?

— Eh! mon Dieu, monsieur, c'est un gîte que je ne peux pas vous donner... Vous voulez un petit coin... un grenier... de la paille? Je n'ai pas de tout ça. Tous les petits coins sont pris dans ma maison. Il ne me reste de vacant que deux belles chambres... Ah! si vous voulez une belle chambre... c'est différent, je vais vous y faire conduire.

— Eh! non, saperlotte, je ne veux pas d'une chambre!... Mes moyens ne me permettent pas de la payer... non que je sois sans le sou... j'ai là dans un boursicot de cuir une petite somme assez rondelette... mais je me suis promis de ne pas l'écorner et de la rapporter entière à ce pauvre père, qui nous attend là-bas à Bagnolet... près de Paris. . Connaissez-vous Bagnolet?

— Non, monsieur, non, je ne connais pas Bagnolet... J'ai peur que ma sauce ne prenne au fond!

— Et ce bon père qui a près de quatre-vingts ans, et qui n'a pas vu son fils depuis huit ans!... Oui, voilà huit ans que je suis en Afrique!... Il faut tâcher de lui rapporter au moins de quoi boire la petite goutte...

— Monsieur, je n'empêche pas votre père de boire la goutte... de boire tout ce qu'il voudra...

— Bigre! c'est heureux. Je serais curieux de voir quelqu'un l'en empêcher!... Je le moucherais un peu, celui-là!...

— Mais je vous répète encore une fois que je ne peux pas vous loger, si vous ne prenez pas une chambre... Voulez-vous une chambre?

— Eh! non! encore un coup, je n'en veux pas, de vos chambres!... Mais il n'est pas possible que dans votre maison il n'y ait pas une petite place pour moi... Je dormirai sur un banc, sur une chaise; quand on a marché toute une journée, on ne se fait pas bercer pour dormir...

En ce moment, une jeune fille sort de la maison et accourt dire à l'aubergiste :

— Monsieur Chatouillé, madame vous fait dire que le voisin Thomasseau est parvenu à trouver sept écrevisses... et qu'elle vous a sonné au moins six fois.

— Sept écrevisses! s'écrie l'aubergiste en frappant dans ses mains et levant les yeux au ciel. Nous sommes des bons, alors... nous avons des écrevisses?... La matelote sera superbe!... Je cours la confectionner... Monsieur, j'en suis bien fâché, mais vous voyez bien que je ne peux pas vous loger... Cherchez ailleurs...

CERISETTE.

Et, sans plus s'occuper du voyageur, qui est toujours dans la cour, le maître du *Cerf sans cornes* s'éloigne vivement pour retourner à ses fourneaux.

II

JEUNE FILLE ET VIEILLE MOUSTACHE

La jeune fille qui vient d'annoncer à l'aubergiste qu'il y avait des écrevisses, peut avoir de dix-sept à dix-huit ans; elle est grande, bien prise, taille svelte, élancée; petit pied et jambe bien faite, le bras un peu maigre, mais la main jolie, les doigts bien effilés. C'est une brune au teint hâlé par le soleil; les yeux noirs tout remplis de vivacité, de feu, de mutinerie; ces yeux-là disent beaucoup de choses, même lorsqu'ils n'en ont pas l'intention; jugez de ce que cela doit être quand un vif sentiment les anime. Enfin, ce sont de ces yeux que les bonnes mamans appellent la perdition de l'âme!...

Mais, si cela était vrai, pourquoi donc la nature, que l'on dit si bonne, laisserait-elle tant de pauvres jeunes filles venir au monde avec des yeux qui doivent infailliblement les damner?

Celle dont nous traçons le portrait avait, de plus, une jolie bouche, rieuse, aimable, enjouée, et des dents blanches et bien rangées; son nez, bien fait, ni trop grand ni trop petit, était fin comme sa bouche; ses sourcils bien arqués, son menton bien arrondi, et, dans chacune de ses joues, ainsi qu'au milieu de ce menton, une petite fossette se dessinait dès que la jeune fille riait, et elle riait très souvent; enfin, quelques veines bleues, apparaissant à ces tempes, formaient un lacis qu'ombrageaient de belles boucles de cheveux bruns.

C'était, vous le voyez, une fort jolie brune que cette jeune fille; mais, ce qui en elle plaisait peut-être plus encore que ses attraits, c'était un air gracieux, obligeant, qui n'accompagne pas toujours la beauté, et qui pourtant ajoute beaucoup à son pouvoir.

Le costume de cette jeune fille était fort simple : elle avait un jupon court et une camisole blanche nouée à la taille, et pour coiffure un petit madras de couleur, chiffonné tout drôlement avec les cheveux. Mais, dans cette modeste toilette, nul doute qu'elle n'eût été préférée à beaucoup de belles dames parées de velours ou de soie.

Sabretache.

Le voyageur était resté dans la cour, la tête penchée sur sa poitrine, paraissant réfléchir assez tristement sur sa position, et ne remarquant pas la jeune fille qui, au contraire, considérait attentivement le soldat.

Tous deux ne faisaient aucune attention à de grosses gouttes de pluie qui commençaient à tomber, et à des coups de tonnerre assez fréquemment répétés qui annonçaient qu'un violent orage approchait.

— Sacrebleu! s'écria enfin le militaire, en remontant son sac sur son épaule, c'est pas amusant de se remettre en marche quand on est échiné... Je ne m'étais pas arrêté un moment dans la journée... J'espérais me dédommager ce soir... La blessure que j'ai reçue à la jambe gauche me fait diablement souffrir!... Nous allons avoir de l'orage probablement; car c'est un baromètre qui ne trompe pas, celui-là... Et ne savoir où coucher!... Ah! mille noms d'une...

Le voyageur s'arrête au milieu de son jurement, parce qu'il vient de voir les jolis yeux de la jeune fille attachés sur lui; mais il fronce le sourcil et reprend :

— Quand vous me regarderez, vous!... Est-ce que j'ai quelque chose de plaisant dans ma personne?... Est-ce que cela vous amuse de voir un pauvre blessé, harassé, éreinté, que l'on met à la porte parce qu'il n'a pas le moyen de payer une chambre pour son coucher?... Savez-vous que votre maître m'a tout l'air d'un grippe-sou, d'un tire-liard, qui aurait mérité de faire connaissance avec la semelle de mes souliers?... Il ne veut pas me loger, parce que j'ai eu la sottise de dire tout de suite que je ne voulais pour mon souper que deux sous de pain et deux sous de fromage... Je sais bien que là-dessus il n'aurait pas gagné une pistole; mais quand on fait le métier d'aubergiste, on doit héberger le pauvre comme le riche, le grand comme le petit... Il paraît que ce n'est pas son usage, à cet oiseau-là!... Hum!... mille carabines!... Mais, quand je me mettrais en colère, ça ne me donnera pas à coucher... Filons! Par le flanc droit... marche!...

— Où donc allez-vous, alors? dit la jeune fille en posant doucement une de ses mains sur le bras du voyageur, au moment où il allait se remettre en route.

— Où je vais?... Je n'en sais rien, car je ne connais pas du tout ce pays; mais il faut bien que je voie à me procurer un gîte. Je frapperai à la chaumière de quelque paysan... J'en trouverai peut-être d'hospitalier... C'est pas sûr... Plus on se rapproche de Paris, et moins on trouve chez les gens de la campagne de politesse et d'humanité : le frottement de la ville ne leur embellit pas le caractère. Ah! bon! voilà de la pluie et de l'orage à présent! Il ne me manquait plus que cela... Mais après tout, en Afrique, j'en ai vu bien d'autres... En route!..

— Mais, monsieur, vous ne pouvez pas vous remettre en chemin par ce temps-là? L'orage sera terrible... et les routes ne sont pas bonnes dans les environs...

— Je patangerai, voilà tout.

— M. Chatouillé a donc refusé de vous loger?

— Comme vous dites. Ah! il s'appelle Chatouillé, ce Chinois-là! Eh bien! il faudra qu'un jour je me donne le plaisir de lui appliquer son nom sur les épaules.

— Oh! certainement c'est un avare, c'est un homme qui ne connaît que l'argent... et c'est bien vilain d'avoir refusé de vous loger. Il est vrai que nous avons beaucoup de monde aujourd'hui... Une troupe de comédiens qui nous est arrivée ce matin... Tenez, cette voiture couverte là-bas, c'est à eux... Ce cheval, c'est à eux...

— Cette mauvaise rosse qui broute là-bas au râtelier, vous appelez ça un cheval? Vous êtes bien honnête!

— Oh! c'est égal, monsieur, ce sont des gens bien heureux que les comédiens... Il savent tout plein de choses... Ils ont tout plein de costumes... Ils chantent, ils dansent, ils déclament, ils font semblant de se tuer avec des poignards en bois... Oh! c'est bien amusant!

— Qu'est-ce que tout cela me fait à moi? C'est pour ces comédiens qu'on envoie coucher à la belle étoile un pauvre soldat qui a passé vingt-cinq ans de sa vie à servir son pays... et qui ne veut pas prendre une chambre dans l'auberge, parce qu'il garde son magot pour son vieux père! Merci! c'est gentil!... c'est humain!... Les Bédouins ne feraient pas mieux... Ah! qu'est-ce que je dis donc là? Les Arabes ne feraient jamais cela. Car, chez les peuples que vous traitez de barbares, l'hospitalité est le plus saint des devoirs. L'amour des parents, la vénération pour les vieillards, sont chose sacrée... Je commence à croire que les barbares ne sont point là-bas et que c'est nous qui sommes mal nommés. Mais cette pluie devient embêtante... Au revoir, la jeune fille, ou plutôt adieu, car il est probable que je ne vous reverrai plus...

La jolie brune arrête de nouveau le voyageur en s'écriant :

— Non, monsieur, non... je ne souffrirai pas que vous vous remettiez en route par le temps qu'il fait... Vous êtes souffrant, fatigué... vous vous privez pour porter de l'argent à votre père... Ah! c'est bien, cela?...

— Est-ce que vous n'en feriez pas autant, petite?

— Oh! si, monsieur... Je sens que j'en aurais fait autant... si j'avais des parents... mais je n'en ai pas!... Je n'ai personne qui s'intéresse à moi.

La jolie figure de la jeune fille est devenue tout à coup triste et sévère... ses regards se sont portés vers la terre, et un profond soupir s'échappe de son sein.

— Déjà orpheline! dit le soldat, en considérant à son tour celle qui lui parle. Ah! pauvre petite!... C'est fâcheux!...

Mais le nuage qui a passé sur les traits de la jeune fille se dissipe presque aussitôt, et le sourire revient sur cette physionomie où il semble se plaire.

— M. Chatouillé ne veut pas vous loger, reprend la jeune servante; eh bien! je vous logerai, moi... car je ne veux pas que vous soyez exposé à passer la nuit dehors et à recevoir cet orage...

— Qu'est-ce vous dites donc là, la jeune fille? répond le soldat en relevant la tête et caressant sa moustache. Comment, vous seriez assez bonne?... Au fait, vous êtes trop gentille pour ne pas être bonne... Il n'y a que les laiderons qui sont méchants!... Et où pouvez-vous me mettre?

— Mais, dans ma chambre...

— Dans votre chambre!...

Le militaire demeure tout surpris de l'offre qu'on vient de lui faire. Mais bientôt il murmure :

— Allons! je suis trop laid, au fait, pour qu'il y ait du danger... et je vois, ma petite, que vous avez confiance en moi. Foi de Sabretache, je n'en abuserai pas!

— Vous vous appelez Sabretache?

— Oui, mam'zelle.

— Oh! le drôle de nom!...

— C'est celui d'un brave, jeune fille, et qui n'a jamais boudé devant l'ennemi.

— Je n'en doute pas, monsieur. Mais venez vite avec moi, pendant que j'ai le temps et avant qu'on m'appelle.

— Marchez, j'emboîte le pas!

La jolie brunette se dirige vers une encoignure de la cour, où une petite porte donne sur un escalier fort étroit et fort roide. La nuit était venue plus vite, grâce à l'orage qui s'amoncelait sur le pays. On y voyait fort peu dans l'escalier; cependant, la jeune fille gravissait les marches avec la légèreté d'une biche; celui qui la suivait ne pouvait pas aller aussi vite : d'abord, il ne connaissait pas le terrain; ensuite il était souffrant et fatigué. Aussi criait-il par moments :

— Pas si vite, nom d'une pipe, si vous voulez que je vous suive!... L'arrière-garde ne peut galoper comme vous!... Sacrebleu! comme ça monte à l'assaut! On devrait former des bataillons de jeunes filles pour emporter les redoutes...

La jolie fillette s'est arrêtée au second étage, l'escalier finit là; elle ouvre une porte qui donne sur une petite pièce toute mansardée, dans laquelle il y a une couchette, une chaise, une table et un miroir... tout au plus le nécessaire.

Sabretache, qui, en ce moment, s'était senti tout essoufflé, arrive enfin devant la chambre de la jeune fille, qui l'y fait entrer, en lui disant :

— Vous y voilà!... Prenez garde... baissez-vous pour marcher, car c'est bien mansardé.

— En vérité, petite, je ne sais comment vous remercier de ce que

C'était une troupe de comédiens ambulants. (P. 16.)

vous faites pour moi. Vous ne me connaissez pas... vous me voyez ce soir pour la première fois, et vous me donnez l'hospitalité dans votre chambre... à moi qui, certes, n'ai rien pour intéresser une jeune fille, car je ne suis plus jeune... je n'ai jamais été beau.

— Oh! si vous étiez un jeune et joli garçon, je ne vous aurais pas conduit dans ma chambre!

— Voilà bien ce qui prouve que chaque chose a son avantage, même la laideur.

— Vous êtes un ancien militaire, souffrant, fatigué... Ce que je fais pour vous me semble tout naturel. Le lit est là, jetez-vous dessus, dormez; si on frappe, n'ouvrez à personne. J'ai ma clef. Plus tard, quand tout le monde sera retiré, je vous apporterai quelque chose pour souper .. ce que je pourrai... Je ferai pour le mieux.

— Un morceau de pain, un verre d'eau, ça suffira... Je ne suis pas difficile.

— J'espère vous offrir mieux que cela.

— Mais vous, jeune fille, où coucherez-vous cette nuit, puisque vous me donnez votre chambre?

— Que cela ne vous inquiète pas! je suis de la maison. Je trouverai toujours bien un endroit. Reposez-vous... Vous auriez peut-être voulu de la lumière?

— Pourquoi faire? Je ne m'en sers jamais pour dormir, et je vous réponds que je vais taper de l'œil comme si j'étais logé à cinquante francs par tête.

— Alors, bonsoir! Dans deux ou trois heures, je vous apporterai de quoi souper.

— Merci, merci!

La jeune fille est sortie, et a refermé la porte sur elle.

Dès qu'il est seul, Sabretache se débarrasse vivement de son sac, de sa casquette, de son bâton de voyage, puis il s'étend sur la couchette en se disant :

— Enfoncé, l'aubergiste!... Je vas un peu roupiller sous son toit... Ah! cette petite est une brave fille... Et une bien jolie fille... Ça serait dommage si elle tournait mal.

III

COMÉDIENS AMBULANTS

Pendant que Sabretache, qui venait de trouver un gîte au moment où il s'y attendait le moins, s'endormait sur la couchette mansardée, et reposait avec délices ses membres fatigués par une étape extraordinaire, la grande salle basse de l'auberge contenait une assez nombreuse compagnie.

C'était une troupe de comédiens ambulants, arrivée dans la journée chez M. Chatouillé, dans une espèce de carriole ou tapissière que traînait un seul cheval; aussi la voiture allait-elle bien rarement au trot. Quant à galoper, c'était une allure à laquelle Vertigo (le cheval de la troupe) avait complètement renoncé depuis qu'il trimbalait une si nombreuse collection de talents.

La troupe arrivée à l'auberge du *Cerf sans cornes* se composait de onze personnes : cinq dames et six hommes. Les uns avaient joué sur de petits théâtres de Paris, et n'y avaient probablement pas été goûtés, ce dont ils étaient loin de convenir; les autres avaient été attachés à quelques théâtres de province; d'autres menaient une existence nomade et transportaient continuellement leur talent de bourgade en bourgade, jusqu'à ce qu'ils trouvassent enfin une occasion pour se fixer.

Nous allons faire connaissance avec toute la troupe, et nous commencerons par les dames :

Mme Ramboure, petite grosse mère de quarante-cinq ans sonnés, qui avait été fort jolie, fort agaçante, mais qui avait maintenant le nez rouge et la bouche peu garnie. Cette dame tenait l'emploi des duègnes et des mères nobles; elle avait chanté les *Boulanger*, où elle avait abusé des roulades, ce qui lui avait laissé dans l'organe un petit tremblement qui n'était pas désagréable dans les rôles pleurards.

Venait ensuite Élodia, devenue, en se mariant, Mme Cuchot; mais qui, sur l'affiche, ne prenait jamais que son nom de baptême, parce que celui de son époux prêtait à des plaisanteries qui pouvaient nuire à son entrée en scène.

Élodia était première chanteuse, avec ou sans roulades, suivant l'opéra qu'elle jouait. Elle faisait les premiers rôles, les amoureuses, les grandes princesses; c'était une *Malibran*, une *Dugazon*, une *Stolz*. Son mari assurait que sa femme était capable de tout.

Élodia était une grande blonde de vingt-huit ans, un peu trop maigre, mais dont les yeux bleus mourants n'étaient pas désagréables, vus aux quinquets. Par malheur, elle avait un vilain pied, long et plat, mais comme elle s'habillait toujours de manière à marcher sur ses robes, le pied était constamment dissimulé.

L'emploi des *Déjazet*, des soubrettes, des servantes de Molière, était tenu par une jeune femme, laide au premier abord, mais dont la physionomie comique et mobile était assez agréable et devenait presque jolie quand elle riait, parce qu'elle possédait de fort belles dents. Il est superflu de dire qu'elle riait souvent.

Cette jeune femme, que l'on appelait Zinzinette, n'était pas mal faite de corps; mais une de ses jambes se trouvait un peu plus courte que l'autre. Pour ne pas boiter, Zinzinette sautillait toujours au lieu de marcher; cette allure pouvait s'accorder avec son emploi de comique, mais lorsqu'elle était obligée de jouer une jeune personne innocente et persécutée, ce qui n'était point rare, car, vu la pénurie des sujets il fallait cumuler les emplois, alors on était assez surpris de voir une héroïne malheureuse, une amante abandonnée, venir en sautillant conter ses peines aux spectateurs.

Malgré cela, Mlle Zinzinette était généralement assez goûtée partout, et ses yeux gris-vert, qu'elle faisait manœuvrer avec talent, faisaient très souvent des victimes.

La quatrième dame de la troupe se nommait Albertine : c'était une femme qui approchait de la trentaine, mais encore jolie; brune, grasse, fraîche, ronde, haute en couleur; la voix criarde, rauque et souvent enrouée, le ton leste, décidé, les manières communes, la tournure plus que dégagée, mais la jambe bien faite et le bras très rond.

Cette dame tenait l'emploi des *excentriques*, ce qui signifie qu'elle jouait et chantait ce qu'on voulait; c'était une grande utilité dans toute la force du terme. Le goût du théâtre ne s'étant déclaré chez elle qu'assez tard, cette dame avait fait beaucoup de choses avant de se faire actrice. Elle n'avait jamais mis le pied au Conservatoire et n'avait jamais reçu de leçons de déclamation. Malgré cela, elle ne se tirait pas mal des rôles qu'on lui donnait; elle y mettait même plus de feu, de verve, que beaucoup de ses camarades; elle possédait un très grand avantage : elle n'avait jamais peur.

La cinquième dame était la mère de Mlle Albertine. C'était une énorme masse bourgeonnée, âgée d'environ soixante ans, et qui se faisait appeler Mme Grattenboule.

Cette dame prétendait avoir joué jadis les ingénuités; à cinquante-cinq ans, elle voulait les faire encore; mais, à la suite d'une histoire de pommes cuites, pendant qu'elle jouait la *Fausse Agnès*, Mme Grattenboule avait renoncé à la scène pour se consacrer entièrement à sa fille, dont elle soignait les succès. Comme cela n'eût pas suffi pour l'admettre dans la troupe nomade, la mère d'Albertine avait consenti à prendre l'emploi d'habilleuse, qu'elle cumulait avec celui de souffleur. Étant douée d'une excellente poitrine, la maman Grattenboule soufflait à la satisfaction générale; mais il fallait cependant la surveiller, car, lorsqu'il lui arrivait de céder à son penchant démesuré pour les petits verres, Mme Grattenboule s'endormait dans son trou, et l'acteur éperdu n'entendait qu'un ronflement prolongé, au lieu du mot qui lui manquait et qu'il attendait du souffleur.

Maintenant, passons à ces messieurs :

Grangérant, le père noble, ou raisonneur, était un homme de cinquante ans environ, ni grand, ni petit, figure insignifiante, tournure assez convenable, de l'habitude de la scène, mais froid, ampoulé, monotone dans sa diction, et le même dans tous ses rôles. Grangérant, fils de bons bourgeois, avait été mis de bonne heure chez l'avoué où il avait passé plusieurs années. C'était là qu'il avait pris la passion du théâtre, passion malheureuse pour lui et les autres, mais à laquelle il n'avait pas eu la force de résister. Cependant, au milieu de sa carrière dramatique, Grangérant conservait une certaine fierté de ses premières études; aussi trouvait-il toujours, dans la conversation, le moyen de vous dire qu'il avait été chez l'avoué. C'était, du reste, un parfait honnête homme; malheureusement le public tient peu compte des vertus privées d'un acteur.

Après le père noble venait le sieur Cuchot, tenant l'emploi des Cassandres, des Gérontes, des Ganaches, et y joignant au besoin celui des vieux soldats, des Turlupins et des ivrognes, que parfois il jouait avec trop de vérité. Cuchot était un homme de trente-six ans; il faisait primitivement les *Colin*; mais, quoique jeune encore, il avait tellement pris d'embonpoint qu'il lui avait fallu renoncer à faire le gentil berger.

Ayant une jolie figure, un organe agréable, Cuchot s'était cependant consolé, et, dans son nouvel emploi, avait montré plus de talent que pour le premier. Toujours de bonne humeur pourvu qu'on eût de quoi dîner, le Cassandre devenait alors un boute-en-train, et son épouse Élodia était souvent obligée de le rappeler à l'ordre. Du reste, l'accord le plus parfait régnait dans le ménage, parce que Cuchot avait le bon esprit de ne point être jaloux; en revanche, il était sur sa bouche, il aimait la table et le vin.

L'emploi des premiers rôles, des marquis et des tyrans, était rempli par un assez bel homme qui se faisait appeler *Montézuma*; il était bien probable que ce n'était pas là son nom de famille. Ce monsieur, qui avait été très joli garçon et assez couru par le beau sexe, se croyait toujours appelé à obtenir les mêmes succès; mais Montézuma avait passé la quarantaine, et quoiqu'il épilât avec soin ses cheveux gris et fît un grand emploi de cosmétiques pour empêcher sa peau de se faner et de se rider, depuis quelque temps ses bonnes fortunes devenaient plus rares; il y avait même des villes de province où il ne se présentait pas la plus petite aventure pour le beau Montézuma.

Le talent de ce monsieur consistait principalement dans ses poses, dans son aisance à saluer et à entrer en scène; mais il faut dire que Montézuma avait été danseur avant d'être acteur. N'ayant pu faire un entrechat à quatre, ou passer un quatre, comme on dit plus ordinairement, ni terminer une pirouette sans manquer de tomber sur l'orchestre, Montézuma avait dû, quoique à regret, abandonner Terpsichore pour Thalie et Melpomène; mais, de son premier état, il avait conservé cette habitude des poses, des attitudes, des pieds en dehors, qui font sur-le-champ reconnaître un danseur. Il n'est pas rare de voir au théâtre des transfuges de la danse, et on les reconnaît toujours à leur manière de marcher, de se poser, de se tenir. Montézuma poussait quelquefois si loin le laisser-aller des souvenirs, que, dans certaines pièces, au lieu de parler, il avait l'air de vouloir danser son rôle.

Comme acteur, Montézuma, toujours à cent lieues de la vérité, n'avait pour lui que de la chaleur; il en mettait même où il n'en fallait pas. Son organe était nasillard, sa prononciation gênée et parfois saccadée; il outrait les gestes et la pantomime, mais, par ses défauts mêmes, il avait eu de grands succès dans quelques villes de province où un acteur naturel eût peut-être été sifflé.

Voici maintenant un jeune homme qui a vingt-quatre ans à peine, qui a l'air passablement mauvais sujet, mais qui est très joli garçon Il possède une taille élégante, bien prise, un joli pied, de beaux yeux fort expressifs, une bouche spirituelle et bien garnie, des cheveux blond cendré bien plantés, bien soyeux; enfin, sauf son teint déjà pâle et un air fatigué qui n'annoncent pas une sagesse exemplaire, il n'y a rien à critiquer dans le jeune Angely, qui joue les amoureux, et a du moins le physique de l'emploi.

Mais, comme quelques-uns de ses confrères, au lieu de s'occuper de son art, d'étudier, de mettre à profit les heureux dons qu'il a reçus de la nature, le jeune Angely est paresseux; il ne songe qu'à flâner, à profiter de toutes les occasions de s'amuser; et un joli garçon en a toujours lorsqu'il est au théâtre.

Vient ensuite un autre jeune homme, un peu plus âgé que l'amoureux. Celui-ci a un nez long et mince, le menton crochu, la bouche rentrée et de petits yeux qu'il roule avec une extrême facilité; il n'est pas beau, mais sa physionomie est originale et annonce de la finesse. Il joue les comiques, les queues rouges et les Frontins, passant alternativement des Jocrisses aux Figaros. Mais il est mieux dans ce dernier emploi, ses yeux exprimant plus facilement la raillerie que la niaiserie, et la causticité que la bêtise.

Ce personnage se nomme Desroseaux : il a de l'instruction et n'est point sot ; dans les circonstances épineuses, c'est toujours lui que l'on consulte, et, grâce à ses expédients, la troupe ambulante s'est souvent tirée d'un pas difficile ; à la vérité, les moyens employés ou proposés par Desroseaux sont quelquefois hardis, aventureux, téméraires !..... Mais il joue les Figaros, et il s'est parfaitement identifié avec le caractère de ce personnage.

Il ne nous reste plus à passer en revue qu'un dernier personnage que l'on appelle Poussemard, qui n'est ni vieux ni jeune, mais fort petit, vilain, et qui sert à la fois d'acteur, de régisseur, de lampiste, d'habilleur, de coiffeur, de garçon de théâtre, de machiniste, de costumier, mais principalement de chef d'orchestre, parce qu'il râcle un peu du violon, ce qui ne l'empêche pas, dans l'occasion, de faire aussi les notaires et les Amours.

Poussemard est enfin le bouche-trou, le souffre-douleur de la troupe ; il lui est arrivé quelquefois, tout en devant conduire une pièce, d'être obligé de paraître en chevalier au premier acte, en grand prêtre au second, et en diable au dernier. Rien ne l'embarrassait : il conduisait l'orchestre avec le costume de son personnage, et, quand le moment arrivait où il devait entrer en scène, il sautait vivement de sa place sur le théâtre, débitait son rôle et se reglissait ensuite dans l'orchestre, où il se remettait à jouer du violon.

Un tel homme était bien précieux pour la troupe nomade. A tous ces emplois, nous avons oublié d'ajouter celui de cocher et de guide ; c'était lui qui conduisait Vertigo et s'occupait de lui faire donner l'avoine dès qu'on s'arrêtait quelque part.

Nous connaissons maintenant tout le personnel de la troupe ambulante ; dans les pièces où le nombre des femmes dépassait celui que l'on possédait, les hommes les moins marqués se travestissaient et jouaient en voix de fausset des jeunes filles ou des mères ; par la même raison, quand on manquait d'hommes dans un autre ouvrage, ces dames se travestissaient à leur tour, si elles n'étaient point de la pièce. La duègne, Mme Ramboure, était seule exemptée de ce surcroît de service, parce qu'il y avait une certaine partie de son individu qui n'avait jamais pu entrer dans aucune culotte ou pantalon du magasin.

Le père noble se pose tout à coup au milieu de la salle. (P. 27.)

IV

CONVERSATION PLUS OU MOINS DRAMATIQUE

La grande salle de l'auberge, dans laquelle on avait dressé une table avec onze couverts, contenait en outre des banquettes, des chaises, deux vieux fauteuils, et un lustre recouvert d'une gaze bleue qui n'avait point empêché la poussière de s'introduire sur les bobèches.

Trois dames de la troupe étaient assises près d'une fenêtre; le père noble se promenait de long en large; le superbe Montézuma était étalé sur une banquette, les jambes en l'air, la tête sur ses mains rassemblées derrière sa nuque. Cuchot s'était déjà mis à table, ainsi que Mme Grattenboule; Desroseaux prenait des notes avec un crayon, et Poussemard regardait si le couvert était bien mis.

— Décidément, on ne soupe donc pas! s'écrie Cuchot; on est mal servi dans cette auberge!...

— Je suis bien de votre avis, murmure la mère d'Albertine.

— Allons, un peu de patience, dit Élodia, nous avons le temps, mon ami.... Tu vois bien d'ailleurs que tout le monde n'est pas encore descendu!...

— Oh! tant pis! Si le souper était servi, les absents auraient tort. Qui est-ce donc qui est en retard?

— Zinzinette et Angely.

— Tiens! c'est drôle!... Tous les deux, dit la grosse Albertine en secouant la tête. Dites donc... mes petits amours, si on était méchant?...

— Qu'est-ce que tu entends par là? dit le Figaro en suspendant ses calculs, parce que, depuis quelque temps, il était l'adorateur favorisé de Zinzinette. Il me semble que tu ne t'en fais pas faute d'être méchante, toi, et de donner de l'occupation à ta langue.

— Oh! est-il bête! le voilà qui se vexe pour une plaisanterie dite sans intention!... Si tu es jaloux, c'est différent! Je te plains, cher ami!

Et Mlle Albertine, se tournant vers ses camarades, ajoute à voix basse:

— Avec ça que Zinzinette se gêne pour lui faire des queues!... Je ne dis pas que ce soit avec Angely; mais si ce n'est pas avec celui-là, c'est avec d'autres; ça revient toujours au même!...

Mme Grattenboule ne dit rien, mais elle a presque constamment souri aux paroles de sa fille, tout en s'occupant de changer son verre contre un autre, qui lui semble beaucoup plus grand.

— Dis donc, Desroseaux, combien avons-nous eu de bénéfice net à Fontainebleau? dit Montézuma, en croisant ses jambes posées sur la banquette.

— Attends donc, je fais le compte.

— Il se prépare un terrible orage, dit Mme Ramboure en s'éloignant de la fenêtre. Je ne reste pas là, ça me fait peur.

— Moi, j'aime l'orage, dit le père noble, c'est beau, c'est grandiose!

— Oui, c'est très beau, quand on est à l'abri, murmure Poussemard;

pourvu que Vertigo ne fasse pas de bêtises dans l'écurie où je viens de le conduire.

— Quelle espèce de bêtises veux-tu qu'il fasse?

— Il n'aime pas l'orage non plus, ce pauvre animal, il ressemble à Mme Ramboure.

— Qu'est-ce à dire, monsieur Poussemard? s'écrie la duègne en prenant un air irrité. Vous trouvez que je ressemble à Vertigo, à un cheval? Elle est aimable votre comparaison, elle est galante!... Vous n'avez plus que de ces choses-là à me dire!..

— Bon, voilà Ramboure qui se vexe aussi! murmure Albertine, en se frottant les mains; décidément on a les nerfs susceptibles, ce soir...

— Parce qu'il y a de l'électricité dans l'air, reprend le père noble en s'arrêtant devant la fenêtre.

— Tiens, tu te connais à l'électricité, toi, Grangérant? Quel père noble savant nous avons!

— Je me connais encore à bien d'autres choses, ma chère amie; quand on a été chez l'avoué et qu'on a étudié pour être notaire, il est probable que l'on n'est pas un âne...

— Ce ne serait pas une raison; il y a des ânes savants! Ça me rappelle ce pauvre Dufloc... le mari de Mme Dufloc, la première virtuose de Lyon... il était bête comme un pot, et il se promenait continuellement dans les coulisses avec un livre sous le bras; on l'avait surnommé l'âne savant. Du reste, mon bon Grangérant, tu sais bien que ce n'est pas pour toi que je dis ça... moi, qui te porte dans mon cœur!

— Aussi je ne m'en formalise point.

— Pourquoi donc ne t'es-tu pas fait notaire, Grangérant? dit Mme Ramboure; il me semble que c'est une belle position dans le monde.

— Oui, sans doute... Mais, que voulez-vous... ce maudit amour du théâtre, quand cela vous tient, plus moyen de le chasser... J'avais vu jouer Fleury, et je m'étais dit : « Moi aussi, je serai comédien!... »

— Je voudrais bien savoir quel rapport a jamais existé entre lui et Fleury! murmure Albertine, en mettant son mouchoir sur sa bouche pour étouffer son envie de rire et en regardant sa mère qui cherche un verre encore plus grand.

— C'est égal, reprend la duègne, tu dois regretter de ne point être notaire?

— Nous le regrettons tous, et le public aussi, murmure Albertine.

— Ma foi! non!... Grâce au ciel, je n'ai point éprouvé de désagrément dans ma carrière théâtrale... Je sais bien que, dans une autre position, je serais plus riche.

— Il n'aurait pas de peine, dit encore Albertine, en se tournant vers Desroseaux.

— Mais, quand on a l'amour de son art et les applaudissements du public, cela peut bien tenir lieu de fortune!...

— Mais on ne soupera donc pas aujourd'hui! s'écrie Cuchot en se balançant sur sa chaise. Il n'est pas possible! cet aubergiste nous a oubliés! Mon petit Poussemard, va donc faire un tour à la cuisine et voir ce qui s'y passe... tu seras bien gentil!

— Oh! oui, allez-y, Poussemard, car j'ai des tiraillements d'estomac, dit la mère d'Albertine.

— J'y vais, mesdames.

Au moment où Poussemard sort de la salle, Mlle Zinzinette y entre en fredonnant une chansonnette de Loïsa Puget, et en sautillant comme c'est son habitude. Le Figaro a levé les yeux, il toise la *Déjazet* en se pinçant les lèvres, et prononce d'un ton railleur :

— Nous sommes bien gaie ce soir!... nous sommes en belle humeur!

— Il me semble que je ne suis pas souvent triste, répond Zinzinette en allant se placer devant une petite glace privée de tain en plusieurs endroits et dans laquelle on se voyait verdâtre. Qu'est-ce qui te prend ce soir, Desroseaux? As-tu envie de me chercher querelle? Si c'est cela, il faut le dire! Je n'aime pas les mauvaises chicanes, moi, et je n'y vais pas par trente-six chemins... As-tu envie de rompre? Dis-le tout de suite, et ce sera bientôt fini!

— Voyez-vous comme elle lui met le marché en main! murmure Albertine aux autres; si Desroseaux avait du cœur, il ne se laisserait pas traiter comme ça.

Mais le Figaro, qui probablement n'avait pas envie de rompre avec Zinzinette, se remit à ses calculs en disant :

— Ta ta ta!... Fichtre, madame! il me paraît que le temps est à l'orage de tous côtés!... Je me tais!

— Et tu fais bien.

— Enfin, combien avons-nous gagné à Fontainebleau, tous frais faits? dit Montézuma en changeant encore de position et en s'étendant cette fois tout à fait sur le dos.

— Voilà... voilà... j'achève le compte...

— Quelle infâme glace! On s'y voit vert-pomme! s'écria Zinzinette en arrangeant son bonnet, qui, suivant l'habitude de quelques actrices de province, était surchargé de fleurs et de rubans.

— Je crois qu'elle aurait de la peine à trouver une glace où elle se verrait la peau blanche, murmura Élodia, en lançant un regard à Albertine.

— Quatre cent cinquante-sept francs soixante centimes, s'écrie Desroseaux en souriant avec satisfaction ; voilà notre bénéfice net.

— C'est fort beau, dit la duègne.

— Nous avons trouvé là un public qui a su nous apprécier, dit Grangerant.

— Oh ! le public était charmant ! s'écrie Élodia.

— Tu dis cela, parce qu'on t'a jeté un méchant bouquet, répond Zinzinette, en se mettant à valser avec une chaise.

— Méchant bouquet ! c'est-à-dire, ma chère qu'il était superbe... Il y avait un camélia au milieu.

— Un dahlia.

— Un camélia.

— Un dahlia.

— Enfin, n'importe, tu voudrais bien l'avoir reçu !

— Oh ! la bonne charge ! Quand je voudrai un bouquet, ce n'est pas bien difficile ! Je me l'achèterai moi-même, et je donnerai dix sous à un gamin pour qu'il me le lance quand je serai en scène. Voilà la marche.

Montézuma.

— Qu'est-ce que tu entends par là, Zinzinette ? Prétendrais-tu que c'est moi qui me suis fait jeter le bouquet qu'on m'a envoyé sur la scène pendant que je jouais *l'Ambassadrice ?*... Cuchot, entends-tu ? On croit que tu me fais jeter des bouquets !...

— Oh ! je n'ai jamais dit que cela venait de ton mari...

— C'est bien heureux !

— Allons, allons, la paix, mesdames !... Eh ! mon Dieu, quand je suis en scène, je voudrais bien quelquefois qu'on me jetât des fleurs ou des fruits confits ; je vous assure que je ne m'inquiéterais pas d'où ils me viendraient.

— Ah ! fi, Cuchot !... vous ne dites pas ce que vous pensez ! s'écrie

Mme Grattenboule, qui ne peut pas entendre parler de tout cela sans se rappeler l'incident qui lui a fait renoncer à la scène.

— Je pense, je pense qu'on ne veut pas nous faire souper, et je trouve cela bien inquiétant... Mais voilà Poussemard... Eh bien! vertueux Poussemard, pourquoi ne nous sert-on pas?

— Est-ce qu'il est arrivé quelque désastre dans les fourneaux?

— C'est la matelote qui est cause du retard, dit le petit homme sec en allant s'asseoir sur une banquette : sans cela, tout serait prêt.

— Mais, aussi, pourquoi diable avoir demandé de la matelote? s'écrie Desroseaux. Ce Cuchot est d'une gourmandise sans égale!... A Fontainebleau, ne voulait-il pas qu'on lui fît frire une des superbes carpes que l'on va admirer dans les pièces d'eau?

— Ah! quelle horreur! s'écrie Zinzinette, des carpes qui ont plus de cent ans d'existence, à ce que l'on assure! Mais cela doit être détestable, et je ne voudrais pas manger de cela quand même on me payerait!

— Mes enfants, Desroseaux fait erreur... ou plaisante! A Fontainebleau, je voulais une carpe frite, c'est vrai, mais certainement je ne désirais pas manger une centenaire... Je respecte trop la vieillesse pour cela. Ici, j'ai demandé de la matelote ; où est le mal? J'adore la matelote, moi... Et d'ailleurs, quand on est en fonds... quand on a fait des recettes monstres, il me semble qu'on peut bien se permettre quelques douceurs... N'est-ce pas, vertueuse Grattenboule?

— J'entre entièrement dans votre manière de vivre.

— En fonds!.. Hum!... il était bien temps que le succès de Fontainebleau nous arrivât... nous étions à sec!...

— C'est toujours quand on est à sec que la pluie arrive!

— Ah! nous eussions fait bien plus d'argent que cela, dit le superbe Montézuma en quittant enfin sa position horizontale, si, au lieu de donner *l'Ambassadrice*, nous avions joué *Joconde*, ainsi que je l'avais proposé.

— Et pourquoi aurions-nous fait plus d'argent avec *Joconde?...* Parce que tu fais *Joconde*, n'est-ce pas? dit Albertine, et qu'on aurait mis en grosses lettres sur l'affiche : « M. Montézuma remplira le rôle de Joconde!... »

— Eh bien! il me semble que ces annonces-là n'ont jamais nui à la recette?

— Quel fat tu fais!... Les femmes t'ont gâté, cher ami!

— En tout cas, je le leur ai bien rendu!...

— Combien as-tu fait de conquêtes à Fontainebleau, Montézuma? demande Desroseaux d'un air moqueur.

— C'est bien, mon petit, c'est bien, je n'ai pas l'habitude de tenir note de ces choses-là ; cela m'emploierait trop de temps.

— Il se ruinerait en crayons!

— C'est-à-dire qu'il a complètement fait four à Fontainebleau, dit tout bas Albertine à ses voisins, et voilà pourquoi il est furieux de n'avoir pas joué *Joconde*. Il avait cru arriver à quelque chose avec une petite parfumeuse qu'il avait vue deux fois au balcon, et, le soir, après le spectacle, ayant eu l'adresse de cette dame, il est allé frapper doucement aux volets de sa boutique; mais jugez de son désappointement! C'est un jeune sous-officier de la garnison qui lui ouvre et qui lui demande ce qu'il veut aussi tard, et cela d'un ton qui n'était pas doux. Ne sachant trop que dire, ce pauvre Montézuma a prétendu qu'il avait un besoin pressant de pommade, et il a été obligé d'en acheter un pot, qu'on lui a fait payer deux francs cinquante... J'ai su tout cela, parce que, le lendemain, le jeune sous-officier a conté l'anecdote à plusieurs de ses camarades...

— Et que, naturellement, tu avais des relations avec la garnison...

— C'est possible, cher ami ; j'aime les uniformes, moi. Demandez donc à Montézuma s'il a de la bonne pommade, pour voir la mine qu'il fera.

— Quelle mauvaise gale que cette Albertine, murmure Zinzinette en se tournant vers Mme Ramboure.

La duègne se contente de faire un signe affirmatif en aspirant avec délices une énorme prise de tabac. Le père noble, qui n'avait rien dit depuis longtemps, se pose tout à coup au milieu de la salle, comme s'il allait jouer *le Misanthrope*, et dit:

— Mes enfants, si nous avions voulu faire encore plus d'argent à Fontainebleau, ce n'est ni *Joconde* ni l'*Ambassadrice* qu'il fallait y représenter, c'était *Tartufe*, parce que... voyez-vous... on aura beau dire, il n'y aura jamais rien au-dessus de Molière, c'est notre père à tous... Quand on a été chez l'avoué, on connaît le respect des étudiants pour les classiques...

— Ah! oui!... c'est très joli ce que tu dis là, Grangérant! répond Desroseaux. Parbleu! nous aussi, nous estimons les classiques et nous rendons hommage au grand Molière!... mais il n'en est pas moins vrai que le public veut du nouveau, qu'il est las de ce qu'il sait par cœur?... Pour te faire plaisir, nous avons joué *Tartufe* à Corbeil, et nous avons fait six francs quinze sous de recette... C'est joli, hein?...

— Parce que c'était jour de foire et que les habitants étaient occupés ailleurs quand Grangérant a joué *Tartufe!* dit tout bas Albertine.

— La seule chose qui pourrait militer en faveur de la comédie, reprend Desroseaux, c'est que, pour la jouer, on n'a pas besoin de musiciens, tandis que, pour l'opéra comique, il faut que nous trouvions un orchestre... et c'est quelquefois bien embarrassant et coûteux.

— Comment, coûteux ? Nous prenons presque toujours des amateurs de la ville qui sont enchantés de nous prêter leur talent gratis, parce que ça leur donne leur entrée au théâtre et dans les coulisses.

— Oui, mais ces messieurs sont bien mauvais quelquefois, dit Albertine. Avez-vous remarqué à Fontainebleau ce gros papa qui avait la prétention de donner du cor qui ne finissait jamais avec les autres? Dans tous les morceaux d'ensemble, on entendait encore : prout ! prout ! prout ! quand tout le monde avait fini : c'était le cor qui faisait cela. Ce pauvre Poussemard, qui était le chef d'orchestre, avait beau lui faire signe de se taire, le gros papa allait toujours.

— C'est vrai, dit Poussemard ; mais, en revanche, j'avais une contrebasse qui n'allait pas du tout; et elle ne partait jamais avec nous et ne nous rattrapait pas.

— C'est singulier !... c'était un jeune homme qui avait l'air de jouer avec beaucoup de feu ; il se démenait comme un possédé; je me disais même : Voilà un gaillard qui aura mal au bras demain.

— Oui, mais le gentil de l'affaire et dont je me suis aperçu après, c'est que le soi-disant amateur avait retourné son archet : il jouait sur le bois au lieu de jouer sur le crin. Il ne savait pas jouer du tout, voilà le fin mot.

Mme GRATTEBOULE.

— Ah ! ah ! ah ! la farce est bonne !

— Ce monsieur s'est dit amateur pour avoir une place dans l'orchestre !

— C'est pas bête, ça.

— Oui, mais dorénavant j'essayerai auparavant le talent de ces messieurs ; sans quoi, si tout notre orchestre était composé d'amateurs du

En ce moment M. Chatouillé entrait dans la salle, suivi de son valet François. (P. 31).

genre de la contrebasse, je crois que cela ne soutiendrait pas assez le chant.

La porte s'ouvre encore, un nouveau personnage paraît : c'est le jeune Angely, celui qui tient l'emploi des amoureux et en a du moins le physique.

Ce dernier venu entre dans la salle d'un air agité, transporté, enchanté, et court à ses camarades en s'écriant :

— Ah! mes chers amis! quelle découverte!... quelle trouvaille!... quel trésor!... Et dire que cela était enfoui, caché dans une auberge... que cela y serait resté longtemps encore si le hasard ne nous avait pas conduits ici... Mais nous ne l'y laisserons pas, je l'espère... Vous ne l'aviez donc pas vue non plus?

— Ah ça! de quoi diable nous parles-tu?

— Nous ne comprenons pas.

— Tu vas partager avec nous, Angely?

— En quoi consiste ce trésor?

— En quoi!... En une jeune fille ravissante... faite au tour... à croquer!

Les hommes se mettent à rire, les femmes haussent les épaules avec dépit, et Albertine murmure :

— C'était bien la peine de nous mettre l'eau à la bouche, en nous disant qu'il vient de trouver un trésor, pour que tout cela aboutisse à une servante d'auberge!...

— Cet Angely est insupportable pour cela! dit à son tour Zinzinette; il s'enflamme pour le premier minois chiffonné qu'il aperçoit... Ce sont toujours des phénix d'abord!... mais son enthousiasme n'est jamais de longue durée!...

— Et après tout, dit Élodia, quand il aurait rencontré une jolie fille, que nous importe!... Est-ce qu'il voudrait la faire débuter?... Mais, lors même qu'elle aurait des dispositions, il me semble que notre troupe est complète, et que ce ne sont pas les jolies femmes qui vous manquent, messieurs.

— Non, certainement, s'écrie alors la duègne, en tournant sa bouche en cœur, ce ne sont pas les jolies femmes qui manquent parmi nous.

— Les jolies femmes n'ont jamais manqué où nous nous sommes trouvées, moi et ma fille, ajoute Mme Grattenboule.

— Eh! mon Dieu, mesdames, dit Angely, je n'ai jamais eu l'intention de vous offenser! Personne plus que moi ne rend justice à des charmes dont je suis chaque jour à même d'apprécier le pouvoir!

Ces derniers mots sont dits avec un accent qui fait légèrement sourire les dames et froncer le sourcil à quelques-uns de ces messieurs. L'amoureux ne semble pas s'en occuper et continue :

— Mais tout cela ne m'empêchera pas de dire qu'il y a dans cette maison une fille charmante, et que cette fille a une fort belle voix, de ces voix fraîches et pures que la nature n'accorde que rarement... de ces voix qui sont une fortune quand on les fait travailler!...

— Oh! il est charmant! C'est une Grisi, une Malibran, qui épluche des oignons en attendant l'occasion de débuter à l'Opéra!

— Pourquoi pas? Mon Dieu, vous savez bien tous que ce ne serait pas la première fois qu'un grand talent aurait été découvert dans le fond d'un village... les exemples ne manqueraient pas...

— Et comment sais-tu que cette jeune fille a une si belle voix? Que lui as-tu entendu chanter? Quelque complainte... quelque vieille ronde à danser!

— Qu'importe l'air pour juger la voix?

— C'est-à-dire que l'air fait beaucoup; tout le monde peut chanter *Malbrough*, mais fais donc chanter l'air du *Barbier* à ta servante d'auberge; nous serons obligés de nous boucher les oreilles.

— Mesdames, dit le superbe Montézuma, en prenant une pose de menuet, à quoi bon cette discussion? Je suis d'avis qu'il ne faut jamais condamner sans entendre. Puisque Angely prétend qu'il y a dans cette maison un talent ignoré, susceptible de briller sur les premiers théâtres de l'Europe, nous l'entendrons ce soir même, et si, en effet, cette jeune fille a soixante mille francs de rente dans son gosier... eh bien! alors...

— Nous la prierons de bassiner notre lit, dit Albertine en se tournant vers les dames.

Mais en ce moment M. Chatouillé entrait dans la salle, suivi de son valet François; chacun d'eux portait un plat tout fumant.

— Ah! par Hercule! voilà le souper, enfin! s'écrie Cuchot; c'est bien heureux!... Allons, à table tout le monde!... Vous y discuterez tout à votre aise sur cette huitième merveille du monde qu'Angely vient de découvrir... Je demande à ne la voir qu'au dessert, car je craindrais que sa présence en ce moment ne m'ôtât l'appétit : les prodiges m'ont toujours produit cet effet-là.

V

HISTOIRE DE CERISETTE

Cuchot est resté à la place qu'il occupait déjà, ainsi que Mme Grattenboule. Chacun va se mettre où bon lui semble; probablement Élodia ne tient point à être à côté de son mari, ni Zinzinette auprès de Desroseaux, car ces deux dames se sont placées de chaque côté d'Angely, auquel cependant elles font des yeux furibonds depuis qu'il a vanté la servante de l'auberge. Mais peut-être aux regards colères veulent-elles joindre les coups de genou et les petites pinçures dont les dames font un assez fréquent usage quand elles attaquent ou se défendent. Pour se livrer à ce genre d'exercice, il était nécessaire d'entourer l'ennemi.

Les deux plats fumants que M. Chatouillé venait de faire poser sur la table, en les entourant de beurre frais, de radis, d'olives et de cornichons, se composaient d'un canard aux navets et d'une gibelotte de lapin.

L'aubergiste se promenait autour du couvert, regardant avec un air de satisfaction ce qu'il venait d'apporter, et s'empressant de faire passer lui-même des hors-d'œuvre aux personnes qui étaient éloignées de ce qu'elles désiraient.

CUCHOT.

— Voici un canard qui a fort bonne mine, dit Cuchot, tandis que Montézuma découpe. Est-ce vous qui avez fait cela, monsieur l'aubergiste?

— Je fais tout ce qu'on prend chez moi, messieurs, répond Chatouillé en se redressant.

— Tout! diable! mais il me semble que vous vous avancez beaucoup ! dit Desroseaux. Alors, ce vin qui est sur la table et que nous allons boire, c'est vous qui l'avez fait?

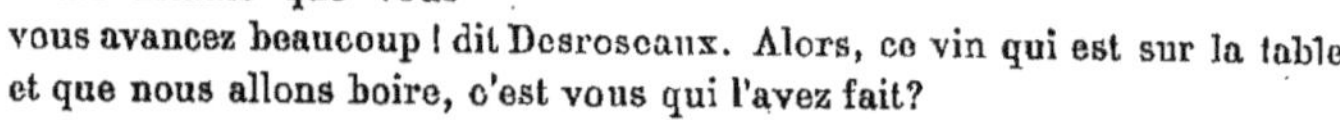

— Oui, messieurs... Oh! non... pardon! je voulais parler de la cuisine seulement!...

— Ah! vous ne faites que la cuisine, dit Angely en riant. Et vos enfants, qui est-ce qui les fait, monsieur l'hôte?

M. Chatouillé sourit d'un air aimable en répondant :

— Ces messieurs aiment à rire, je le vois... mais je n'ai pas d'enfants; et si j'en avais eu, je me flatte que je les aurais faits aussi bien que du fricandeau, et moi-même surtout.

— Tout le monde se flatte de cela!... mais je ne prétends nullement attaquer la vertu de Mme...?

— Chatouillé.

— De Mme Chatouillé. D'ailleurs, lorsqu'on prend pour enseigne : *Au Cerf sans cornes*, c'est qu'on est bien sûr de son affaire!...

— Il me semble que c'est toujours un cerf, cependant, dit la grosse Albertine, en prenant une poignée d'olives.

— Non, ma chère amie, dit le père noble en étalant du beurre sur son pain, comme s'il allait faire le récit de Théramène. Quand un cerf n'a point de cornes, ce n'est encore qu'un daim... Si tu avais été chez l'avoué, tu n'ignorerais pas ces choses-là.

— Ah! voilà encore Grangérant qui va nous parler de l'avoué! s'écrie Zinzinette en riant.

— Comme si ces dames avaient eu besoin d'aller chez l'avoué pour se connaître en cerfs... Ah! ah! ah!...

— Aïe!...

— Eh bien! qu'est-ce que tu as donc, Angely? dit Poussemard, qui a remarqué la grimace que vient de faire le jeune amoureux en jetant involontairement un cri.

— Moi?... rien!...

— Est-ce qu'on t'a pincé? demande vivement Cuchot en se bourrant de canard.

— Pincé... par exemple!... Qui donc veux-tu qui me pince?

— Mais tes voisines, probablement, dit Desroseaux en lançant un regard à Zinzinette.

— Eh bien! maman, manges-tu? l'appétit va-t-il un peu? dit Albertine en regardant sa mère.

Angély.

Mme Grattenboule se contente de regarder sa fille en faisant un signe de tête; mais elle ne prononce pas un mot, de peur de perdre un coup de dent; c'est son habitude : jusqu'au dessert vous ne lui arracheriez pas une parole sur le sujet le plus intéressant, rien n'étant pour elle plus intéressant que de manger.

— Ce canard est bon, monsieur Chatouillé, reprend Cuchot, sans avoir l'air de porter la moindre attention à ce que vient de dire M. Desroseaux. Mais c'est à la matelote que je vous attends... Pourquoi ne la vois-je point sur la table?

— J'ai pensé que vous ne commenceriez pas par là, répond l'aubergiste d'un air embarrassé et en donnant un coup de pied à son valet, qui se permettait de rire en regardant son maître. Donnez des assiettes, François, et n'ayez pas l'air d'un imbécile! s'écrie M. Chatouillé en poussant François.

— Vous traitez ce garçon bien sévèrement, monsieur l'aubergiste, dit Mme Ramboure en jetant un regard attendri sur François, qui avait de fort gros mollets.

— Oh! madame, si vous saviez combien ce drôle est paresseux...

— Paresseux! moi? Eh! je fais tout dans la maison... Demandez plutôt à la bourgeoise...

— Taisez-vous, François!...

— Mais, dites-moi, Chatouillé, reprend Montézuma en attirant à lui le plat de gibelotte, comme s'il voulait le faire tourner, pourquoi donc ne voyons-nous ici que votre garçon? On dit cependant que vous avez pour servante une petite merveille... Est-ce que vous ne nous ferez pas voir cette merveille-là, ou bien ne l'employez-vous qu'à servir des princes et des ambassadeurs?

— Comment, messieurs... de qui voulez-vous parler? répond l'hôte en composant son visage; de ma servante Toinon? Vous voulez qu'elle vienne?... C'est qu'elle est occupée à la cuisine; si pourtant cela vous fait plaisir... je vais l'appeler...

— Oh! que non! murmure François, ce n'est pas de Toinon que monsieur veut parler...

Cette réflexion de François lui vaut encore un coup de pied dans les chevilles; mais Angely s'écrie aussitôt :

— Monsieur Chatouillé, nous voulons vous parler d'une jeune fille de dix-sept ans à peu près, brune, vive, jolie, mutine, bien faite, bien tournée, coiffée d'un madras, vêtue d'un jupon court et d'une camisole blanche, et qui, sous ce simple déshabillé, ferait tourner la tête à tout un régiment! Est-ce là Toinon?

— Toinon a cinquante-neuf ans, elle est rousse et elle a des moustaches, dit François, qui a eu soin de s'éloigner de son maître.

— Oh! alors, ce n'est pas d'elle qu'il s'agit!

— C'est Cerisette que monsieur aura rencontrée.

— Cerisette?... Ah! le nom est original!... Vous avez une servante qui se nomme Cerisette, monsieur Chatouillé? Eh bien! faites-nous donc voir cette jeune fille, dont notre camarade nous a fait un portrait si flatteur.

L'aubergiste essaye de prendre un air grave; il se mouche, il tousse plusieurs fois, si bien qu'Albertine dit à ses camarades :

— Est-ce qu'il va faire une proclamation?

Mais M. Chatouillé, qui sait qu'il parle devant des artistes, croit devoir unir les gestes aux paroles en faisant le récit suivant :

— Mesdames et messieurs les artistes... car vous mavez dit que vous étiez tous artistes...

— Nous le sommes tous!

— Plus ou moins, murmure Albertine.

— Certainement, tout ce qui est dans ma maison est à votre service...

— Votre femme aussi, monsieur Chatouillé?

— Ah! tais-toi donc, Angely, tu interromps toujours!

— Mais, pour en revenir à cette jeune fille... à Cerisette... que monsieur a rencontrée... je vais vous dire... c'est notre servante... et ce n'est pas notre servante... Elle est avec nous... mais pas positivement comme notre domestique... Je ne sais pas trop comment vous expliquer ça...

— Le fait est que vous nous l'expliquez fort peu

— Il y a donc du mystère dans l'histoire de cette jeune fille?...

— C'est donc une héroïne de roman que Mlle Cerisette?

— Oh! voyons, contez-nous cela, monsieur l'aubergiste... Mais, une autre fois, poivrez moins votre gibelotte, dit Cuchot. Il faut que cela soit relevé, je le sais, mais il ne faut pas non plus que cela emporte le palais!...

— Monsieur, c'est que Toinon aura remis quelque chose probablement...

— Laissez un peu la gibelotte en paix!... L'histoire de la jeune fille?...

— Et la matelote donc? s'écrie Cuchot.

— Après! après!

— Tu as bien le temps... rien ne nous presse. Nous vous écoutons, monsieur Chatouillé.

— Vous saurez donc, messieurs et mesdames, que, il y a quinze ans environ... ma foi! quinze ans et un mois, car nous sommes à la fin de juillet, et c'était à la fin de juin, j'étais déjà marié avec mon épouse, nous tenions déjà cette auberge... elle n'était pas encore en renom comme aujourd'hui... mais les bonnes maisons ne se font pas en un jour... Mon épouse n'était pas encore affligée de la goutte comme aujourd'hui...

— Votre femme a la goutte, monsieur Chatouillé?

— Oui, messieurs, et pourtant elle n'aura quarante ans qu'à la mi-août!...

— La fleur de l'âge, murmure Mme Ramboure.

— Oui, madame, c'est encore une très belle fleur... et avoir la goutte!...

— Nous demandons l'histoire de la jeune fille.

— Voilà... je reprends. François, allez donc chercher du vin; vous voyez bien que ces messieurs n'en ont plus!... Est-ce du même qu'il faut vous servir, messieurs?

— Oui, oui, du même.

— Mais qu'il soit meilleur, ajoute Cuchot.

— C'était donc à la fin de juin, j'étais sur ma porte avec mon épouse... Nous mangions des cerises... il y en avait en abondance cette année-là... lorsque nous vîmes venir à nous une femme conduisant cette petite fille par la main. La femme avait assez la tournure d'une nourrice, elle était habillée comme les habitants de la campagne; cependant, ce n'était pas le costume du pays... cela se rapprochait de celui des paysans du Midi. La petite fille, qui devait avoir deux ans à peu près, était vêtue très gentiment. Enfin, tout cela annonçait des gens qui ne sont pas dans la misère. La dame, qui était petite, grasse et joufflue, portait un paquet sous son bras. Elle était en nage en arrivant chez nous, où elle entra, en disant : « Nous allons nous reposer ici, mon enfant, et nous y attendrons la première voiture qui passera et où il y aura de la place pour aller à Paris. »

— Est-ce que vous venez de loin à pied avec cette enfant? dit mon épouse à la voyageuse.

Elle nous répondit qu'elle venait d'assez loin, en effet, mais pas à pied; qu'elle avait profité d'une occasion pour venir jusqu'à Nemours avec un marchand d'étoffes qui lui avait offert une place dans sa voiture; que ce marchand l'avait descendue à Nemours et était reparti, parce qu'il n'allait pas à Paris, où elle se rendait; mais qu'on lui avait dit qu'elle ne manquerait pas d'occasions pour achever son voyage. Au reste, cela lui était égal d'attendre un jour ou deux; elle n'était pas trop pressée... François, débouchez donc cette bouteille...

Pendant que cette femme nous faisait ce récit, la petite fille s'était jetée sur un panier de cerises que tenait ma femme et elle en mangeait avec une avidité, avec un plaisir qui approchaient de la gloutonnerie.

— Laissez-lui en manger tant qu'elle voudra, nous dit la paysanne; elle adore les cerises, et c'est un fruit qui ne fait pas de mal.

Je m'empressai donc d'offrir à M. le maire de me charger de cette petite fille. (P. 37.)

Et, en disant cela, cette femme se mit à en prendre elle-même des poignées qu'elle faisait disparaître avec une vivacité surprenante, et sans se donner la peine de rejeter les noyaux. Elle me dit de lui préparer à dîner. Pendant que j'étais à la cuisine et que la voyageuse se reposait dans cette salle avec la petite fille, qui mangeait toujours des cerises, ma femme lui demanda si elle était la mère de cette enfant. La paysanne répondit que non, qu'elle n'était que sa nourrice, et qu'elle la ramenait à son père; mais qu'elle ne quitterait pas l'enfant pour cela; que le papa de la petite était un homme riche et qu'il voulait lui louer une petite maison dans les environs de Paris et l'y établir avec l'enfant, qu'il pourrait alors voir aussi souvent qu'il le voudrait. Malheureusement ma femme n'eut pas une plus longue conversation avec cette voyageuse, parce que je lui servis son dîner et qu'elle se mit aussitôt à table avec l'enfant.

La voyageuse avait un grand appétit; elle mangea beaucoup... Elle trouvait ma cuisine à son goût; cela n'a rien de surprenant. La petite mangeait moins, puis elle avait bientôt quitté la table pour aller jouer dans la cour. La paysanne mangea fort longtemps... Ce n'était pas à moi de lui dire : « Prenez garde, madame, vous allez peut-être vous faire du mal... » Les personnes doivent savoir ce qu'elles peuvent contenir. Enfin, après avoir terminé son repas, la voyageuse dit à ma femme :

— Je vais me jeter un moment sur un lit pour me reposer; veuillez avoir la complaisance de veiller sur ma petite, et, s'il passe une diligence ou quelque autre voiture qui ait une place pour Paris, éveillez-moi bien vite, je serai tout de suite debout, je ne me déshabille pas.

Tout cela se fit comme cette nourrice le disait : ma femme la conduisit dans une chambre où il y avait un bon lit. La voyageuse se jeta dessus, en disant :

— Je vais faire un bon somme; faites attention à ma petite.

Ma femme referma la porte et redescendit. L'enfant jouait toujours dans la cour, ou sur le devant de la maison. Nous pouvions veiller facilement sur cette petite fille ; nous n'avions pas d'autres voyageurs dans notre auberge.

Cependant plusieurs heures s'écoulèrent. Il n'était passé aucune voiture pour Paris; mais, la nuit arrivant, ma femme me dit :

— Cette voyageuse dort bien longtemps; est-ce que je ne ferais pas bien d'aller la réveiller?

Je répondis à mon épouse... François, donnez donc du vin à ces messieurs!... Je répondis à mon épouse :

— Cette voyageuse nous a dit qu'elle n'était pas très pressée d'arriver à Paris, je ne vois aucun inconvénient à ce que nous la laissions dormir; elle trouverait peut-être mauvais qu'on se permît de l'éveiller quand elle ne sonne pas.

— Si pourtant cette paysanne s'était trouvée indisposée... elle a tant dîné!... Oh! je vais voir si elle n'a besoin de rien.

Ma femme me quitte, elle monte à la chambre de la voyageuse; au bout d'un moment, je m'entends appeler. La voix de ma femme avait un accent d'effroi qui m'effraya, je me hâte de monter.

— Mon Dieu ! s'écrie ma femme, viens donc voir cette paysanne ; je ne sais si c'est du sommeil, mais je l'ai appelée, touchée, elle ne répond pas.

Je m'approchai... Je devinai sur-le-champ l'horrible vérité ; cependant, j'appelai du monde, des voisins ; puis je courus tout d'un trait à Nemours chercher un médecin ; je le ramenai avec moi. On avait en vain essayé de faire revenir cette pauvre femme... elle était morte. Le médecin déclara que c'était un coup de sang, une apoplexie, causée peut-être par un repas trop abondant... ou par ces maudites cerises qu'elle avait avalées avant son dîner... et avec les noyaux. Enfin, tout ce qu'il put faire pour rappeler à la vie la voyageuse ne servit absolument à rien... Elle était morte, et sans avoir dit un mot, sans que nous sachions ni son nom, ni de quel pays elle venait.

Vous comprenez, messieurs et mesdames, que nous nous trouvions bien embarrassés, mon épouse et moi, avec cette petite fille qui parlait à peine et cette pauvre voyageuse qui ne parlait plus. On alla chercher les autorités du pays. M. le maire vint, ainsi que M. le juge de paix ; on voulut interroger l'enfant... elle ne se doutait pas du malheur qui venait de lui arriver... elle jouait encore, cette pauvre petite. M. le maire lui demanda plusieurs fois comment elle s'appelait ; elle répondait : « Line, Caline, Ninine ; » d'où M. le maire conclut qu'elle pouvait s'appeler Caroline, Céline ou Catherine. On lui demanda le nom de sa nourrice, elle ne répondit que *maman* ou *nanan*. Tout cela ne pouvait pas nous mettre sur la voie pour connaître ses parents. M. le maire se fit apporter le paquet de la voyageuse et l'ouvrit. On trouva quelques vêtements, du linge pour une femme et un enfant. Le linge de la femme était marqué d'un P et d'un G ; celui de l'enfant avait seulement un C. Enfin, on trouva un petit portefeuille en maroquin brun, bien vieux, bien usé, et dans une poche de ce portefeuille, enveloppés soigneusement dans du papier, deux billets de banque, l'un de mille francs, l'autre de cinq cents. J'avais donc eu raison en jugeant que cette paysanne n'était point malheureuse. Mais tout cela ne mettait pas sur la voie pour connaître le nom de la nourrice ou des parents de l'enfant. Le portefeuille ne contenait, outre les billets de banque, qu'une carte, la dame de carreau, sur le dos de laquelle on avait écrit : « *Soyez à Paris vers les premiers jours d'août ; brûlez toutes mes lettres. On ira tous les jours vous attendre aux voitures.* » Mais pas de signature, pas d'adresse. Enfin, en examinant avec soin l'enfant, en la déshabillant pour s'assurer si elle n'avait point sur le corps quelque signe particulier... elle n'en avait aucun, nous nous aperçûmes qu'elle portait à son cou un petit médaillon, attaché à une petite chaîne en cheveux; ce médaillon, que nous n'avions pas vu encore, parce qu'il était placé sur la chemise et caché par le fichu que portait l'enfant, était en verre et renfermait des cheveux travaillés avec infiniment de talent : il y avait d'abord trois lettres, un C, un A, et un A, puis au-dessous une fleur comme une pensée et une espèce de marque ou de caractère bizarre... M. le maire prétendit que c était du chinois, et qu'il n'avait vu de semblables caractères que sur une pièce de nankin des Indes arrivant de la Chine.

— Du reste, le médaillon avait été soudé de façon à ne plus pouvoir s'ouvrir ; c'était probablement une précaution pour que l'on ne perdît point le travail en cheveux qui était dedans.

Pendant que M. le maire faisait ses réflexions avec MM. les notables du pays qui étaient venus pour donner leur avis, et qui en donnaient chacun un différent, ce qui empêchait qu'on fût d'accord sur rien, ma femme me poussa le coude en me disant à l'oreille... François, débouchez cette bouteille devant madame!... en me disant à l'oreille:

— Mon raton... (ceci est un petit mot d'amitié de madame mon épouse, elle n'avait pas la goutte alors!) mon raton, si tu veux, nous garderons cette petite avec nous; nous n'avons pas d'enfants, elle nous en tiendra lieu ; et, dans le cas où il nous en arriverait, cette petite trouverait toujours de l'occupation dans notre auberge.

Ce que ma femme me proposait, je l'avais pensé déjà. J'étais justement fort embarrassé pour un payement que j'avais à faire... J'aurais certainement pris la petite sans argent; mais les quinze cents francs qui se trouvaient sur la nourrice pouvaient me tirer d'une position fâcheuse. Je m'empressai donc d'offrir à M. le maire de me charger de cette petite fille qu'un événement si extraordinaire venait de rendre comme orpheline chez moi. M. le maire consulta les membres du conseil municipal, et, après de longs pourparlers, voici ce qu'on décida :

— Si vous promettez de vous charger de cette petite fille, de lui faire donner autant d'éducation qu'on peut en recevoir dans ce pays, enfin, d'avoir toujours bien soin d'elle et de ne jamais la maltraiter, alors vous pourrez disposer de la somme de quinze cents francs... plus des dix-huit francs soixante-quinze centimes qui étaient dans la poche de la robe de sa nourrice. Cet argent vous indemnisera des dépenses que vous aurez à faire pour l'enfant. Mais il faut aussi vous engager à ne jamais renvoyer cette jeune fille de chez vous, en un mot, à ne jamais la mettre à la porte quand elle sera grande ; si la petite veut un jour vous quitter, il faut aussi qu'elle soit libre ; vous n'aurez jamais le droit de la retenir de force. Enfin, vous lui laisserez toujours le petit médaillon dans lequel il y a des lettres et des caractères en cheveux, ainsi que la dame de carreau, sur laquelle il y a quelques lignes d'écriture : ce sont les seuls objets qui pourront peut-être un jour la faire reconnaître par ses parents.

Je promis de remplir exactement toutes les conditions que l'on m'imposait, et je me flatte, mesdames et messieurs, d'avoir tenu ma parole. Comme nous ne savions pas au juste le nom de l'enfant, nous lui donnâmes celui de Cerisette en mémoire des cerises qu'elle aimait tant, ainsi que sa pauvre nourrice. Et, depuis quinze ans et un mois que cet événement est arrivé, personne ne s'est présenté dans le pays pour s'informer de la paysanne qui est morte chez nous, et de la petite qu'elle conduisait à Paris. Cerisette a reçu de l'éducation... Elle sait lire, écrire et même un peu compter... Elle a une voix de rossignol, elle retient tous les airs qu'elle entend, elle fait tout ce qu'elle voit faire. Que des musiciens ambulants viennent chanter et danser devant la porte, le lendemain Cerisette chante et danse tout comme eux. Enfin, vous voyez que j'avais raison de vous dire que cette jeune fille n'était pas ici comme une servante; elle y fait à peu près ce qu'elle veut... Du reste, c'est un caractère assez original ; un jour elle sera très gaie, elle sautera, gambadera du matin au soir ; le lendemain elle sera triste, rêveuse, elle ne dira pas une seule parole, et cela sans qu'il y ait aucun motif pour qu'elle ait changé d'humeur. Mais nous la prenons comme elle est, et nous ne la contrarions pas.

GRANGÉRANT.

M. Chatouillé a terminé son récit par un profond salut à la société. Mais l'aubergiste n'avait pas absolument tout dit : on a pu voir qu'il avait glissé légèrement sur la jolie figure, sur la taille ravissante de Cerisette; pourtant M. Chatouillé n'était point demeuré indifférent à tout cela; plus la jeune fille était devenue grande et jolie, plus le maître du *Cerf sans cornes* s'était senti d'attachement pour elle. Depuis que Cerisette avait passé seize ans, cet attachement s'était manifesté par une foule d'attentions, de soins, de paroles doucereuses et de petites caresses, que d'abord Cerisette avait reçus avec reconnaissance, mais qui n'avaient point tardé à lui être fort peu agréables; enfin, il n'y avait plus eu moyen de se méprendre aux sentiments de M. Chatouillé, qui joignait les soupirs, les aveux, aux caresses et aux prévenances. La jeune fille, qui avait écouté avec obéissance l'aubergiste, tant qu'elle avait vu en lui un bienfaiteur, l'avait parfaitement envoyé promener lorsqu'il s'était présenté comme amoureux, et avait menacé de tout déclarer à Mme Chatouillé si on osait encore lui dire des choses qu'elle ne voulait pas entendre.

L'aubergiste, qui avait peur de sa femme, avait été contraint de renfermer au fond de son cœur les feux illicites dont il brûlait pour la jolie brunette; mais alors il avait changé de rôle : vexé de ce qu'on n'avait pas voulu l'écouter, ce monsieur était devenu un petit tyran domestique; il ne parlait plus à Cerisette que d'un ton aigre ou bourru; il trouvait mauvais tout ce qu'elle avait fait; il la traitait quelquefois plus mal qu'une servante. Malgré cela, comme son amour n'était pas éteint, comme il était extrêmement jaloux, quand des jeunes gens venaient loger à son auberge, il défendait à Cerisette de les servir; il tâchait de faire en sorte qu'on ne la vît point, ce qui était difficile, parce que la jeune fille respectait fort peu les consignes qu'il lui donnait et ne restait pas volontiers dans sa chambre. Enfin, c'était toujours par suite des craintes qu'il éprouvait au sujet de cette jeune fille qu'il n'avait pas voulu jusqu'alors qu'elle vînt servir les comédiens.

La réunion dramatique a écouté avec attention et intérêt le récit de M. Chatouillé : tout ce qui a un cachet romanesque doit plaire aux artistes, dont, la plupart du temps, la vie n'est qu'un long roman.

— Il y aurait de quoi faire un petit drame avec l'histoire de cette jeune fille, dit Desroseaux.

— Oui, mais le dénoûment... quel serait le dénoûment? dit Élodia.

— Quand j'étais chez l'avoué, dit Grangérant, je faisais des vaudevilles sur des sujets intéressants.

— Quels peuvent être les parents de cette petite?

— Peut-être des gens très haut placés.

— C'est-à-dire que ce doit être un enfant de l'amour, le fruit de quelque intrigue coupable... Ce qui est écrit sur la carte, cet ordre donné à la nourrice de brûler les lettres qu'elle a reçues, cela prouve bien une intrigue, du mystère, des craintes...

— Et ce médaillon avec ces lettres en cheveux...

— C'est ce qui la fera reconnaître un jour.

— Il me semble, à moi, que les parents n'ont pas montré grand empressement à faire des recherches... Ils auraient dû envoyer prendre des informations sur la route, depuis Paris jusqu'au pays où demeure cette nourrice.

— Ils l'ont fait sans doute. Mais rappelle-toi que cette femme, au lieu de prendre les voitures publiques, a profité d'une occasion pour venir jusqu'ici, que peut-être cela la détournait de son chemin, et que c'est là ce qui aura fait perdre sa trace.

Au milieu de toutes ces réflexions qui se croisaient autour d'elle, Mme Grattenboule gardait seule le silence, entièrement absorbée par l'occupation que lui donnait le contenu de son assiette. Albertine, qui, dans de certains moments, témoigne une grande déférence pour les avis de sa mère, et dans d'autres ne se gêne pas pour l'envoyer promener, s'écrie tout à coup :

— Eh bien! madame Grattenboule, tu ne nous dis pas ce que tu penses de l'histoire de cette jeune fille? Crois-tu qu'elle soit d'une naissance illustre ou que sa souche soit obscure?

Mais la souffleuse de la troupe, fidèle à l'habitude qu'elle a contractée de ne point prononcer une parole avant qu'on soit à la fin du repas, se contente de faire des signes de tête, des clignements d'yeux, et de tendre son verre pour qu'on lui donne à boire.

Ennuyé de la pantomime à laquelle se livre Mme Grattenboule, Angely dit à l'aubergiste :

— Maintenant, monsieur l'hôte, j'espère que vous allez nous envoyer Cerisette; après ce qu'ils viennent d'apprendre touchant cette jeune fille, tous mes camarades sont curieux de la connaître.

— Et la matelote? s'écrie Cuchot ; je serais aussi très curieux de faire sa connaissance, moi.

M. Chatouillé semble frappé par une idée subite, et il sort de la salle en disant :

— Je vais envoyer sur-le-champ Cerisette et la matelote

VI

UNE MATELOTE SINGULIÈRE

— Il ne faut pourtant pas que Mlle Cerisette nous fasse oublier nos affaires, dit Élodia; nous n'avons pas encore décidé ce que nous donnerions à Nemours ; si nous jouons demain, il serait temps de s'en occuper.

— D'abord, nous ne pouvons pas jouer demain ; il faut avant tout que nous prenions connaissance du théâtre, pour savoir ce qu'on peut représenter dessus...

— Ah ! il est charmant, Montézuma ! Qu'est-ce que cela nous fait que le théâtre soit grand ou petit? Quand on a joué *Robert le Diable* dans une grange, et *le Festin de Pierre* dans le fond de la boutique d'un pâtissier, il me semble qu'on peut jouer tout ce qu'on veut... Est-ce qu'il n'y a pas toujours moyen d'arranger les choses?... Ce qui ne va pas, on le passe...

— On le passe !.. Mais quelquefois nous passons tant de choses qu'il ne nous reste plus rien.

— Ça ne vaut pas encore ce que nous faisions quand j'étais en représentations à Saint-Quentin, dit Desroseaux ; nous affichions un spectacle monstre : deux drames en cinq actes et quatre vaudevilles. Mais, pour que cela ne durât pas toute la nuit, nous placions toujours une des pièces en cinq actes en premier et nous jouions tout de suite le dernier acte, cela abrégeait beaucoup.

Mlle ZINZINETTE.

— Mais ceux qui arrivaient tout au commencement du spectacle, est-ce qu'ils ne réclamaient pas?

— Nous leur faisions croire que les quatre premiers actes avaient été joués avant leur arrivée. Ils avaient beau être venus avant que la salle fût éclairée, ils étaient obligés de gober cela.

— Tu me rappelles un auteur qui, lorsque j'étais à l'Odéon, à Paris, venait chaque jour solliciter le directeur pour qu'on mît une de ses pièces sur l'affiche le lendemain. Une fois le directeur lui répondit :

Je suis bien satisfait de ce que la compagnie est satisfaite. (P. 52.)

— Mais je ne puis pas mettre votre pièce demain devant mon nouveau drame, c'est impossible ; votre ouvrage est trop long, on finirait trop tard.

— Eh bien! dit l'auteur, jouez-moi avant l'ouverture des bureaux.

— Moi, je suis de l'avis d'Élodia, dit Zinzinette. Qu'est-ce que nous donnerons à Nemours? C'est assez important pour qu'on s'en occupe d'avance...

— Oh! mes enfants, laissez-nous dîner en repos... Quand nous serons au fromage, je vous permets de parler de cela... Voyez la respectable Mme Grattenboule et imitez-la; pour les choses les plus urgentes, vous n'obtiendriez point un mot d'elle jusqu'à ce qu'elle se soit entièrement emplie.

— Emplie! ah! fi! quelle horreur! Je te prie, Cuchot, d'employer d'autres expressions en parlant de ma mère; on croirait, à t'entendre, qu'il s'agit d'une cruche?

— Eh! mon Dieu! emplie, restaurée, bourrée! Qu'importe le mot? la chose est toujours la même; tu vois bien que ta mère ne s'en formalise pas!... Elle va toujours son petit bonhomme de chemin, elle continue à mastiquer... Je te promets qu'elle ne laissera pas un petit coin de vide dans son for intérieur.

— Tu abuses de sa patience, tu sais qu'elle ne te répondra pas maintenant... Mais, prends garde... tu ne perdras rien pour attendre... Ma mère n'a pas sa langue dans sa poche.

— Je ne sais pas ce qu'elle en avait fait à Fontainebleau, pendant que j'étais en scène dans *les Rivaux d'eux-mêmes*, mais je ne pouvais pas en obtenir une seule réplique.

Albertine va répondre pour défendre sa mère, quoique celle-ci n'ait pas l'air de faire attention à ce que l'on dit d'elle; mais en ce moment Cerisette entre dans la salle en apportant un plat qu'elle dépose sur la table, puis elle fait un gracieux sourire à la société en disant :

— Messieurs et dames, voici la matelote que l'on m'a dit de vous servir.

La vue de cette jeune fille, dont on a déjà tant parlé et qui était attendue avec curiosité, cause un mouvement général dans la salle. Tout le monde veut examiner, considérer Cerisette; les hommes le font avec une attention dans laquelle il est facile de reconnaître un sentiment de plaisir et une approbation à tout le bien qu'un de leurs camarades a déjà dit de la jeune fille. Quant aux femmes, si elles ne peuvent s'empêcher de convenir d'abord que Cerisette est jolie, après ce premier mouvement, qui est toujours le bon, s'il faut en croire un fameux diplomate, leur second est de chercher ce qu'il y a de défectueux dans ce qu'elles n'ont pu d'abord s'empêcher de trouver bien, et comme Cerisette n'était point une beauté accomplie, comme la nature fait rarement des chefs-d'œuvre, et que, d'ailleurs, les femmes trouveraient encore à mordre sur un chef-d'œuvre de leur sexe, celles qui sont à table ont bien vite formulé leur opinion, et on les entend se dire entre elles :

— Figure gentille... de l'éclat aux lumières... mais il y en a cent qui sont mieux que cela et qu'on ne remarque pas.

— Rien de pur dans les contours.

— Prenez tous ces traits-là les uns après les autres, et vous n'en trouverez pas un de très bien.

— Qu'est-ce que cela me fait, s'écria Angely, pourvu que, réunis, ils forment un ensemble ravissant?... Je n'admire pas dans une femme rien qu'un de ses traits. S'il en était ainsi, il me faudrait donc adorer un nez grec, bien correct, bien dessiné, quoique celle qui le portât me fît voir dessous une bouche désagréable et de vilaines dents?... Encore une fois, il faut que la personne plaise par l'ensemble de ses traits, par l'expression de sa physionomie. Croyez-vous donc, quand une femme me charme, que je m'occupe à la détailler et que je vais me dire : « Ah! diable! mais j'ai tort d'aimer cette personne-là... Elle n'est pas régulièrement belle... Son nez est trop court ou trop gros... ses yeux ne sont pas assez fendus... ses oreilles sont trop grandes?... » Ah! mesdames! quel malheur pour vous toutes si nous agissions ainsi; car, vous le savez par vous-mêmes, la perfection est introuvable!

— Angely, vous êtes un impertinent!... Nous pouvons bien donner notre opinion sur celle que vous annonciez être un prodige!

— Donnez, mesdames, donnez votre opinion; mais soyez bien persuadées d'une chose, c'est que toutes les critiques que vous ferez d'une femme ne diminueront jamais à nos yeux le charme de sa vue, le désir de sa possession; je vous avouerai même que chez nous cela produit souvent l'effet contraire.

— Oh! parbleu! dit Albertine, nous savons bien ce dont les hommes sont capables!... Ils sont si... je ne veux pas dire le mot, mais tout le monde m'a comprise.

— Elle est bien, cette petite, dit Montézuma, elle serait charmante en dansant un *bolero*, une *cachucha*... elle a une tête espagnole.

— Cela ferait une jolie servante de Molière, murmure le père noble.

— Tu voudrais bien l'avoir connue quand tu étais chez l'avoué, hein, Grangérant?

— Il faudra la prier de chanter tout à l'heure, dit Desroseaux.

— Pourquoi pas de danser aussi? murmure Zinzinette.

— Ah! ils lui feront peut-être encore faire autre chose, dit Albertine. Dieu! que je trouve les hommes canailles! Et que je m'en voudrais si je ne m'étais pas souvent fichue d'eux!

— Mais tu ne t'en veux pas, Albertine?

— Oh! non, oh! non, oh! non!

Celle qui était le sujet de la conversation ne semblait pas s'apercevoir de l'effet que sa présence venait de produire; il est vrai que, de son côté, la jeune fille regardait avec curiosité les comédiens, et surtout les comédiennes. On devinait que, dans sa pensée, ces gens-là étaient un monde à part, un monde d'élite, enfin des êtres privilégiés qui devaient se trouver bien fiers de leur mérite et de leur position. C'est que Cerisette avait été une fois au spectacle à Nemours, et elle y avait pris un plaisir extrême; elle en avait conservé un souvenir de bonheur, et il lui avait semblé que ceux qui lui avaient procuré tant de jouissances devaient en avoir beaucoup eux-mêmes. Voilà comme on juge quand le cœur est naïf et jeune.

POUSSEMARD.

Cependant les yeux de la jolie fille, après s'être promenés sur toute la compagnie, revenaient plus volontiers se reposer sur Angely. Était-ce parce qu'ils étaient certains de rencontrer ceux de ce jeune homme?... Il est probable que cela ne déplaisait pas à Cerisette, et que l'expression tendre qu'elle lisait dans ces yeux-là avait au moins quelque charme pour elle. Ensuite, le jeune premier était joli garçon. Pourquoi les femmes seraient-elles moins sensibles que nous à ces avantages-là?

— Voulez-vous être assez aimable pour nous chanter quelque chose, mademoiselle? dit Angely en allant à Cerisette.

La jeune fille rougit, mais elle fit une gracieuse révérence en balbutiant:

— Je veux bien chanter, monsieur, mais je ne sais que des rondes du pays.

— Va pour une ronde du pays, dit Montézuma; elles ont presque toujours un petit chic local qui invite à danser. Nous vous écoutons, petite.

— Ça va être curieux! dit Élodia.

Cerisette chante une ronde dont le refrain est que :

Les moutons seuls sont bons.

Albertine demande si cette ronde a été composée par un boucher: toutes ces dames font des plaisanteries sur les paroles de la chanson; mais les hommes adressent leurs compliments à Cerisette, qui a une voix fraîche et pure et qui semble ne pas s'en douter.

Mme Grattenboule est la seule de la compagnie qui n'ait point dit son mot sur la jeune fille. Elle s'est contentée de tourner à demi la tête pour la regarder chanter, mais ensuite ses regards se sont portés sur le plat de matelote, et elle fait à Cuchot un signe que celui-ci comprend sur-le-champ, car il attire le plat devant lui et se met à servir en disant :

— De la matelote, mes enfants!... A vous, respectable Grattenboule!... Elle a bonne mine... le fumet est de bon augure... Peste! des écrevisses!... Allons, c'est mieux que je n'espérais!... A qui en servirai-je?... Ils sont tous en contemplation devant cette fille... ils en perdent, je crois, l'appétit!...

— Oh! en contemplation est faux! s'écrie Élodia; nous regardons... voilà tout... Passe-moi de la matelote, petit!

— Moi, je suis en admiration, dit Angely, qui semble s'amuser beaucoup du dépit de ces dames.

— Alors, tu ne veux pas de matelote?...

— Si fait!... Apportée par cette belle enfant, elle doit être délicieuse!...

— Et toi, Montézuma, en quoi es-tu? en ébullition?

— Sers-moi toujours... De l'anguille, je t'en prie... c'est ce que je préfère...

Albertine jouant les travestis.

— Je crois qu'en voilà... C'est singulier, je n'en trouve guère!...

— Dis donc, Cuchot, tu ne m'as donné que des croûtes de pain, à moi!...

— Et à moi que des champignons.

— Et à moi que des oignons!

— Vraiment?... Dame! je vous donne tout ce que je trouve... Il y a énormément de croûtes de pain, d'oignons et de champignons dans cette matelote... je voudrais pourtant bien me garder un petit tronçon d'anguille pour moi, qui ai commandé le plat dont je raffole.

— Mais il paraît que tu as soin de garder toute l'anguille pour toi, car tu ne m'en as pas donné le plus léger tronçon.

— Ni à moi!...

— Ni à moi!

— Ah! bah! vous plaisantez!... Vous n'avez pas de poisson?

— J'ai une écrevisse, voilà tout.

— Moi, j'ai un petit poisson rouge qui a un fichu goût... Je ne sais pourquoi, j'ai l'idée qu'il a figuré longtemps dans un bocal.

— Cuchot, je n'ai que des oignons; si tu n'as pas d'anguille, donne-moi au moins de la carpe...

— Je cherche... je ne trouve que des petits poissons.

— C'est donc une matelote de goujons que M. Chatouillé nous a faite?

Tout en servant, Cuchot avait mis de côté quelques petits morceaux ressemblant assez à des tronçons d'anguille; Mme Grattenboule était la seule qu'il eût favorisée d'un de ces friands morceaux, que, vu leur rareté, il tenait en réserve. Mais tout à coup la mère d'Albertine, qui avait aussitôt attaqué sa matelote, sort de son mutisme habituel et pousse un cri qui effraye toute la société.

— Bon! voilà ma mère qui s'étrangle à présent! dit Albertine; tu as avalé une arête, n'est-ce pas?

— Une arête! une arête! répond le souffleur femelle avec un accent où l'indignation se mêle à la surprise; mais c'est un cou de poulet, cela, monsieur Cuchot, un véritable cou de poulet ou de dindon que vous m'avez donné pour de l'anguille.

— Ah! bah! pas possible!... Attendez, madame Grattenboule, que je goûte ce petit tronçon que j'ai là.

Et Cuchot, attaquant un des morceaux qu'il avait mis en réserve, pousse bientôt un cri égal à celui de la mère d'Albertine.

— C'est un cou de volaille! un morceau de cou de volaille! Mme Grattenboule ne s'est pas trompée... Oh! ceci passe la permission!... nous servir une matelote de cous de volaille!...

— Ni carpe, ni anguille!...

— Personne n'en a eu!

— Des petits poissons rouges et des écrevisses, voilà tout.

— Ah! c'est fort drôle! Moi, j'avoue que je trouve cela très ingénieux

— Fi donc! c'est une horreur!... Qui peut savoir ce qu'on nous a fait manger tout à l'heure?

— Ma belle enfant, pourriez-vous expliquer comment il se fait qu'on nous serve des cous de volaille en matelote?...

Depuis quelques instants, Cerisette ne retenait plus qu'avec peine son envie de rire; elle y cède complètement, lorsque Cuchot lui adresse enfin sa question, et ce n'est qu'au bout d'un moment qu'elle peut répondre :

— Mon Dieu, messieurs... que voulez-vous que je vous dise?... Ce n'est pas ma faute, à moi!

— Aussi n'est-ce nullement à vous que nous nous en prenons, dit Angely; mon camarade vous demande cela comme renseignement.

— Oui, dit Desroseaux, et pour savoir si, dans ce pays, c'est l'usage de mettre des cous de volaille en matelote?...

— Je ne crois pas, monsieur... mais, que voulez-vous!... quand on n'a pas de poisson... et que les voyageurs veulent absolument de la matelote...

— On leur en fait quand même et avec n'importe quoi. Allons! messieurs, ceci n'est pas plus fort que nous, qui quelquefois jouons de grands opéras sans musique, exécutons des assauts, des batailles sans un seul soldat, représentons des sauvages en costume de mitrons, et faisons faire un Amour par Poussemard. Tout bien considéré, M. Chatouillé est un homme d'invention, de ressources, et je lui vote un toast pour sa matelote sans poisson...

Le discours d'Angely change la mauvaise humeur en gaieté: tout le monde, excepté Mme Grattenboule, prend le parti de rire de l'invention de l'aubergiste. Grangérant assure qu'il en a fait bien d'autres lorsqu'il était chez l'avoué, et Desroseaux propose de faire venir M. Chatouillé et de lui adresser fort sérieusement des compliments sur le plat qu'on vient de servir.

Cette proposition est adoptée, On appelle François, qui reçoit l'ordre de faire venir son maître, et Cerisette, témoin de la gaieté générale et de la manière dont les comédiens ont pris la tromperie qu'on leur a faite, se persuade encore que cette profession est la plus belle qui existe, puisque ceux qui l'exercent prennent tout en riant.

VII

JOYEUSE APRÈS-DINÉE

M. Chatouillé se présente l'air inquiet, son bonnet à la main, et comme quelqu'un qui s'attend à s'entendre dire des choses peu agréables. Il porte tour à tour ses regards sur chaque personne de la compagnie ; il est tout surpris de ne rencontrer que des physionomies riantes ou moqueuses.

— Je me rends aux ordres de ces messieurs et de ces dames, murmure l'aubergiste d'un ton humble et soumis.

— Arrivez donc, notre hôte, venez recevoir nos compliments.

— Pardieu ! vous êtes un cuisinier du grand numéro !

— Vous avez poussé l'art culinaire bien plus loin que tous vos devanciers !

— Les Robert, les Béchamel, les Vatel n'étaient que des enfants auprès de vous !...

— Ah ! Vatel surtout, quel bélître ! Ce n'est pas vous, monsieur Chatouillé, qui vous seriez désespéré et suicidé comme lui... n'est-ce pas ?

— Pardon, messieurs, mais je ne connais pas l'histoire de ce M. Vatel....

— Vous ne la connaissez pas ?... C'était un cuisinier royal, un maître d'hôtel de la cour. A un grand repas que donnait Louis XIV, s'apercevant que la marée n'arrivait pas, Vatel perdit la tête et se perça de son épée pour ne point survivre à ce qu'il appelait son déshonneur. Mais vous, monsieur Chatouillé, au lieu de vous désespérer, vous auriez dit : « Le poisson n'arrive pas ? Qu'on aille à la basse-cour, on y trouvera des anguilles, des carpes, des perches déguisées en dindons ou en canards ; c'est tout ce qu'il faut pour confectionner une matelote... » Voilà du génie !... voilà du talent !... Certainement, c'est vous qui le premier avez dû accommoder une culotte de gendarme à la sauce piquante, et, si ce n'est pas vous, on vous a volé cette idée-là ?... Elle devait éclore dans votre cerveau.

L'aubergiste, tout abasourdi par ce qu'il entend, ne sait pas encore s'il doit rire ou faire la grimace ; mais, comme tout le monde rit autour de lui, il se décide à faire comme tout le monde, et salue de nouveau, en murmurant :

— Je suis bien satisfait... de ce que la compagnie est satisfaite... Vous comprenez que je fais de mon mieux.

— Et il est excellent, votre mieux... oh ! il est soigné... votre matelote surtout !... Nous n'en avons pas encore mangé de pareille !... N'est-ce pas, mesdames ?

— Oh ! non... pas même chez Véfour et aux *Frères-Provençaux*.

— Il fallait venir ici, au *Cerf sans cornes*, pour manger une telle matelote.

— Mais elle vous fera honneur, monsieur Chatouillé ; nous en parlerons dans toutes les villes où l'on mange bien. Je suis sûr qu'il vous viendra du monde vous en commander une semblable !

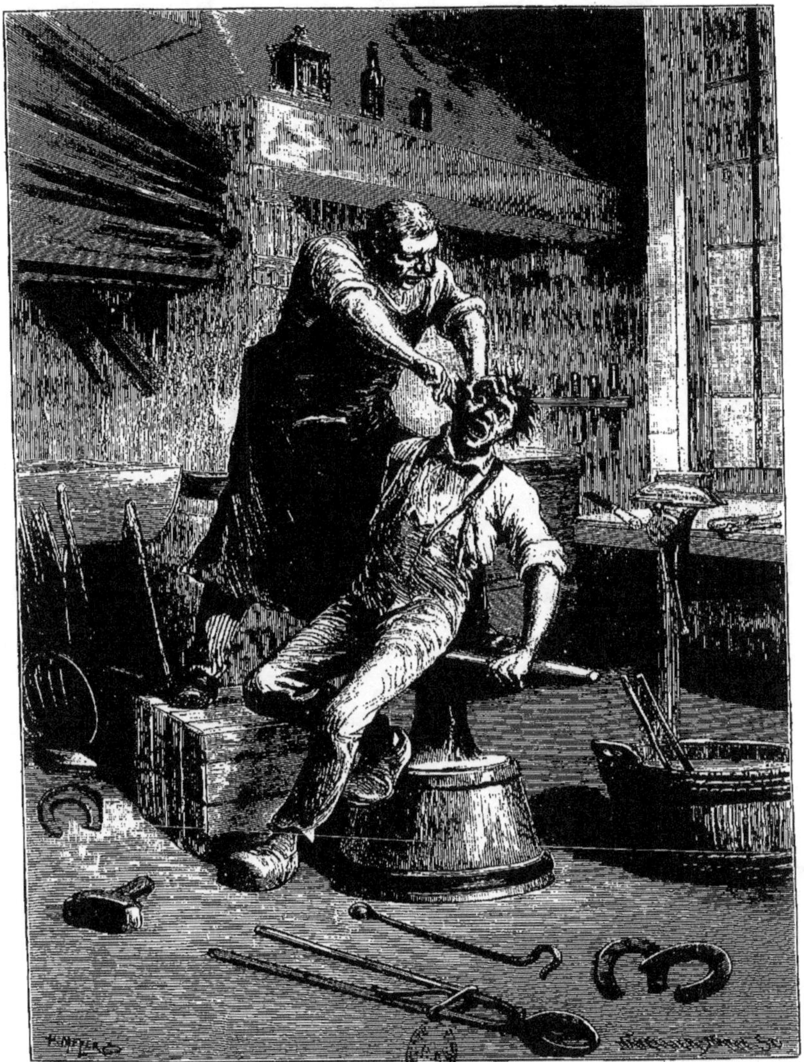

Le maréchal-ferrant me l'a otée avec ses grosses pinces. (P. 59.)

— Oh! messieurs... je suis confus!

— Allons, camarades, je propose un toast en l'honneur de M. Chatouillé!

— Oui, oui!

En l'honneur de la matelote sans poisson... car les petits poissons rouges étaient du superflu. Je vous certifie qu'elle pouvait s'en passer : ceci est encore une amélioration que vous réserverez pour la prochaine occasion.

— Supprimez aussi les écrevisses, c'est du luxe!

— A la rigueur, vous pourriez aussi remplacer les champignons par des pommes de terre.

— Ah! messieurs, ce n'est pas avec du vin ordinaire que nous boirons au génie de notre hôte!...

— Mes enfants, dit Albertine, nous sommes en fonds... si nous nous permettions le champagne?...

— Oui! oui, du champagne!

— Ma fille, tu parles comme Contat, dit Mme Grattenboule, qui a recouvré l'usage de la parole depuis qu'on ne mange plus.

Le père noble est le seul qui murmure :

— Du champagne... à quoi bon?... Nous sommes en argent, cela est vrai... mais nous ne savons pas si nous y serons longtemps... On a quelquefois affaire à un public si ingrat!

—Laisse-nous donc tranquilles, Grangérant, tu joueras *Tartufe*, nous roulerons sur l'or! Voyons, monsieur Chatouillé, pouvez-vous nous donner du champagne? Oh! mais, du vrai champagne! Nous avons assez goûté de vos productions; nous ne doutons pas que vous fabriquiez merveilleusement de tous les vins! mais il ne faut pas abuser des friandises...

— Messieurs, j'ai du champagne, du sillery pur!

— Écoutez, monsieur Chatouillé, nous en prendrons si vous nous laissez d'abord le goûter.., s'il ne nous convient pas, vous le remporterez.

— Volontiers, messieurs, volontiers... je cours vous en chercher... Cerisette, venez avec moi à la cave.

— Non pas, non pas! Emmenez François, votre garçon, et laissez-nous cette jolie enfant; vous nous devez bien cela, monsieur Chatouillé.

L'aubergiste, qui se trouve heureux d'en être quitte pour des plaisanteries, s'empresse d'aller chercher du champagne qu'il apporte bientôt avec un air d'assurance; c'était, en effet, la seule chose qu'il n'eût point tripotée. Puis il couvre la table de fromage, fruits, confitures et gâteaux faits à son four qui n'en étaient pas meilleurs pour cela.

Le champagne ayant été trouvé bon par Cuchot, qui s'y connaît, et par Mme Grattenboule, qui prétend avoir bu des premiers crus de France, une bouteille est bientôt vidée et remplacée par une autre. Alors la gaieté devient générale : Élodia chante de l'opéra; Zinzinette, du vaudeville; Albertine, une chansonnette un peu grivoise ; Mme Ramboure essaye une romance sentimentale, et Poussemard fait ce qu'il peut pour accompagner la duègne à la tierce, tandis que Mme Grattenboule bat la mesure avec son couteau sur son verre. Grangérant déclame une pièce de Molière ; Desroseaux conte une histoire à Cuchot qui boit et ne l'écoute pas; Angely dit des douceurs à Cerisette à laquelle il vient de prendre la main, en lui offrant du champagne qu'elle refuse; Montézuma s'est levé et se promène autour de la table en déclamant et mimant une scène du *Déserteur*, dont il a l'air de faire un ballet, il entonne d'une voix de cornet à piston :

La mort n'est rien, c'est notre dernière heure...
Et ne faut-il pas que l'on meure?

Là il fait une demi-pirouette, qu'il termine en jetant son corps en arrière pour figurer quelqu'un qui est tué, puis il reprend :

Chaque minute, chaque pas,
Ne mène-t-il pas
Au trépas?

Arrivé à ce passage, il juge convenable de faire une foule de petits pas glissés comme s'il dansait une anglaise. Ensuite il continue :

Mais souffrir une perfidie
Aussi sanglante, aussi hardie...

Pour donner plus de force à cet endroit, Montézuma tape du pied, se recule comme s'il voyait le diable, puis s'arrête en se tenant un moment sur ses orteils. C'était de cette manière que le bel homme jouait presque tous ses rôles; et souvent, en province, cela lui valait de nombreux applaudissements, que l'on n'aurait pas accordés à une déclamation simple et naturelle. Cependant, quelquefois aussi cela lui attirait une bordée de sifflets; mais, alors, il prétendait que c'était la pièce qui ennuyait le public.

— Il est bon, le champagne... il est gentil!... s'écrie Albertine en tapant sur son verre pour faire mousser ce qui reste au fond. Dis donc, ma mère, il me rappelle celui que m'avait envoyé le prince Chemizakoff.. Ah! Dieu! en avons-nous flûté dans ce temps-là!... Faisions-nous des bombances!... Quelle vie de Polichinelle!...

— Et quand tu étais avec le comte de Clapottensky et que tu avais voiture... C'est alors que ça roulait!.. Nous dînions trois fois par jour chez le traiteur!..

— Vous dîniez trois fois par jour? s'écrie Cuchot avec étonnement. Bigre! quelle capacité!

— Ma mère veut dire que nous déjeunions, dînions et soupions chez le traiteur.

— Ça faisait toujours trois repas par jour… et quels repas ! Ça valait trois dîners !… Oh ! Dieu, l'heureux temps !

— Tu as donc eu voiture, toi, Albertine ?

— Tiens, qu'est-ce que cela a d'étonnant ?… Je l'ai eue trois fois… J'espère bien l'avoir encore… Mais la première fois que je me reverrai en équipage, il faudra que Mme Grattenboule ne me fasse plus de farces comme à son ordinaire…

— Qu'est-ce que tu dis ?… Quelle farce ai-je faite dans tes équipages ?…

— Mon Dieu ! ma mère, vous savez bien. Je vous emmenais, parce que vous aimez à aller en voiture ! mais, quand j'entrais quelque part et que vous restiez dans l'équipage à m'attendre, vous vous mettiez tout de suite à jouer au piquet avec mon cocher…

— Eh ben ! qué mal ? il faut bien tuer le temps !

— Ce n'est pas moi qui y trouvais du mal, mais cela déplaisait au prince Chemizakoff ; je vous assure que cela m'a fait du tort dans son esprit.

— Laisse-nous donc tranquille !… N'était-il pas bien distingué, ton prince, que nous ramenions tous les soirs ivre-mort chez lui ? Il fallait que les garçons le portassent dans sa voiture.

— Ma mère, ce n'est pas mauvais genre de se soûler ; presque tous les grands personnages étrangers que j'ai connus se permettaient ce divertissement : en Angleterre, les lords ne s'en privent pas…

— Et, d'ailleurs, s'écrie Desroseaux, Mme Grattenboule aurait bien mauvaise grâce à fronder ce défaut.

— Qu'est-ce qu'il dit, celui-là ? Apprenez donc votre *Mariage de Figaro*, vous !…

— Et vous, tâchez donc de me souffler, au lieu de dormir dans votre trou, comme cela vous arrive souvent.

— Je ne dors que quand tu joues, cher ami : c'est ta faute si tu me produis cet effet-là.

— Madame Grattenboule, je ne vous répondrai pas, je respecte votre perruque.

— Je crois bien… elle vaut mieux que tes cheveux, qui sont si mal plantés qu'ils ont l'air postiche !

— Allons, ma mère, ne vous fâchez pas, et n'attaquez pas le postiche vous risqueriez trop ici…

— Pourquoi aussi que tu me dis des bêtises au sujet de tes équipages !… Comme si on ne savait pas se conduire !

— Je ne vous dis pas de bêtises... mais je répète que ma tendresse pour vous et le désir de vous être agréable m'ont fait du tort. Par exemple, ce jour où j'avais reçu une invitation pour déjeuner chez un riche armateur de Marseille... un homme qui était, dit-on, millionnaire... et que, par gourmandise, vous avez absolument voulu que je vous emmène avec moi, désir auquel j'ai eu la faiblesse de céder.

— Eh ben! puisque ce monsieur était millionnaire, je vous demande un peu, mes enfants, qu'est-ce que cela pouvait lui faire d'avoir une personne de plus à déjeuner? Et puis on m'avait dit qu'on mangeait des choses curieuses chez le particulier, et qu'on buvait du vin du *mont Liban* « Fichtre!... que je me disais, ça doit être du vin un peu chouette; c'est un vin de Turc, ça doit être bigrement fort!...

— Vous étiez dans l'erreur, madame Grattenboule; le mont Liban, c'est la Palestine, la Terre sainte. C'est sur le mont Liban que se trouvent le Calvaire, le Thabor, le mont Carmel...

— Je ne sais pas si le vin en question avait été récolté sur le mont *Caramel*, mais ça m'étonnerait, car il n'était pas sucré du tout; c'est amer comme chicotin, ce vin-là!... C'est égal, je suis bien aise d'en avoir bu... c'est aussi glorieux que d'avoir été chez l'avoué...

— Ah! ma mère, vous m'avez bien fait du tort avec votre bouche... Ce monsieur n'avait invité que moi... et lui amener du monde...

— Suffit, en voilà assez.

— Il paraît que cela le contraria beaucoup, car je n'entendis plus parler de lui depuis ce jour-là, et il ne m'invita plus.

Tu ne dis pas le fin mot, c'est que nous avions emmené aussi Castorin, ton chien, un petit épagneul qui aboyait toujours; mais tu avais absolument voulu qu'il vînt avec nous, et j'ai dans l'idée que ce monsieur n'aimait pas les chiens.

— Ah! ah! ah! la bonne charge! dit Zinzinette : pauvre armateur! comme il a dû être agréablement surpris!... Oh! quel dommage qu'il n'y ait pas un piano ici... Je me sens en voix... Ah!... ah!... Oh! mon petit Poussemard, va donc chercher ton violon.

— Ah! oui, il nous jouera une valse.

— Je n'en sais pas.

— Tu sais celle de *Giselle* et celle de *Robin des Bois?*

Poussemard quitte la salle pour aller chercher son instrument. On apporte le café, l'eau-de-vie et du cassis, la seule liqueur que l'aubergiste puisse offrir à ses hôtes.

On se lève de table. Tout le monde parle ou chante en même temps. Le père noble fait le tour de la salle en déclamant le rôle du *Misanthrope*, s'arrêtant de temps à autre devant une chaise à laquelle il adresse ses vers.

Montézuma a quitté le *Déserteur* pour le *Tableau parlant;* il est en train de danser le rôle du beau *Léandre;* Desroseaux et Zinzinette chantent le duo *Picaros* et *Diego;* Élodia fait des roulades en criant :

— Grâce! grâce! grâce pour elle!...

Albertine a retroussé ses manches jusqu'à la hauteur des épaules; elle va devant la glace exécuter un pas de *tarentelle* en tenant toujours ses deux bras au-dessus de sa tête, se souriant, se tirant la langue et s'envoyant des baisers.

Enfin, Mme Ramboure, qui est toujours très tendre après le dîner a bloqué François, le garçon d'auberge, dans un coin de la chambre, et, l'enlaçant dans ses bras, s'écrie, en feignant d'avoir peur :

— Petit frère... Ah! petit frère... vois-tu ce noir qui vient à nous? Ah! j'ai peur!

François, qui ne se doute pas qu'on lui joue une scène de *Paul et Virginie*, regarde d'un air hébété dans toute la salle, en disant :

— Je ne vois pas votre petit frère... et je ne vois rien de noir qui vienne à nous.

Mais Mme Ramboure continue en faisant une voix enfantine :

Dans quel état il est, mon ami!... ses pauvres pieds sont tout en sang... Rassurez-vous, bon noir!... Vous souffrez beaucoup?...

— Moi, s'écrie François, je ne suis jamais malade!... je n'ai jamais souffert que d'une dent du fond; mais le maréchal-ferrant me l'a ôtée avec ses grosses pinces..!

La duègne met sa main sur la bouche de François pour le faire taire, puis elle se met à chanter :

Fatigué d'une si longue route
Ayant gravi sur les rochers,
La faim vous tourmente sans doute?
Offrons-lui fruits de nos vergers.

— Mais je n'ai pas faim du tout, dit François ; je me suis repassé une bonne salade d'œufs durs avant votre souper...

Mme Ramboure remet ses doigts sur la bouche de François, que cela ne semble pas amuser beaucoup, et continue :

Oh! nous éprouvons aujourd'hui,
Bon noir, en vous offrant du nôtre,
Que le plus heureux est celui
Qui peut donner ses fruits à l'autre.

— Vous avez soif?

— Non, madame, je n'ai pas soif.

— J'ai vu près d'ici une source ; attendez-moi.

Et Mme Ramboure se met à courir à l'autre bout de la salle en faisant des singeries ; ensuite, elle va à la table, verse du cassis dans le creux de sa main, revient en sautillant près de François, qui la regarde d'un air effaré, et, rapprochant ses deux mains en cornet, se met en devoir d'entonner le cassis à François, qui se recule en disant :

— Si M. Chatouillé me voit boire du cassis, il me donnera une roulée ; merci, je n'en veux pas ! Il n'est pas aimable tous les jours, le bourgeois !

Mais la duègne, qui est toujours dans l'esprit de son rôle, verse le cassis qui est dans le creux de sa main sur le visage du garçon et lui en barbouille toute la figure.

Pendant que cette scène se passe dans un coin de la salle, le père noble vient de se poser devant l'aubergiste, qui apportait du vieux cognac, et, arrêtant M. Chatouillé au moment où celui-ci voulait se rapprocher de Cerisette, qui causait avec Angely, lui dit d'une voix forte et d'un ton sévère :

Allez ! vous devriez mourir de pure honte !
Une telle action ne saurait s'excuser,
Et tout homme d'honneur s'en doit scandaliser.
Je vous vois accabler un homme de caresses,
Et témoigner pour lui les dernières tendresses,
De protestations, d'offres et de serments
Vous chargez la fureur de vos embrassements :
Et quand je vous demande après : Quel est cet homme
A peine pouvez-vous dire comme il se nomme.

— De quel homme parlez-vous, monsieur? s'écrie l'aubergiste tout interloqué. Si je le connais, je vous dirai son nom... je ne demande pas mieux !... Mais, pour des caresses, je ne me rappelle pas en avoir fait à personne. Quant à ce cognac, je vous certifie que c'est du bon ! du vrai !...

Grangérant s'essuie le visage, et, prenant M. Chatouillé par le bras, le lui serre avec force, en reprenant :

Morbleu ! c'est une chose indigne, lâche, infâme,
De s'abaisser ainsi jusqu'à trahir son âme ;
Et si, par un malheur, j'en avais fait autant,
Je m'irais de regret pendre tout à l'instant.

— Me pendre, monsieur, me pendre ! s'écrie l'aubergiste avec terreur et en faisant ses efforts pour dégager son bras, que le père noble tient toujours. Non, monsieur, je n'irai pas me pendre ! Par exemple !... Voilà qui est joli !... Je n'ai rien fait pour être pendu, entendez-vous, monsieur? On me demande du vieux cognac, je vais vous en chercher, et vous dites

Mme Grattenboule et son cavalier aveugle se jetaient à chaque instant dans les valseurs. (P. 68.)

que je devrais me pendre pour cela?... Mais, monsieur, je ne vous force pas d'en boire... et je ne sais pas pourquoi vous êtes en colère après moi, et pourquoi vous me dites un tas de sottises...

— Des sottises!... du Molière, des sottises! s'écrie le père noble en lâchant le bras de l'aubergiste d'un air indigné. Ah! Velche!... Huron!... barbare que vous êtes!... Voyons ce cognac... Vous me faites bien de la peine, monsieur... c'est une scène du *Misanthrope* que je vous jouais... Du reste, votre frayeur me prouve que j'avais bien saisi l'esprit de mon rôle, que j'étais bien le frondeur, l'homme que les vices de son temps ont aigri... C'est flatteur pour moi, monsieur, c'est un éloge de mon talent... je vous en remercie.

— Il n'y a pas de quoi, monsieur... Mais, une autre fois, je vous en prie, prévenez-moi quand vous voudrez me jouer une scène... ne me faites plus de ces peurs-là.

Cuchot et Mme Grattenboule restaient spectateurs indifférents de ce qui se passait autour d'eux. Le mari d'Elodia faisait du *gloria;* il y mettait le feu, il le buvait, puis il s'en faisait d'autre. La mère d'Albertine s'humectait avec des petits verres, allant alternativement de l'eau-de-vie au cassis, et quelquefois faisant du mêlé.

VIII

LA SÉDUCTION

Au milieu de ce mouvement, de ce bruit, de cet entretien général, M. Angely avait saisi la main de Cerisette, au moment où elle passait contre lui pour déposer quelque chose sur la table, et, l'attirant doucement vers une chaise qui était tout à côté de la sienne, l'y avait fait asseoir en lui disant d'une voix bien tendre :

— Venez donc là, un moment, près de moi...

La jeune fille n'avait pas fait beaucoup de façons pour céder à cette invitation; elle s'était assise à côté du joli garçon, avec un petit air souriant, le regardant, puis baissant les yeux et les relevant un instant après pour le regarder encore.

M. Angely a pris une main de Cerisette, qu'il presse doucement dans la sienne, en disant à la jeune fille :

— Savez-vous que vous êtes ravissante, charmante Cerisette?... Savez-vous que je ne vous connais que depuis bien peu de temps, et que, cependant, je suis amoureux de vous, oh! mais, amoureux à en perdre la tête?...

— Oh! monsieur... c'est pour plaisanter que vous dites cela... Est-ce qu'on devient amoureux des gens... comme cela, tout de suite?... Et puis, une pauvre fille d'auberge... on ne peut pas m'aimer... Tenez, monsieur, ce n'est pas bien de vous moquer de moi!

— Me moquer de vous, Cerisette! Pourquoi donc me supposer cette pensée?... On ne peut pas vous aimer, dites-vous? On vous aimera beaucoup, on vous aimera trop, peut-être! Vous êtes si gentille!... vous avez de si beaux yeux!... Ils ont une expression si séduisante!... Eh bien! vous les baissez maintenant!... Est-ce pour me punir de les adorer?...

Cerisette rougit, mais c'est de plaisir; elle est peu accoutumée à s'entendre adresser de tels compliments, car M. Chatouillé avait soin de l'éloigner quand de jeunes voyageurs arrivaient chez lui; il n'est donc pas étonnant qu'un trouble extrême, qu'une vive émotion s'emparent de son cœur en écoutant les discours d'Angely; et puis, le jeune homme, habitué à faire au théâtre des déclarations d'amour, savait donner à sa voix une expression douce et tendre; il avait tout ce qu'il fallait pour toucher le cœur d'une femme, et, à plus forte raison, celui d'une jeune fille sans expérience... quoique l'expérience garantisse bien rarement contre la séduction.

— Cerisette, voulez-vous m'aimer un peu? reprit Angely en rapprochant sa figure de celle de la jeune fille.

— Moi!... que je vous aime!... Et à quoi cela m'avancerait-il?

— D'abord, ma chère enfant, quand les personnes nous plaisent, on ne fait pas toutes ces réflexions-là; on se sent entraîné vers elles par un penchant irrésistible; tenez, absolument comme je l'ai été vers vous aussitôt que je vous ai vue... Pour s'aimer, pour s'adorer, ne croyez donc pas qu'il faille se connaître pendant des mois, des semaines... C'est une erreur, ma chère amie; on s'aime tout de suite, on se le dit, on se le prouve, et puis on fait connaissance après.

— Oh! monsieur, comme vous arrangez tout cela!

— Est-ce que, dans ce pays, vous avez déjà aimé... ou distingué quelqu'un?

— Par exemple... qui donc aurais-je pu distinguer?... Oh! c'est que... tenez... moi... vous allez trouver cela drôle de la part d'une fille d'auberge, mais je n'aime pas du tout les paysans, ni tous ces rustres... comme les voituriers, charretiers, qui voulaient quelquefois rire avec moi. Je ne les recevais pas comme vous, ceux-là!...

— Alors, je vous plais davantage?

— Dame!... Vous... ce n'est pas la même chose... Un acteur, un comédien... c'est un personnage si... mon Dieu! je ne peux pas bien m'exprimer... il faut avoir tant de talent pour jouer sur des théâtres... pour dire et chanter de si belles choses!

— On n'a pas toujours autant de talent que vous le croyez, Cerisette, et nous avons quelquefois parmi nous des gens qui n'en ont pas du tout.

— Pourquoi se font-ils acteurs alors?...

— C'est une passion malheureuse pour le théâtre qui pousse les uns, c'est un excès d'amour-propre qui conduit les autres.

— Dites-moi, monsieur, êtes-vous toujours entre vous aussi gais, aussi aimables, aussi disposés à vous amuser que ce soir?

— Oui, toujours; nous narguons le chagrin, nous ne désespérons jamais de l'avenir. Sifflés la veille, nous espérons un grand succès pour le lendemain; riant les uns des autres, tout en nous rendant des services mutuels; supportant très philosophiquement la mauvaise fortune; partageant le peu que nous avons avec de plus malheureux que nous; d'aussi bonne humeur en buvant de l'eau qu'en sablant du champagne: voilà comme nous sommes, charmante Cerisette!

Desroseaux.

— C'est une vie bien agréable que celle-là!

— Eh bien! si elle vous fait envie, qui vous empêche d'embrasser cette carrière?

— Moi?... Mais vous n'y pensez pas!... Moi, actrice? Mais je n'ai pas de talent, monsieur, je ne sais rien du tout...

— Vous savez lire, c'est déjà quelque chose, vous pourrez lire vos rôles... Nous avons quelques dames qui savent à peine épeler... Elles sont obligées de se faire seriner leur rôle par un camarade ou par leur amant, cela retarde beaucoup pour les répétitions. Ensuite, qui vous dit que vous n'aurez pas du talent, un grand talent, peut-être?... Il y en a tant qui sont cachés... et d'autres qui ne savent point se produire, se faire jour parmi la foule. Ah! il avait bien raison le philosophe qui a dit : « Il y a une foule de gens qui vivent et qui meurent sans avoir déballé toutes leurs marchandises! »

— Qu'est-ce que cela veut dire, monsieur?

— Cela veut dire, ma chère Cerisette, que, faute de hardiesse, on reste dans un trou, on végète dans le fond d'un village lorsqu'on était appelé à briller au premier rang, à faire parler de soi, à occuper le monde par sa renommée. Tenez, Cerisette, je connais votre histoire; l'aubergiste nous a conté comment vous vous trouviez chez lui. Il résulte de tout cela que vous êtes votre maîtresse, que vous êtes entièrement libre de quitter cette maison quand cela vous conviendra, et que M. Chatouillé et sa femme n'ont nullement le droit de s'opposer à votre départ.

— Je le sais bien, monsieur.

— Si vous devez un jour, grâce au médaillon que vous portez, connaître votre origine, retrouver vos parents, n'est-ce pas plutôt en vous produisant dans le monde que cela arrivera? Le hasard, mille circonstances peuvent alors vous servir; tandis qu'en restant dans cette auberge, il vous faut renoncer à cette espérance; car si on avait dû venir vous y chercher, cela serait fait, depuis quinze ans que vous y êtes!...

— Vous croyez, monsieur, vous pensez que si je me faisais comédienne, cela m'aiderait à retrouver ma famille?... Oh! si je savais cela... Mais, encore une fois, je n'ai pas de talent... Je ne sais pas jouer un rôle... et je n'oserais jamais paraître sur un théâtre... je serais trop honteuse!...

— Mais si vous le voulez, songez donc que je serai votre maître, votre professeur!...

— Vous, monsieur? Cela vous ennuierait de me montrer tant de choses: et puis, si je n'apprenais pas bien... si je n'avais pas de dispositions, vous regretteriez de m'avoir emmenée...

— Oh! jamais!... jamais!... Car je vous aime, Cerisette, car je voudrais passer ma vie près de vous...

— Vraiment!... Mais, non... vous ne dites pas ce que vous pensez... vous faites comme vos camarades, c'est une scène de quelque pièce que vous me jouez...

— Que faut-il donc faire pour vous prouver qu'on vous aime... En vérité, vous êtes d'une incrédulité!...

— C'est que je ne suis pas habituée à m'entendre dire de ces choses-là.. Et puis, vous... aimer une servante d'auberge!...

— Dites une fille charmante, ravissante, remplie de grâces!... Mais, mon Dieu!... que suis-je donc? moi? Bien moins que vous, peut-être... car vos parents vous sont inconnus, vous pouvez être d'une haute lignée; tandis que moi, fils d'un honnête négociant de Lyon, ayant reçu, grâce à mon père, une assez bonne éducation, car on voulait faire de moi un avocat, un grave magistrat, peut-être!... j'ai tout abandonné, tout quitté pour le théâtre, bravant la colère de mon père, les conseils de mes parents, les avis de mes amis. Je suis monté sur les planches; j'ai voulu connaître cette vie aventureuse entremêlée de succès et de revers, de bons et mauvais jours... mais dans laquelle, pour les artistes nomades, les mauvais jours sont en majorité. J'ai voulu tâter de cette existence dans laquelle l'amour-propre est presque toujours en jeu. J'ai voulu vivre dans ces coulisses où il se passe souvent des scènes plus bizarres, plus comiques que celles qui se jouent devant le public; j'ai voulu, couvrant ma figure de rouge, de blanc ou de rides, suivant le personnage que je représente, être tour à tour prince, troubadour, chevalier, marquis, porter un costume polonais, allemand, anglais ou espagnol. Je l'ai voulu, j'ai fait tout cela, et je ne me repens pas de l'avoir fait... je me trouve heureux... J'éprouve une foule d'émotions quand je vais jouer un nouveau rôle; j'ai de la crainte, de la frayeur, de l'espoir; au moment de paraître devant le public, mon moral se remonte, je m'identifie avec mon personnage, je me dis que le théâtre est un champ de bataille et qu'il faut de l'audace, de l'aplomb, pour triompher... Eh bien! tout cela, Cerisette, c'est vivre, c'est exister... c'est sentir que l'on a des sens, des passions, des moyens, des avantages; c'est se servir de tous les dons que la nature a bien voulu nous accorder... et je préfère cette carrière aventureuse à celle plus douce, peut-être, mais plus uniforme que l'on voulait me faire embrasser.

La jeune fille a écouté avec beaucoup d'attention Angely; et il est facile de voir dans ses yeux que les discours du jeune acteur ont fait sur son cœur une vive impression. Celui-ci tient toujours la main de Cerisette qu'il serre encore plus tendrement; il s'aperçoit de l'effet produit par ses paroles et reprend :

— Voyez donc quelle différence de vous à moi, et comme cette nouvelle carrière s'offre à vous plus facile, plus riante! Pour l'embrasser, vous n'êtes point obligée de vous brouiller avec votre famille, ni d'encourir la haine de votre père... Il n'est pas possible que vous regrettiez la position de servante d'auberge, et, quant à M. Chatouillé, si j'ai bien su le juger, je crois que c'est un homme fort peu aimable et auquel vous ne devez pas être bien attachée...

— Oh! pour cela, vous avez raison... je ne le regretterais pas du tout, au contraire... car, depuis quelque temps... il m'ennuyait beaucoup... Ne voulait-il pas me faire la cour?... Il me poursuivait dans tous les coins... il voulait m'embrasser... il me grondait, me brusquait quand je parlais à un jeune voyageur... et, tenez, en ce moment, voyez quels yeux il fait parce que je cause avec vous! Sans votre camarade... qui le retient par le bras et fait semblant de vouloir le poignarder avec une petite cuiller, je suis sûre qu'il serait déjà venu me chercher et m'aurait fait quitter la salle.

— Comment! ce polisson d'aubergiste cherchait à vous séduire?... Une aussi jolie fleur aurait été cueillie par cet aliboron!...

— Mais non, monsieur, il n'aurait rien cueilli du tout, je vous prie de le croire. Quant à sa femme, elle n'est pas méchante, mais elle est devenue jalouse, surtout depuis qu'elle a la goutte, et je crois qu'elle ne serait pas très fâchée de me voir quitter son auberge...

— Alors, vous acceptez ma proposition? Vous viendrez avec nous? Vous partagerez mon amour?...

— Oh! je n'ai pas dit cela, monsieur.

— Cerisette, je t'aimerai tant!... je te chérirai chaque jour davantage!...

— Oh! mon Dieu! vous me tutoyez à présent!... Ne me parlez pas comme ça... ça me fait un effet tout drôle!...

— Pour que tu me donnes ta réponse, laisse-moi te revoir cette nuit; reçois-moi un moment dans ta chambre...

— Dans ma chambre? la nuit? Non, certainement, je ne le veux pas!... Et puis, d'ailleurs...

Ici la conversation est interrompue par un mouvement général qui s'opère dans la salle. C'est Poussemard qui vient d'entrer avec son violon et qui joue la valse de *Robin des Bois*. Aussitôt Albertine et Zinzinette ont repoussé la table dans un coin; l'une a enlacé Desroseaux, l'autre Montézuma, et les deux couples se mettent à valser. M. Chatouillé a profité de ce mouvement pour courir à Cerisette, à laquelle il dit avec un accent colérique :

— Ma femme vous sonne depuis une heure, mademoiselle... allez donc la retrouver... cela vaudra mieux que de babiller dans les coins.

Au lieu de laisser la jeune fille s'éloigner, Angely passe un bras autour de sa taille en s'écriant :

— Que Mme Chatouillé sonne tant qu'il lui plaira, mon cher hôte, mais j'ai invité Cerisette à valser, et je ne la laisserai pas s'éloigner.

— Monsieur, Cerisette ne sait pas valser.

— Je vais être son professeur, et je vous réponds que j'en ferai quelque chose...

— Mais, monsieur, vous n'avez pas le droit de disposer comme cela de ma servante, et... je ne veux pas...

— Oh! permettez, monsieur Chatouillé, cette charmante enfant n'est point votre servante... Elle est libre chez vous... elle vous quittera quand bon lui semblera, et sans que vous ayez le plus petit mot à dire... vous oubliez donc que nous connaissons toute son histoire?...

M. Chatouillé devient écarlate; avant qu'il ait le temps de répondre au jeune premier, celui-ci a entraîné Cerisette qui, au bout de quatre tours de salle, sait déjà valser, parce qu'elle s'est tout bonnement abandonnée et laissée conduire par son valseur, sans s'occuper le moins du monde de faire des pas.

L'aubergiste est furieux ; il enfonce son bonnet de coton sur ses yeux, en se disant :

— Ah ! si j'avais su !... je leur aurais mis autre chose dans la matelote.

Pour achever de l'exaspérer, M. Chatouillé se sent pris à bras le corps et entraîné au milieu de la salle. C'est Mme Grattenboule, que les petits verres ont mise en train, et qui veut à toute force danser une allemande. N'ayant pu faire quitter la table à Cuchot ni obtenir du père noble qu'il fût son cavalier, la mère d'Albertine s'est jetée à corps perdu sur l'aubergiste, et comme, en lui prenant la tête, elle a enfoncé le bonnet de coton jusque sur son nez, Chatouillé, n'y voyant plus du tout et ayant les mains tenues, est forcé de faire, sans voir clair, toutes les figures d'allemande qui sont familières à Mme Grattenboule.

Mme RAMBOURE
la duègne de la troupe.

Le bal durait depuis quelque temps ; Mme Grattenboule et son cavalier aveugle se jetaient à chaque instant dans les valseurs, qui les repoussaient vigoureusement sans pour cela s'arrêter. L'aubergiste demandait grâce en criant :

— J'en ai assez... je ne vois pas clair !

Mais Mme Grattenboule lui répondait :

— C'est plus gentil, comme ça, c'est le pas de l'*Amour* et de *Psyché* ; je l'ai dansé il y a quarante ans devant l'empereur de Russie, qui m'a aussitôt jeté le mouchoir...

Tout à coup des cris perçants partent d'un coin sombre de la salle où personne ne songeait à jeter les yeux. C'était Mme Ramboure qui, en

Hum, crédié, je m'en doute bien. (P. 67.)

continuant de jouer *Paul et Virginie* à François; avait voulu qu'il fît avec elle la scène où les deux enfants se cachent sous la jupe de Virginie pour se mettre à l'abri de l'orage. Au moment où il s'y attendait le moins, François avait vu tout à coup la duègne relever ses jupons et les lui jeter par-dessus la tête. Peut-être François avait-il vu autre chose encore, mais il paraît que cela ne l'avait pas séduit, car il criait comme un possédé, tout en se débattant sous les jupons de Mme Ramboure :

— Je ne veux pas!... je ne veux pas... j'étouffe là-dessous ! Ah ! que c'est bête ! Je ne veux pas baiser votre derrière, moi!...

— C'est dans la pièce! c'est dans la pièce!... répond la duègne en s'efforçant de retenir François sous sa jupe. Viens, petit Paul, viens, bon frère... nous allons gravir le rocher et traverser le torrent... Serre-toi bien contre moi!

Au lieu de se serrer contre Virginie, François se met à quatre pattes pour sortir de dessous ses jupons; Mme Ramboure, qui tient à couvrir François, s'assied aussitôt sur son dos et semble disposée à faire ainsi le tour de la chambre; mais la société a pitié du garçon d'auberge. Montézuma court à la duègne, qu'il parvient, non sans peine, à enlever de dessus son dada. Chatouillé s'est échappé des mains de Mme Grattenboule; il a relevé et jeté en l'air son bonnet de coton, qui tombe sur le violon de Poussemard. La musique s'arrête; François, échappé enfin de dessous les jupons de Mme Ramboure, sort de la salle en prenant ses jambes à son cou, comme s'il se croyait encore poursuivi par Virginie. La troupe dramatique pense qu'il est temps de songer à se reposer. Chacun demande sa chambre, M. Chatouillé pousse devant lui Cerisette, en lui ordonnant de conduire les dames; tandis que de son côté il se chargera de conduire ceux de ces messieurs qui ont des chambres à part.

La jolie fille n'obéit qu'après avoir jeté un coup d'œil à Angely, qui la regarde s'éloigner. Ensuite, tout le monde se dit bonsoir, et au bout de quelques instants un calme profond a succédé dans l'auberge au bruit de la musique, aux éclats de la joie et aux cris de François.

IX

LE BIEN ET LE MAL

Onze heures et demie venaient de sonner. Dans un village, cela représente deux heures du matin à Paris. C'est alors que Cerisette, tenant sous son bras un panier couvert, et de l'autre une lumière, arrive devant la porte de sa chambre, pose sa lumière à terre, prend une clef dans sa poche et entre tout doucement dans son domicile, où elle savait bien trouver du monde.

Sabretache dormait profondément, comme un homme qui est harassé de fatigue et n'a point de chagrins au cœur. Mais Cerisette pense qu'il ne sera pas fâché d'être réveillé pour faire un bon repas, et qu'il n'en dormira que mieux ensuite. Elle s'approche du soldat et lui pousse le bras en lui disant :

— Monsieur... monsieur Sabretache... éveillez-vous!... C'est moi qui vous apporte à souper.

Le soldat ouvre les yeux, se met vivement sur son séant, en s'écriant :

— De quoi?... Qu'est-ce qu'il y a?... L'ennemi!

— Eh! non... non, monsieur Sabretache, ce n'est pas l'ennemi... Vous n'êtes plus en Afrique... et je ne suis pas une Bédouine, moi.

Sabretache regarde dans la chambre, puis saute à bas du lit et va presser la main de la jolie fille, en lui disant :

— Ah! pardon... excusez-moi, ma chère enfant... Je suis dans votre chambre... c'est vous qui m'avez donné l'hospitalité... Oui... oui... je suis éveillé à présent!... Ah! dame, c'est que j'ai déjà fait un bon somme sur votre lit... on y est comme dans du coton!

— Vous n'êtes pas difficile!

— Je rêvais que j'étais encore en Algérie, que je combattais des Arabes dans un défilé... seul... éloigné de tout secours. Je me suis trouvé dans cette position-là, voyez-vous, et je m'en suis tiré... Mais, quelle heure est-il donc?

— Onze heures et demie... passées même...

— Bigre! j'ai déjà dormi près de trois heures, alors?

— Et, maintenant, vous allez souper.

En disant cela, Cerisette sort des provisions de son panier. Elle place sur une table du pain, une bouteille de vin, une bonne portion de gibelote, un morceau de fromage et deux grosses poires.

— Comment, nom d'une pipe, c'est pour moi tout cela! dit l'ancien militaire en regardant la jeune fille mettre le souper sur la table.

— Oui, c'est pour vous... Il n'y a pas de trop... mais c'est tout ce que j'ai pu me procurer... Quand on a faim, il y a encore de quoi se restaurer.

— C'est-à-dire que je vais faire un repas de général en chef... un festin, une bombance... et, ma foi! je ne vous cacherai pas que cela m'arrive à propos... J'avais faim avant de dormir; mais le proverbe qui prétend que : « Qui dort dine, » ment comme un dentiste, car je me sens encore plus faim qu'avant de dormir.

— En ce cas, mettez-vous à table; je vais vous tenir compagnie... si cela ne vous contrarie pas...

— Me contrarier?... Ah! votre présence ne doit jamais contrarier personne... Mais, pour moi, ce sera toujours un bonheur... Sacrédié! qu'est-ce que j'ai donc fait pour que vous soyez si bonne avec moi?...

— Je ne sais pas... mais, rendre service, c'est si naturel quand on le peut!

— Oui... c'est naturel, et c'est ce que bien des gens ne font qu'en rechignant, ou ne font pas du tout! Vous allez souper avec moi?

— Non; j'ai déjà soupé, je n'ai plus faim. Mais je vous regarderai souper, ça me fera plaisir.

— Oh! vous allez voir un gaillard qui ne boude pas plus à table qu'au feu.

FRANÇOIS
le garçon d'auberge de M. Chatouillé.

Sabretache se met à table et attaque vigoureusement ce qui est devant lui. Cerisette s'assied en face du soldat, et paraît heureuse de le voir satisfaire si bien son appétit. Cependant, pour un observateur, la physionomie de la jeune fille n'avait plus cette naïve insouciance, cette aimable gaieté qu'on y lisait lors de l'arrivée du soldat dans l'auberge. Il était facile de deviner qu'elle était fortement préoccupée et qu'un sentiment nouveau s'était glissé dans son cœur.

— C'est bon... c'est bigrement bon!... et du vin aussi!... elle n'a rien oublié... festin complet!... A votre santé, ma chère enfant!

— Merci, monsieur le soldat.

— A votre santé, ma bonne petite!... Tiens, je ne sais pas encore votre nom...

— Cerisette.

— Cerisette? Ah! je m'en souviendrai de ce nom-là... d'autant plus qu'il n'est pas commun.

— C'est comme le vôtre.

— Oh! moi, Sabretache, c'est mon vrai nom! mon nom de famille.

— Il n'en est pas de même de moi, puisque je n'ai pas de famille, ou que du moins je ne la connais pas!...

— C'est vrai, pauvre jeunesse! Comment donc que ça se fait que vous soyez privée de parents?...Mais, pardon, je vous demande ça, et je vous fais peut-être l'effet d'être bien curieux... C'est que ce qui vous touche m'intéresse, mon enfant; mais si je vous ai fait de la peine en vous questionnant sur ce sujet, eh bien! excusez-moi, et qu'il n'en soit plus question.

— Vous ne m'avez pas du tout contrariée, monsieur Sabretache; mon histoire n'est point un mystère, et il paraît que, ce soir, M. Chatouillé l'a contée à tous les comédiens qui sont ici; par conséquent, je puis bien vous la dire, si cela vous fait plaisir de la connaître...

— Oui, ma petite, je vous le répète, j'y porterai intérêt, comme si ça me regardait... D'ailleurs, écouter n'empêche pas de manger. En avant marche! Ah! bon! voilà que je lui parle comme à... des conscrits... Je voulais vous dire : Allez, je vous écoute...

Cerisette raconte au militaire les mêmes faits que le maître du *Cerf sans cornes* a contés aux comédiens ambulants; mais le récit de la jeune fille est plus simple, plus bref, car il est débarrassé de toutes les réflexions de M. Chatouillé; elle le termine en montrant au soldat le médaillon qu'elle porte pendu à son cou, et qu'on ne pouvait pas apercevoir parce qu'il était toujours caché par son fichu.

DESROSBAUX
qui remplit les rôles de *Frontin* et de *Macurielle*.

Sabretache, qui a écouté très attentivement la jeune fille, regarde le médaillon, le retourne dans ses doigts en murmurant:

— Cré coquin! dire que votre famille... votre nom... votre fortune peut-être, tout cela est dans ce petit bijou qui n'est pas si large qu'une pièce de deux sous! Il y a trois lettres, un C et deux A... Et cette pauvre nourrice qui s'est donné une indigestion ici... parce que votre gredin d'aubergiste lui aura peut-être fait manger de l'âne ou du cheval, vous ne vous souvenez pas de son nom?

— Pas du tout!

— Ni de celui du pays qu'elle habitait?

— Pas davantage.

— Ah! parbleu! ça se conçoit!... est-ce qu'on se souvient de ce que l'on a vu et entendu à l'âge de deux ans?... Eh bien! il y avait pourtant au régiment un farceur, bon enfant du reste... Pétarade, qu'on l'appelait. Dieu! qué blagueur ça faisait!... Eh bien! Pétarade prétendait se souvenir parfaitement qu'à l'âge de six mois on avait voulu lui donner un lavement, et qu'il avait mis le canon de la seringue dans sa bouche et s'était mis à le téter. Il nous en contait comme ça toute la journée, et il y avait des camarades qui avaient la bonté de le croire, parce qu'il débitait toutes ses histoires avec un air de bonhomie, qu'on lui aurait donné le prix de rosière! Bref, la nourrice n'a rien dit?... On n'est jamais venu depuis demander des renseignements sur elle et son enfant dans cette auberge ou dans le pays?...

— Jamais, monsieur.

— On a totalement perdu vos traces... et cette carte... cette dame de carreau avec de l'écriture derrière, vous l'avez toujours?

— Oui, monsieur.

— Gardez bien tout cela, ma petite... Ce sont vos actes de naissance. Mais, à vrai dire, je doute que vous puissiez jamais en faire usage. Après tout, vous êtes gentille, vous n'êtes pas sotte... Eh! mon Dieu! il y en a bien d'autres que vous qui ne connaissent pas leurs parents!... Faut donc pas vous désoler pour ça!

— Je ne me desole pas du tout, monsieur.

— Et vous faites bien... A votre santé!... C'est excellent, ce ragoût! Décidément, le père Chatouillé fait pas mal sa ratatouille... Je suis fâché que vous ne mangiez pas un morceau avec moi.

— Puisque je n'ai pas faim.

— C'est juste... Mais, tenez, mam'zelle Cerisette... faut que je vous communique mon idée à moi... Si je me trompe, vous me le direz... Voyez-vous, je ne suis pas bien malin, et pourtant, ce soir, il me semble voir dans vos yeux que vous n'êtes pas aussi gaie, aussi rieuse que tantôt .. enfin, que vous avez quelque chose, qui vous tracasse... qui vous préoccupe... Est-ce que l'hospitalité que vous m'avez accordée vous aurait déjà attiré des désagréments?... Si c'était cela, dites-le-moi bien vite, mon enfant! Je prends mon sac, mon bâton, et je décampe... Oh! je ne veux pas que vous soyez grondée pour moi.

— Non, monsieur Sabretache, non, ce n'est pas cela, car personne ne se doute que vous êtes dans l'auberge.

— Vous avez dit : « Ce n'est pas cela. » Alors, c'est donc autre chose?

— Eh bien! oui... c'est vrai... j'ai tout plein de choses dans la tête...

Je vais vous dire ce qui m'occupe.., vous me donnerez de bons conseils, vous. Dame! c'est qu'il y va peut-être de mon avenir!...

— De votre avenir!... Diable! mais c'est donc sérieux?

— Oh! oui... Je vous ai dit que nous avions une troupe de comédiens dans cette auberge... Vous savez ce que c'est que des acteurs, monsieur Sabretache?

— Parbleu! avant d'être soldat, est-ce que je n'étais pas, à Paris, apprenti peintre colleur? Je grimpais tous les dimanches à Bagnolet voir mon père, mais dans la semaine je me permettais quelquefois le spectacle... la contre marque de la Gaîté ou de l'Ambigu.

— Eh bien! n'est-ce pas que c'est une bien belle profession que le théâtre; qu'on doit être bien heureux de jouer la comédie?

— Ma foi, ma petite, je ne sais pas si cela vaut mieux qu'autre chose! Cependant je me rappelle que, dans la maison où je logeais, rue Basse-du-Temple, il y avait sur mon carré une actrice qui faisait sa cuisine sur une chaufferette et qui couchait dans un petit lit d'enfant où elle était obligée de se tenir toute la nuit les genoux contre ses nénets; ça ne me donnait pas une bien haute idée de sa fortune. Il vrai qu'elle n'était ni jeune ni jolie.

— Oh! si vous saviez, monsieur Sabretache, comme ceux qui logent ici sont gais, aimables! comme ils s'amusent! comme ils ont l'air heureux!..

— Eh bien! qu'est-ce que cela vous fait, mon enfant?

— C'est que... il y a un de ces messieurs, un jeune homme... bien gentil... qui prétend que j'ai tout ce qu'il faut pour réussir au théâtre... qui m'a prédit que j'y aurai de grands succès... et, enfin, qui m'a offert de quitter cette auberge et de... de me mettre dans leur troupe.

— Ah! oui-dà; il paraît que c'est le recruteur, celui-là!... Bigre! il ne choisit pas mal ses conscrits! Eh bien! mon enfant que lui avez-vous répondu?...

— Mais... rien... c'est-à-dire... je ne sais pas encore ce que je dois répondre... Cependant, je vous l'avouerai, leur profession me semble bien agréable: recevoir des applaudissements, être fêtée partout, amuser tout le monde... changer à chaque instant de toilette... faire tantôt une marquise, tantôt une sultane... Oh! ce doit être bien amusant!

— Oui, c'est le joli côté de la médaille!... Mais, moi, je vois toujours cette actrice, ma voisine, faisant son petit fricot sur une chaufferette dans laquelle il y avait à peine du poussier, et couchant dans un lit où elle était obligée de se raccourcir... Elle ne devait pas beaucoup s'amuser, celle-là! et, pourtant, elle était à un théâtre de Paris... je ne sais pas lequel... par exemple!... Mais on assure que les acteurs sont moins heureux en province qu'à Paris. Ensuite, ma bonne Cerisette, vous êtes bien jeune, vous êtes jolie... et l'on dit que, pour une femme, il est bien difficile de rester sage quand on est au théâtre... Vous êtes en vue de tout le monde, là !... et quand il y a tant de gens qui vous lorgnent de loin, il doit s'en trouver beaucoup qui veulent ensuite voir de près... Et puis, si on ne réussit pas, si on n'a pas de talent, on dégringole... on dégringole... que c'est effrayant... à moins que l'on ne se retienne après autre chose que le théâtre.

— Ainsi, monsieur Sabretache, vous ne me conseillez pas d'accepter les propositions que l'on m'a faites?

— Non, ma petite, non, franchement, moi, je ne vous le conseille pas.

— Mais ce jeune homme... M. Angely, c'est ainsi qu'on l'appelle, m'a encore dit que je retrouverais bien plus tôt mes parents en voyageant, en allant à Paris, qu'en restant dans cette auberge.

— Quant à cela, ma chère enfant, je n'ai rien à répondre... Seulement, je crois, moi, que si vous devez un jour retrouver vos parents, cela dépend de quelqu'un qui est au-dessus de nous tous... Ce quelqu'un-là arrange les événements, il les fait manœuvrer comme il l'a ordonné... et ce n'est pas nous qui pouvons lutter contre les décrets de la Providence.

— Alors, monsieur Sabretache, si la Providence a décidé que je serai actrice, ce n'est donc pas la peine que je lutte contre sa volonté?

Le soldat se gratte l'oreille et fait un petit mouvement d'épaules en murmurant :

— Je crois que je ne suis pas de force avec vous au bâtonnet!...

— Qu'est-ce que vous voulez dire, monsieur Sabretache?

— Je veux dire que les jeunes filles arrangent toujours les choses de manière à faire ce qu'il leur plaît... Mais, enfin... jouer la comédie... ça ne doit pas être si facile que d'essuyer une assiette, et vous voulez comme ça tout de suite, sans avoir eu de leçons, être en état de paraître sur un théâtre? Ma chère amie, on ne prend pas sa place, même parmi les soldats, avant d'en avoir appris l'exercice.

— Mais M. Angely veut être mon professeur... me former... c'est lui qui joue les amoureux...

— Hum!... Crédié! je m'en doute bien qu'il joue les amoureux... peut-être mieux ailleurs qu'au théâtre!... Prenez garde, Cerisette, ce beau garçon-là veut vous enjôler... Il vous a trouvée gentille, il a dit : « Je vais lui mettre le théâtre dans la tête, et, comme ça, j'en ferai ce que je voudrai. » Puis, quand son caprice sera passé, ça lui sera bien égal de vous avoir mise dans le gâchis! Prenez garde!... Je vous parais sévère, mon

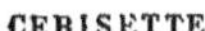

Le garçon d'auberge s'éloigne de Mme Grattenboule, dont le costume bizarre semble l'effrayer. (P. 82.)

enfant, je vous ennuie peut-être avec mes conseils; mais, tenez, c'est que je vous aime comme un père aimerait sa fille, un frère sa sœur, enfin comme un ami véritable!...

Sabretache a pris les deux mains de la jeune fille, il les serre fortement dans les siennes. Cerisette semble réfléchir, elle garde quelques instants le silence; puis, enfin, elle se lève en disant :

— Vous avez raison, monsieur Sabretache, je ne dois pas écouter ce jeune homme, cela pourrait tourner mal pour moi... Décidément, je suivrai vos conseils; je ne m'en irai pas avec les comédiens.

— Et vous ferez bien, mon enfant. Et, quelque jour, j'espère revenir vous voir ici; et si vous vous y déplaisiez trop, alors nous verrions. Mais, en attendant, je vais vous faire mes adieux.

— Vos adieux!... à présent?

— Oui, car je pense que vous comptez aller vous reposer quelque part. Moi, je vais me rejeter sur le lit; je ferai encore trois ou quatre heures de sommeil, mais au petit jour je me remets en route; je veux partir avant que personne ne soit levé dans cette auberge; de cette manière, on ne saura pas que vous m'y avez logé.

— Ah! en effet, vous avez raison.

— Y a-t-il moyen de sortir sans déranger personne ici?

— C'est très facile. Vous descendez dans la cour, la porte n'est fermée en dedans que par une barre de fer que vous lèverez; vous la repousserez tout contre; d'ailleurs, il n'y a pas de voleurs dans le pays.

— C'est bien. Adieu, ma chère petite, recevez tous mes remercîments pour ce que vous avez fait pour moi... je ne l'oublierai jamais...

— C'est du plaisir que je me suis procuré!...

— Je viendrai vous revoir... Eh! sacrebleu! quand on a été en Afrique, c'est rien du tout que de se rendre de Paris à Nemours : et si, quelque jour, vous aviez besoin de moi... vous verrez que je ne suis pas un ingrat.

— Au revoir! monsieur Sabretache, embrassez-moi.

Le soldat embrasse la jeune fille sur les deux joues, puis celle-ci reprend sa lumière et sort doucement de sa chambre, en l'engageant à dormir jusqu'au jour.

Cerisette a redescendu le petit escalier en se disant :

— Je vais aller dans le grenier où l'on met le fourrage; je me jetterai sur les bottes de foin, j'y serai très bien pour une nuit... D'ailleurs, je crois que je ne dormirai guère... je pense toujours à ce que ce jeune homme m'a dit... Je n'ai pas osé avouer à M. Sabretache que M. Angely m'a fait une déclaration d'amour... qu'il a juré de m'aimer toute sa vie... Ah! tout cela est bien joli!... Mais si ce n'est pas vrai?... S'il ne veut que me tromper, m'oublier ensuite?... Cependant, si j'avais du talent... du succès au théâtre?... Tous ces messieurs ont dit que j'avais une jolie voix... Allons! tout ça, c'est des bêtises, allons nous coucher... dormons... et suivons les conseils du soldat.

Pour se rendre au grenier aux fourrages, Cerisette a été obligée de traverser la cour et de monter un autre escalier qui a deux étages, mais qui est large et donne sur des couloirs conduisant aux chambres des comédiens. La jeune fille sent son cœur qui palpite en passant devant le couloir du second, qui mène à la chambre de M. Angely; elle se hâte de grimper une espèce d'échelle de meunier qui conduit au grenier, mais, dans sa précipitation, elle a laissé tomber son flambeau. Elle s'arrête et croit entendre marcher derrière elle; une crainte vague la saisit. Décidée à se coucher sans lumière, elle ouvre doucement la porte du grenier; mais lorsqu'elle veut la refermer, il lui semble que quelqu'un s'y oppose et se glisse près d'elle.

— Mon Dieu?... est-ce qu'il y a quelqu'un là? murmure Cerisette toute tremblante.

Au lieu de lui répondre, on l'embrasse tendrement. Elle veut crier, mais Angely l'enlace de ses bras en lui disant :

— Je t'aimerai toute ma vie, et je ne veux pas que demain tu puisses refuser de me suivre.

La jeune fille essaye bien encore de se défendre; mais il était nuit, ils étaient seuls, et ce monsieur jouait si bien les amoureux!...

X

LE LEVER. — UNE BRETELLE

Les comédiens avaient dormi la grasse matinée; il est près de dix heures lorsqu'ils commencent à se rendre dans la salle commune et à demander à déjeuner.

M. Chatouillé était levé depuis longtemps; il grondait sa vieille servante, il grondait François, il aurait sans doute grondé Cerisette si elle eût été là, mais la jolie fille n'avait point encore paru.

— Que diable avez-vous donc à crier de si bon matin, monsieur l'aubergiste? dit Grangérant en allant prendre l'air dans la cour.

— Ce que j'ai, monsieur, ce que j'ai?... C'est que je suis entouré de fainéants qui ne font rien!... C'est que, si je n'y ai pas l'œil, un de ces jours ou une de ces nuits, on volera tout ce que j'ai chez moi!...

— Qu'est-ce que cela veut dire?...

— Cela veut dire, monsieur, que nous avons couché la porte ouverte... et qu'il était aussi facile de s'introduire chez moi que de prendre une prise de tabac...

— Bah!... La porte était restée ouverte... laquelle?

— Celle-ci... monsieur... qui donne sur la route. Il n'y a qu'une grande barre de fer à poser en travers... c'est bien facile... et pas moyen de la forcer alors! Mais ce matin, quand je suis descendu, j'ai trouvé la porte poussée tout bonnement, et pas la moindre barre mise.

— Mais quelqu'un pouvait être déjà sorti?

— Non, monsieur, personne n'était sorti, j'en suis certain, je me suis levé avant tout le monde... Mes domestiques dormaient encore... ma femme n'est pas matinale depuis qu'elle a la goutte, et ce n'est personne de votre société qui aurait eu envie de se lever avec l'aurore...

— Mon cher hôte, dit Montézuma qui vient d'arriver dans la cour, entortillé dans une espèce de robe de chambre de perse à grandes fleurs, dont on ne distingue plus la couleur par suite des blanchissages, et coiffé d'un foulard orange dont les cornes se balancent avec grâce au-dessus de son œil gauche, vous ne savez donc pas que

Quant on fut toujours vertueux,
On aime à voir lever l'aurore?...

— Je ne dis pas le contraire, monsieur, je vous crois très vertueux!... mais est-ce vous qui avez ôté la barre de fer au point du jour?

— Ah! monsieur Chatouillé! s'écrie Desroseaux qui s'approche en fumant un cigare :

Le point du jour
Cause parfois, cause douleur extrême.
Que l'espace des nuits est court
Quand il faut quitter ce qu'on aime
Au... au... au...

— Hé! monsieur, je ne vous force pas à quitter ce que vous aimez!... Est-ce que cela me regarde? s'écria l'aubergiste en interrompant le Figaro au milieu de son point d'orgue. Mais j'en reviens à ma barre de fer.

Cuchot se pose devant M. Chatouillé en chantant :

Et l'on revient toujours
A ses premières amours.

— Ah çà! mais ils sont très embêtants! se dit l'aubergiste en cherchant à se débarrasser des comédiens.

Mais le père noble le retient par le bras en lui disant :

— Voyez-vous, mon cher monsieur, quand j'étais chez l'avoué, chacun avait son tour pour fermer les portes... De cette façon, on savait à qui s'en prendre s'il arrivait quelque chose. Un soir, je me rappelle...

— Monsieur, je sais très bien que je dois m'en prendre à François, il sera au pain sec pour huit jours...

— Eh bien!... et le déjeuner? Est-ce qu'on ne déjeune pas ici?... A quoi pensez-vous donc, messieurs?... J'ai mon pauvre estomac sur mes talons.

Ces paroles étaient dites par Mme Grattenboule, qui venait d'arriver dans la cour. La mère d'Albertine avait pour tout vêtement une grande camisole de flanelle et un jupon de tricot qui descendait à peine jusqu'à ses jarretières, laissant parfaitement voir une jambe qui était encore fort bien faite. Ce jupon, devenu trop court et trop étroit à force d'être lavé, collait sur les fesses de cette dame et lui bridait les cuisses, si bien que, de loin, on croyait qu'elle portait un caleçon; cette jupe aurait été bien indiscrète si Mme Grattenboule s'était baissée pour ramasser une épingle. Un grand bonnet noué sous le cou et deux madras mis par-dessus le bonnet composaient la coiffure de nuit du souffleur de la troupe.

CERISETTE
a redescendu le petit escalier.

— Rassure-toi, ô Grattenboule! dit Cuchot, j'ai commandé le déjeuner... J'aime à croire que M. Chatouillé nous fera servir bientôt.

— Oui, messieurs, dans un moment. Et cette Cerisette qui n'est pas encore descendue! Que peut-elle faire dans sa chambre?...

— Et Vertigo, a-t-il eu de l'avoine ce matin? dit Poussemard en s'adressant à François.

— Oui, monsieur, vot' cheval a mangé... J'aime mieux le soigner que de jouer la comédie, moi.

— Donnez-lui donc une botte de foin, à présent.

— Dans la minute, monsieur.

— Ah! vous ne vous sentez pas de dispositions pour le théâtre, jeune homme? dit la mère d'Albertine en s'approchant de François.

— Oh! non, madame... au contraire.

En disant cela, le garçon d'auberge s'éloigne de Mme Grattenboule dont le costume bizarre semble l'effrayer ; il craint probablement qu'elle ne veuille aussi jouer avec lui une scène de *Paul et Virginie*, et il se demande où il en serait si cette dame l'obligeait à se cacher sous son petit jupon de tricot collant.

Les acteurs retournent dans la salle où l'on doit déjeuner ; les dames viennent d'y arriver en toilette du matin. L'habitude du fard a fait disparaître les roses de leur teint. La robuste Albertine est la seule qui ait conservé de l'éclat et de la fraîcheur. Du reste, toutes ces dames se plaignent de leur santé. Élodia a mal à la gorge, Zinzinette a la migraine, Mme Ramboure a les nerfs agacés ; il n'y a qu'Albertine qui déclare qu'elle a très faim, puis qui part d'un éclat de rire en regardant sa mère, et s'écrie :

— Comment, ma mère, tu descends dans ce costume?... C'est un peu léger!

— Eh bien! quoi donc? qu'est-ce qu'il a, mon costume?... Je suis en matin ; ne faut-il pas se gêner dans une auberge?...

— Ton jupon raccourcit tous les jours... Que tu fasses voir ta jambe, je le comprends, tu l'as très bien faite...

— On s'en flatte : il n'y a personne ici qui puisse en montrer une tournée comme ça!...

— Mais si tu t'obstines à sortir avec ce jupon de tricot... tu risques de laisser voir... tes genoux!

— Eh bien! on verra que je ne suis pas cagneuse!

— Oh! oh! madame Grattenboule, dit Desroseaux, voilà un raisonnement qui pourrait vous entraîner bien loin... Prenez garde! Quant à moi, j'offre de faire une souscription pour vous acheter un autre jupon.

— Ma mère n'a pas besoin de tes souscriptions pour s'habiller, entends-tu?

— Qu'on me donne une représentation à bénéfice... depuis qu'on me la promet!... dit Mme Grattenboule. Mais, avec vous autres, Dieu merci! on ne voit jamais arriver la queue des promesses!

— Il me semble que le déjeuner est servi, dit Cuchot.

— Et Angely n'est pas encore descendu! Tant pis? mettons-nous à table.

— Angely est sans doute occupé à conter fleurette à la petite Cerisette, que je n'ai pas encore aperçue en bas.

— Quel Lovelace que ce garçon-là!.... A table! A table!

— Quant à moi, dit Montézuma en faisant une demi-pirouette pour se tourner vers la table, j'avoue que je ne donne pas dans les servantes d'auberges. J'apprécie peu ce genre de conquêtes.

— Tu aimes mieux les parfumeuses, hein, Montézuma? A propos, la pommade de Fontainebleau est, dit-on, superfine, mais un peu chère...

Le bel homme feint de ne point entendre.

— Mes enfants, dit le père noble, il faut partir aussitôt après déjeuner et nous hâter d'arriver à Nemours, car ici nous perdons notre temps, nous ne préparons rien... Nous n'avons pas encore décidé ce que nous jouerons...

— Que ce Angely est ridicule de ne point descendre! dit Zinzinette. ... Mon ami, ayez donc la complaisance de monter l'avertir que le déjeuner l'attend; il est sans doute encore à s'habiller.

— Et n'oubliez pas notre cheval, dit Poussemard. J'ai vu à sa figure qu'il avait encore faim... Donnez-lui une demi-botte de foin.

— Oui, monsieur.

— On est fort mal dans cette auberge, dit Élodia : voyez, il n'y a personne pour nous changer d'assiettes.

— On mange sur la même, murmure Cuchot; nous avons souvent été moins bien que cela...

— Oh! avec toi, il ne faudrait jamais se plaindre : Et quels lits! Est-ce que vous avez dormi, mesdames?

— Moi, je n'ai fait qu'un somme! dit Albertine.

— Moi, je suis bien sûre qu'il y avait des rats dans ma chambre, dit Mme Ramboure, j'entendais un froufrou très inquiétant; et vous, messieurs?

— J'ai aussi entendu du bruit, dit Montézuma, mais ce n'étaient pas des rats. Angely couchait dans la même chambre que moi... il a probablement été se promener cette nuit... On a ouvert et refermé la porte, et on avait beau prendre des précautions... cela me réveillait toujours...

— Mais ce pauvre garçon a peut-être été indisposé, dit Zinzinette; il l'est peut-être encore! et c'est pour cela qu'il ne descend pas...

— Non, non... il n'était pas malade... je pense qu'il se levait pour tout autre chose...

— Ah! voilà comme on est, on suppose toujours des bêtises...

Mais le garçon revient, enfin... Eh bien! notre camarade va-t-il descendre?

François, qui vient d'entrer dans la salle en tenant une de ses mains dans la poche de sa veste, se met à sourire d'un air qu'il veut rendre malin, et répond :

— Ce monsieur n'est pas dans sa chambre... je n'y ai trouvé personne. Mais, en revanche, en allant dans le grenier aux fourrages chercher du foin pour le cheval, j'ai trouvé queuque chose sur des bottes qu'on avait diablement foulées... on croirait qu'on a couché là..... Enfin, v'là l'objet. Je me suis dit : « Si c'est à quelqu'un de la société, il le reconnaîtra. »

En disant cela, François sort de sa poche une bretelle brodée en tapisserie, et la passe à la société.

— C'est une jarretière ! dit Mme Grattenboule.

— Mais non, tu te trompes, ma mère, ceci est un objet d'homme, c'est une bretelle... il n'y a pas à s'y méprendre. Eh bien ! messieurs, qui de vous a égaré sa bretelle dans le grenier aux fourrages ?... Comment ! personne ne répond ?... Eh ! mon Dieu, si j'y avais laissé ma jarretière, je vous assure que je ne me gênerais pas pour la réclamer !

— Cette bretelle n'est pas à moi...

— Ni à moi.

— Eh ! mais, c'est à Angely, cette bretelle-là ! s'écrie Élodia.

Élodia, l'artiste aux bonnets extravagants.

— Ah ! tu connais les bretelles d'Angely, toi ? dit Cuchot en regardant sa femme d'un air surpris.

— Qu'est-ce qu'il y a d'étonnant à cela ?... Il ne porte pas toujours un gilet ; d'ailleurs, c'est une femme qui lui a fait cadeau de celles-ci à Senlis : il nous les a montrées le même jour, n'est-ce pas, Albertine ?

— Oh ! ma foi ! j'ai tant vu de bretelles dans ma vie, répond Albertine en se faisant des tartines de beurre, que celles-ci me sont sorties de la tête.

— N'importe ! dit Desroseaux, cette bretelle est à notre camarade Angely, et elle a été retrouvée par le garçon dans le grenier aux fourrages... Hum !... mesdames, ceci devient grave, et donnerait à penser que, cette nuit...

— Messieurs, s'écrie Mme Grattenboule en se versant du café, je n'ai pas bougé de ma chambre !... Ma fille est là pour vous le dire... Je couche sur le dos, et je n'ai pas remué de la nuit...

— Mais tu n'as pas besoin de te défendre, ma mère ; est-ce que

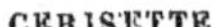

Et me donne sur la tête un coup de poing. (P. 87.)

personne songe à te soupçonner!... Qu'est-ce que ça leur fait que tu couches sur le dos? Déjeune donc tranquillement... ne te mêle pas de tout ça!...

— Moi, Dieu merci, je couche avec mon mari, dit Élodia d'un air vexé et en se mordillant les lèvres; mais tout le monde n'en peut pas dire autant!...

— Qu'est-ce que tu veux dire par là? s'écrie Zinzinette.

— Elle jette des pierres dans notre clos, dit Albertine en riant. Mais je m'en fiche pas mal ! Si j'étais la maîtresse d'Angely, pourquoi donc m'en cacherais-je? Je suis libre, et je suis majeure.

— Je crois bien que t'es majeure, marronne Mme Grattenboule, et ce n'est pas d'hier, malheureusement.

Pendant cette conversation, Mme Ramboure ne disait rien, mais elle poussait de légers soupirs, affectait de baisser les yeux, d'être troublée, de laisser tomber sa fourchette, puis son couteau, et faisait son possible pour attirer les soupçons sur elle. Mais cette comédie obtenait peu de succès.

XI

LE DÉPART

Un grand bruit, partant du haut de la maison, attire l'attention générale ; bientôt le maître de l'auberge entre dans la salle, l'air furibond, l'œil étincelant, le bonnet de coton aplati sur la tête ; il fait des gestes et semble vouloir menacer tout le monde, poussant des exclamations auxquelles on ne comprend rien.

— Qu'avez-vous donc, monsieur Chatouillé? Les yeux vous sortent de la tête, dit Desroseaux. Est-ce que, cette fois, vous avez voulu faire du bouillon sans viande?

— Messieurs... cela ne se passera pas ainsi... c'est affreux !... c'est abominable !... Ma maison est honnête, messieurs...

— Nous aimons à le croire... il n'y a que votre manière de faire les matelotes qui soit un peu hasardée !...

— Oh! ceci n'est pas une plaisanterie... Vous me rendrez tous raison... ces dames aussi...

— Ah çà! mais, à qui en a-t-il donc, ce fricoteur?... il perd la tête !...

— A qui j'en ai?... Votre camarade Angely est en ce moment dans la chambre de Cerisette... Comprenez-vous, messieurs?

— Oh! parfaitement ! Et c'est pour cela que vous faites tout ce tapage?...

— Comment, pour cela?... Ah! vous croyez que je le souffrirai !... J'avais des soupçons. Je suis monté à pas de loup jusqu'à la chambre de cette petite... Je ne trouve plus de nom assez affreux pour elle... Arrivé contre la porte... j'ai entendu... oh! je ne veux pas dire ce que j'ai entendu, vous le devinez...

— Dites toujours, monsieur Chatouillé? s'écrie Desroseaux ; il faut que nous soyons fixés...

— Je l'ai été, moi, monsieur... J'ai poussé la porte... elle n'était pas fermée... Concevez-vous cela?

— Très bien; les amoureux ne pensent pas à tout.

— Je vais pour entrer... mais votre camarade accourt sur moi et me donne sur la tête un coup de poing.

— Qui a fait une tourte de votre bonnet de coton... cela se voit encore.

— Puis il me ferme la porte sur le nez. Messieurs, il y a abus de confiance, il y a séduction, il y a violence, il y a...

— Il y a, dit Angely qui entre alors dans la salle en conduisant Cerisette par la main, que je présente à toute la troupe une nouvelle camarade.

L'entrée de Cerisette produit un effet magique sur toute la compagnie; car, il faut le dire, la jeune fille est si jolie en ce moment, qu il est difficile de ne point rester en admiration devant elle. Sa toilette de la veille est remplacée par une modeste robe de toile à petites raies roses et blanches; mais cette robe lui va si bien, elle dessine si parfaitement sa taille, qu'on ne voudrait pas qu'elle en portât une plus belle. Un petit fichu se croise sur sa poitrine et est noué par derrière. Enfin, pour coiffure, la jeune fille n'a que ses cheveux qui tombent en longues boucles de chaque côté de son visage; mais alors l'émotion qu'elle éprouve, l'incarnat qui couvre ses joues, sa démarche tremblante, tout ajoute à ses charmes. Les hommes l'admirent, les femmes mêmes sont forcées de lui rendre justice.

Mais, après un moment donné à la surprise, et pendant lequel l'aubergiste lui-même est demeuré tout interdit, Élodia s'écrie :

— Une nouvelle camarade... cette servante d'auberge?... Que signifie cette plaisanterie, Angely?

— Je parle très sérieusement, mesdames et messieurs; oui, cette jeune fille se décide à embrasser notre profession... Elle est douée de grands avantages physiques, elle a de la voix, je me charge d'être son professeur... Pourquoi ne réussirait-elle pas?... Et quant à la réflexion assez maladroite de notre première chanteuse à roulades, au sujet de l'état qu'exerçait Cerisette, elle est au moins fort déplacée; dans les arts, on ne relève que de son talent! Qu'importe d'où l'on parte, si l'on se fait un nom par son mérite?... Et si je voulais fouiller dans les précédents de tous ceux qui m'entourent... je trouverais des positions infiniment au-dessous de celle qu'exerçait Cerisette...

— J'ai été chez l'avoué, murmure le père noble avec fierté.

— Mais je veux bien n'en pas dire plus, à condition que l'on ne mettra aucun obstacle à l'admission de cette jeune fille.

Les dames se taisent, faisant la moue. Desroseaux prend la parole :

— Mademoiselle est jolie. Certainement personne de nous ne songe à le nier; mais enfin, Angely, tu sais bien que notre troupe est complète... Nos recettes sont souvent très minimes, et tu veux augmenter nos dépenses!...

— Cerisette n'augmentera point vos dépenses, je prendrai la sienne à mon compte; elle ne demande aucune part dans vos bénéfices, et vous savez très bien que pour faire de l'argent au théâtre, il n'y a pas de meilleur auxiliaire qu'une jolie femme. Enfin, mes chers camarades, je n'ai plus qu'un mot à vous dire : Si vous n'admettez pas Cerisette dans votre troupe, vous pouvez aussi me regarder comme n'en faisant plus partie. Je pars avec elle. Je vous fais à l'instant mes adieux.

M. Serpollet

Le dernier argument employé par le jeune premier a obtenu un plein succès. Personne ne voudrait le voir partir : les hommes, parce qu'ils ont besoin de lui; les femmes, parce qu'elles tiennent à lui, malgré ou à cause des perfidies qu'il leur fait. Les visages redeviennent aimables, on se tend la main, la paix est conclue, la jeune fille est admise. Montézuma s'empresse de lui faire une place près de lui, et Cerisette va s'asseoir à la table qu'elle a servie la veille, lorsque M. Chatouillé, qui avait écouté tout cela d'un air hébété, refait des yeux furibonds et se jette sur Cerisette qu'il veut empêcher de s'asseoir, en s'écriant :

— Qu'est-ce que vous faites là?... Je vous défends de vous mettre à table... Je ne sais pas ce que ces messieurs et ces dames veulent faire de vous, mais je déclare que je m'y oppose... Vous ne voyez donc pas qu'on se moque de vous?... Allez bien vite remettre votre tablier, et...

L'aubergiste ne peut en dire davantage, car Angely est allé à lui, et, le prenant vigoureusement par l'épaule, l'envoie trébucher à l'autre bout de la salle, puis s'assied à côté de Cerisette en criant :

— Une assiette à mademoiselle... allons, vivement, monsieur Chatouillé, et ne faisons pas le méchant !...

— Monsieur ! vous n'avez pas le droit d'emmener ma domestique...

— Vous oubliez, monsieur l'aubergiste, que vous nous avez conté hier toute l'histoire de Cerisette ; vous l'avez prise chez vous, parce que sa nourrice avait quinze cents francs, plus dix huit francs soixante-quinze centimes dans sa poche ; ce n'est pas l'humanité, ce n'est point la bienfaisance qui vous ont guidé alors... c'est votre intérêt seul qui vous à fait agir, car, sans les quinze cents francs de cette bonne femme, on vous chassait de cette maison. Mais, en vous laissant la somme et la jeune fille, on vous a mis pour première condition que Cerisette serait toujours libre... qu'elle pourrait vous quitter dès que bon lui semblerait et sans que vous ayez le droit de la retenir... Est-ce vrai, monsieur l'hôte?

— C'est possible, monsieur, murmure l'aubergiste, mais ce n'est point une raison pour... D'ailleurs, se faire actrice... elle ne sait pas seulement annoncer le potage... Voyons, Cerisette, répondez-moi vous-même : Est-il vrai que vous soyez assez ingrate pour vouloir nous quitter?... Est-ce bien de votre propre volonté que vous agissez en abandonnant cette maison?

FROIMONT.

— La jeune fille se tourne vers l'aubergiste, et, d'une voix bien claire, bien accentuée, sans hésiter un moment, elle répond :

— Oui, monsieur, c'est bien ma volonté de vous quitter ; et si l'occasion ne se fût pas présentée aujourd'hui, certainement j'en aurais saisi une autre. Je ne me crois pas ingrate pour cela, monsieur, car mon départ ne fera pas de peine à votre femme ; elle n'était pas assez aveugle pour ne point voir que vous me faisiez la cour... Je vous avais dit déjà plusieurs fois que cela m'ennuyait beaucoup... que je m'en irais... Eh bien ! je tiens parole, voilà tout.

M. Chatouillé demeure confondu ; les éclats de rire de la société, les réflexions piquantes des artistes achevèrent de le bouleverser. Ne trouvant plus rien à répondre, il se décide à quitter la salle ; mais, auparavant, il juge convenable de donner un coup de pied à François, au moment où celui-ci changeait l'assiette de Cerisette.

On laisse aller l'aubergiste. La réponse franche et décidée de la jeune fille lui a déjà conquis l'estime de la plupart de ses camarades.

— Elle a joliment rivé son clou au vieux gâte-sauce, dit Albertine.

— Elle a très bien dit cela ! ajoute Grangérant.

— Elle y a mis du sarcasme, du mordant ! dit Cuchot.

— Allons, allons ! il y a de l'avenir dans cette petite, nous en ferons quelque chose.

— A la santé de notre nouvelle camarade !

— A la santé de mademoiselle... Quel nom prenez-vous au théâtre ?

— Quel nom ? dit la jeune fille en regardant Angely. Est-ce qu'il est nécessaire d'en changer ?

— Nécessaire ? Non !... D'ailleurs, le nom de Cerisette n'est pas celui de sa famille, je ne vois pas pourquoi elle ne le garderait pas.

— Soit ! à la santé de notre camarade Cerisette !

— Et quel emploi prendra-t-elle ?...

— Quel emploi ?... murmure la jeune fille en regardant encore son amant.

Celui-ci s'empresse de répondre pour elle.

— Eh ! mon Dieu ! sait-elle encore vers quel genre elle est appelée ?... Pour commencer, elle jouera tout ce que l'on voudra, tout ce que ces dames ne voudront pas, heureuse de leur prouver qu'avant d'aspirer à leur emploi, elle veut avant tout les prendre pour modèles, profiter de leurs leçons et s'efforcer de marcher sur leurs traces.

Par ce discours flatteur, par ces louanges adroites, Angely tourne entièrement l'esprit de ces dames en faveur de Cerisette. Les comédiens, plus que tous autres, sont sensibles à la flatterie. C'est à qui des actrices fera le plus d'amitiés à la nouvelle venue.

— Elle a quelque chose dans le regard qui me rappelle Mlle Mars, dit Mme Ramboure.

— Je crois qu'elle sera délicieuse en soubrette, dit Élodia.

— Il y a de la candeur dans son maintien, s'écrie Zinzinette, ce sera une charmante petite ingénue !

— Moi, dit Albertine, je lui trouve des larmes dans la voix; il faut qu'elle joue le sentiment.

Comme on le voit, chacune de ces dames avait soin de ne point parler de son emploi.

— Moi, je voudrais voir Cerisette en petit page, dit Montézuma.

— Elle serait ravissante sous le costume d'une fille grecque...

— C'est la petite mantille espagnole qui lui irait bien!

— Moi, messieurs, j'avoue que je préférerais la voir en sauvage...

— Je suis de l'avis de Cuchot.

— Il n'y a pas jusqu'à Mme Grattenboule qui, lorsqu'on commence à quitter la table, va s'asseoir à côté de Cerisette, à qui elle veut faire prendre du gloria, en lui disant :

— Sois tranquille, chère amie, je t'habillerai, je te soignerai... As-tu un corset?

— Non, madame...

— Faudra te faire un fameux corset... Une actrice sans corset, c'est une rémoulade sans moutarde! As-tu vu jouer ma fille dans *Frétillon?*

— Non, madame.

— C'est le type du croustillant! Elle ne faisait jamais moins de douze conquêtes par soirée quand elle jouait cela... Et les bouquets, les couronnes, les billets doux, les *verses!*... Nous en étions assommées... Et moi, quand je sortais dans la rue, on s'écartait pour me laisser passer, en chuchotant : « C'est la mère de *Frétillon!*... » Hein! c'est flatteur, ça?... Si ma fille n'avait pas une si mauvaise tête, elle aurait maintenant cent mille francs de rente et un *grand-duc* derrière sa voiture, et moi je mangerais des truffes tous les jours!

— Ne bavarde donc pas tant, ma mère, dit Albertine, et va vite achever de t'habiller, nous allons partir.

— Déjà?... On n'a pas le temps de prendre son pousse-café! Faut toujours rouler en voiture, c'est fatigant!

— Allons, mesdames, apprêtez-vous vivement et en route! Vertigo est attelé, il a l'air plein d'ardeur!

— Vraiment! Il n'est donc pas reconnaissable? Il aura une personne de plus à mener, ça le calmera.

Tout le monde s'occupe des apprêts du départ. Chacune de ces dames donne à François un paquet pour qu'il le mette dans la voiture. Celui de Cerisette est tout petit; la garde-robe de la jeune fille était fort modeste. Elle a mis sur sa tête un grand chapeau de paille dont les bords ne sont point relevés et qui lui sied à ravir.

M. Chatouillé a voulu se venger des comédiens ambulants en faisant monter le total de sa carte ; mais Desroseaux lui rappelle la matelote sans poisson et le contraint à devenir raisonnable. La grande tapissière est amenée par Poussemard devant la porte de la cour. On fait monter les dames ; quand il s'agit de hisser Mme Grattenboule dans la voiture, l'aubergiste, qui tourne autour d'elle, lui dit à l'oreille :

— Vous vous en repentirez, Cerisette.

— Au petit bonheur, monsieur ! J'ai mon médaillon et ma dame de carreau ; avec cela, partout je puis retrouver mes parents.

— Allons ! allons, tout le monde en voiture ! crie Poussemard en reprenant son poste de cocher.

Tous les hommes sont montés. On est un peu plus pressé que de coutume ; mais Angely s'est mis à côté de Cerisette, qui est à moitié sur ses genoux, et il ne se plaint pas d'être gêné. François est revenu quand tout le monde est monté en voiture. Il fait un signe d'adieu à Cerisette ; celle-ci lui adresse un sourire et jette un dernier regard sur l'auberge du *Cerf sans cornes*, qui bientôt disparaît à sa vue.

XII

VARIANTES POUR LE DÉSERTEUR. — ENTRÉE A NEMOURS

Entre artistes, mais surtout entre comédiens, la conversation ne languit jamais ; elle est presque toujours gaie, vive, animée, souvent piquante et spirituelle. Il serait bien étonnant que des gens qui ont tant vu, tant fait de choses, n'en eussent point à se raconter.

Cerisette écoutait ce feu roulant de plaisanteries, d'anecdotes, d'épigrammes, de citations, de réflexions comiques, qui avait commencé depuis que l'on était en voiture, et n'était interrompu que par les exclamations de Mme Ramboure ; la duègne avait toujours peur de verser, et, comme le chemin était assez mal entretenu, les cahots étaient fréquents.

— Ah ! Poussemard ! pas si vite, mon ami, pas si vite... nous allons verser ! Faites attention, notre voiture n'a que deux roues... voilà ce qui me désole !

— Les roues sont bonnes.

— Si vous n'y prenez pas garde, Vertigo va s'émporter, il prendra le mors aux dents.

— Si Vertigo prenait le mors aux dents, ça m'étonnerait beaucoup, dit Cuchot.

— Ce qu'il y a de certain, c'est qu'il va mieux qu'à l'ordinaire : il paraît que le fourrage de M. Chatouillé n'est pas mauvais.

L'entrée à Fontainebleau. (P. 95.)

— A propos de fourrage, a-t-on rendu à Angely sa bretelle qu'il avait perdue cette nuit... en un certain endroit?...

Cerisette rougit et baisse son grand chapeau de paille sur ses yeux.

— Voilà l'objet, dit Albertine, c'est Élodia qui l'a reconnu.

— Donnez, dit Angely en souriant. Eh! mon Dieu, il n'est pas défendu de s'égarer la nuit dans les greniers...

— Surtout quand on y fait d'aussi jolies rencontres!... ajouta Montézuma en lançant une œillade à Cerisette.

— Poussemard, ménage ton cheval pour tâcher de nous faire une belle entrée à Nemours, dit Desroseaux; car, vous le savez, mes enfants, tout dépend dans le monde de la première impression. Si nous arrivons dans une ville au pas, si notre cheval semble avoir de la peine à nous traîner, tout de suite les quolibets pleuvent sur nous; il y a partout de ces gens qui aiment à dire de mauvaises plaisanteries; on s'écrie : « Ah! qui est-ce qui arrive là?... Des saltimbanques!... ils ont une rosse qui n'en peut plus... il paraît qu'elle ne mange pas tous les jours!... » Et autres mots...

— *Ejusdem farinæ*, dit le père noble, comme dit l'avoué Grangérant; tandis que si nous entrons dans la ville au grand trot, en criant gare à tue-tête, même quand il n'y a personne dans la rue, tout le monde accourt aux portes ou aux fenêtres, et l'on croit que nous voyageons en poste; surtout si Cuchot joue de la trompette.

— Tu joueras de la trompette, n'est-ce pas, Cuchot, en entrant à Nemours?

— Je jouerai de toutes les trompettes possibles.

— Moi, j'agiterai la sonnette qui nous sert pour les cloches.

— Moi, je taperai sur la grosse caisse; est-elle derrière moi?

— Elle y est. Moi, je ferai claquer le fouet... Nous avons employé tout cela pour entrer à Fontainebleau; rappelez-vous l'effet que nous avons produit.

— Oui, dit Mme Grattenboule, je me souviens que nous avons renversé l'âne d'une laitière et tout l'étalage d'une marchande de pommes!

— Eh bien! cela ne nous a pas nui, au contraire! La foule s'est amassée; on disait de tous côtés : « C'est une troupe de comédiens qui arrive... Diable! il paraît qu'ils voyagent comme le vent, on n'a pas le temps de se garer! » Cette nouvelle s'est répandue dans la ville; on parlait déjà de nous avant que nous eussions fait poser nos affiches. C'est une excellente réclame; et qu'est-ce que cela nous a coûté? Trente sous à la maîtresse de l'âne, et dix sous à la marchande de pommes; et encore avons-nous eu pour nous les pommes écrasées, qui étaient délicieuses.

— D'après cela, Poussemard, si tu aperçois quelque étalage en arrivant dans la ville, dirige-toi dessus!

— Mon Dieu! laissez-moi donc tranquille! répond Poussemard; il faut que ces choses-là se fassent naturellement!

— Oui, oui, dit Albertine, et, d'ailleurs, il n'est pas nécessaire de lui dire d'accrocher, il connaît son affaire. Approchons-nous de Nemours, mademoiselle Cerisette?

— Oh! pas encore, madame, nous ne sommes qu'à moitié chemin!

— Fichtre! les lieues sont de taille par ici. Poussemard ménage Vertigo.

— Je ne le touche pas! mais je ne sais pas ce qu'il a ce matin; c'est un arabe pur sang.

— Mes enfants, dit le père noble, Desroseaux a parlé d'affiches tout à l'heure; il me semble que le moment est venu de s'en occuper sérieusement pour en faire mettre aussitôt notre arrivée à Nemours.

— Il a raison, il faut décider notre spectacle.

— Oui, oui, voyons, que jouerons-nous à Nemours?

— Mes camarades... il me semble qu'en inaugurant par *Tartufe*...

— Ah! par exemple... tu es fou, Grangérant.

— Laisse-nous un peu tranquilles avec ton grand trottoir.

— Je demande que le père noble retourne chez l'avoué, s'il parle encore de *Tartufe*.

— Messieurs, vous outragez Molière, vous me faites de la peine.

— Nous t'avons déjà dit que nous vénérions Molière!... Qu'on le joue à Paris, ou dans les villes où il y a une troupe sédentaire, à la bonne heure... Mais nous qui quelquefois ne jouons pas deux fois dans la même ville, et qui n'avons pas envie de faire encore six francs vingt-cinq centimes de recettes, il nous faut frapper la curiosité par du nouveau, du bizarre ou des pièces en vogue.

— *Tartufe* n'a peut-être pas eu la vogue?

— Oh! qu'il est embêtant! Est-ce que tu crois que nous sommes sous Louis XIV?... Le diable m'emporte, il se croit encore sous le grand roi!

— Je le voudrais!... Heureux ceux qui ont vécu dans ce temps-là!

— Nous nous éloignons de la question, dit Élodia. Nemours, cela approche du Midi, ils doivent aimer la musique; il faut leur donner de l'opéra.

— Et un orchestre?

— Nous en trouverons un dans la ville, des amateurs, et Poussemard les conduira. Il tâchera qu'ils jouent pour de bon.

— Je propose *Robert le Diable*, dit Montézuma, je ferai *Bertram*.

— Pourquoi choisir tout de suite quelque chose de si difficile à monter?... Il faut des décorations, un théâtre machiné... Et le pas des nonnes?...

— On le passera.

— Et le ballet?...

— On le passera.

— Et les chœurs?... On fera comme à l'ordinaire : ceux qui ne sont pas en scène ou ne jouent point dans la pièce chantent les chœurs dans la coulisse...

— Ne comptez pas sur moi pour vos chœurs, dit Mme Grattenboule; c'est bien assez que je souffle! Je n'ai pas envie de m'érailler encore ma pauvre gorge... qu'il faut ensuite que je me prive de petits verres pendant huit jours!

— Ma mère, tu n'es pas obligée de chanter, on sait bien que souffler n'est pas jouer.

— Au lieu de grand opéra, donnons plutôt de l'opéra-comique... D'abord, il n'y a pas de ballet...

— Je propose le *Déserteur*...

— Hum!... au fait, répond Desroseaux, ça pourrait aller... c'est tout monté : Montézuma, *Alexis;* Angely, *Montauciel;* moi, le grand cousin... Grangérant, *Jean-Louis*.

— Je ne le sais pas, répondit le père noble d'un air piqué, et je ne veux pas jouer cela au pied levé.

Puis il ajoute entre ses dents :

— Ils trouvent *Tartufe* trop vieux et il vont jouer *le Déserteur!* Ils me font pitié!

— Ça m'est égal, dit Cuchot, moi, je consens à faire *Jean-Louis*, je le sais...

— Très bien; et *Louise?*

— On sait bien que c'est mon emploi, dit Élodia.

— Ton emploi! dit Zinzinette, si je veux te le laisser; ce n'est pas un rôle à roulades que *Louise*, ce n'est pas une première chanteuse qui joue cela...

— Est-ce que tu veux aborder le sentiment, à présent?

— Pourquoi pas? C'est bien plus facile de faire pleurer que de faire rire.

— Arrangez-vous, mes enfants, dit Albertine; moi, je ne vous le prendrai pas, ce rôle-là. J'aime mieux mes excentriques...

— Voyons, mesdames, pas de disputes, s'il vous plaît, ou rien n'ira bien. Élodia fait *Louise*, Zinzinette fait *Jeannette*... Mme Ramboure, la tante; restent le geôlier et *Courchemin*. Si Poussemard ne conduit pas, il fera le geôlier... nous couperons *Courchemin*, à moins qu'Albertine ne veuille endosser l'uniforme de gendarmes?...

— Merci!... Si c'était un habit de hussard, je ne dis pas...

— Oh! ma fille est si belle en *houzard*... Quelles formes! Moulée, mes enfants!...

— Nous savons tous cela, madame Grattenboule...

— Tu étais en houzard quand le prince Chemizakoff t'a lorgnée pour la première fois, et m'a envoyé du punch chez le concierge...

— Ah! tu te fais envoyer du punch chez le concierge du théâtre? C'est encore gentil!... J'ignorais cet épisode!...

— Pourquoi donc pas?... mais, chez les concierges de théâtre, on prend une foule de choses!... je ne sais pas ce qu'on n'y prend point!

— Ah! mesdames, nous ne nous entendons plus...

— Voyons, voulez-vous que je joue Courchemin en hussard? Alors, je le jouerai!

— Pourquoi pas? Il n'est pas absolument nécessaire pour l'intrigue que Courchemin soit un gendarme, cela rajeunira même la pièce.

— C'est entendu, je joue Courchemin en hussard.

— Chanteras-tu l'air : *Le roi passait?*

— Tiens! je crois bien que je veux chanter! Si je ne chantais pas, le rôle serait peu de chose. Par exemple, comme je ne sais pas ce morceau-là, je mettrai les paroles sur un air que je saurai et qui sera dans ma voix... Qui est-ce qui a la brochure du *Déserteur*, mes enfants?

— Voilà!

— Il s'agit de voir sur quel air ça peut aller... *Le roi passait et le tambour*... Trala, la, la... la, la, la... Ah! je le tiens... ça va sur l'air : *Femmes, voulez-vous éprouver?*

— Pas possible!

— Écoutez plutôt :

Et Albertine se met à chanter sur l'air de : *Femmes, voulez-vous éprouver?*

Le roi passait et le tambour
Battait...

— Je supprime : *aux champs*.

Une fille bien faite
Perce la file; elle crie, elle court,
Tombe à genoux, le roi l'arrête;
Le roi l'écoute... on n'sait pourquoi

— Légère variante : va toujours.

- Alsurion a fait silence.

— Ici, je transpose le vers :

> Vive à jamais ! vive le roi !
> Puis aussitôt ce cri s'élance...
> Puis aussitôt ce cri s'élance...

— Bravo !... bravo !

— Pas mal imaginé, vraiment !

— Il n'y a que ma fille pour avoir de ces idées-là !

— Et la suite du morceau ?

— Mon Dieu ! la suite, je l'arrangerai la même chose... Je ferai deux couplets, ce sera assez.

— Savez-vous, mes enfants, que, par le moyen qu'Albertine vient d'imaginer, nous pourrions monter bien vite une foule d'opéras et nous passer de la partition ?

— C'est vrai... ce sera une chose à essayer.

— Ah ! oui, dit Élodia en haussant les épaules ; allez donc chanter à Rouen ou à Lyon, le grand morceau à roulades du *Pré aux Clercs* ou celui de *Montano et Stephanie :*

> C'est donc demain que l'hyménée,

sur l'air de : *Trou, la, la*, ou de *la Famille de l'Apothicaire*, vous verrez quels bouquets on vous jettera !

— Nous savons très bien que ce n'est pas dans les grandes villes qu'il faut faire cela... mais, dans les petits trous, cela passera comme une lettre à la poste. Enfin, voilà ce qui est arrêté pour *le Déserteur*.

— Oui... *le Déserteur*, c'est trop court, ce n'est pas assez à effet sur l'affiche.

— Voyons, Cuchot, toi qui nous trouves toujours de bons titres bien ronflants ?

— Il me semble que j'en ai aussi trouvé de fameux, quelquefois ? dit Montézuma.

— Eh bien ! donne-nous-en un pour remplacer *le Déserteur*.

— Attendez... attendez !... Oh ! je crois que je tiens votre affaire : *La Fausse Noce, ou les Suites cruelles d'une erreur*... Hein ?... que pensez vous de cela ?... Et comme c'est bien l'idée de la pièce !

— Je ne suis pas fou de ce titre-là... cela rappelle *la Femme innocente, l'Époux cruel et barbare.*

— Alors, trouvez mieux... La critique est aisée, mes amis !...

— J'ai notre affaire ! s'écrie Cuchot en se frappant le front : *L'Amant fusillé, ou la Journée militaire.*

— Bon !... très bon !

— Ah ! oui, voilà un beau titre !

— Bravo! adopté!

— Vous trouvez que c'est un bon titre? Mais il est faux! dit Montézuma; l'amant n'est point fusillé, puisqu'il a sa grâce à la fin.

— Qu'est-ce que cela fait?... Il a été condamné et il est sur le point d'être fusillé! Est-ce qu'il faut chicaner pour si peu de chose?

— Le titre est adopté; passons à la seconde pièce...

— Je demande *Frétillon*, dit Mme Grattenboule.

— Impossible, souffleur; personne de nous n'a joué cela.

— Excepté ma fille, niquedouille, qui surpasse Déjazet dans *Frétillon*. Vous feriez salle comble.

— Nous n'avons pas même la brochure.

— Fallait l'avoir au lieu de se charger d'un tas de vieilles drogues!...

— Voyons la seconde pièce?

— Oh! mes enfants, quelque chose de joli et qui fait toujours de l'effet, parce qu'il y a des voleurs... et vous savez qu'on aime beaucoup les pièces à voleurs! c'est : *Deux mots, ou une Nuit dans la forêt*.

— Hum!... C'est peu amusant, murmure Montézuma.

— Parce que tu ne joues pas dedans, méchant.

— Qui est-ce qui ferait Rose, celle qui n'a à dire que les deux mots?

— Il n'est pas difficile à apprendre, ce rôle-là!

— Vous vous trompez, Zinzinette, il est tout en pantomime... il faut savoir mimer.

— Moi, je l'ai déjà joué.

— Oui, mais toi, Albertine, au lieu de deux mots, tu en as dit une douzaine à la fin... Tu ne finissais plus de parler...

— Tiens! cela m'ennuyait d'avoir gardé le silence pendant tout l'ouvrage. D'ailleurs, on n'a qu'à intituler la pièce : *Quinze Mots* au lieu de *Deux*, qu'est-ce que ça fait?

— Il vaut mieux mettre *la Muette qui parle*; c'est ça qui est piquant.

— Mes camarades, dit Angely qui n'avait pas encore pris part à la discussion générale parce qu'il parlait beaucoup dans l'oreille de Cerisette, si vous vouliez le permettre, notre nouvelle camarade débuterait dans ce rôle qui n'a que deux mots; sa mémoire ne pourra lui faire défaut; je lui enseignerais la pantomime que doit faire son personnage, et cela lui donnerait déjà l'habitude de la scène.

Après une assez courte délibération, on accède à la proposition d'Angély, qui se charge du rôle du jeune Français. Mme Ramboure fera l'hôtesse, Desroseaux le valet; Poussemard, Cuchot et le père noble, consentent à représenter des brigands. Montézuma s'y refuse, parce qu'on n'a pas adopté son titre pour le *Déserteur*.

Elle a piqué une tête dans le tonneau de mélasse. (P. 104.)

— Il me semble, murmure Grangérant, que *les Fourberies de Scapin...*

— Ah! chez l'avoué, Grangérant!...

— Il est incorrigible!...

— C'est par un vaudeville qu'il faut finir.

— Si on veut jouer *le Sourd, ou l'Auberge pleine*, ma fille possède un peu son rôle de Pétronille.

— Laissez-nous un peu tranquilles, madame Grattenboule ; vous ne jouez pas... le répertoire ne vous regarde pas

— Tu fais bien ton embarras, Colas !...

— Je propose *Azémia, ou les Sauvages.*

— C'est un opéra en trois actes.

— Et il n'y a qu'un rôle de femme.

— Oui, mais on mettrait sur l'affiche : « Toutes les dames de la troupe paraîtront en costume de sauvages, » et cela ferait de l'argent.

— L'idée n'est pas mauvaise, mais ce sera pour une autre pièce. Nous ne savons pas *Azémia*, et nous n'avons pas le temps de l'apprendre.

— Je propose *le Commis et la Grisette..*

— C'est trop connu ; on joue et on a joué cela partout où il y a un théâtre.

— *La Bouquetière des Champs-Élysées?*

— C'est en trois actes, ce serait trop long.

— Mes enfants, je crois qu'il faudra en revenir aux *Rendez-vous bourgeois*. C'est fort gai, c'est tout monté... cela fait toujours plaisir...

— Va pour *les Rendez-vous bourgeois ;* seulement, il faut mettre un autre titre?

— Oui, celui-ci est trop... bourgeois...

— Qui est-ce qui donne un titre?

— Ce ne sera pas moi, dit Montézuma ; on a refusé ma *Fausse Noce*, qui valait cent fois mieux que leur *Amant fusillé;* il n'ont qu'à chercher, je ne me casserai plus la tête...

— Voyons... voyons !... attendez que je me rappelle la pièce... *la Maison de campagne du marchand de bois?*

— Cela peut aller, mais ce n'est pas assez piquant.

— Ah ! j'en tiens un : *les Voleurs pour rire, ou l'Amour et la Peur.*

— Pas mauvais !

— Il est drôle !...

— C'est adopté !

— Notre spectacle est fait : *l'Amant fusillé ou la Journée militaire, la Muette qui parle, ou une Nuit dans une épaisse forêt*, et, pour terminer : *les Voleurs pour rire, ou l'Amour et la Peur.*

— Il ne faudra pas oublier, dit Angely, de mettre sur l'affiche qu'une jeune personne, qui n'a jamais paru sur aucun théâtre, débutera dans *la Muette* par le rôle de Rose.

— Convenu ; et j'ajouterai même : « Rôle créé par Mlle Mars », ça ne peut pas nuire.

— Mlle Mars n'a jamais joué l'opéra-comique ?

— Raison de plus!

— Nous voilà près de Nemours, dit Cerisette.

— Ah! diable!... En avant la musique, alors!

Cuchot prend une trompette semblable à celle avec laquelle les marchands de baume et d'eau de Cologne annoncent leur arrivée sur une place; Desroseaux saisit une énorme sonnette qui rend presque le son d'une cloche; Angely se tourne vers une grosse caisse attachée à l'une des parois de la voiture, et tient le tampon pour frapper dessus; Albertine s'empare d'un triangle; Montézuma fait claquer le fouet, c'est le signal de la musique. Le charivari commence : c'est un bruit infernal. Cloche, fanfare, grosse caisse imitant le canon, tout part à la fois.

Les gens qui se trouvent sur la route s'arrêtent : il y en a qui se sauvent, croyant avoir une armée ennemie sur le dos; quelques paysannes se mettent à genoux. Les laboureurs s'appellent, les enfants crient, les marmots pleurent, et plus on approche de Nemours, plus la musique qui part de la tapissière produit d'effet et attire de curieux.

Enfin on entre dans la ville. Stimulé par le bruit du fouet, par le son des instruments, par la bride que Poussemard secoue avec vigueur, Vertigo s'est livré à une noble ardeur : il galope, ce qui, de temps immémorial, ne lui était point arrivé. Poussemard ignore quel chemin il doit prendre; mais une grande rue se présente, et elle doit conduire au centre de la ville; il laisse donc Vertigo se lancer dans cette rue, dont les habitants apparaissent, tout effarouchés, aux portes et aux fenêtres. Un charretier conduisant un haquet se trouve sur la route de Vertigo. Poussemard se demande s'il accrochera le haquet ou s'il se rangera. Mais il ne s'agissait pas ici d'une modeste boutique de pommes ou d'un âne de laitière; le haquet était chargé de futailles, et le charretier n'avait pas l'air endurant. Poussemard veut prendre à droite; Vertigo, qui est lancé, s'obstine à galoper tout droit sur le haquet; le charretier, qui le voit venir, lui administre sur la tête une grêle de coups de fouet. Vertigo, peu habitué à des corrections de cette violence, devient furieux; il se détourne, mais c'est pour galoper avec une nouvelle vigueur... Ce noble élan ne dure guère : les jambes de devant lui manquent, le pauvre animal s'abat devant un épicier. La voiture tombe sur les brancards, dont l'un se casse, et Mme Grattenboule et le père noble, qui étaient assis à côté de Poussemard, sont lancés par-dessus le cheval et vont rouler, l'un sur des pruneaux, l'autre dans un tonneau de mélasse, placés devant la boutique pour affriander les passants.

D'abord tout le monde crie; on n'entend que plaintes et jurements; mais, enfin, ceux que la secousse n'a pas fait tomber de la voiture, et qui n'ont reçu aucune contusion, se hâtent de descendre pour porter secours aux autres. Le père noble en était quitte pour un pruneau enfoncé dans son œil gauche ; Poussemard s'était retrouvé sur ses pieds; mais Mme Grattenboule pousse des hurlements affreux. Elle a piqué une tête dans le tonneau de mélasse, elle n'en peut plus sortir; il faut trois personnes pour la remettre sur ses pieds. Alors un spectacle singulier frappe les assistants : la mère d'Albertine, ayant laissé dans la mélasse son bonnet et sa perruque, en sort avec une tête rasée à la malcontent et entièrement enduite de mélasse, depuis le sommet jusques et y compris le menton. Dans le premier moment, plusieurs éclats de rire se mêlent aux exclamations de surprise.

Mme GRATTENBOULE sortant du tonneau de mélasse.

— Quelle magnifique négresse ! s'écrie Cuchot. Oh ! mes enfants, regardez donc comme la mélasse fait bien sur un visage !...

— Mais sont-ils bêtes !... Essuyez-moi donc, jour de Dieu ! crie Mme Grattenboule; ils vont me laisser manger aux mouches !... j'en sens déjà trois ou quatre qui me piquent !

— Calme-toi, ma mère, dit Albertine. Monsieur l'épicier, donnez-nous donc quelque chose pour enlever cette mélasse...

— Attendez, mesdames, attendez, dit l'épicier en faisant signe à quelques gamins qui sont arrêtés dans la rue, voici des gaillards qui adorent la mélasse... Quand ils en achètent un cornet, il faut voir comme ils l'ont vite léché ! ils n'en laissent pas un centigramme sur le papier... Si madame veut se laisser faire, en quelques minutes ils l'auront débarrassée de ce qui couvre son visage.

— Tiens ! c'est une idée, cela ! dit Desroseaux. Dis donc, Grattenboule, veux-tu te laisser lécher la tête par des gamins ?...

— Tout ce qu'on voudra pourvu qu'on me débarbouille... ça me tient horriblement chaud !...

Les gamins, appelés par l'épicier, comprennent sur-le-champ ce qu'ils ont à faire, et se régalent de mélasse sur la tête de Mme Grattenboule; d'autres enfants viennent pour les aider. La mère d'Albertine a bientôt autour d'elle une partie de la marmaille de l'endroit. Quelques-uns commencent à boxer pour repousser leurs camarades, puis Mme Grattenboule se met aussi à leur administrer des claques, parce qu'il y en a qui lui mordent l'oreille. Enfin Albertine arrive avec un seau et une éponge au secours de sa mère : avec l'éponge, elle lui débarbouille la tête; avec ce qui reste dans le seau, elle met en fuite les gamins.

Pendant que tout ceci se passe, on a indiqué aux comédiens la meilleure auberge de l'endroit, qui est au bout de la rue. On parvient, non sans peine, à remettre Vertigo sur ses quatre pieds; le père noble a enfin retiré le pruneau qui masquait son œil gauche; on dédommage l'épicier en lui offrant une entrée gratis au spectacle pour lui et sa famille, puis on se remet en route pour l'auberge.

L'épicier à Nemours.

Mais Mme Grattenboule ne peut se consoler de la perte de sa perruque et de son bonnet, retirés du tonneau de mélasse dans un état si déplorable qu'il faut les abandonner dans la rue, et elle s'écrie en suivant la société :

— Elle est gentille, notre entrée à Nemours! Faudra qu'on me remplace ma perruque d'abord!... Je ne sais pas si nous ferons de l'argent, mais voilà une fichue réclame!

XIII

UNE PERRUQUE. — RÉPÉTITION. — TAMBOURS

Les comédiens trouvent facilement à se loger, l'auberge est grande, et elle n'est pas pleine.

Desroseaux et Montézuma courent voir la salle de spectacle ; ils doivent ensuite se rendre chez M. le maire, car on ne joue pas la comédie sur un théâtre sans permission ; mais, hors de là, la comédie se joue partout, chez les petits, chez les grands, chez le riche, chez le pauvre : chacun ici-bas joue son rôle sans demander la permission à M. le maire.

Poussemard s'occupe de faire soigner Vertigo ; ensuite il doit se mettre à la recherche d'amateurs pour composer un orchestre.

Grangérant, ayant été chez l'avoué, est naturellement chargé de rédiger l'affiche, de la porter chez l'imprimeur et de corriger les épreuves.

Les dames sont tout à leurs costumes, aux préparatifs de leur toilette pour les rôles qu'elles doivent jouer.

Angely et Cerisette se parlent de leur amour ; leur liaison est si nouvelle qu'ils ont encore beaucoup de choses à se dire.

Cerisette, tout étourdie de sa nouvelle position, se figure par moments être le jouet d'un rêve ; mais un baiser d'Angely lui prouve bientôt qu'elle ne dort pas.

— Et je jouerai la comédie demain ? s'écrie la jeune fille tout émue.

— Oui, ma chère amie, tu joueras un rôle fort intéressant.

— Mais je ne le sais pas !... Je ne le saurai jamais d'ici à demain !...

— Il n'y a que deux mots à dire : *Minuit* et *toujours*.

— *Minuit* et *toujours ?*

— Il me semble que tu pourras bien retenir cela ?

— Oh ? s'il ne faut dire que cela.

— Pas autre chose. Quant à la pièce : c'est un jeune homme qui arrive dans une auberge située dans une forêt ; il n'a avec lui que son valet. L'hôtesse le reçoit très bien ; mais elle est associée à une bande de voleurs qui ont l'habitude de tuer et de dévaliser tous les voyageurs que le hasard amène dans cette auberge...

— Oh ! mon Dieu !... Et ce pauvre jeune homme ?...

— Il n'y a là, pour le sauver, qu'une jeune fille à qui on défend de parler au voyageur. C'est ton rôle. Moi, je ferai le voyageur, tu vois bien que cela ira tout seul... Tu me fais des signes, tu cherches toujours à me faire comprendre les dangers qui m'entourent...

— Oh ! très bien...

— D'ailleurs, ce soir, je te donnerai des leçons...

— Mais un costume ?...

— Celui que tu portes est suffisant : une servante d'auberge...

— C'est vrai, ça ne me changera pas.

— Et tu seras charmante, et tu auras un grand succès... car tu es cent fois plus jolie que toutes ces dames, ce dont elles sont jalouses...

Oh! si je n'étais pas là, on ne te laisserait pas jouer; mais, sois tranquille, je te pousserai, moi...

— Et vous m'aimerez toujours?

— Assurément!... Et toi?...

— Mais, je le crois aussi!

— Tu n'en es pas certaine?

— C'est que tout ce qui m'arrive s'est fait si vite!... Je ne suis pas encore bien persuadée que tout ceci est réel.

— Ma chère Cerisette, dans la vie, les promptes résolutions sont toujours les meilleures; le premier mouvement est le bon...

— Oui... mais, pourtant... si vous n'étiez pas venu dans le grenier... je ne serais pas partie avec vous.

— Alors, je rends grâces au ciel de t'y avoir suivie... En es-tu donc fâchée?...

— A quoi cela servirait-il, maintenant?

— C'est que je voudrais te voir l'air plus gai, plus heureux...

— Je n'ai pas encore eu le temps de me demander si j'étais heureuse!...

— Enfant!... il ne faut jamais se demander cela. Il faut suivre le torrent... prendre le temps comme il vient... profiter de sa jeunesse et céder aux penchants de son cœur... C'est comme cela qu'on est heureux.

— En êtes-vous bien sûr?

Pour toute réponse, Angely embrassa de nouveau Cerisette, qui se dit en elle-même :

— Pourvu que le soldat n'ait pas raison!...

Montézuma revient enchanté de la salle et du théâtre, où la voix doit, à ce qu'il présume, acquérir beaucoup de sonorité. Le bel homme a fait plusieurs pirouettes sur le théâtre, et un entrechat sans toucher les frises, c'est pourquoi il a trouvé la scène très vaste.

Desroseaux a l'autorisation de jouer. On peut faire poser les affiches. Le maire, qui a naturellement une belle loge à sa disposition, a promis d'envoyer quatre personnes payantes.

— Ça promet! dit Albertine. Et dans la ville, ont-ils l'air d'aimer le spectacle? Sont-ils mélomanes?

— Ils ont l'air d'être portés vers la musique : j'ai entendu un orgue dans une cour, et un accordéon chez un coiffeur.

— En attendant, s'écrie Mme Grattenboule, vous savez que je n'habille personne si on ne me fournit pas une autre perruque; je n'ai pas envie de passer ma vie en serre-tête...

— Mon Dieu, souffleur, on vous en donnera une!... Choisissez dans le magasin...

— Et où donc le prends-tu, le magasin? Chacun a sa garde-robe à soi... En voilà une bonne blague!

— Pardonnez-moi; Poussemard a une malle où sont les objets qui sont communs à la troupe; et il y a des perruques.

— Nous allons voir cela quand il va revenir... Et le dîner? est-ce qu'on ne dîne pas?...

— Nous ferons bien auparavant d'aller au théâtre prendre connaissance de la salle, et répéter.

— Je ne vais nulle part sans perruque!...

— Mon Dieu! ma mère, que tu es cruelle... pour un méchant chignon avec un tour!... Ne dirait-on pas que tu espères encore faire des conquêtes?

— Eh ben! pourquoi pas, donc?... Si tu laissais tes sourcils dans la mélasse, toi, je voudrais voir ce que tu dirais...

— C'est très vilain, ce que tu dis là... Tu as l'air d'insinuer que je n'ai pas de sourcils... Est-ce que tu veux me faire du tort?

Le retour de Poussemard met fin à cette querelle. Le chef d'orchestre est aux abois; il a couru toute la ville pour chercher des amateurs et il n'a pu trouver que quatre tambours; deux qui sont dans la garde nationale. et les deux autres qui s'exercent pour y entrer.

— Quoi! pas un pauvre petit violon?... pas un instrument à vent? dit Élodia.

— Rien que quatre tambours.

— Ça fera un singulier orchestre pour accompagner trois opéras-comiques.

— Comme c'est heureux que vous ayez intitulé la première pièce *la Journée militaire!* On admettra très bien les tambours pour cette pièce-là.

— Passe pour la première, quoique la musique me semble par trop militaire. Mais, pour la seconde, pour *Deux Mots?*

— Dans celle-ci, il y a des brigands; or, du moment qu'on voit des voleurs en scène, de petits roulements de tambour à l'orchestre ne font pas mal : cela ajoute à l'intérêt de la situation.

— Passe encore pour les petits roulements à cause des voleurs; mais *les Rendez-vous bourgeois*... une pièce gaie, une folie presque, comment m'expliqueras-tu un accompagnement de tapins?

— N'appelez-vous pas la pièce : *les Voleurs pour rire ou l'Amour et la peur?* Du moment que vous admettez des gens qui ont peur, je ferai

Enjambant par-dessus les banquettes du parterre. (P. 111.)

battre le rappel à l'orchestre et vous verrez la peur se répandre dans toute la salle.

— Ce diable de Poussemard a réponse à tout... Les tambours viendront-ils répéter?

— Oui, rendez-vous dans une heure au théâtre, c'est convenu. Ah! ce n'est pas l'orchestre qui m'inquiète le plus... mais notre cheval... ce pauvre Vertigo!...

— Eh bien! est-ce qu'il va mal?

— Il est couronné, mes enfants!

— Il est bien heureux! dit Cuchot; je ne l'ai jamais été, moi. Allons répéter.

— Un instant! Et une perruque pour moi? s'écrie la mère d'Albertine. Monsieur Poussemard, c'est vous qui tenez les accessoires, et on dit que vous avez les perruques.

— Vous allez voir ce que je possède, madame Grattenboule, et vous choisirez. Mais le peu que nous avons sert souvent pendant la représentation, et si vous en prenez...

— Est-ce que je ne sers pas aussi, moi? Est-ce que tu crois que je vais me placer dans le trou du souffleur, un endroit malsain, où il vient du vent de tous les côtés, sans avoir la tête garantie par une perruque?... Conduis-moi au magasin, et vivement!

Tout le magasin tenait dans une malle; au milieu de sabres, de poignards en fer blanc, de couronnes de rosière, de diadèmes enrichis de pierres fausses, de paniers, de verres, de bouteilles représentant du champagne; de pâtés, de volailles en carton, et d'une foule d'autres objets qui, au théâtre, se nomment accessoires, Mme Grattenboule trouve enfin trois perruques : l'une de Jocrisse, avec une grande queue rouge, qu'elle rejette avec dédain; une autre à cadenettes et grosse queue, le tout ayant été poudré; enfin la troisième, très ample, très longue, très noire, et que l'on a baptisée à la Louis XIV, sert ordinairement pour les juges, les avocats et les marquis de Molière.

Mme Grattenboule penche pour la perruque à cadenettes, mais sa tête ne peut entrer dedans; il lui faut donc se coiffer à la Louis XIV, et promettre surtout de ne point rogner les boucles de la perruque, qui peut d'un moment à l'autre être indispensable à un personnage faisant un commissaire.

Le souffleur se coiffe en murmurant un peu; mais Albertine jure à sa mère qu'elle a l'air d'être à la Ninon.

La troupe se rend au théâtre pour répéter. Sur son chemin, Mme Grattenboule, coiffée à la Louis XIV, fait retourner tout le monde; et il se forme derrière elle un rassemblement de gamins qui lui sert de cortège, en murmurant l'air de : *Ah! ç' cadet-là, quel pif!*

— Qu'est-ce qu'ils ont donc à me suivre, ces polissons là? dit Mme Grattenboule en lançant à droite et à gauche des regards auxquels on répond par des éclats de rire. Est-ce qu'ils croient qu'ils vont encore me *licher* le visage?

— Ils te regardent, dit Albertine, parce que tu es superbe avec ta perruque, et qu'ils n'ont pas l'habitude, à Nemours, de voir des femmes coiffées comme cela.

On arrive au théâtre; on n'y trouve pour toutes décorations qu'un salon, une forêt et une place publique.

On est obligé de se servir du salon pour représenter la prison du déserteur.

— Alors, dit Montézuma, au lieu de : « *Alexis est en prison,* » vous direz : « Alexis a été conduit à l'hôtel de ville, qui lui sert de prison ! »

— Mais la scène se passe dans un village?...

— Qu'est-ce que cela nous fait? Il y a bien une prison dans notre village, il peut bien y avoir un hôtel de ville.

— Pour jouer *Deux mots,* il faut l'intérieur d'une chaumière, dit Angely.

— Nous prendrons la forêt.

— Ce ne sera plus un intérieur... Moi, qui suis enfermé, qui ne sais comment me sauver?...

— Il y a un petit mur de clôture que nous mettrons au fond... avec deux coulisses de place publique, ça fera une chaumière très confortable!...

— A l'orchestre!... Qu'attendons-nous pour répéter?

— J'attends mes tambours...

— Poussemard, quand je chanterai : *Peut-on affliger ce qu'on aime?* tu me feras le plaisir de m'accompagner seul avec ton violon... Je ne veux pas de tambours, moi!...

— Mais si je le fais le geôlier, je ne resterai pas à l'orchestre.

— Oh! par exemple, s'il n'y a pas au moins un violon à l'orchestre, je ne joue pas! Si vous croyez que je vais chanter de l'opéra pendant qu'on me battra des fla et des ra, merci!...

— Mes enfants, dit Grangérant, je me sacrifie à la chose publique ; je consens à remplir le rôle de geôlier.

— Ah! bravo, père noble!...

— C'est bien, cela!

— C'est un trait digne d'un homme qui a été chez l'avoué.

— Seulement, je demande une annonce. On dira : « La personne chargée du rôle de geôlier se trouvant subitement indisposée, notre camarade Grangérant a bien voulu la remplacer pour ne pas faire manquer la représentation. »

— C'est cela... c'est convenu!...

— Ah! je crois que voilà mes tambours.

En effet, quatre gaillards, dont deux en uniforme et deux en bourgeois, enjambent par-dessus les banquettes du parterre, et viennent avec leur caisse se ranger derrière Poussemard, qui est monté avec son violon à la place du chef d'orchestre et leur crie :

— A vos pupitres, messieurs, s'il vous plaît!

— Pourquoi faire?

— Pour suivre la partition; vous marquerez au crayon les endroits où je veux du tambour.

Attention... ! Je commence piano et sans tambour.

— Nous ne savons pas la musique! Vous nous ferez signe quand il faudra rouler, ça suffira.

— Soit! Je joue l'ouverture... Attention!.. Je commence piano et sans tambour.

Poussemard joue avec son violon l'ouverture du *Déserteur*. Lorsqu'il fait signe à ses musiciens de partir, un superbe roulement se fait entendre; cela couvre entièrement le violon; mais Montézuma assure que cela n'en sera que mieux.

Au total, l'ouverture produit un grand effet sur les acteurs, qui n'ont jamais eu tant de bruit dans leur orchestre; Mme Grattenboule sort sa tête du trou du souffleur et se tourne vers les musiciens, en criant :

— Mes enfants, c'est magnifique... c'est à en pleurer!... Si ça va comme ça pendant la pièce, nous aurons un succès étourdissant... Je vous embrasserai après le spectacle.

— Ce monsieur est bien bon, dit un des tambours, qui prend Mme Grattenboule pour un homme; mais je ne tiens pas à l'embrasser. Il a une tête de lion!

On répète le *Déserteur*. Montézuma se fait faire de petits roulements doux pendant son chant. Élodia trouve qu'un violon seul est bien maigre après des tambours; il lui faut aussi un léger roulement. Zinzinette en veut également pour ses couplets. Bref, les chanteurs s'accoutument au tambour, ils trouvent que cela les soutient, il leur en faut à tous.

On s'accorde à trouver que le *Déserteur* va comme sur des roulettes.

On passe à la seconde pièce, celle dans laquelle Cerisette doit débuter. Angely la fait monter sur le théâtre; il lui indique ses entrées, ses sorties; il la fait marcher, courir; enfin, il tâche de lui enseigner la pantomime. La jeune fille ne manque pas d'intelligence; elle est gracieuse; c'est, pour mimer, la qualité la plus essentielle; enfin, elle est jolie, et aux quinquets ses yeux noirs doivent jeter encore plus de feu. Seulement, elle a eu trop souvent envie de rire en répétant; mais on présume que, devant le public, elle sera toute à son rôle.

Tous les hommes s'accordent à dire que Cerisette ira bien. Les femmes prétendent qu'il ne faudra pas lui ménager le tambour.

Les *Rendez-vous bourgeois*, qui emploient toute la troupe, excepté la duègne, sont répétés au galop et comme un ouvrage que l'on joue sous jambes. On laisse les tambours y fignoler à leur fantaisie de petits agréments par-ci, par-là; bien entendu que dans les morceaux d'ensemble ils doivent toujours accompagner le violon. Enfin, la répétition se termine, et l'on se sépare très satisfait des tambours, qui promettent d'être exacts pour le lendemain à six heures du soir.

Les comédiens regagnent leur auberge en se promettant un grand succès pour le lendemain. Mme Grattenboule en obtient un nouveau dans la rue, grâce à sa perruque, et Angely, qui a pris le bras de Cerisette, lui dit encore :

— Tu réussiras... tu seras charmante!... N'aie pas peur, et je réponds du succès; seulement, tâche de rire moins souvent; tu comprends que, dans ce rôle-là, où tu trembles pour ma vie, il ne faut pas avoir l'air trop gai.

— Mon Dieu, mon ami, ce n'est pas ma faute; mais lorsque, par hasard, mes yeux se portent sur cette vieille dame qui souffle avec cette grande perruque à boucles... je ne peux pas garder mon sérieux.

— Diable! heureusement que pour ton rôle tu n'as pas besoin de souffleur... Fais en sorte de ne pas la regarder. Eh bien! voyons, es-tu contente à présent que je t'aie enlevée de ce trou dans lequel tu végétais?

Cerisette sourit à Angely; mais sa bouche hésite encore, tout en balbutiant :

— Oui... oui... je suis contente.

XIV

UN COMMIS VOYAGEUR. — QUIPROQUO

Dans l'après-midi du jour où la fameuse représentation doit avoir lieu, un voyageur descend de l'auberge où sont logés les comédiens.

C'est un homme de trente-quatre ans, grand, fort, assez bien bâti, mais affichant beaucoup de prétentions, voulant qu'on remarque en lui un bel homme; portant une petite redingote bien courte qui lui serre et lui étrangle la taille, un pantalon de coutil d'un dessin bizarre, des carreaux qui se voient à trente pas; bien chaussé, bien cravaté, bien ganté, la badine à la main, le petit bout du foulard sortant de la poche, un lorgnon; enfin, un chapeau exagérant la mode.

La figure de ce monsieur ne doit pas obtenir le même succès que sa taille. C'est un blond, de ceux qu'on surnomme *fadasses;* il a de gros yeux à fleur de tête, qui ne sont ni bleus ni noirs, mais varient entre le vert de mer et le vert bouteille; sa bouche est rentrée, ses lèvres minces, son menton avancé; son nez, écrasé vers le milieu, ressemble à ceux des hommes de couleur. Tout cela n'empêche pas ce personnage de se trouver fort joli garçon et d'être persuadé que toutes les femmes doivent être de cet avis.

Sa mise recherchée annonce du reste un petit-maître de mauvais goût, mais un homme à son aise, s'il faut juger de la fortune par les habits, ce qui se fait toujours et trompe moins souvent qu'on ne le dit.

En entrant dans l'auberge, ce monsieur a crié au maître de la maison, en jetant un paquet de cartes imprimées sur son comptoir :

— Tenez, cher ami; Froimont, commis voyageur en vins superfins, plutôt par goût que par nécessité... Pardieu! vous devez me reconnaître? j'ai déjà logé chez vous l'année dernière... Mais, à déjeuner d'abord!... Ce que vous avez de meilleur... et du bon vin; car vous comprenez que je m'y connais, moi!

— Monsieur logera-t-il?

— Oui, certainement; je passerai peut-être trois jours dans votre ville... à moins qu'on ne s'y ennuie trop, pourtant!

— Oh! monsieur, on ne s'y ennuiera pas... car il vient justement de nous arriver une troupe de comédiens, et ils jouent ce soir.

— Ah! tant mieux!... j'aime assez le spectacle... Et, d'où viennent-ils, ces acteurs?

— De Paris, à ce que je crois, monsieur ; ce sont des premiers talents de la capitale, en congé.

— Oui, congé définitif, probablement! Enfin, nous verrons bien, et, pourvu que les actrices soient jolies...

— Elles le sont toutes, monsieur... sauf deux mères... ou deux tantes...

— Oui, les duègnes ; et combien de jeunes?

— Quatre, monsieur.

— Allons! il y aura du choix... Et où logent-ils, ces comédiens?

— Ici même, monsieur, dans mon hôtel.

— Oh! mais c'est charmant, cela.

Et le commis voyageur court aussitôt devant une glace, il arrange ses cheveux, son col, sa cravate, remonte ses bretelles, regarde si son pantalon dessine bien ses formes ; puis, satisfait de sa revue, sort un cigare de sa poche et crie à l'hôte :

— Du feu!

— Voilà, monsieur!

— Je dînerai ici; mettez-y mon couvert... mettez trois verres à patte sur la table, un pour le madère, un pour le bordeaux, un pour le champagne... Je vais voir un correspondant... Que tout soit prêt dans une heure, et portez ma valise dans une de vos plus belles chambres... Je vous permets d'annoncer à son de trompe que vous avez l'honneur de me posséder.

— Je n'y manquerai pas, monsieur.

Le commis voyageur est sorti de l'auberge. L'hôte se hâte de faire dresser dans la salle un couvert élégant, sur lequel il met cinq verres à patte au lieu de trois, se disant que qui peut plus, peut moins.

Les comédiens sont allés au théâtre, où ils ont fait porter leurs costumes pour la représentation du soir; ils cherchent l'endroit où les dames pourront s'habiller; ils choisissent une petite pièce qui a sans doute été faite pour servir de foyer et où l'on peut tenir quatre personnes, en se gênant beaucoup.

Quant aux hommes, il est décidé qu'ils s'habilleront partout, c'est-à-dire qu'ils se mettront dans le premier coin où l'on pourra changer de culotte sans être aperçu du public.

Ensuite, ces messieurs parcourent la ville, entrent dans le plus beau café de l'endroit, jouent des petits verres au billard et aux dominos, en parlant très haut de leur représentation du soir et des immenses succès qu'ils ont obtenus dans les principales villes de France. Ces conversations ne manque jamais d'attirer l'attention des flâneurs, des habitués, auxquels on offre avec amabilité du feu ou du tabac. Le comédien est un homme qui a fait Manlius et Agamemnon, qui enfonce feu Talma surpasse Frédérick Lemaître; il ne manque pas d'aller dire cela à tous ses voisins, à toutes ses connaissances; le bruit se répand dans toute la ville que l'on possède de très grands artistes, qui ne pourront peut-être y donner qu'une représentation, et que, par conséquent, il faut se hâter d'aller voir.

Tout cela est de la banque, de la réclame; mais on en fait partout, en politique, en finance, dans le commerce, en littérature. Lisez la dernière feuille d'un journal, cette feuille consacrée aux annonces, lisez ces affiches immenses, avec ou sans lithographie, que l'on placarde jusque sur les lieux les plus infimes de la capitale, et dites-nous où l'on ne glisse pas de la réclame.

Mme Grattenboule coiffée à la Louis XIV.

Puisqu'on en fourre partout, pourquoi donc les comédiens ambulants s'en priveraient-ils?

Mme Grattenboule seule est restée à l'auberge, où elle repasse les pièces qu'elle doit souffler le soir; en allant demander une prise de tabac au maître de la maison, elle a été frappée par l'aspect du couvert élégant et surchargé de verres à patte, qui est dressé dans la salle du rez-de-chaussée, que l'on traverse pour aller dans les autres pièces. Elle fait un froncement de sourcils significatif en murmurant :

— Peste!... le beau couvert!... Ah! on peut dire que voilà un joli couvert!... Pour qui est cela?

— Pour un voyageur qui va loger ici... Il a commandé son dîner, il va revenir.

— Je n'ai pas besoin de vous demander si c'est *un quelqu'un* de comme il faut!... Ça se voit tout de suite!... Quand on a cinq verres à pattes

Mme Grattenboule, à qui l'on fait avaler du café avec du sel pour tâcher de la dégriser. (P. 123.)

autour de son assiette, c'est qu'on n'est pas un *mufle!*... Ça dénote le bon genre et les capacités; c'est un particulier qui doit avoir voiture?

— Il est venu en voiture, oui, dans la diligence... mais il était dans le coupé...

— Je l'aurais parié... C'est si distingué, le coupé!... J'y ai voyagé souvent... et Dieu sait les jolis souvenirs qui m'en restent!... Ce voyageur est-il jeune?

— Oui, c'est un homme jeune encore... un bien bel homme!

— Je l'aurais parié à son couvert; il doit être joli garçon... Avec cinq verres à patte, on ne peut pas être laid.

— Il est très bien, c'est un petit-maître... il a un lorgnon...

— Pardié! il doit avoir bien autre chose; c'est un prince étranger qui voyage incognito?

— Non, c'est un commis voyageur.

— En diamants?

— Non, en vins.

— C'est la même chose. Je crois même que je préfère les vins, je m'y connais mieux. Je vais remonter là-haut passer une robe plus légère... celle-ci m'étouffe; j'ai déjà bien assez de cette perruque pour me tenir chaud... Ah! le beau couvert! Eh bien! du temps de Clapotensky, je dînais tous les jours comme ça... Mais ma fille ne sait tenir à rien; qué malheur! cher ami!...

Mme Grattenboule quitte la salle. Quelques instants après, M. Froimont revient et se met à table : il ne se plaint pas de la nombreuse collection de verres qui décore son couvert; mais il regrette de ne pas rencontrer dans la salle quelque dame du théâtre.

En ce moment, la mère d'Albertine reparaît à l'entrée de la salle : elle a mis une robe traînante, faite en peignoir et de couleur ponceau; avec sa grande perruque noire, dont les boucles descendent jusque sur ses épaules, et les brochures de pièces qu'elle tient sous un bras, elle ressemble à un juge se rendant au palais pour rendre des arrêts.

M. Froimont fait un mouvement d'effroi, en disant au garçon qui le sert :

— Qu'est-ce que c'est que ça? Le commissaire de police?

— Non, monsieur, c'est une actrice.

— Ça, une actrice? Vous blaguez, mon cher!...

— C'est-à-dire, c'est la mère d'une de ces dames.

— Ah! à la bonne heure.

Et le commis voyageur salue Mme Grattenboule, qui lui fait une révérence de menuet.

Élodia, Zinzinette, Albertine et Cerisette rentrent à l'auberge et traversent précipitamment la salle, non cependant sans répondre par de gracieux saluts à celui du voyageur.

— Mon Dieu! comme vous êtes pressées! leur dit Mme Grattenboule.

— C'est qu'on manque de tout, à ce théâtre!...

— Et dans la ville nous ne trouvons pas ce qu'il nous faut...

— Nos costumes ne seront jamais prêts, si tu ne viens pas nous aider.

— Je suis à vous tout à l'heure.

Les actrices sont montées chez elles; Mme Grattenboule se rapproche de la table de Froimont en disant :

— Est-ce que je ne les connais pas?... C'est chaque fois la même chose : « Mon costume n'ira pas! Il me manque ceci, cela!... Je ne jouerai pas... » Et puis, le soir, tout va comme sur des patins.

Le commis voyageur a particulièrement remarqué Cerisette, qui est entrée en tenant le bras d'Albertine, laquelle témoigne une vive amitié à la jeune débutante, pour faire endêver Élodia et Zinzinette qui en sont jalouses.

— Madame, dit Froimont en se tournant vers Mme Grattenboule, vous faites aussi partie de la troupe qui joue ce soir au théâtre?

— Oui, monsieur, et je m'en honore...

— Ces dames sont fort bien... mais il y en a une surtout... qui est entrée la dernière... une jeune personne aux yeux noirs...

— C'est ma fille, monsieur.

— Ah! c'est mademoiselle votre fille? Je vous en fais mon compliment... Si elle a autant de talent qu'elle est jolie...

— Elle en a encore plus, monsieur, elle est farcie de talent... C'est une enfant gâtée par la nature... c'est un superbe sujet!...

— Quel emploi tient-elle?

— Elle les tient tous, monsieur. J'entends par là qu'elle peut jouer avec succès tout ce qu'elle veut; mais, où elle brille surtout, c'est dans les excentriques!...

— Ah! vraiment?...

— Si vous l'aviez vue dans *Frétillon!*...

— Elle joue les Déjazet, alors?

— Oui, mais elle joue ça autrement que Déjazet... Ça n'est plus reconnaissable.

— Madame, voulez-vous me permettre de boire à votre santé?

— Comment donc, monsieur?... Mais je voudrais vous rendre cette politesse...

— Seriez-vous assez aimable pour accepter un verre de madère avec un biscuit?...

— Je ne sais pas refuser un homme qui a aussi bon genre que vous, monsieur.

Mme Grattenboule est déjà assise à table, elle demande une assiette et veut goûter du fromage avant les biscuits. Le commis voyageur, qui est bien aise de se ménager des intelligences avec les actrices, emplit le verre de cette dame dès qu'il est vide, et celle-ci le vide dès qu'il est plein.

— Vous nous ferez l'honneur de venir au spectacle, ce soir, monsieur?

— Oui, madame, je m'en fais un plaisir. D'ailleurs la composition du spectacle est fort piquante, s'il faut en juger par l'affiche. Mais ce sont donc toutes pièces nouvelles; car, moi qui vais fort souvent au spectacle quand je suis à Paris, je ne me souviens pas d'avoir vu aucun de ces ouvrages-là?

— C'est nouveau... oui, monsieur, c'est presque nouveau...

— L'*Amant fusillé*, c'est un opéra?

— Pur opéra!

— Et la *Muette qui parle?*

— C'en est encore; tout ce que nous donnons ce soir est de l'opéra, nous ne sortons pas de là!...

— Mademoiselle votre fille joue-t-elle?

— Je crois bien! est-ce qu'on ferait de l'argent sans elle?... Elle joue dans deux pièces... Vous la soignerez, cher ami, je vous la recommande.

— Je suis persuadé qu'elle n'a pas besoin de cela... mais vous m'entendrez l'applaudir. Un verre de champagne?...

— J'y suis!... Où serez-vous placé, bel homme?...

— Je me mets toujours aux avant-scènes quand il y en a.

— S'il n'y en a pas, on vous en fera... Par exemple!... un théâtre sans avant-scènes... autant vaudrait pas de lustre!...

Le commis voyageur a fait boire au souffleur du madère, du frontignan, du champagne, ensuite c'est le café et le petit verre; Mme Grattenboule ne se ménage pas du tout; en vain le garçon vient lui dire à chaque instant :

— Ces dames vous demandent là-haut.

— C'est bon! dis-leur que j'y vais! Mon Dieu! j'ai bien le temps! D'ailleurs, c'est moi qui les habille, et je réponds de tout.

— C'est vous qui habillez ces dames? s'écrie Froimont.

— Oui, cher ami, le plus pénible, c'est de les lacer, vois-tu?... Ça veut être serrée... La première chanteuse ne veut porter que quarante-deux!... J'ai souvent mal aux pouces... Qu'elle différence d'avec ma fille! Elle ne se gêne pas dans son corset, et elle fait bien... Tout ça fond, tout ça se case...

— Elle m'a paru fort mince... une taille fine...

— Oui, dans mon genre, jadis...

— On demande Mme Grattenboule tout de suite en haut!

— Fiche-moi donc la paix, toi, puisque je réponds de tout!... Je vais y aller... Est-ce qu'il ne faut pas que je prenne un peu de force pour les souffler ?... Eh ! mon Dieu, oui, mon ami; ils me mettent à toute sauce; je m'attends un de ces jours à ce qu'ils me fassent danser un pas de deux toute seule.

— Je vous laisse monter près de ces dames, je ne veux pas vous retenir davantage... A ce soir! Je serai au spectacle, et je vous prie de dire à mademoiselle votre fille qu'elle peut compter sur un admirateur de plus...

— Tu lui jetteras un bouquet, n'est-ce pas, cher ami?

— C'est bien mon intention...

— Un bouquet monstre, ça fait plus d'effet.

— Vous serez satisfaite... A ce soir!

Le commis voyageur quitte la table et l'auberge que Mme Grattenboule lui crie encore :

Il se dandine, se balance, lorgne le beau sexe de l'endroit.

— Et des vers, si tu veux, cher ami!... Grangérant les lira... il lit très bien, il a été chez l'avoué.

— Madame, on vous demande là-haut, dit le garçon en desservant la table.

— Ah! que tu m'ennuies, bouffi! Verse-moi donc encore un petit verre, ça sera pour le compte du bel homme... Il a le moyen de payer! Je réponds de lui... je ne réponds pas pour moi, mais je réponds de lui.

Mme Grattenboule boit encore un petit verre, puis un autre, et elle s'endort sur la table pendant que l'on continue d'appeler en haut. Quant au garçon, on lui a donné une entrée gratis ; il va se faire beau et se mettre à la queue devant le théâtre, où il n'y a encore personne.

XV

LE SPECTACLE. — UN BOUQUET

L'heure de se rendre au spectacle est arrivée; les actrices, furieuses contre leur habilleuse, ont la malheureuse idée de sortir par une porte qui donne sur une autre rue et abrège le chemin pour se rendre à la salle de spectacle, où elles pensent rencontrer Mme Grattenboule. Mais la mère d'Albertine ne s'y trouve pas.

Le monde arrive; la salle est presque pleine. On allume, ce qui ne se fait guère en province que lorsque que le public est entré. Un beau monsieur, fort élégant, ayant des gants serin, une rose à sa boutonnière et un petit morceau de verre fiché sur l'œil droit, s'est placé dans la loge qui est la plus rapprochée de la scène, et là, il se dandine, se balance, lorgne le beau sexe de l'endroit et s'amuse à frapper avec sa badine sur le devant de la loge. C'est M. Froimont.

Poussemard est à son poste de chef d'orchestre; les musiciens arrivent: mais, sur quatre tambours, il y en a trois de gris, et deux se mettent sur-le-champ à ronfler dès qu'ils sont assis dans l'orchestre.

Les acteurs sont habillés, et ils sont surpris que les dames ne paraissent point; mais celles-ci attendent Mme Grattenboule, qu'on cherche en vain dans tous les coins de la salle.

Tout à coup Albertine s'écrie :

— Ah! mon Dieu!.., elle était dans le salon où dînait ce beau monsieur qui est si vilain... Si, par hasard... Elle en est capable... Et moi qui l'attends pour m'élargir mon pantalon de hussard, dans lequel je ne peux pas entrer!

On envoie à l'auberge. On y trouve l'habilleuse qui dort profondément, les coudes appuyés sur la table. On a beaucoup de peine à l'éveiller. Ensuite il faut deux hommes pour la soutenir et la conduire au théâtre, où elle arrive ayant sa perruque à moitié retournée; si bien qu'une partie de son visage est cachée par les boucles de ses cheveux.

— Ah! mon Dieu! ma mère est dedans! s'écrie Albertine; mesdames, nous ne risquons rien de nous passer d'elle pour nous habiller!... si elle peut souffler, ça m'étonnera beaucoup.

— Qui est-ce qui dit que je suis dedans? C'est pas vrai, balbutie Mme Grattenboule en se laissant aller sur une chaise, sur laquelle est le bonnet que doit mettre Élodia et dont elle fait une galette.

— Ah ! mon bonnet !... abîmé, perdu ! plus mettable !... C'est une horreur !... je ne jouerai pas !

Cuchot est accouru aux cris de sa femme ; aidé du père noble, il emmène Mme Grattenboule, à qui l'on fait avaler du café avec du sel pour tâcher de la dégriser.

Cerisette, qui ne joue pas dans la première pièce, offre ses services à ces dames qui sont trop heureuses de les accepter.

Mais, en voyant les actrices mettre du blanc, du rouge, du noir ; en assistant à tous les mystères de leur toilette ; en les entendant se chamailler entre elles, crier, maudire leur habilleuse, répéter avec impatience, avec colère, un endroit de leur rôle qui ne va pas, ou un passage de chant qui va mal ; en les voyant si différentes de ce qu'elles sont sur la scène, Cerisette a déjà perdu une grande partie de ses illusions ; les comédiens ne lui semblent plus des êtres privilégiés, et, peut-être, au contraire, s'aperçoit-elle que, dans cette profession, les ennuis balancent au moins les plaisirs.

Cependant le public, qui attend depuis longtemps, commence à témoigner son mécontentement.

— Mesdames, êtes-vous prêtes ? crie Poussemard qui a quitté son orchestre pour faire le régisseur.

— Je n'ai pas de bonnet ! dit Élodia.

— Tu joueras en cheveux, c'est plus jeune.

— Mais notre souffleuse ?

— On l'a portée dans son trou. Elle commence à se remettre... Je vais frapper...

— Mais je ne peux pas entrer dans ce pantalon ! dit Albertine.

— Tu as bien le temps de le faire prêter, tu ne parais qu'à la fin.

Et Poussemard va frapper les trois coups ; puis il court à son orchestre, prend un violon, et dit à ses tambours :

— Attention, messieurs !

Mais il y en a deux qui continuent à ronfler. L'ouverture du *Déserteur* est jouée tant bien que mal. Le public paraît assez étonné d'entendre un roulement continuel de tambours. Il y a, au parterre, un petit monsieur, ayant une énorme tête surmontée d'une énorme crinière de cheveux qui se tiennent raides comme des poils de sanglier, ce qui, joint au mouvement continuel que se donne ce personnage, le fait de loin ressembler à un pensionnaire du Jardin des Plantes. Ce petit monsieur, qui ne cesse de se pencher à droite, à gauche, en avant en arrière, comme s'il voulait occuper à lui seul le parterre, paraît connaître tout le monde et fait tout haut ses réflexions que ses voisins semblent écouter comme des oracles ; et il s'est déjà écrié plusieurs fois :

— On voit bien que c'est une pièce militaire ! Bigre !... je n'aurais pas lu l'affiche, que je l'aurais deviné. Maintenant les compositeurs de musique mettent un bruit effrayant dans leur orchestre. On m'a assuré qu'à Paris, au Grand-Opéra, on devait tirer le canon dans le premier ouvrage de... de chose... le nom n'y fait rien... un fameux compositeur ; il y aura plusieurs canons dans l'orchestre, chargés à poudre seulement, mais l'effet sera le même.

— Ah ! monsieur Serpolet, c'est pour rire ce que vous nous dites là, n'est-ce pas ? murmure une dame ornée d'une ferronnière sur le front, ayant de plus une couronne de feuillage, une rose fichée au-dessus de l'oreille, et le reste de la toilette à l'avenant.

— Non, madame Lattendri, ce n'est pas une plaisanterie ; depuis que Rossini a criblé sa musique d'instruments en cuivre, c'est à qui renchérira sur le moyen d'obtenir plus de son... Oh ! c'est que je suis au courant de tout ce qui a rapport à la musique... Mais, chut, silence... cela commence. Je suis bien curieux de voir cet *Amant fusillé ;* il faut que ce soit un opéra nouveau, car je ne le connais pas... et à Marseille... j'ai habité Marseille longtemps... j'allais deux fois par semaine au spectacle... Silence donc !

Et Poussemard va frapper les trois coups.

Ce monsieur ne remarque pas que c'est lui seul qui fait du bruit. Le commis voyageur, placé aux premières, s'avance sur le devant de sa loge, criant :

— Taisez-vous donc au parterre... bavard...

M. Serpolet ne prend pas cela pour lui, il se retourne vers les personnes placées derrière lui en répétant :

— Silence donc, bavards ! écoutez la pièce militaire.

Le premier tambour a fait entrer avec lui six personnes. (P. 128.)

Les premières scènes vont sans encombre. Heureusement les acteurs savaient leurs rôles par cœur, car Mme Grattenboule, qui n'est pas encore en état de souffler, n'envoie les phrases qu'après que le personnage en scène les a dites. Un troisième tambour s'est endormi pendant le dialogue; mais celui qui reste, solide à son poste, s'applique à faire du bruit comme quatre, et pendant les couplets : *J'avais égaré mon fuseau*, chantés par Mlle Zinzinette avec une foule de sautillements, on n'entend absolument que le tambour.

— Trop fort, la grosse caisse! crie un monsieur qui est aux dernières places.

— A la porte, le paradis! crie le beau Froimont qui s'est fait le champion du théâtre.

— Ils ne comprennent pas que c'est une pièce militaire! dit Mme Lattendri en ramenant sa ferronnière juste sur la même ligne que son nez.

Cependant, depuis quelques instants le monsieur à tous crins semblait en proie à une foule de souvenirs; il poussait des :

— Oh! mais... je connais cela... J'ai vu cette pièce-là... Je suis certain d'avoir vu cela... Oui! oui! oui!... Ça ne s'appelait pas *l'Amant fusillé*, alors... Attendez, attendez!...

— A la porte, le bavard! crie Froimont.

— A la porte! silence! dit M. Serpolet en regardant le paradis.

Mais, au moment où Montézuma entre en scène, bondissant légèrement sur une montagne figurée dans le fond du théâtre, et s'avançant par deux jetés battus jusqu'à l'avant-scène, M. Serpolet se frappe sur les cuisses en criant :

— C'est *le Déserteur!*... c'est *le Déserteur!*...

— Mais silence donc, monsieur Serpolet! disent plusieurs personnes dans la salle en faisant des signes au monsieur à tous crins.

— J'en suis sûr à présent! c'est *le Déserteur!*

— Laissez-nous entendre la pièce... nous verrons bien s'il déserte!

— Vous ne me comprenez pas. C'est un vieil opéra... Je l'ai vu à Marseille, ça ne s'est jamais appelé *l'Amant fusillé*... On va l'arrêter... vous allez voir... on l'arrêtera à la fin de l'acte.

— On vous arrêtera tout de suite si vous ne vous taisez pas! crie Froimont, en se levant et menaçant M. Serpolet du doigt.

Pendant que ce bruit a lieu dans la salle, Montézuma, qui est accoutumé à toute espèce de charivari, continue son rôle comme s'il avait affaire à un public attentif; seulement il y ajoute des balancés, des pirouettes, des poses très hardies, et au moment où la toile va baisser, il juge convenable de se laisser aller sur les deux hommes qu'on a loués pour faire les gendarmes qui viennent arrêter le déserteur; mais ceux-ci, ne s'attendant pas à cette gymnastique, fléchissent sous le poids de Montézuma et roulent avec lui sur le théâtre. Le rideau tombe sur ce tableau, et le public applaudit avec enthousiasme cette nouvelle mise en scène.

Dans l'entr'acte, M. Serpolet continue de crier à tout le monde :

— C'est *le Déserteur* qu'on nous joue-là!

— Eh bien! après? dit le commis voyageur en répondant au monsieur du parterre. Quand ce serait *le Déserteur*, qu'est-ce que cela nous fait si la pièce est jolie?

— Mais pourquoi ont-ils changé le titre? Moi, je n'aime pas cela. C'est donc pour nous attraper? Je ne veux pas qu'on m'attrape!

— Cela se fait très souvent en province... on rafraîchit les titres.

— Cela ne devrait pas être permis... car je ne viendrais pas voir une pièce que je connais, et je viens quand je lis sur l'affiche des titres que je ne connais pas.

— C'est bien pour cela qu'ils en mettent de nouveaux.

Pendant que cette dissertation a lieu parmi le public, des scènes plus animées se passent sur le théâtre; Montézuma veut battre les deux gendarmes qui l'ont laissé tomber par terre. Albertine se promène dans les coulisses avec son pantalon de hussard, qu'elle est parvenue à mettre en le faisant craquer par derrière. La déchirure est énorme, et le costume de hussard se composant d'une veste boutonnée avec un pantalon, rien ne masque l'accident arrivé à cette dernière partie du vêtement. Albertine demande à grands cris qu'on lui recouse son accroc; mais on est tellement occupé que personne ne se présente pour lui rendre ce service.

— Combien de recette? dit Cuchot en courant après Desroseaux, habillé en grand cousin.

— Je ne sais pas encore... mais il y a beaucoup de monde, la recette doit être assez ronde... C'est le père noble qui a reçu l'argent au bureau.

— Qui est-ce qui me recoud mon pantalon?... Je ne peux pas me présenter devant le public comme ça!...

— Tu ne te retourneras pas!

— Ah! ce serait gentil... je n'oserais pas remuer en scène!... avec ça qu'ils ont l'air assez méchant! Si ma mère était en état de tenir une aiguille... mais il n'y faut pas songer.

— C'est agréable comme elle nous souffle, Mme Grattenboule; elle envoie toutes les répliques après... c'est affreux! Elle ferait mieux de se taire et de ne pas souffler du tout.

— Ces malheureux tambours qui ronflent dans l'orchestre, est-ce que vous trouvez que ça fait bien, cela?

— Celui qui reste bat comme quatre; on dit que dans la salle on n'entend pas du tout le chant.

— Mes petits amours, si on ne recoud pas mon pantalon, je n'entre pas en scène : vous concevez que je ne veux pas m'exposer à montrer mon derrière au public!...

— Il ne serait déjà pas si malheureux, le public!

— On aurait dû mettre cela sur l'affiche.

— Bon, les voilà qui demandent la toile, à présent... Ils sont très tapageurs dans ce pays.

— Ah! voilà Grangérant! Eh bien, père noble, notre recette?

Charmante !... délicieuse !... adorable!... cria très haut M. Froimont.

— Mes enfants, nous sommes horriblement floués...

— Qu'est-ce à dire?

— C'est-à-dire qu'il y a beaucoup de monde et presque pas d'argent... Aussi pourquoi permettez-vous aux tambours de faire entrer leur famille gratis? Il paraît que messieurs les tapins ont des familles qui n'en finissent pas. Le premier tambour a fait entrer avec lui six personnes; le second onze; le troisième a amené cinq enfants, sept femmes et huit hommes; enfin le dernier tambour a achevé d'emplir le parterre et une partie de la galerie... c'est indécent!... et, au total : trente neuf francs cinquante centimes de recette.

— Quelle *sèche!*

— Nous ne ferons pas nos frais!

— Allons, il n'en faut pas moins jouer et déployer tout notre talent. Cela se répandra dans la ville, et la seconde représentation sera plus productive... Au théâtre!

— Je ne parais pas si on ne recoud point ma culotte.

Çerisette a eu pitié de la situation d'Albertine; elle est parvenue, non sans peine, à se procurer une aiguille et du fil. Ces dames vont se placer dans un coin du foyer; Albertine se met dans la position d'une personne disposée à recevoir ce que M. de Pourceaugnac refuse de prendre, et Cerisette, armée de son aiguille, semble étudier la géographie sur la mappemonde qu'on lui présente.

Le Déserteur marche tant bien que mal jusqu'au troisième acte; mais lorsqu'on en est là, et pendant une scène touchante entre Louise et Alexis, les trois tambours qui avaient fait leur somme s'éveillent tout à coup, et, en apercevant la salle pleine de monde, le théâtre éclairé, les acteurs en scène, se persuadent qu'ils doivent battre sur leur caisse pour réparer le temps qu'ils ont perdu. Ils s'emparent vivement de leurs baguettes et se mettent à attaquer rudement la peau d'âne : l'un joue la retraite, l'autre exécute un pas redoublé, et le troisième bat la générale.

Ce bruit inattendu empêche d'entendre un seul mot de ce qui se dit sur le théâtre; enfin Poussemard fait signe à ses musiciens de se taire, ceux-ci prennent pour des encouragements les mouvements du chef d'orchestre; le public abasourdi crie : « A bas les tambours! » Le parterre tape du pied, la galerie siffle, le paradis chante une foule d'airs connus. Ce tapage dure jusqu'à ce que Poussemard, aidé de Cuchot et de Desroseaux, soit parvenu à faire sortir les trois tambours de l'orchestre, où on les prie de ne plus revenir, un seul suffisant pour la mélodie.

Cette épuration terminée, on continue la représentation ; Albertine arrive en hussard, et chante sur l'air de : *Femmes voulez-vous éprouver:*

Le roi passait et le tambour,
Etc., etc.

Alors les applaudissements redoublent.

Le public applaudit le morceau transformé en romance : les formes bien accusées en hussard, sa tournure leste, son air égrillard, ont produit une impression favorable sur les amateurs de Nemours. Quant à M. Serpolet, lorsque Albertine a fini sa romance, il s'écrie :

— Décidément, je crois que je me trompais, ce n'est pas *le Déserteur*... on n'y chantait pas cet air-là... mais cela y ressemble beaucoup.

Pendant que sa fille chante, Mme Grattenboule, qui commence à se dégriser, lui souffle à chaque instant :

— Le balcon à ta gauche... il a une fleur à sa boutonnière... c'est un homme bien comme il faut... Emploie tous tes moyens... il va te la jeter... Apprête-toi à la recevoir... S'il y a des *verses* avec, je veux qu'on les lise.

Mais la première pièce se termine, et le beau commis voyageur n'a lancé aucun bouquet à Albertine. Mme Grattenboule, qui a repris son service, est retournée habiller ces dames ; elle dit à sa fille :

— Il veut te réserver ça pour la dernière pièce ; mais, sois tranquille, ça ne peut pas te manquer.

— Et qui vous fait présumer, ma tendre mère, que ce monsieur veuille me jeter un bouquet à moi plutôt qu'à une autre ?

— Que t'es bête ! Est-ce qu'il ne m'a pas déjà déclaré ses sentiments à son intention ? Tu lui as fait impression, à cet homme. Quoi donc que tu vois d'étonnant à cela !

— Il est fort laid... il ressemble à un nègre, votre beau monsieur !

— Oh ! fais-tu de l'embarras ! C'est un individu qui sait vivre... et joliment vivre ; il ne boit que des vins fins.

— Vous vous en êtes tapé avec lui... Vous étiez bien tout à l'heure !

— C'est la chaleur qui m'avait fait mal, car j'ai à peine bu.

— Ma mère, soignez Cerisette je vous en prie, c'est elle qui a bien voulu recoudre mon pantalon...

— Qu'est-ce que tu veux que je lui fasse, à cette petite ? C'est mince, c'est élancé ! ça s'habille toute seule... Tu étais magnifique en z'houzard !

— Vraiment ?... Vous savez que nous n'avons presque pas de payants..., recette illusoire ?

— Je t'ai déjà dit que tu étais dans une mauvaise troupe, où ils ne savent pas faire valoir tes talents. Aussi, à ta place, je saisirais la première occasion, et...

— Allons, madame Grattenboule, à votre trou ! crie Poussemard ; on va commencer la seconde pièce.

— Eh bien ! c'est bon !... on y va, à ce trou !... Tâche donc de modérer tes tambours, toi. Ah ! les gredins ! Il y a eu un moment où j'ai cru que la salle s'écroulait sur moi.

— J'en ai mis trois à la porte. Tâchez de souffler un peu mieux, vous.

— Pourquoi donc me serais-je amusée à souffler, quand on n'entendait que des ran plan plan... ra pla pla ?... Est-ce que tu veux que je souffle la retraite à présent ? Il est charmant ! Alors, je vas me mettre dans une vraie troupe... dans un régiment, je marcherai à côté des cantinières !

Cerisette est prête ; pour coiffure elle n'a que ses cheveux, pour costume que sa petite robe à raies ; mais l'émotion, la frayeur qu'elle éprouve la rendent encore plus jolie. La jeune fille ne voulait pas se mettre du rouge sur le visage, elle trouve que cela enlaidit; il faut que son amant vienne lui-même lui dire que cela est indispensable, et que les acteurs doivent être comme les décorations qui font plus d'effet de loin lorsqu'elles ne sont pas bien de près.

— Du courage! dit Angely à Cerisette. Vous êtes charmante, votre aspect seul séduira le public, et, quant au rôle, deux mots à dire, vous ne devez pas craindre de manquer de mémoire.

— Mon Dieu! que c'est singulier, le théâtre! murmure la jeune fille tout émue au moment de débuter. Vu de près, tout cela me semble si difficile!... Tenez, mon ami, laissez-moi m'en aller... je n'ai pas de vocation...

— Vous en aller?... Et que ferions-nous sans vous? Vous êtes annoncée sur l'affiche; il y a en grosses lettres : « Une jeune personne qui n'a encore paru sur aucun théâtre débutera, dans *la Muette qui parle*, par le rôle de Rose... »

— Pourquoi a-t-on mis cela?

— Pour que le public soit plus indulgent pour vous...

— Allons, puisque le sort en est jeté!

Poussemard a frappé les trois coups, et il est redescendu à son orchestre. Le calme se rétablit dans la salle, on n'entend plus que la voix de M. Serpolet, qui dit à Mme Lattendri :

— Je suis curieux de savoir ce qu'ils entendent par une muette qui parle!... Savez-vous quelle est mon idée, madame Lattendri?

— Non... Vous avez une idée?...

— Que je crois lumineuse: c'est une muette ventriloque!

— Ah bah!...

— Certainement! Vous comprenez, elle est muette par sa langue, mais elle parle avec son ventre... Cela peut être intéressant : il y a de bien belles situations à faire là-dessus!

— Silence donc au parterre!...

La pièce commence. Le tambour qui reste a reçu l'ordre de se modérer ; on entend les acteurs, même quand ils chantent, ce qui flatte le public, peu habitué à cela; enfin, Cerisette paraît. En entrant en scène, sa démarche est embarrassée, elle semble craindre d'avancer; mais tout cela la sert merveilleusement pour le personnage qu'elle représente; sa jolie figure achève de disposer le public en sa faveur. Son maintien gauche, ses gestes un peu forcés, sont pris par les spectateurs pour une parfaite imitation de la vérité. Le beau commis voyageur, qui a poussé une exclamation de plaisir en voyant paraître la jeune fille, donne le signal des applaudissements. Toute la salle l'imite. Cerisette, tout étonnée de son succès, semble demander à ses camarades si c'est bien à elle que s'adressent les bravos des spectateurs.

— Charmante !... délicieuse ! adorable !... crie très haut M. Froimont, qui tient constamment son lorgnon braqué sur Cerisette.

Ces exclamations choquent Mme Grattenboule, qui murmure de son trou :

— Qu'est-ce qu'il a donc à se décarcasser pour cette pièce-là, ce cher ami ?

Puis le souffleur se penche et fait des signes au bel homme du balcon en lui criant :

— Tout à l'heure... elle joue dans la dernière pièce... Vous la reverrez tout à l'heure !... Elle était bien en homme, mais, en femme, personne ne peut joûter avec elle.

Le commis voyageur ne s'amuse pas à regarder dans le trou du souffleur, il ne cesse point de lorgner Cerisette. Enfin, vers le milieu de la pièce, jugeant le moment favorable pour témoigner son admiration, il tire de dessous sa banquette un magnifique bouquet, qu'il jette sur le théâtre et qui tombe aux pieds de Cerisette.

La jeune fille est demeurée toute saisie de cet hommage qu'on lui adresse ; elle n'ose encore ramasser le bouquet, et le public se remet à l'applaudir, lorsque tout à coup on voit une perruque à la Louis XIV sortir du trou du souffleur, deux bras se mettent à gesticuler, à menacer le monsieur du balcon, et une voix s'écrie :

— Mais qu'est-ce que tu fais donc, cher ami ?... Ce n'est pas elle !... Tu n'y vois plus clair quand tu lorgnes !... Ce n'est pas ma fille... Tu as fait une boulette...

Puis Mme Grattenboule, se tournant vers le public, lui dit :

— Messieurs et mesdames, il faut que vous sachiez que ce monsieur s'est trompé... Ce bouquet est destiné à ma fille, que vous avez vue tout à l'heure en z'houzard... et que vous reverrez tout à l'heure encore...

La mère d'Albertine ne peut pas en dire plus ; les éclats de rire, provoqués par sa personne et sa perruque, couvrent sa harangue. Les huées, les ricanements partent de tous côtés, tandis que Froimont crie à Cerisette :

— N'écoutez pas ce vieux masque, mademoiselle ! Ce bouquet est bien pour vous, vous l'avez bien mérité !...

Angely, qui est en scène, s'empresse de ramasser le bouquet et de l'offrir à Cerisette, qui l'accepte. Alors les applaudissements redoublent. Mais Mme Grattenboule est furieuse ; elle vocifère après le public ; enfin, ne sachant comment se venger, elle ôte sa perruque et la lance au nez du petit-maître du balcon en lui disant :

— Tiens, carlin, voilà pour t'apprendre à faire des affronts à ma fille !

Puis, Mme Grattenboule quitte son trou et disparaît sans s'inquiéter comment on finira la pièce sans souffleur. Heureusement, il ne reste plus que

Il lui prend la taille... (P. 138.)

trois scènes à jouer, et Poussemard, auquel ses camarades ont fait signe, dit au tambour de faire un petit roulement soutenu, qui ne permette plus au public de saisir ce que disent les acteurs. Grâce à cet ingénieux procédé, chacun improvise son rôle à son gré; la pièce se termine au milieu d'applaudissements de toute la salle. Cerisette est redemandée, Angely la ramène; le commis voyageur lui jette la rose qui pare sa boutonnière, et Mme Lattendri, cédant à l'enthousiasme général, détache la fleur qui était dans ses cheveux et l'envoie dans le nez de Poussemard.

Cerisette est encore tout étourdie de son succès; elle reçoit les félicitations de ses camarades, mais des hommes seulement : les dames s'habillent pour *les Rendez-vous bourgeois*. Cependant Poussemard, que l'on voit aller et venir avec agitation sur le théâtre et dans tous les coins de la salle, revient bientôt dire aux artistes d'un air désespéré :

— Impossible de les retrouver... elles sont parties!

— Qui donc?

— Albertine et sa mère!...

— Allons donc!... Cela ne se peut pas! Que Mme Grattenboule parte, tant mieux! nous serons bien débarrassés... Mais Albertine, elle joue dans la dernière pièce?...

— Elle doit être à l'auberge.

— Elles y ont été; elles ont pris à la hâte leurs effets; une voiture passait, il y avait deux places sur l'impériale avec des militaires... elles y ont grimpé... et fouette, cocher!

— Mais c'est affreux!... nous quitter au moment de jouer, d'entrer en scène!...

— Le trait est digne d'Albertine et de son auguste mère!

— Allons, mes enfants, dit Desroseaux, il ne faut pas que le public devine notre embarras...

— Non, non, dit Grangérant : *Domestiqua facta*... il faut laver son linge sale en famille.

— Notre nouvelle camarade, Cerisette, va remplacer Albertine dans le rôle de Julie.

— Elle n'en sait pas un mot... elle n'a aucune idée de la pièce!

— Cela ne fait rien; Rosambeau en a bien joué qu'il improvisait... Cerisette est adoptée par le public, cela suffit. Elle jouera son rôle en pantomime; dès qu'elle sera en scène, Poussemard fera faire des roulements au tambour; Cerisette ouvrira la bouche, on se figurera qu'elle chante.

— Et un souffleur?

— Mme Ramboure, qui ne joue pas, soufflera. Soyez tranquille, c'est moi qui fais Jasmin, et je vous promets que les scènes avec Julie ne seront pas longues.

Cerisette est très étonnée lorsqu'on vient lui dire qu'elle joue dans la dernière pièce ; elle veut refuser... Le père noble se jette à ses pieds au nom de toute la troupe, et Angely lui dit :

— Vous êtes notre ancre de salut!...

La jeune fille ne résiste plus; elle fera tout ce que l'on voudra. Pendant qu'on lui met un bonnet et un tablier de soubrette, Angely tâche de lui donner quelques notions sur le rôle qu'elle va jouer.

Mais tant de soins étaient peu nécessaires. Dès que Cerisette entre en scène, le tambour fait son roulement. Poussemard joue à tour de bras sur son violon les airs qui lui reviennent à la mémoire ; et le public, voyant encore la jeune fille mimer son rôle, est persuadé que la troisième pièce n'est que la suite de la seconde et que l'actrice continue son personnage de *Deux Mots*, ou *Une nuit dans une épaisse forêt.*

Les acteurs ne cherchent point à détromper le public. *Les Rendez-vous bourgeois* s'achèvent; heureusement, M. Serpolet ne les avait pas vu jouer à Marseille. Il n'en était pas de même de Froimont, il connaissait la pièce; mais, ne s'occupant que de Cerisette, peu lui importait ce que l'on représentait. La toile baisse ; le public s'éloigne, médiocrement satisfait, et M. Serpolet dit à Mme Lattendri :

— La suite ne vaut pas la pièce; mais c'est presque toujours comme cela au théâtre : on ferait bien mieux de donner des pièces sans suite.

XVI

LES DÉBUTS SE SUIVENT ET NE SE RESSEMBLENT PAS

Le lendemain de cette soirée mémorable, le comité dramatique, assemblé dans l'auberge, décide qu'il donnera encore une représentation à Nemours le jour suivant; le départ d'Albertine gênait un peu le répertoire ; cependant on peut jouer sans elle *le Tableau parlant*, *Richard Cœur de Lion* et les *Jeux de l'Amour et du Hasard.* On s'arrête à ce spectacle; mais il faut que Cerisette apprenne pour le lendemain le rôle d'Antonio, dans *Richard.* Angely se fait fort de le lui montrer.

Pour remplacer Mme Grattenboule dans son trou, Poussemard a loué un vieux maître d'écriture qui, moyennant une rétribution fort modeste, se charge de tenir l'emploi de souffleur.

Enfin, l'orchestre n'aura pour renfort que le tambour qui n'a pas dormi et un monsieur qui pince de la guitare et qui est venu offrir ses services aux comédiens.

On décide à l'unanimité que toutes les entrées de faveur sont interdites; on ne veut pas jouer devant des gens qui ne payent pas et se permettent souvent de rire au nez de ceux qui les amusent gratis.

Il est trois heures de l'après-midi. Angely, après avoir donné quelques leçons à Cerisette, la laisse pour aller au café avec quelques-uns de ses camarades; et la jeune fille, tenant à la main la brochure de *Richard*, descend dans un petit jardin qui tient à l'auberge, et tâche d'apprendre par cœur le petit rôle d'Antonio, tout en se disant :

— Ce n'est pas aussi amusant que je croyais, de jouer la comédie.

Le commis voyageur, qui est amoureux de la jeune débutante à laquelle il a jeté un bouquet la veille, s'est bien gardé de quitter l'auberge; il a passé une partie de la matinée à flâner, à fumer, mais surtout à épier le moment où il pourra parler sans témoin à celle qu'il croit rendre très heureuse en lui offrant son hommage. Cet instant est venu : Cerisette est assise contre un massif de lilas. Elle étudie avec la conscience d'un écolier qui doit bientôt paraître devant son maître; aussi n'a-t-elle pas vu venir ce monsieur bien pincé, bien pommadé, qui la guettait et se pose enfin devant elle, une main sur la hanche, l'autre dans l'échancrure de son gilet, et la tête renversée en arrière en murmurant :

— Divine!... adorable!... Parole d'honneur, vous êtes encore plus jolie à la ville qu'à la scène!...

— C'est à moi que vous parlez, monsieur? demande Cerisette en relevant la tête.

— Et à qui donc?... Il me semble qu'il n'y a que vous et moi dans ce jardin... D'ailleurs, à quelle autre pourrais-je adresser le doux aveu qui brûle mes lèvres?...

— Pardon, monsieur, j'apprends un rôle qu'il faut que je sache demain... et si je cause, je ne pourrai pas apprendre...

— Oh! la bonne blague!... vous en saurez toujours assez!... Quand on a vos yeux, on a le droit de ne point savoir son rôle; vous mimerez comme hier dans *les Rendez-vous bourgeois*... car j'ai reconnu la pièce... c'était difficile... mais je l'ai reconnue .. Et les bons habitants de cet endroit n'y ont vu que du feu!...

— Je vous assure, monsieur, qu'il faut que j'étudie.

— Allons donc, qu'elle charge!...

M. Froimont s'est assis sur le banc à côté de Cerisette; il se met tout de suite si près d'elle que celle-ci se recule pour ne pas supporter le contact de ce monsieur qui se met à ricaner en disant :

— Vous vous reculez... je vous fais peur?...

— Mais, monsieur, il n'est pas nécessaire que vous vous mettiez si près de moi...

— Je ne serai jamais assez près... Voyons, jolie Cerisette... car vous vous nommez Cerisette au théâtre?... Le nom est original... je gage qu'il deviendra célèbre!... Je vous promets d'avance de le prôner, de le citer... Mais arrivons à notre but... je n'aime pas à perdre mon temps en paroles oiseuses; je vous adore, chère amie, vous avez dû vous en apercevoir hier... mon bouquet était beau, j'espère?...

— C'est vous qui m'avez jeté un bouquet, monsieur?

— Et qui donc? Elle est ravissante, avec ses airs étonnés!...

— Je vous remercie beaucoup, monsieur, je ne méritais pas cela assurément!...

— Je vous en jetterai trois demain.

— Ah! monsieur, pas tous pour moi; jetez-en aussi à mes camarades...

— Je me fiche pas mal de vos camarades... c'est vous que j'adore... La charmante taille!... la jolie menotte!...

Le bel homme s'est rapproché de Cerisette; il lui prend la taille, le bras, il va l'embrasser; mais la jeune fille se défend adroitement, elle se rappelle son métier de servante d'auberge. Le commis voyageur est repoussé au point d'avoir les doigts presque brisés; il secoue ses mains en faisant légèrement la grimace et murmure :

— Tiens!... tiens! nous faisons des manières!... Eh bien! c'est pas gentil!... non, parole d'honneur... c'est pas aimable... A quoi bon toutes ces singeries?... Est-ce que nous voudrions faire la cruelle, par hasard?

— Je ne vous comprends pas, monsieur.

— Elle est bonne!... elle est bonne!... Est-ce dans votre rôle, ça?

— Dans mon rôle!... Mais vous m'empêchez de l'apprendre, monsieur.

— Voyons! pas de bêtises; parlons raison; nous dînons ensemble, n'est-ce pas?... Un dîner superfin!... Vous commanderez... et, cette nuit, je vous attendrai... la clef sera sur ma porte... Est-ce convenu, c'est conclu.

Cerisette n'était plus assez ignorante pour ne point comprendre la proposition de ce monsieur; cependant, la manière brusque, impertinente avec laquelle il lui fait cette déclaration lui semble si singulière, qu'elle le regarde fixement, en lui disant d'un air moqueur :

— Il paraît, monsieur, que vous êtes habitué à trouver des femmes qui ne vous résistent guère.

— C'est vrai!... je ne compte que des triomphes... La liste de mes conquêtes serait plus longue à apprendre que votre rôle, chère amie!

— Eh bien! monsieur, je ne me sens pas disposée à l'augmenter.

— Comment!... Qu'est-ce que vous dites?...

— Je dis que je vais apprendre mon rôle dans ma chambre, si vous ne me laissez pas étudier ici tranquillement...

— Ah ça! nous ne nous sommes donc pas compris!... Voyons, voyons, méchante! c'est que je ne me suis pas assez expliqué... Je vais réparer ma faute... Je n'ai pas que des échantillons de vin avec moi!... J'ai dans ma valise plusieurs coupons de soierie, de quoi faire des robes ou des pardessus... tout ce qu'on veut... première qualité... c'est un échange que j'ai fait contre du bordeaux... Vous choisirez, petite... Hein, nous sommes d'accord maintenant.

Pour toute réponse, Cerisette s'est levée, et va s'éloigner ; Froimont la retient en s'emparant de son bras.

— Comment, ma belle, vous partez sans rien me dire?

— C'est que je n'ai rien à répondre à tout ce que vous me dites, monsieur.

— Il me semble pourtant que mon hommage n'est point de ceux que l'on doive dédaigner, et quand j'y joins un coupon de soierie, deux, si vous le voulez!...

— Je ne me soucie pas plus de votre coupon que de votre hommage.

Le bel homme se mord les lèvres avec dépit, mais il ne lâche pas le bras de Cerisette; il prend un air d'importance, se rengorge dans sa cravate, et répond :

— Tenez, mademoiselle, je vois bien que vous croyez avoir affaire à quelque pauvre petit courtier en vins, auquel on alloue douze cents francs d'appointements, plus les frais de voyage! Mais détrompez-vous, je me nomme Alexandre Froimont, je suis le neveu et l'unique héritier de Joseph-Nicolas Froimont, qui a une des meilleurs caves de Bercy et possède quarante mille livres de rente... Tout cela me reviendra, si je veux bien voyager en m'occupant un peu de placements de vins ; c'est parce que cela est agréable à mon oncle, qui tient à ce que je me mette au courant des affaires, que je compte bien abandonner, dès qu'il ne sera plus, ce cher homme!... J'ai déjà devers moi quatre à cinq mille francs de rente ; avec cela, ma perspective d'avenir... qui ne saurait tarder à se changer en présent... Mon oncle jouit d'une fort mauvaise santé. Eh bien!... qu'en dites-vous? Suis-je de ces hommes que l'on dédaigne?

— Mon Dieu! monsieur, qu'est-ce que cela me fait, à moi, toute cette histoire?

Le petit-maître est tout décontenancé par le ton avec lequel Cerisette vient de lui répondre ; il croyait produire beaucoup d'effet en faisant savoir qu'il aurait un jour une grande fortune, et la jeune fille a entendu cela sans sourciller. Il se remet cependant, et, reprenant un ton sentimental, lui dit :

— Allons, bel ange, ne repoussez plus mon amour... Vous me direz ce dont vous avez envie... Je me sens capable de faire des folies pour vous. Je suis stupide, mais, ma foi, tant pis ! Quand une femme me plaît, il faut que j'en vienne à mes fins, n'importe comment...

— Tenez, monsieur, tout ce que vous pourrez me dire sera inutile... car vous ne me plaisez pas du tout.... oh ! mais pas du tout !... Ainsi, croyez-moi... offrez à d'autres vos hommages ; vos coupons de soierie, et ne me jetez plus de bouquets... Adieu, monsieur ; auprès de moi, vous perdez votre temps.

Cerisette s'est éloignée vivement, et, cette fois, le commis voyageur n'a pas essayé de la retenir. Il est resté stupéfait ; son amour-propre est humilié de cet échec, mais il ne veut pas croire qu'on puisse réellement repousser son hommage. Il se dit :

— C'est une coquette !.. oh ! c'est une madrée, avec son petit air simple... Je ne lui plais pas ! En voilà une malice !... Elle serait donc bien difficile ! Mais c'est de la banque... on connaît cela !... C'est pour me piquer au jeu... pour que je fasse de plus grands sacrifices... Qui aurait cru cela ?... Elle a l'air tout naïf, tout franc... Allons... on se saignera, puisqu'il le faut... mais Mlle Cerisette sera ma maîtresse ; je le veux, et cela sera !

Vers le soir, Froimont écrit un billet brûlant dans lequel il offre un cachemire français en sus des pièces de soierie.

Il a remis son épître au garçon, qui trouve facilement le moment de la glisser en cachette à Cerisette ; celle-ci lit la lettre, puis la déchire pour se faire des papillotes.

Au bout d'une heure, le garçon retourne près de Cerisette et lui demande tout bas la réponse pour le monsieur. La jeune fille ôte gravement une de ses papillotes qu'elle donne au garçon, en lui disant :

— Voilà tout.

Le garçon va trouver M. Froimont ; il lui présente la papillote en lui disant :

— On s'est dépapillotée, et on m'a dit : « Voilà tout. »

Le commis reconnaît un petit morceau de son billet doux ; il devient furieux, il jure de se venger, car il est obligé d'aller se coucher tout seul.

Le jour suivant, les comédiens doivent donner leur seconde représentation, qu'ils ont tâché de faire mousser par tous les moyens possibles : grande affiche, détails pompeux, titres nouveaux, rien n'a été négligé : le

Vous avez voulu me faire aller. (P. 148.)

Tableau parlant est devenu *l'Image vivante ; Richard Cœur de Lion :* le *Captif et le Ménestrel ;* enfin, les *Jeux de l'Amour et du Hasard* sont appelés *les Passe-temps de Cupidon.* Et on a mis en grosses lettres et en vedette : « Mademoiselle Cerisette, qui a obtenu tant de succès dans *Deux Mots*, continuera ses débuts par le rôle d'un petit paysan, qui sert de bâton au ménestrel. »

Cette rédaction, qui est encore l'ouvrage du père noble, est désapprouvée par Angely, qui ne trouve pas heureux que l'on annonce que Cerisette fera le rôle d'un bâton ; mais cela est imprimé, et le jeune amoureux en est quitte pour gratter le mot bâton sur les affiches placées devant le théâtre. En sorte que l'on voit sur l'affiche : « qui sert de... au ménestrel. » Et chacun est libre de chercher à quoi sert la débutante.

Malgré les promesses brillantes de l'affiche, le public n'afflue pas ; l'heure de commencer est venue, il n'y a que deux personnes dans la salle ; M. Serpolet et Mme Lattendri.

— C'est affreux de jouer devant des banquettes ! dit Élodia qui est du *Tableau parlant*. Il fallait donner des billets, au moins on voit du monde cela anime... Mais jouer pour ce monsieur et cette dame qui sont au parterre... C'est pitoyable !... Si on leur rendait leur argent, nous irions nous coucher...

— Allons, ma chère amie, respectons le public, même dans sa plus minime portion ; d'ailleurs, il peut encore venir du monde...je crois que j'entends ouvrir une porte.

Cuchot court regarder au trou de la toile, et s'écrie :

— Deux personnes, dont un enfant, entrent à la galerie !...

— Cela se garnira, dit Mme Rambourre.

— On viendra pour les *Jeux du Hasard*, dit Grangérant en se frottant les mains.

Tout à coup Poussemard pousse un cri de joie : trois personnes viennent d'entrer au balcon.

— Je finis par croire que nous aurons du monde ! dit le père noble. Décidément on peut commencer.

On joue la première pièce devant sept personnes ; pour la seconde, dans laquelle doit paraître Cerisette, il arrive un peu de monde. Enfin M. Froimont paraît bientôt à la place qu'il occupait l'avant-veille, et presque au même instant, le parterre se garnit d'une quinzaine de gamins dont plusieurs ont eu l'avantage de lécher la tête de Mme Grattenboule.

Cerisette ne songeait plus à ce monsieur qui, la veille, lui avait déclaré son amour d'une façon si cavalière ; elle n'était occupée que de son rôle et de son costume. Angely était parvenu, non sans peine, à lui trouver un petit habit de jeune paysan qui ne lui allait pas mal, excepté la culotte qui la gênait horriblement entre les jambes ; c'était la première fois que Cerisette mettait des habits d'homme, elle osait à peine marcher avec ; enfin elle ne savait pas dix mots de son rôle, ce qui augmentait sa frayeur. Angely s'efforçait de la rassurer, en lui disant :

— Quand on est aimé du public, c'est le principal... On te soufflera, et puis le tambour est là.

Poussemard joue l'ouverture de *Richard*, dans laquelle la guitare de l'amateur produit l'effet d'une poêle à marrons que l'on secoue; mais dans le *forte*, le tambour crève sa peau d'âne. Cet incident, de mauvais augure pour la représentation, n'empêche cependant pas la pièce de commencer.

Cerisette est entrée en scène avec Angely, qui représente Blondel; elle marche avec difficulté, et lorsqu'il s'agit de dire son rôle, la difficulté devient plus grande; alors un murmure qui n'a rien de flatteur part du groupe de gamins qui sont arrivés avec le commis voyageur.

Cerisette s'émeut et regarde le souffleur; les gamins crient :

— Ah!... elle ne sait pas parler...

— Ni marcher!

— Qu'est-ce qu'elle a donc dans sa culotte?...

— Va donc apprendre ton rôle!...

— La toile!...

— Une autre pièce!...

— A la chie-en-lit, lit, lit!...

— Silence donc! A la porte! dit M. Serpolet en se tournant vers les gamins qui occupent le fond du parterre.

Mais on ne tient pas compte de l'injonction du monsieur à tous crins; on continue de crier, de huer. Ce bruit augmente le trouble de Cerisette; elle ne peut plus dire un mot de son rôle; sa langue s'attache à son palais et refuse d'articuler ce que lui envoie le souffleur. En vain Angely cherche à la rassurer, à ranimer son courage, la pauvre débutante reste au milieu du théâtre sans oser faire un pas; ses jambes fléchissent, elle se sent défaillir, et un concert de sifflets, dont le commis voyageur a donné le signal en portant une clef à ses lèvres, achève de démoraliser la jeune fille, qui regarde la coulisse en pleurant, et tombe dans les bras d'Angely en murmurant :

— C'est fini... j'en ai assez, je ne veux plus jouer la comédie!...

— Mais c'est une cabale... une infâme cabale! dit Angely en déposant sa maîtresse dans le foyer. Il y a à l'avant-scène un misérable qui donne le signal des sifflets...

— Ce qu'il y a d'extraordinaire, dit Grangérant, c'est que c'est le même monsieur qui, avant-hier, a jeté un bouquet à Cerisette.

— Que vois-tu là d'extraordinaire? dit Angely; depuis avant-hier, cet homme a poursuivi Cerisette de ses déclarations, qu'elle na pas voulu écouter... Elle-même me l'a dit, et voilà comment cet homme se venge aujourd'hui... C'est un misérable!... Mais je le retrouverai à notre auberge... je ne serai plus soumis à la volonté du public. Alors, cet homme aura affaire à moi.

— Cabale!... cabale!.. murmure Élodia en regardant Zinzinette. On veut toujours qu'il y ait cabale quand on est sifflé... Le fait est que cette petite, arrivée en scène, ne savait pas marcher et ne pouvait pas parler...

— Elle était pitoyable, ajoute la Déjazet. Une tournure gauche... un air bête!... Après tout, nous avons un public payant aujourd'hui, et il a droit d'exiger que l'on sache son rôle... Ce n'est pas comme la dernière fois... ils ont jeté des bouquets!...

— Belle malice... Ils étaient tous entrés gratis!

Le militaire qui chique.

XVII

CERISETTE

Cependant le tapage continue dans la salle, où les gamins crient :

— La pièce ou mon argent!

— Faut-il rendre l'argent? demande Poussemard à Desroseaux.

— Jamais! répond celui-ci avec une intonation de voix que Talma n'eût point désavouée.

— Mais, alors?...

— Alors, continuons la pièce sans Antonio, ce n'est pas plus malin que ça.

Et, en effet, pendant que Cerisette pleure dans un coin du foyer, on continue *Richard*, ou plutôt on en joue des fragments; mais les spectateurs ne sont point obligés de comprendre, et ils usent de ce droit qu'ils ont acheté en entrant.

Le spectacle est terminé. La troupe dramatique est revenue à l'auberge où elle loge; mais la discorde règne dans le camp. Angely est exaspéré; il semble méditer quelque sujet de vengeance et ne tarde pas à quitter la compagnie; les hommes sont très mécontents de la recette; les actrices chuchotent entre elles, puis font tout haut des réflexions piquantes sur ce qui est arrivé dans la soirée.

Quant à Cerisette, seule dans un coin de la salle, où personne ne lui parle, parce qu'on ne parle plus à une personne qui vient d'être sifflée, la pauvre jeune fille se dit encore :

— Moi qui croyais que l'on était si heureux de monter sur un théâtre... de mettre différents costumes... de représenter une foule de personnages. Ah!... combien je me trompais!... Le soldat avait raison... je n'aurais pas dû quitter la maison de M. Chatouillé... mais... ce n'est pas ma faute.

Angely rentre d'un air furieux dans la salle où ses camarades sont encore rassemblés, en s'écriant :

— Le lâche! le misérable!... Il est parti... il a quitté cette auberge!

— Qui donc? demande Cuchot.

— Eh! parbleu! cet homme qui, au balcon, donnait le signal des sifflets... ce commis voyageur qui logeait dans cette auberge, et poursuivait Cerisette de ses déclarations d'amour!

La vieille dame grincheuse qui prise.

— Eh bien! qu'est-ce que cela nous fait que monsieur soit parti? dit Zinzinette d'un air moqueur.

— Cela me fait à moi, parce que je voulais venger Cerisette qui, ce soir, a été victime d'un indigne cabale

— Oh ! d'une cabale !... Voyons, Angely entre nous, conviens donc que le public a bien le droit de siffler un peu quand on a l'air de se moquer de lui?...

— De se moquer de lui!... Qu'est-ce que tu entends par là?...

— Je veux dire quand on ne sait pas un mot de son rôle.

— Mon Dieu ! mon cher ami, nous n'en faisons point un crime à Cerisette, elle n'est point actrice, elle ne se doute pas de ce que c'est que le théâtre... Elle a perdu la tête au premier sifflet parti de la salle...

— Il est certain qu'elle n'y est pas habituée comme toi, Montézuma.

— Des épigrammes ?... Cela ne donnera pas à mademoiselle ce qui lui manque !

— Quant à moi, dit Élodia, je déclare que je ne jouerai point avec quelqu'un qui ne me donne pas ma réplique !...

— Ni moi!...

— Ni moi !...

— Tiens, il y a de l'écho ici!...

— Assez, mes bons camarades, dit Angely, je vous comprends... vous repoussez Cerisette... A votre aise ! Mais vous voudrez bien aussi vous priver de mes services; nous sommes tous libres, aucun traité ne nous lie les uns aux autres. Vous trouverez donc bon que, dès demain, je suive une autre route que la vôtre, et que j'aille chercher sans vous la gloire et la fortune... que l'on rencontre rarement en votre compagnie...

— A ton aise !

— Comme tu voudras.

— Tu es libre !

— Bonne chance !

— En attendant, je vous souhaite une bonne nuit.

Et Angely, s'emparant d'un flambeau, va prendre le bras de Cerisette et se retire avec elle après avoir gracieusement salué ses ci-devant camarades.

— Vous avez tort de les quitter pour moi, mon ami, dit Cerisette à son amant; car, je vous le répète, je ne veux plus être actrice, je n'en aurai jamais le talent.

— Laissez-moi donc tranquille, répond Angely. Je suis enchanté d'avoir trouvé cette occasion ! Avec eux, il n'y a rien à faire !... Ils sont pleins d'amour-propre et encroûtés dans les vieilles routines... Seul, je puis aller où je voudrai, donner des représentations... choisir mes rôles... les villes où je veux jouer... Et, d'ailleurs, ma chère, le changement, c'est la vie ! c'est le bonheur !

Cette réflexion était peu rassurante dans la bouche d'un amant.

XVIII

MONTEREAU. — UNE FUGUE

Sur les neuf heures du matin, une voiture des accélérées passe et s'arrête pour relayer à Nemours. Angely s'informe s'il y a deux places. Sur la réponse affirmative, il va chercher Cerisette ; le bagage de la jeune fille était léger, celui de l'amoureux avait quelque valeur ; sa garde-robe dramatique remplissait une grande malle, et, en espèces, Angely possédait une centaine de francs. C'est peu pour voyager à deux, surtout lorsque le but du voyage ne se dessine pas nettement à l'horizon ; mais, pour un artiste qui n'a que vingt-quatre ans, c'est une somme considérable ; car si la bourse est légère, en revanche, les espérances sont immenses. Angely était très en fonds de ce côté-là.

Le jeune couple a pris possession de ses places dans la rotonde, près de deux fermiers qui dorment, d'un militaire qui chique et d'une vieille femme qui prise.

Après s'être casée le mieux possible, Cerisette dit tout bas à son compagnon :

— Où allons-nous, à présent ?

A cette question toute naturelle, Angely part d'un éclat de rire et s'écrie :

— Ah ! ma foi !... tu m'y fais penser... Où allons-nous ?... Croirais-tu que je n'en sais rien ?

— Tu ne sais pas où nous allons ?

— Nullement ! J'ai aperçu la voiture, j'ai demandé si l'on avait encore deux places, on m'a dit que oui, j'ai été te chercher... Nous sommes montés, on partait. Je n'ai pas pensé à m'informer où l'on allait... Mais cela m'est égal de me rendre plutôt dans un endroit que dans un autre... peu m'importe, après tout... Est-ce que tu as une préférence, toi ?

— Mon Dieu, non... Ah ! pourtant... j'aurais été bien aise d'aller à Bagnolet...

— A Bagnolet ?... Qu'est-ce que c'est que cela ?

— Je ne sais pas, mon ami.

— De quel côté est-ce !

— C'est du côté de Paris.

— Tu connais donc du monde par là ?...

— Non, c'est-à-dire... il y a un pauvre soldat qui s'est arrêté... chez M. Chatouillé, et il me témoignait tant d'intérêt !..

— Oh! mademoiselle Cerisette, auriez-vous des connaissances dans les tourlourous! Ceci me semble louche... C'est un amoureux que tu veux revoir.

— Un amoureux? C'est mal ce que vous me dites là!... c'était un pauvre homme blessé... et qui m'avait donné de bien bons conseils!...

— Ma chère amie, je ne crois pas à l'amitié désintéressée d'un militaire pour une jeune fille!

— Vous avez tort!

— C'est possible, mais je suis comme cela; si tu veux me faire plaisir, tu ne me parleras plus de ton soldat de Bagnolet... Maintenant, je vais demander où nous allons.

Angely se retourne vers la vieille dame qui prise encore, et lui dit :

— Auriez-vous, madame, l'extrême bonté de me dire où nous allons?

La vieille dame referme sa tabatière, regarde Angely d'un air refrogné et répond :

— Où nous allons? Je présume que vous le savez aussi bien que moi!

— Si je le savais, madame, je vous certifie que je ne me permettrais pas de vous le demander.

— Monsieur, je n'aime pas que l'on se moque de moi... entendez-vous? C'est pour rire à mes dépens que vous me faites cette question, mais ce n'est pas bien de vous adresser aux vieilles gens pour cela...

— Allons, bon!... Ah! vous le prenez ainsi, madame? A votre aise!... On ne se permettra plus de vous adresser la parole.

— Oh! c'est que je connais toutes ces petites farces-là, voyez-vous!... Tout à l'heure vous allez me dire qu'on va nous attaquer... ou que noue allons verser... mais je ne suis pas poltronne, moi, ce n'est pas d'hier qus je voyage...

— Il me semble que je ne vous dis plus rien, madame.

— Vous avez voulu me faire aller... Ce n'est pas moi qu'on fait aller..

— C'est vous qui produisez cet effet-là sur les autres... Je le crois volontiers, madame!...

Et Angely se tourne vers Cerisette en murmurant

— Quelle infernale petite vieille!... Oh! Grattenboule! où es-tu avec ta perruque et ta mélasse? J'aurais du plaisir à te lancer sur cette momie qui a si peur que l'on se moque d'elle! Avec tout cela, je veux pourtant savoir où nous allons.

Angely s'adresse au militaire qui chique à sa droite :

— Militaire, voulez-vous avoir la bonté de me dire où la voiture doit nous mener?

Le militaire ouvre une énorme bouche comme s'il voulait avaler son

Voilà comment je le prends. (P. 153.)

interlocuteur, et se met à mugir de la gorge une douzaine de mots allemands entremêlés de *tarteifle* et de *saprement;* puis il referme sa mâchoire et se remet à chiquer.

— C'est gentil, dit Angely; si je savais l'allemand, j'aurais peut-être compris quelque chose; mais je n'ai jamais eu la moindre vocation pour cet idiome... Il me semble que cela doit horriblement fatiguer à parler... Si je réveillais un de ces messieurs qui ronflent si fort?...

— Non, non, attendons, dit Cerisette. Ceux-là pourraient se fâcher encore plus...

— Allons, attendons... Il faut nous résigner à rouler sans savoir où l'on nous mène... Après tout, c'est plus drôle!

Mais, au premier relais, Angely s'adresse au conducteur, qui lui dit :

— Nous allons à Sens, monsieur.

— Ah! oui-dà; nous tournons le dos à Paris, alors?

— Oui, monsieur.

— Voilà qui est triste pour vous, Cerisette, car cela vous éloigne de Bagnolet et de votre pioupiou!

Angely a dit cela d'un ton railleur qui a fait de la peine à la jeune fille; mais le jeune premier était naturellement moqueur et il ne manquait pas une occasion de donner l'essor à son esprit caustique.

On arrive sans accident au terme du voyage; à Sens, le premier soin d'Angely est de se faire servir un excellent déjeuner pour lui et sa compagne. Tout en déjeunant, il s'informe s'il y a spectacle, et apprend avec chagrin que la dernière troupe qui exploitait le théâtre a quitté la ville depuis quinze jours pour se rendre à Auxerre et qu'il n'en est pas revenu d'autre depuis.

— Diable! .. je ne puis cependant pas jouer tout seul! dit Angely.

Cerisette soupire et propose de souffler son amant.

— Non, cela ne suffirait pas, répond celui-ci en riant; mais puisqu'il n'y a rien à faire ici, partons pour Auxerre... Ce n'est qu'à seize lieues de Sens, et nous y rejoindrons la troupe qui était dans la ville.

Cerisette est tout étonnée en apprenant qu'ils vont se remettre en route le soir même.

— Vois-tu, ma chère, dit Angely, Auxerre est une grande ville... pour la province, mais où il y a, m'a-t-on dit, une très jolie salle de spectacle... Ah! par exemple, ma chère amie, cela nous éloigne encore de Bagnol... J'en suis vraiment affligé... Mais, qu'y faire? Il faudra que votre officier prenne patience.

Cerisette ne répond rien aux railleries de son amant; mais le silence est ce qu'on doit le plus redouter dans une maîtresse; car la pensée se grave plus profondément que la parole.

Les jeunes voyageurs, après avoir dîné à Sens, se remettent en route le soir dans une espèce de carriole qui se rend directement à Auxerre, en faisant tout au plus une lieue et demie à l'heure. Ils y arrivent le lendemain matin.

En fouillant dans sa poche, Angely demeure tout surpris de la rapidité avec laquelle l'argent se dépense en voyageant. Mais il y a spectacle à

Auxerre, on lui assure même que les comédiens y font de bonnes affaires; c'est pourquoi Angely commande encore un excellent déjeuner, auquel il compte inviter un ou deux de ses nouveaux camarades.

Entre artistes on ne fait pas de cérémonies. Au lieu de ramener deux camarades, Angely revient avec quatre hommes et deux dames, ce qui compose la tête de la troupe qui exploite Auxerre. On fait un cordial accueil à Cerisette; on vante très haut le talent d'Angely, que pas un des comédiens d'Auxerre n'a vu jouer; mais ils assurent que sa réputation a percé jusqu'à eux, et le jeune premier ne demande pas mieux que de croire tout cela. Aussi le déjeuner est-il formidable; on y fête le champagne; on boit aux futurs débuts du nouveau camarade, on boit à ceux de sa compagne, quoiqu'elle affirme de nouveau ne plus vouloir se risquer au théâtre. Puis, quand on a bien mangé et bien bu, la tête de la troupe s'aperçoit qu'il est temps de songer à rejoindre sa queue; mais on n'a rien arrêté avec Angely, aucun des ouvrages où il joue n'est monté par la troupe d'Auxerre, qui est fort incomplète et ne possède qu'un répertoire excessivement borné.

Cependant, le soir, Angely se rend au théâtre; il veut absolument débuter. Il se donne tant de peine, qu'il trouve enfin moyen de faire annoncer pour le lendemain *Fra Diavolo* sans chœurs, et c'est lui qui jouera Fra Diavolo. Il retourne à son hôtellerie faire tous ses préparatifs pour paraître avec éclat sur la scène d'Auxerre; Cerisette est obligée de se mettre tout de suite à rafistoler certaines parties des costumes qui ne sont plus en état. Angely donne ses instructions à sa maîtresse et se couche, afin de ne point se trouver trop fatigué pour jouer le lendemain, ce qui ôterait de la fraîcheur à sa voix.

La jeune fille passe presque toute la nuit à border un manteau, rétrécir un pantalon, faire une ceinture, attacher des paillettes sur une veste de bandit napolitain. Ce travail amuse peu Cerisette; il lui fait faire de nouvelles réflexions sur la profession qu'exerce son amant; elle la compare involontairement à la veste de Fra Diavolo qu'elle est en train de pailleter, et qui est très brillante de loin, mais qui n'a plus le même charme vue de près.

Angely s'éveille fort tard. Cerisette s'était endormie sur le superbe costume du brigand italien; le jeune homme la réveille, la gronde un peu, essaye son habit en se mirant devant une glace, et, comme le costume va fort bien, il demande pardon à Cerisette de l'avoir grondée; puis il se déshabille et se met à vocaliser, à repasser les morceaux qu'il doit chanter le soir. Il se dispose à partir pour la répétition, lorsqu'on vient lui annoncer de la part du régisseur que le spectacle du soir est changé. On ne peut pas donner *Fra Diavolo*, parce que M. Lulu, qui fait le rôle de Lorenzo, n'est pas en état de chanter.

Angely est désespéré ; il s'arracherait les cheveux, s'il portait une perruque.

— Qu'est-ce que c'est donc que ce M. Lulu? demande Cerisette ; il me semble qu'il n'était pas hier de notre déjeuner? je n'ai pas entendu prononcer ce nom-là.

— Eh ! non, il n'y était pas, et voilà justement pourquoi il ne veut pas jouer ce soir... Oh ! je parierais que c'est la seule raison de sa prétendue indisposition ! J'ai invité hier la tête de la troupe à déjeuner seulement...

— Et ce monsieur fait partie de la queue?

— Oui, il se sera trouvé offensé de ne pas être du déjeuner.

— Il fallait inviter la tête et la queue, alors.

— Il fallait n'inviter personne, j'aurais beaucoup mieux fait !... Ah ! ma pauvre Cerisette, tu as raison !... Ce n'est pas tout plaisir que d'être au théâtre, mais, corbleu, nous allons voir !

— Que vas-tu faire?...

— Je vais d'abord trouver M. Lulu...

— Et après?

— Et puis... je lui dirai... qu'il faut qu'il joue ou se batte en duel avec moi...

— Un duel?... Oh ! mon Dieu !... Et s'il vous tuait?...

— Alors, cela me serait égal qu'on ne jouât point *Fra Diavolo*.

— Et que deviendrai-je moi?...

— Tu irais à Bagnolet trouver ton militaire.

Cerisette porte son mouchoir à ses yeux en murmurant :

— Ah ! c'est bien vilain, ce que vous me dites là... monsieur !... Vous me punissez cruellement de vous avoir suivi !

Angely n'écoute plus Cerisette, il est furieux ; il ne sait pas encore ce qu'il fera, mais il veut se venger. Il est sorti ; il se rend chez M. Lulu. Celui-ci fait dire qu'il est trop malade pour recevoir personne ; Angely force la consigne, jette de côté la domestique qui veut l'empêcher d'entrer, et pénètre enfin jusqu'à M. Lulu qu'il trouve assis devant une table et en train de manger des côtelettes aux cornichons, et de la salade de laitue enjolivée d'œufs durs.

— Mon cher camarade, dit Angely d'un ton gouailleur, voici un déjeuner qui me semble un peu lourd pour un homme aussi malade qu'on me le disait.

— En effet, reprend M. Lulu en ricanant, c'est moins délicat que ce que vous avez offert à mes camarades... Mais ceci est assez bon pour moi... et puis, mon estomac n'est pas malade.

— Et votre gorge ne l'est pas davantage, quoique vous vous disiez enroué?

— C'est pour guérir ma gorge que je mange du porc frais et de la salade.

— Tenez, M. Lulu, ne plaisantons plus, laissons de côté ces petits moyens que nous employons avec les auteurs dont nous ne voulons pas jouer les rôles. Vous vous portez aussi bien que moi, et vous jouerez ce soir dans *Fra Diavolo*... Je vais faire poser d'autres affiches, et demain je vous offre un déjeuner monstre...

Celui-ci a des coliques.

— Mon cher camarade, je suis désolé de vous refuser; mais j'ai vraiment mal à la gorge, je ne peux pas chanter.

— Vous passerez vos morceaux.

— Ce n'est pas dans mes habitudes.

— Pour une fois?...

— Je ne jouerai pas ce soir.

— C'est votre dernier mot?

— Absolument.

— Alors c'est une méchanceté que vous me faites pour m'empêcher de débuter?

— Prenez-le comme vous voudrez!

— Voilà comment je le prends.

Et Angely s'empare du saladier et du plat de côtelettes qu'il lance à la tête de M. Lulu. Celui-ci pousse les hauts cris, parce qu'il lui est entré du vinaigre dans les yeux et que cela le pique horriblement. Angely laisse crier M. Lulu; il s'en va, en ayant soin d'arracher toutes les affiches de spectacle qu'il trouve sur son chemin. Il se rend chez les artistes qu'il a traités la veille ; il espère trouver chez eux de bonnes dispositions à son égard, et les moyens de remplacer M. Lulu. Mais l'un se plaint de la migraine ; un autre prend du thé ; celui-ci a des coliques, et celle-là a mal aux nerfs pour avoir bu du champagne la veille. Angely ne peut faire remplacer M. Lulu ; bien au contraire, ils voudraient se faire remplacer eux-mêmes. L'amant de Cerisette les quitte de fort mauvaise humeur. Il se rend au théâtre. Arrivé devant la salle de spectacle, il entre dans un café, se fait donner une grande feuille de papier blanc et écrit dessus en grosses lettres :

RELACHE POUR CAUSE D'INDIGESTION

Puis, à l'aide d'une douzaine de pains à cacheter, Angely va coller ce papier sur l'affiche du théâtre. Ensuite il retourne à son auberge, demande son compte, et, pour payer les frais de son déjeuner de la veille, est obligé de vendre son beau costume de Fra Diavolo.

Une heure après, Angely était de nouveau en voiture avec Cerisette ; seulement, sa malle était moins lourde et sa bourse ressemblait à la malle.

La jeune fille, qui voit son compagnon pensif et sérieux, contre son habitude, n'ose plus se permettre de lui demander où ils vont.

Mais la voiture qu'ils avaient prise n'allait pas plus loin que Joigny, petite ville où il y avait garnison, mais où l'on n'avait point alors de comédiens.

— Nous repartirons demain, dit Angely d'un ton tragi-comique. En attendant, vivons bien modestement pour économiser ma garde-robe. C'est un temps à passer, ma chère amie ; mais, ensuite, viendront les grands succès, la fortune, la bombance et les plaisirs !

Cerisette ne se plaignait pas, mais elle soupirait souvent.

Plusieurs semaines s'écoulent, pendant lesquelles les deux jeunes gens courent de ville en ville après une troupe sédentaire ; mais on était dans le cœur de l'été, le temps était magnifique, la chaleur accablante, et le théâtre fermé dans la plupart des villes où arrivaient Angely et Cerisette.

Les voyageurs étaient obligés, pour payer leurs frais de route, de vendre quelques pièces de la garde-robe du jeune premier ; encore ce secours menaçait-il de leur manquer, car, en arrivant à Montereau, Angely ne possédait plus dans sa malle qu'un costume complet de marquis.

Mais à Montereau on trouve le théâtre ouvert ; il y a une troupe de comédiens, Angely embrasse Cerisette, ce qui lui arrivait bien moins souvent depuis qu'il était obligé de vendre sa garde-robe, et il s'écrie :

— Tout est sauvé !... Je vais jouer ici, j'aurai un énorme succès, on fera de l'argent, et vive la joie !...

Et il court trouver les artistes qui exploitent le théâtre de l'endroit. Cerisette attend avec impatience son retour; Angely revient l'air satisfait en disant :

Je jouerai demain; j'aurais joué ce soir si on avait eu le temps de faire des affiches. J'ai trouvé de bons enfants, très aimables... tout disposés à m'être agréable... mais, quelle panne? Ils font à peine de quoi payer leur aubergiste!... N'importe! je joue demain *Joconde* et *le Nouveau Seigneur*.

— Et tu n'as plus qu'un habit de marquis.

— Quant à cela, ils m'ont dit qu'ils n'étaient jamais embarrassés... *Il ne faut pas prévoir les malheurs de si loin!*

Le lendemain, Cerisette, qui a accompagné Angely au théâtre pour l'aider à se costumer, remarque que les nouveaux camarades de son amant se font des faux cols en papier, des jabots en papier. L'un deux, obligé d'être en noir, se décide, faute de bas de cette couleur, à mettre sur ses jambes une couche de cirage anglais. Un autre, n'ayant pas de quoi acheter de rouge végétal, s'est procuré des guignes, dont il exprime le jus sur les pommettes de ses joues; enfin, pendant la première pièce, qui se passe à l'époque de la régence, un seul acteur possède un habit de l'époque; aussi, dès qu'il rentre dans la coulisse, il ôte son habit, qui est aussitôt endossé par le personnage qui entre en scène. De cette façon, le même costume sert à tous les personnages; mais lorsqu'ils doivent être plusieurs en scène, ceux qui sont en manches de chemises parlent derrière un paravent. Angely retourne son habit pour paraître d'abord en *Frontin* dans le *Nouveau Seigneur*; lorsqu'il vient ensuite en seigneur, il a mis son habit du bon côté, et il obtient un succès foudroyant. Ses camarades se pressent dans les coulisses pour l'admirer, ou plutôt pour admirer son costume de marquis. Depuis longtemps on n'avait pas vu à Montereau un artiste aussi bien mis. Mais, lorsqu'il s'agit de jouer *Joconde*, Angely, qui n'a pu se procurer qu'un vieux costume de Turc, préfère paraître encore en marquis, d'autant plus qu'il a remarqué aux premières loges une femme qui le lorgnait beaucoup. En effet, avant le dernier acte, un petit garçon s'introduit sur le théâtre et remet à Angely un petit billet écrit au crayon, et qui contenait seulement ces mots :

« Après le spectacle, on vous offre à souper, le petit commissionnaire vous attendra devant le théâtre pour vous conduire ; répondez-lui seulement *oui* ou *non*. »

Le jeune premier n'avait pas l'habitude de répondre non à ces sortes d'invitations; après avoir dit un oui très accentué au petit garçon, il ne songe plus qu'à se débarrasser de Cerisette. Ce n'était pas difficile; il lui annonce que plusieurs amateurs de la ville viennent de lui offrir à souper qu'il a dû accepter, mais qu'il ne saurait se permettre de la mener avec lui chez des étrangers; il l'engage donc à retourner à leur auberge, sans même attendre la fin du spectacle, et à se coucher sans être inquiète s'il ne revient que tard dans la nuit.

Cerisette se montre très docile; elle ne voit rien de surprenant à ce qu'on ait engagé Angely sans elle; celui-ci pousse la prévoyance jusqu'à faire reconduire la jeune fille à leur auberge. Cerisette, encore préoccupée des expédients employés par les acteurs de Montereau pour se faire des costumes, est de plus en plus désillusionnée sur la carrière dramatique, et se couche en se disant :

— Je n'aurais jamais pu me décider à me faire des couleurs avec des guignes.

Il est neuf heures passées, lorsque Cerisette s'éveille. Les voyages commençaient à la fatiguer, elle espérait se reposer enfin quelques jours à Montereau ; mais en regardant autour d'elle, c'est avec une sorte d'effroi qu'elle se voit seule. Angely n'est pas rentré, et pourtant le soleil doit être levé depuis longtemps; elle se hâte de s'habiller, puis elle sonne, et une servante paraît.

Se décide, faute de bas de cette couleur à mettre sur ses jambes une couche de cirage anglais.

— Quelle heure est-il? demande Cerisette.

— Neuf heures sonnées, madame.

Cerisette avait toujours envie de dire : « Vous vous trompez » quand on l'appelait madame. Cependant, elle se contient et reprend :

— Et mon... mon... monsieur... enfin... Angely n'est pas revenu?...

— Non, madame... mais il est venu un commissionnaire qui a apporté une lettre pour vous en rapportant les costumes de monsieur votre mari, et qui a payé toute la dépense, y compris le déjeuner que je vais vous servir dès que vous aurez faim.

Cerisette descend de la diligence. (P. 159.)

Cerisette ne comprend pas bien ce que lui dit la servante ; mais celle-ci se hâte de lui apporter le paquet et la lettre. Le paquet renfermait le brillant costume du marquis. La lettre, écrite par Angely, contenait ces mots :

« Ma chère Cerisette,

« Je suis obligé de te quitter pour quelques jours ; j'ai à terminer une affaire dans les environs et je ne puis t'emmener. Mais j'ai payé toutes les dépenses à notre auberge; de plus, je te laisse mon costume complet de marquis, avec l'épée. Il me revient à vingt napoléons. Tu en auras bien cent francs. Avec cet argent, rends-toi à Sèvres ou à Saint-Cloud, c'est tout près de Paris, et tu n'en es pas loin; ensuite, soit que tu habites Saint-Cloud, ou Sèvres, va te promener tous les jours dans le parc qui sépare les deux pays; rends-toi devant la grande pièce d'eau, de midi à deux heures; j'irai t'y retrouver très incessamment. Au revoir!

« Ton sincère ami,

« Angely. »

La lecture de cette lettre ne semble pas beaucoup impressionner Cerisette. Avait-elle déjà cessé d'aimer Angely? S'attendait-elle à son abandon, ou plutôt croit-elle que son absence ne sera pas longue? Nous ne pouvons encore lire dans le cœur de cette jeune fille; attendons pour la juger.

Cerisette a donc pris son parti; elle ne croit pas devoir refuser d'accepter le déjeuner qui est payé d'avance. Tout en déjeunant, elle prie la servante de lui trouver quelqu'un qui achète des habits de théâtre; la domestique va chercher le plus gros fripier de la ville. On étale devant lui le costume pailleté; il l'examine, le tâte, le retourne et en donne cinquante francs. La servante s'écrie qu'elle va chercher des acteurs qui en donneront plus; le fripier offre alors soixante francs, et Cerisette, qui sait bien que les comédiens qui sont à Montereau ne sont pas en position de lui acheter le costume de marquis, le cède pour soixante francs, à condition qu'on lui indiquera le chemin pour aller à Sèvres ou à Saint-Cloud.

— Madame, dit le fripier, le plus court est de vous rendre d'abord à Paris; de là, on vous conduira à Sèvres ou à Saint-Cloud pour dix ou douze sous, soit en coucou, soit en omnibus.

— Mais pour aller d'ici à Paris?

— Oh! il ne manque pas de voitures, dit la servante; il va en partir une à onze heures; si madame veut, je vais lui retenir une place... C'est six ou sept francs... ou huit francs, ou neuf francs.

— Conduisez-moi plutôt avec vous, car mon paquet est tout prêt et je n'ai pas besoin de rester ici plus longtemps.

— Volontiers, madame.

Cerisette a mis son argent dans sa poche; elle tient son petit paquet à la main. La servante la conduit jusqu'au bureau des voitures; celle qui va partir pour Paris est déjà tout attelée.

Cerisette hésite un moment : elle se demande si, au lieu de se rendre dans une ville qu'elle ne connaît pas, elle ne ferait pas mieux de retourner à l'auberge du *Cerf sans cornes*. Mais le souvenir de M. Chatouillé, de sa conduite avec elle, n'était pas séduisant, et la jeune fille se dit :

— En allant à Paris, je ne serai pas loin de Bagnolet ; je pourrai aller voir ce brave soldat, M. Sabretache, qui me porte un si vif intérêt... et qui me dira ce que je dois faire si Angely ne venait pas me retrouver dans ce parc où il me donne rendez-vous. J'ai toujours sur moi mon petit médaillon. . et, dans ma bourse, ma dame de carreau. Allons, voyageons ! Cette voiture va peut-être me rapprocher de mes parents.

Et Cerisette monte lestement dans la voiture qui doit la conduire à Paris.

XIX

LE PARC DE SAINT-CLOUD

Cerisette a fait le voyage de Montereau à Paris sans qu'il lui arrive aucune aventure ; la voiture n'était remplie que de gens fort occupés de leurs affaires ; personne n'a remarqué la jolie fille voyageant, si jeune encore, sans compagnie, sans protecteur.

Sur les huit heures du soir, Cerisette descend de la diligence et se trouve dans une immense cour, encombrée de voitures de toutes dimensions, les unes au repos, les autres disposées pour partir ; puis une foule de gens, qui ont l'air très affairé, vont et viennent dans cette cour. Des commissionnaires s'emparent des malles, des valises ; les postillons jurent, les conducteurs crient, les voyageurs demandent leurs effets. Au milieu de ce monde, de ce tumulte qui l'étourdit, Cerisette, qui n'a pas besoin de commissionnaire pour porter son petit paquet, l'a mis sous son bras, et tâche de se faire jour à travers les voitures, les chevaux, et les allants et venants qui se croisent dans cette immense cour. Elle est obligée de marcher sur de la paille, sur du crottin, et elle se dit :

— J'aurais cru que l'on était plus propre à Paris ; mais voilà une cour qui me rappelle celle du *Cerf sans cornes*.

Cerisette, sortie de la cour des messageries Laffitte et Caillard, se trouve dans une rue où il passe encore plus de monde, et où les voitures sont toutes en activité. La nuit commençait à paraître. La jeune fille entre dans une boutique : c'est un boulanger qui vend d'excellents petits gâteaux ou un pâtissier qui vend du pain. Peu importe à Cerisette : elle commence par acheter une énorme brioche ; puis, tout en la mangeant, demande où elle pourra trouver une voiture qui la mène à Sèvres ou à Saint-Cloud.

— Rien de plus facile, lui dit-on : suivez toujours cette rue, vous demanderez la rue de Rivoli... Vous serez tout près... Dans cette rue, vous verrez tout de suite le bureau des voitures qui vont à Sèvres et à Saint-Cloud.

— Mais voilà la nuit ! Part-il encore des voitures le soir?

— Pour Sèvres, il y en a jusqu'à minuit.

Puis il s'arrête...

— J'arriverai la nuit dans un pays que je ne connais pas, se dit Cerisette, mais on doit trouver partout des auberges... Ce doit être moins cher là qu'ici, où je ne connais personne non plus... et, dès demain, je pourrai aller me promener dans le parc, où Angely doit venir me rejoindre... s'il ne m'a pas écrit cela pour se moquer de moi.

La jeune voyageuse arrive à l'endroit qu'on lui a indiqué ; il est nuit lorsqu'elle entre dans le bureau des voitures.

Il y a là quelques dames qui toisent la jeune fille d'un air impertinent ; puis un monsieur, d'un âge mur, fort bien mis, porteur d'une figure grave et distinguée, qui ne lève pas les yeux sur elle ; puis un jeune homme élégant, qui fume une cigarette en se promenant de long en large.

Cerisette va au bureau et demande une place.

— Où voulez-vous aller, mademoiselle? dit l'employé du bureau.

— A Sèvres ou à Saint-Cloud, monsieur.

— Mais auquel de ces deux endroits?

— Ça m'est égal, monsieur.

— Et à moi aussi, mademoiselle ; veuillez seulement vous décider.

La réponse de la jeune voyageuse a fait rire les dames, lever les yeux au monsieur et tourner la tête au jeune homme, qui regarde alors Cerisette avec plus d'attention. Celle-ci est encore indécise devant le bureau. Le monsieur s'approche d'elle et lui dit d'un air bienveillant :

— Vous ne savez donc pas, mademoiselle, si vous avez positivement affaire à Sèvres ou à Saint-Cloud?... Probablement, vous connaissez du monde dans l'un et l'autre pays, et il vous est alors indifférent d'arriver plus tôt chez les uns que chez les autres?

Cerisette regarde timidement ce monsieur, dont les traits sont beaux, la physionomie sévère, mais dont cependant les yeux ont une expression qui encourage. Elle lui répond :

— Ce n'est ni à Sèvres ni à Saint-Cloud que j'ai affaire, monsieur, c'est dans le parc.

Les dames se mettent à étouffer des éclats de rire sous leur mouchoir; le jeune homme écoute encore plus attentivement. L'interlocuteur de Cerisette reprend :

— Dans le parc?... Mais vous ne comptez pas y aller ce soir, sans doute? Il sera fermé quand vous arriverez...

— Oh! non, monsieur, je n'irai que dans la journée... de midi à deux heures... demain... et pendant plusieurs jours peut-être... C'est pour cela que ça m'est indifférent de me loger à Sèvres ou à Saint-Cloud... Seulement... je voudrais habiter... où ce sera le moins cher.

— Alors, allez à Sèvres, mademoiselle.

Cerisette a suivi le conseil de ce monsieur, elle a pris une place pour Sèvres. Les personnes qui étaient là se rendaient à Saint-Cloud ; elles quittent le bureau et y laissent la jeune voyageuse. Les dames chuchotent toujours en la regardant; le jeune homme la lorgne en souriant, et le monsieur l'a saluée poliment, en lui disant :

Mam'zelle... vous êtes arrivée... on descend ! crie une grosse voix en ouvrant la portière.

— Bon voyage, mademoiselle!

Puis il s'arrête, comme s'il avait envie de lui dire autre chose encore;

mais on l'appelle pour monter en voiture, et il s'éloigne sans avoir rien dit de plus à Cerisette, qui regrette de ne l'avoir point pour compagnon de route, et de ne pas lui avoir demandé à quelle auberge elle devait aller en arrivant à Sèvres; mais il n'est plus temps, ce monsieur est parti.

Combien de choses dans la vie auxquelles on pense trop tard, et quel changement dans notre existence si on disait toujours ce qui nous vient à la pensée dans le moment où cela y vient!

Cerisette est distraite de ces idées par la voix du conducteur. On monte en voiture pour Sèvres. La jeune fille regarde avec curiosité dans la rotonde, où elle prend place; mais elle est seule, entièrement seule, pendant tout le voyage : point de voisins incommodes ou indiscrets; elle peut s'étendre, se mettre à son aise; c'est ce qu'elle fait sans doute, car elle ne tarde pas à s'endormir.

— Mam'zelle... vous êtes arrivée... on descend! crie une grosse voix en ouvrant la portière.

Cerisette, réveillée en sursaut, se frotte les yeux et apprend avec étonnement qu'elle est à Sèvres.

Elle saute en bas de la voiture, met son paquet sous son bras, regarde autour d'elle, ne voit qu'une rue qui monte et pas de lumière nulle part, pas une boutique ouverte : il semblerait qu'on est au milieu de la nuit.

— Il paraît qu'on se couche de bonne heure dans ce pays, se dit Cerisette; il doit être dix heures tout au plus. Qui donc m'enseignera une auberge?

— Vous pouvez coucher chez nous, madame, dit une servante qui est sortie d'une maison devant laquelle s'est arrêtée la voiture, et qui tient à sa main une corbeille remplie de gâteaux. Nous pouvons vous donner une chambre.

— Et suis-je loin du parc, ici?

— Le parc? Le v'là en face.

— Alors je logerai chez vous, mademoiselle.

— Est-ce que vous êtes seule?

— Oui.

— Vous n'avez pas un monsieur avec vous?

— Non... mais je viens dans ce pays attendre quelqu'un qui doit venir m'y retrouver.

— Ah! bon! Je disais aussi : Une jeune dame comme vous... ça doit connaître du monde. C'est votre mari que vous attendez?

Cerisette se dit que, lorsqu'elle était elle-même servante d'auberge, elle était moins curieuse et moins bavarde. Elle balbutie un oui à la fille qui l'a conduite, et se hâte de la congédier pour se mettre au lit. Mais la fille revient bientôt sur ses pas lui dire :

— Votre nom, madame, s'il vous plaît? Quand on couche on, dit son nom... Quand on ne couche pas, on a le droit de ne pas le dire.

— Mon nom?.. Cerisette.

— Comment que vous dites?

— Cerisette.

— Ah! ce nom...Madame Cerisette?

— Oui.

— C'est un nom farce tout de même. Bonne nuit, madame. A quelle heure faut-il vous éveiller demain?

— Je m'éveillerai bien toute seule.

— Comme vous voudrez! Bonne nuit, madame!

Un beau soleil éclairait la grande rue de Sèvres lorsque Cerisette ouvre sa fenêtre pour respirer l'air pur du matin, si doux dans le mois de septembre.

Elle aperçoit de loin le sommet de ces beaux arbres séculaires qui ombragent le parc de Saint-Cloud.

Mais la jeune fille porte autour d'elle de tristes regards; elle se sent trop seule pour jouir du tableau d'un site nouveau. Il faut être deux pour trouver du charme à voyager sans cesse; il faut avoir quelqu'un à qui communiquer ses sensations, ses surprises, ses plaisirs; mais seul, si la nature ne nous a pas doué de ces heureux caractères qui n'engendrent aucun souci, aucune peine, qui ne comprennent ni les ennuis de l'absence, ni les inquiétudes de l'avenir, c'est par un soupir que nous saluerons un site inconnu, car il y a toujours au fond de notre âme un regret pour quelqu'un qui n'est plus près de nous pour partager notre plaisir.

Cerisette fait un déjeuner modeste et s'apprête à sortir pour visiter le pays, lorsque la servante l'arrête et lui présente la note de ce qu'elle doit.

— Mais je reviendrai dîner et coucher, dit Cerisette, je ne quitte pas encore votre auberge.

— Ça ne fait rien, madame; ici, on a pour habitude de payer tous les jours.

La jeune fille comprend que le petit paquet qu'elle a apporté avec elle n'inspire aucune confiance à l'aubergiste. Elle s'empresse d'acquitter sa note, qui se monte à cinquante sous, trente pour le coucher et vingt pour le déjeuner.

— C'est bien plus cher que chez M. Chatouillé! se dit-elle, et mon argent irait trop vite si je dînais à cette auberge. Je dînerai en me promenant.

L'aspect du parc de Saint-Cloud distrait Cerisette de ses pensées; elle admire cette promenade d'un aspect si noble, si majestueux; elle se sent plus heureuse; elle se retrouve en se voyant presque seule dans de longue allées, et pouvant tout à son aise regarder, s'arrêter pour admirer, puis marcher et s'arrêter encore. Cerisette n'avait rien vu jusque-là qui pût se comparer au parc dans lequel elle se trouvait.

— Que l'on doit être heureux de demeurer dans ce pays! se dit la jeune fille; on peut tous les jours jouir de cette belle promenade... on peut venir ici lire ou travailler comme ces dames que je vois là-bas... y mener jouer ses enfants, quand on en a... Ah! que ce doit être bon d'avoir des enfants!... C'est une famille cela... cela tient lieu d'une mère... d'un père... de tout ce que je n'ai pas, moi... et c'est bien triste de ne tenir à rien... d'être seule dans le monde.

Après s'être promenée quelque temps, Cerisette arrive devant la grande pièce d'eau ; elle s'arrête, il était midi passé; elle va s'asseoir sur un des bancs qui se trouvent sous les arbres contre le bassin, en se disant :

— Ce doit être ici qu'il m'a donné rendez-vous... Il n'est pas probable qu'il vienne aujourd'hui... N'importe, attendons!

Quelques heures s'écoulent assez rapidement. Cerisette ne se lassait point d'admirer ce qui l'entourait, de regarder les dames élégantes qui de temps à autre passaient dans le parc. C'étaient souvent des habitantes de Paris qui venaient y promener leur oisiveté et leur élégance. La jeune fille n'avait pas assez de ces deux yeux pour contempler des toilettes ravissantes, et des tournures dignes de porter ces toilettes-là.

Dans le parc de Saint-Cloud, l'isolement de Cerisette n'était pas remarqué, car les uns croyaient qu'elle était avec des enfants qui jouaient à quelques pas d'elle; les autres présumaient qu'elle attendait sa société. Aux Tuileries ou aux Champs-Élysées, la jeune fille aurait eu bien vite des amateurs à ses côtés.

A quatre heures Cerisette quitte son banc. Elle va jusqu'à Saint-Cloud; là, elle trouve à acheter du pain et des fruits. Avec cela elle retourne dans le parc, s'enfonce dans les allées solitaires, y fait son repas en se promenant, et rentre à son auberge un peu avant la nuit.

— Madame va dîner sans doute? demande la servante en voyant revenir la voyageuse.

— J'ai dîné, répond Cerisette.

— Ah!... Est-ce que madame a dîné à Saint-Cloud?

— J'ai dîné où j'ai voulu.

— C'est juste... mais c'est pour dire à madame qu'à Saint-Cloud on écorche joliment les voyageurs!

— Et chez vous?

— Oh! chez nous... pas tant qu'à Saint-Cloud.

On a été avertir un docteur qui vient voir Cerisette. (P. 167.)

Cerisette se couche de bonne heure; le sommeil est un refuge pour l'ennui, les soucis et le désœuvrement.

Le lendemain, Cerisette, après avoir encore déjeuné à l'auberge, se remet en route pour le parc et recommence sa journée de la veille.

Le jour suivant, elle fait encore la même chose. Six jours s'écoulent ainsi. Angely n'est pas venu au rendez-vous qu'il lui a donné. Cerisette commence à trouver le parc moins beau, la pièce d'eau moins admirable, les gens qui passent moins bien mis, ou plutôt la tristesse qui gagne son cœur couvre de son voile sombre tous les objets qui l'entourent, ce qui prouve que nous voyons autant par notre cœur qu'avec nos yeux, à moins pourtant que nous n'ayons de ces âmes sèches que rien n'émeut, ne touche, n'attendrit, et dont les yeux ne sont jamais obscurcis par des larmes.

Tous les soirs, avant de se coucher, Cerisette comptait son argent : avec la plus stricte économie, elle dépensait près de trois francs par jour ; car il lui fallait bien coucher quelque part, et son estomac ne s'accommodait pas toujours de ne dîner qu'avec des fruits.

Chaque matin, avant de sortir, elle payait sa dépense à l'auberge ; on ne lui aurait pas fait crédit, car on paraissait déjà fort mécontent de ce qu'elle prît son dîner ailleurs.

— Je n'irai pas loin avec ce qui me reste d'argent, se disait la pauvre fille, et M. Angely ne vient pas... et j'ai bien dans l'idée qu'il ne reviendra pas me retrouver... Alors pourquoi m'avoir tant suppliée de l'accompagner?... Je ne devais pas écouter ses belles paroles... Ah! sans l'aventure du grenier... je ne serais pas partie avec lui... Mais, alors, il m'a semblé que je ne pouvais plus rester.

Il y a plus d'une semaine que Cerisette habite Sèvres, et va régulièrement chaque jour à midi s'asseoir dans le parc, près des bains d'Apollon, où elle reste quelquefois jusqu'à cinq heures... Elle vient, comme à l'ordinaire, de s'asseoir sur son banc habituel, et, plongée dans des réflexions qui reflètent une sombre tristesse sur sa jolie figure, elle n'a pas remarqué un promeneur qui s'est arrêté à quelques pas d'elle et semble l'examiner attentivement, mais plutôt avec intérêt qu'avec curiosité.

Lorsque la jeune fille lève les yeux, le monsieur s'éloigne comme honteux de son indiscrétion ; mais il ne marche pas assez vite pour que Cerisette n'ait eu le temps de voir sa figure, qu'elle croit reconnaître. Elle cherche dans ses souvenirs, et se dit au bout d'un instant :

— Ah ! je me rappelle où j'ai déjà vu ce monsieur. C'est... au bureau des voitures à Paris... C'est lui qui m'a parlé si poliment... ! Il a l'air comme il faut, ce monsieur ; il m'inspirait de la confiance... Il demeure peut-être dans ce pays... Si je le revois, je tâcherai de lui parler... Il a l'air bon... je lui expliquerai ma position... je lui demanderai des conseils... Ah ! j'aurais tant besoin d'un ami !... Et Angely m'abandonne !...Que vais-je faire? Que vais-je devenir?

La jeune fille a suivi des yeux l'inconnu, tant qu'elle l'a pu apercevoir ; une fois elle l'a vu se retourner pour la regarder, mais il a tout à fait disparu sous les arbres.

Cerisette est rentrée plus triste que de coutume; elle éprouve une fatigue, un malaise qu'elle espère voir se dissiper par le repos. Mais, au contraire, le lendemain, en s'éveillant, elle a une fièvre violente, il lui est impossible de se lever.

— Madame, dit la servante, on va vous faire du thé... de la tisane... on va courir chercher le médecin... Oh! soyez tranquille, on trouve toutes les drogues qu'on veut dans le pays... Je vas aller aussi chez le pharmacien lui demander quelque sirop pour la fièvre.

— Je ne veux ni drogue, ni médecin, dit Cerisette; je suis fatiguée, voilà tout; je n'ai besoin que de repos.

— Vous aurez mangé quelque chose de mauvais à Saint-Cloud... Vous avez une fièvre de cheval... on ne guérit pas sans médecin... Je ne voulons pas que vous mouriez chez nous!...

— Mais je n'en ai pas envie non plus.

— Je vas vous faire du thé.

La pauvre malade redoutait les médecins et les drogues parce qu'une seule pensée la tourmentait : « Comment payerait-elle tout cela? » Cependant, malgré sa résistance, comme la fièvre ne la quitte pas, on a été avertir un docteur, qui vient voir Cerisette, lui regarde la langue, lui tâte le pouls, et fait une ordonnance en disant :

— Ce ne sera rien, je ne reviendrai que demain.

— Ce n'est pas la peine, monsieur, dit la jeune fille, il ne faut pas revenir du tout.

— Et pourquoi cela, mon enfant?... Vous êtes malade.

— Je ne dois pas être malade, car je n'ai pas d'argent pour payer un médecin.

Le docteur sourit et répond :

— Si c'est cela qui vous inquiète, calmez-vous, mademoiselle; je vous soignerai sans rétribution, et alors je reviendrai ce soir.

Cerisette essaye de remercier le médecin, qui s'éloigne en l'engageant encore à se tranquilliser : excellent conseil, mais bien difficile à suivre dans la position où se trouvait la jeune fille. Ah! si les médecins pouvaient guérir l'âme avec le corps, comme cela hâterait les convalescences! Ce qui ajoutait aux tourments de Cerisette, c'était la crainte que pendant qu'elle était obligée de garder le lit Angely ne se rendît au rendez-vous qu'il lui avait donné.

Cependant, grâce aux soins du docteur, au bout de huit jours, Cerisette et complètement rétablie et en état de recommencer ses promenades. Son premier soin est de demander à la servante la note de ce qu'elle doit; celle-ci s'empresse de la lui apporter en disant :

— Voilà le compte de ce que nous avons fourni, madame. Quant au médecin, il a dit que vous l'aviez payé et que vous ne deviez rien au pharmacien.

Cerisette éprouve un vif sentiment de reconnaissance pour ce docteur qui exerce si bien la médecine et la charité. Mais elle ne porte qu'en tremblant ses regards sur le montant de la note de l'aubergiste, et elle éprouve un serrement de cœur en s'apercevant que le total monte à vingt-deux francs cinquante centimes, somme énorme pour l'état de ses finances. Elle balbutie :

— Comment!... je vous dois tant que cela?.. Et pourtant vous n'avez rien payé chez le pharmacien!...

— Tant que cela?... Madame plaisante!... Et le thé... et le sucre... et le feu pour chauffer les tisanes... et le linge sali... et nos courses?... Ah! ben, vous trouvez que c'est cher, vingt-deux francs? Mais, si vous aviez été malade à Saint-Cloud, vous en auriez eu pour cent francs au moins... et encore vos tisanes n'auraient pas été si sucrées!

Madame, dit la servante, on va vous faire du thé.

Cerisette ne dit plus rien; elle prend, en tremblant, son argent, car elle craint de ne point avoir de quoi payer ce qu'elle doit; mais, en acquittant le mémoire de l'aubergiste, il lui reste dix sous. Elle refait son paquet, le remet sous son bras, attache son chapeau de paille sur sa tête, et sort de l'auberge avec ses dix sous dans sa poche. La servante court après elle en lui criant :

— Madame ne déjeune donc pas aujourd'hui?

— Je n'ai pas faim...

— Et madame emporte son paquet?...

— Oui... car je ne reviendrai pas.

Et la jeune fille laisse retomber sa tête sur sa poitrine, et, les regards baissés vers la terre, elle se dirige de nouveau vers le parc de Saint-Cloud.

XX

UN JEUNE HOMME SAGE

Que les philosophes vous disent tant qu'ils voudront qu'il faut supporter sans murmurer, avec stoïcité même, les coups de l'adversité ; qu'ils écrivent là-dessus de belles pages, des pensées bien faites, bien spirituelles, où le talent de l'écrivain est toujours plus en relief que la vérité de ses maximes; quand ils vous donnent de si belles leçons, quand ils prêchent le courage aux malheureux, soyez persuadé que tous ces gens-là ont l'estomac plein, et un bon lit pour se reposer.

Ainsi Sénèque, gorgé d'or, composait un traité sur le mépris des richesses. Pauvres philosophes que tous les hommes de l'antiquité! Diogène seul se montra heureux dans son tonneau; mais Diogène était un fou pétri de vanité, et sa philosophie était dégoûtante; aussi n'ai-je jamais cru à ce mot du fameux roi de Macédoine : « Si je n'étais Alexandre, je voudrais être Diogène. »

Si Alexandre le Grand a dit cette phrase, elle ne lui fait pas honneur, ou bien c'est que, ce soir-là, il avait bu outre mesure; ce qui, comme vous savez, arrivait trop fréquemment à cet illustre conquérant, qui poussa l'orgueil jusqu'à se faire nommer fils de Jupiter! Il y a bien loin de là à désirer vivre dans un tonneau.

Allez donc parler philosophie à une mère qui vient de perdre son enfant, à un père de famille qui n'a pas de pain à rapporter chez lui, ou à cette pauvre jeune fille qui, sans parents, sans amis, sans asile, dans un pays qu'elle connaît à peine, se trouve, en relevant de maladie, ne plus avoir que dix sous dans sa poche!

— Et s'il était venu me chercher dans le parc, pendant ces huit jours que je n'ai pu y venir! se dit Cerisette en pensant à Angely. Comment le saurais-je?... A qui m'informer?... Mais non! quelque chose me dit qu'il n'a jamais eu l'intention de revenir me trouver.

Cependant, par habitude, la jeune fille s'assied encore à sa place accoutumée; mais elle ne porte plus ses regards autour d'elle, elle les tient constamment fixés vers la terre; elle se demande ce qu'elle va faire, ce qu'elle va devenir, où elle trouvera un gîte et du pain lorsqu'elle aura dépensé ses derniers dix sous.

Ces pensées donnaient une expression de tristesse et de découragement à la jolie figure de Cerisette, que la maladie avait déjà pâlie et changée.

Tout à coup, quelqu'un vient s'asseoir à côté d'elle en lui disant :

— Je ne me trompe pas... c'est la jeune voyageuse !... Vous avez donc toujours affaire dans le parc de Saint-Cloud?

Cerisette a poussé un cri de joie, car, dans le premier moment, elle a cru que c'était Angely qui venait la rejoindre. Mais son erreur dure peu : c'est bien un jeune homme qui vient s'asseoir auprès d'elle, mais ce n'est pas celui qu'elle attend, et l'expression de bonheur qui a un moment animé sa charmante figure s'efface bientôt et fait de nouveau place à la tristesse.

Le jeune homme qui vient de se placer près de Cerisette est brun, le teint pâle, les yeux noirs et l'air distingué; mais sa physionomie, qui varie souvent, est tour à tour aimable, moqueuse et sentimentale; sa mise est élégante ; ses manières annoncent un homme de bonne compagnie, quoiqu'il affecte ordinairement dans son langage et ses actions le laisser-aller de quelqu'un qui se met au-dessus des préjugés et se moque du qu'en dira-t-on.

Il a sur son œil droit un petit carré de verre, auquel pend un ruban noir, nouvelle espèce de lorgnon qui force les jeunes gens à faire la grimace pour que cela tienne sur les yeux sans le secours de leur main.

— Vous vous trompez, monsieur, répond enfin la jeune fille après avoir considéré la personne qui est près d'elle. Ce n'est sans doute pas à moi que vous vouliez parler... Je ne vous connais pas.

— Mais moi, je vous reconnais bien, car vous êtes assez jolie pour qu'on n'oublie pas votre figure. Je comprends que vous ne me remettiez pas... Peut-être ne m'avez-vous pas même aperçu dans le bureau des voitures de la rue de Rivoli, à Paris, un certain soir que vous ne saviez pas si vous vouliez aller à Sèvres ou à Saint-Cloud ; vous rappelez-vous cela?...

— Oh ! oui, monsieur !

— Il y a... attendez... oui, il y a eu mardi quinze jours...

— En effet, monsieur... car j'ai passé dix-neuf jours à Sèvres. Vous étiez donc dans le bureau, ce soir-là, monsieur?

— Oui, mademoiselle, et je partais pour Saint-Cloud... Mais j'ai entendu ce que vous avez dit : que vous n'aviez affaire que dans le parc. On fait attention à tout ce que dit une jolie femme. Le lendemain, je suis venu me promener dans le parc, et je vous ai, en effet, aperçue, assise à cette même place ; mais j'étais en compagnie, sans quoi je me serais permis de venir vous saluer. La semaine dernière, je suis encore revenu à Saint-Cloud. Mon premier soin a été de me rendre dans le parc, de porter mes pas de ce côté... J'étais curieux de savoir si, par hasard, je vous y verrais encore. Mais, j'eus beau regarder partout, je ne vous aperçus pas, ni dans cette partie du parc, ni ailleurs.

— C'est que j'ai été malade, monsieur, et, pendant huit jours, il m'a été impossible de sortir.

— C'est donc cela que je vous trouve pâle, changée?... Enfin, aujourd'hui, étant de nouveau à Saint-Cloud, je n'ai pas voulu partir sans venir jusqu'ici. J'avais comme un pressentiment que je vous rencontrerais... Je me félicite d'avoir cru aux pressentiments, puisque, en effet, j'ai le plaisir de vous revoir. Ah çà! mais, c'est donc un vœu que vous accomplissez en venant tous les jours vous asseoir à cette même place? Est-ce quelqu'un que vous y attendez?... Je suis bien curieux, bien indiscret, n'est-ce pas, mademoiselle? C'est difficile de vous voir sans s'intéresser à ce qui vous regarde; c'est que je serais heureux de vous être bon à quelque chose et de vous voir accepter mes services.

Le langage aimable de l'étranger soulage le cœur oppressé de Cerisette : quand on est dans la peine, la plus légère marque d'intérêt touche, émeut vivement.

— Je vous remercie, monsieur, balbutie la jeune fille. Je ne m'offense pas de vos questions. On m'a, en effet, donné rendez-vous ici... devant ce bassin... C'est le plus beau du parc, n'est-ce pas, monsieur?

— Mais, oui. Et on ne vous a donc pas fixé un jour?...

— Non...

— C'est bien mal de vous faire attendre si longtemps!... Ah! si vous m'aviez donné un rendez-vous, à moi, vous n'auriez pas eu à vous plaindre de mon exactitude... A coup sûr, ce n'est pas un amant qui se ferait attendre ainsi; c'est donc un père?

— Non, monsieur.

— Un frère?

— Non, monsieur.

— Un mari?

— Non... monsieur, je n'ai pas de mari, je n'ai personne!

L'accent avec lequel Cerisette a dit ces derniers mots a vivement impressionné le jeune homme. Il ôte le petit carré de verre de dessus son œil, afin de mieux examiner Cerisette; sa figure perd son expression railleuse, et il reprend au bout d'un moment :

— Vous n'avez personne?... Alors, c'est que vous ne voulez pas avoir quelqu'un?... Mais, tenez, causons un peu : vous avez du chagrin, n'est-ce pas?

— Oui, monsieur.

— Voulez-vous me conter vos peines?

— A quoi bon, monsieur?

— Ah! c'est juste, vous ne me connaissez pas; je ne vous inspire point de confiance. C'est donc à moi de commencer par vous dire qui je suis. Je me nomme Gaston Brumière; je suis de bonne famille, j'ai quelque fortune... j'en aurai une fort belle un jour!... On veut que je sois employé au cabinet du ministre des relations étrangères; on espère plus tard me lancer dans la diplomatie... Moi, pour le moment, tout ce que je désire, c'est de m'amuser et de ne rien faire; car j'aime beaucoup le plaisir, et les femmes surtout!... Oh! les femmes, j'en raffole! Je ne vous cacherai pas que l'on m'accuse d'être un mauvais sujet, un coureur d'aventures, un volage surtout!... Vous voyez que je ne cherche point à cacher mes défauts. Tout cela n'empêche pas que je n'aie le profond désir de vous être utile, d'adoucir vos peines... Que ce désir me soit venu parce que vous êtes charmante, que vous avez des yeux que l'on ne peut voir avec indifférence, quant à cela, je ne le nierai pas. Si vous étiez laide, je n'aurais probablement pas fait attention à vous... C'est très mal, n'est-ce pas?... Que voulez-vous! La plupart des hommes sont comme cela .. Il faut qu'on soit jolie pour nous intéresser... Oh! nous sommes indignes!... Mais moi, du moins, je n'y mets point d'hypocrisie, je me montre à vous tel que je suis. Après tout, je ne vois pas que ce soit un crime de préférer une jolie femme à une laide... Quand on nous présente des fruits, nous choisissons toujours le plus beau... Maintenant, voulez-vous me dire si vous comptez venir pendant longtemps encore attendre dans ce parc?

Il a sur son œil un petit carré de verre.

— Oh!... monsieur... c'est le dernier jour... c'est la dernière fois que j'y viens...

— Ah!... Et que ferez-vous après?

— Je n'en sais rien... je ne sais pas ce que je vais devenir...

— Vous ne savez pas ce que vous allez devenir? Pauvre petite... et

Cette fois, cet inconnu semble attacher sur elle des regards plus sévères. (P. 176.)

vous pleurez! Comment! seriez-vous malheureuse à ce point?...

Le jeune homme s'est rapproché de Cerisette ; il lui prend la main, la presse dans les siennes et lui dit à demi-voix :

— Tenez... votre amant vous a abandonnée, n'est-ce pas?

— Je crois bien que oui, monsieur.

— Il vous avait enlevée de chez vos parents peut-être?

— Je n'ai point de parents... mais il m'a fait quitter la maison où j'ai été élevée.

— Et il vous a donné rendez-vous dans ce parc?

— Oui, monsieur... Il est parti un matin, m'a laissée dans une auberge à Montereau, et m'a écrit qu'il viendrait se promener ici de midi à deux heures

— Que fait-il votre amant?

— Il est acteur.

— Diable!... Il est bien probable qu'il est allé se promener d'un autre côté... Vous étiez sans argent, peut-être?

— Pardonnez-moi, il m'avait laissé un superbe costume de marquis que j'ai vendu.

— Et vous reste-t-il encore de l'argent?...

— Je... j'ai encore... dix sous, monsieur.

— Dix sous!...

— Oui, monsieur, et ce petit paquet qui contient tous mes effets.

Gaston frappe son poing sur son genou en s'écriant :

— Ah! je rends grâces au ciel d'avoir eu l'heureuse idée de venir dans ce parc aujourd'hui... Dix sous!... Pauvre petite, il était temps! Voyons, ma chère amie, voulez-vous vous fier à moi?...

Cerisette regarde le jeune homme, qui de son côté tient ses yeux attachés sur la jeune fille.

— Monsieur... je ne sais plus si je dois me fier à quelqu'un...

— Je comprends cela : quand on débute mal, ce n'est pas encourageant. Eh bien! moi, je ne veux pas abuser de votre situation... je veux vous être utile sans intérêt... Ce sera d'autant plus beau de ma part que je suis fou de vos yeux... de votre air... de votre sourire... de... Mais ce n'est pas le moment de parler de tout cela; plus tard, je ne dis pas... Oh! plus tard... je vous adorerai... et alors, si je ne vous déplais pas... Enfin, vous serez libre. En attendant, vous concevez bien que vous ne pouvez point passer votre vie dans ce parc?... Vous allez venir avec moi à Paris.

— A Paris!... Et qu'y ferai-je, monsieur?

— Je vous louerai un petit logement modeste, mais où vous aurez au moins le nécessaire, et, après cela, plus tard, si vous ne me haïssez pas... Mais, je vous le répète, vous serez libre; encore une fois, je veux vous obliger sans condition, sans intérêt... Vous ne connaissez personne à Paris?

— Non, monsieur; mais je connais quelqu'un à Bagnolet, quelqu'un dont l'amitié me sera précieuse...

— Raison de plus pour venir à Paris, d'où vous irez à Bagnolet en une heure ou deux; c'est tout près; vous n'avez plus aucune raison pour venir passer toutes vos journées dans ce parc...

— Oh! je crois que ce serait inutile à présent...

— Pauvre fille!... qui vient d'être malade... et qui n'a plus que dix sous dans sa poche!... Vous me direz le nom de votre acteur, je m'informerai s'il joue à Paris... Eh bien! voyons...vous venez avec moi, n'est-ce pas?

— Mon Dieu! monsieur... je ne sais pas ce que je dois faire.

— Vous devez accepter mes services... Je vous adore, mais je vous jure que je serai sage... Tenez, il est déjà cinq heures passées, voilà la journée finie. Avec vos dix sous, vous ne trouverez aucun gîte par ici... et ce serait affreux de vous laisser passer la nuit à la belle étoile! Allons, acceptez mon bras... j'ai, à la porte du parc, une remis qui nous aura bien vite conduits à Paris. Comment vous nommez-vous?... Oh! mais, si cela vous contrarie de me dire votre nom...

— Pourquoi cela, monsieur? Je m'appelle Cerisette.

— Eh bien! charmante Cerisette, appuyez-vous sur mon bras, et partons.

Cerisette hésite un moment, mais ce jeune homme a l'air si franc, si obligeant; il y a une si grande différence entre ses manières aimables, polies, et le ton impertinent et prétentieux avec lequel le commis voyageur lui avait fait la cour à Nemours, qu'elle se sent disposée favorablement pour M. Brumière. Celui-ci voit son embarras; il ne lui laisse pas le loisir d'hésiter encore, et, passant son bras sous le sien, l'entraîne avec lui avant qu'elle soit bien décidée à le suivre.

Ils marchent assez vite; mais, en tournant pour prendre la grande allée, Cerisette aperçoit un monsieur arrêté et qui la regarde d'une façon singulière. Elle a reconnu ce même personnage au maintien grave, qu'elle a aussi rencontré à Paris, au bureau des voitures, et revu déjà dans le parc de Saint-Cloud.

Cette fois, cet inconnu semble attacher sur elle des regards plus sévères. Cerisette se sent comme troublée d'être vue par ce monsieur, au bras d'un jeune homme; et, cependant, elle ne connaît pas cet homme. Que peut lui faire son opinion et ce qu'il pensera d'elle?

Gaston a remarqué la manière dont l'étranger fixait la jeune fille, et le mouvement involontaire que celle-ci a fait en l'apercevant. Il lui dit, tout en continuant de l'emmener.

— Est-ce que vous connaissez ce monsieur?

— Non... c'est-à dire... je le reconnais, parce qu'il était aussi dans le bureau des voitures à Paris, le soir où je suis partie pour Sèvres... L'avez-vous reconnu, vous, monsieur?

— Moi? Oh! par exemple!... pourquoi, diable! voulez-vous que je l'aie remarqué? Je ne fais attention qu'aux femmes... qui en valent la peine Mais j'aperçois notre voiture... Venez.

XXI

LA DAME DE CARREAU

Un élégant remise attendait devant la grille. Cerisette, qui ne sait pas qu'à Paris tout le monde peut facilement se donner un équipage pour la journée, pense être avec un grand seigneur, et se sent toute tremblante au moment de monter en voiture. Mais déjà Gaston l'a presque enlevée, elle et son petit paquet, et placée au fond; lui-même est à ses côtés, et le remise part au grand trot des chevaux avant que la jeune fille soit revenue de l'émotion qu'elle éprouve en équipage.

M. Gaston Brumière a trop l'habitude du monde et des femmes pour ne point deviner ce qui se passe dans l'esprit de celle qu'il vient pour ainsi dire d'enlever du parc de Saint-Cloud. Son premier soin est de tâcher de la mettre à son aise.

— Vous croyez peut-être que cette voiture est à moi?

— Oui, monsieur.

— Pas du tout, je l'ai louée pour la journée ; cela se fait comme cela quand on va à la campagne. Un jour, peut-être, j'aurai un équipage à moi ; mais ce jour n'est pas encore venu... Au reste, qu'on ait voiture ou qu'on ne l'ait pas, c'est un avantage, mais cela ne donne pas un grain de mérite de plus... Êtes-vous de mon avis?

— Je crois que oui, monsieur.

— Ah! que vous avez de jolis yeux!... Et vous avoir abandonnée dans une auberge, c'est affreux!... Quel emploi jouait-il, ce monsieur-là?

— Les amoureux.

— Il aurait dû jouer les traîtres, les tyrans!... A propos, avez-vous dîné?

— Monsieur... je... j'ai... pris du bouillon ce matin...

— Ce matin!... Mais il y a beaucoup de temps de passé depuis ce matin; cela veut dire que vous n'avez pas dîné... ni moi non plus. Comme cela se trouve bien! Nous allons dîner ensemble... On m'attendait chez mon oncle, mais j'irai m'excuser ce soir... Je prétexterai un accident à

Saint-Cloud... Oh! je trouverai quelque chose... je ne suis jamais embarrassé... Mais il faut que j'y aille ce soir pour être présenté à ce monsieur, qui va, dit-on, être nommé à l'ambassade de Constantinople... Cela me souriait assez d'aller en Turquie... Je me disais déjà : « Je pénétrerai dans un sérail, j'y ferai les cent coups; je mettrai toutes les odalisques en révolution... quitte à me faire empaler. » Mais, maintenant, j'ai changé d'idée, je ne veux plus aller en Turquie... Je trouverai bien le moyen de déplaire à ce monsieur auquel mon oncle me présentera... je feindrai un tic épouvantable en lui parlant... Ah! nous voici à Paris?... Le trajet m'a paru bien court... Cocher... cocher... vous nous conduirez au Palais-Royal... devant Véry... Pauvre petite!... elle n'a rien pris depuis ce matin, et il est six heures passées maintenant... Comme elle est pâle!... Vous avez besoin, n'est-ce pas?

— Je n'y pensais, pas, monsieur.

— Quelle voix douce!... Ah! que j'ai bien fait d'aller me promener dans le parc Saint-Cloud! En dînant, vous me conterez toute votre histoire, toutes vos aventures... voulez-vous?

— Oui, monsieur... oh! ce ne sera pas long.

— Moi, si je vous contais les miennes, ce serait très long; mais ce serait presque toujours la même chose, et surtout le même dénouement. Nous voici arrivés; laissez votre petit bagage dans la voiture : elle va rester à nous attendre.

On entre chez le traiteur; l'élégant jeune homme s'est fait ouvrir un cabinet bien clos, bien confortable; il commande vivement son dîner, puis revient près de Cerisette qui regarde autour d'elle avec admiration; elle n'a encore rien vu dans ses voyages qui puisse se comparer à un des premiers restaurants de Paris.

Gaston va rejoindre la jeune fille; il la fait asseoir sur un divan bien moelleux, qu'elle regardait sans oser l'essayer; il se place près d'elle, lui prend les mains qu'il presse, qu'il admire en murmurant :

— Jolies mains, ravissant petit pied!... Elle a tout pour vous séduire!... Mais, rassurez-vous, chère enfant, je serai sage... je vous l'ai promis!... Ce serait mal à moi d'abuser de votre situation... Et puis, ça me changera, ce sera plus original. Pendant que l'on prépare notre dîner, voulez-vous me conter votre histoire, si toutefois cela ne vous contrarie pas? Songez bien que vous n'y êtes nullement obligée, et si vous avez quelque petit mystère...

— Je n'en ai aucun, monsieur; je serai, au contraire, bien aise que vous sachiez quelle est la personne à qui vous daignez prendre tant d'intérêt.

Cerisette fait à sa nouvelle connaissance un récit exact de ses aventures; elle ne lui cache ni la manière dont elle arriva à Nemours, ni la conduite de Chatouillé à son égard, ni l'hospitalité qu'elle avait donnée au soldat Sabretache, et la faute qui en fut la suite dans le grenier aux fourrages.

— Pauvre petite! dit Gaston, faites donc du bien... soyez donc hospitalière... pour que... ensuite... Les gens qui croient au hasard, à la destinée, vous diront que cela doit arriver ainsi. Mais, voilà notre dîner servi, mettons-nous à table; manger n'empêche pas de causer... au contraire, du moins, je suis de ceux qui ne peuvent pas dîner seul... En général, je trouve que tous les plaisirs se doublent en se partageant.

— Mon Dieu! que c'est bon, tout cela!... Comme on fait bien la cuisine à Paris!

— Vous trouvez cela bon? Tant mieux.

— Oh! oui! par exemple, je ne connais pas du tout ce que c'est... probablement des choses qu'on ne mangeait jamais chez M. Chatouillé.

— C'est probable... Le principal est que cela vous plaise... Et ce vin... vous va-t-il?

— Je ne m'y connais pas, monsieur, mais je le trouve très bon.

— C'est du volnay... Nous allons passer au champagne... Ainsi, ma chère amie, vous ne connaissez pas votre famille?

— Hélas! non, monsieur.

— Je conçois que cela vous fasse soupirer; cependant vous ne serez pas la seule à Paris dans cette position.

— Pensez-vous que je retrouverai mes parents, monsieur?

— Si vous voulez que je sois franc, je vous dirai que j'en doute... Il faudrait pour cela un concours de circonstances si étranges!... Et puis, qui vous dit que vos parents sont encore à Paris? Peut-être, maintenant habitent-ils la Russie, l'Allemagne, l'Angleterre!... Cependant rien n'est impossible, et avec votre petit médaillon... Ah! voyons donc ce médaillon précieux.

Cerisette entr'ouvre le haut de sa robe; elle écarte son fichu et montre le médaillon qu'elle porte sur son sein. Gaston est très ému, mais il n'est pas probable que ce soit précisément la vue du bijou qui produise cet effet-là. Il entoure de son bras la taille de la jolie brune, l'étreint doucement et murmure :

— Oh! oui... oui... vous serez heureuse... je le veux, moi!

— Vraiment, monsieur, vous croyez que cela me fera retrouver ma famille?

— Je ne sais pas ce que cela vous fera retrouver... mais vous êtes si gentille, Cerisette ! je veux vous tenir lieu d'oncles, de tantes, de cousins !

Et, dans son ardeur à prouver à Cerisette le désir qu'il a de lui tenir lieu de famille, le jeune homme se met à l'embrasser à plusieurs reprises. La pauvre fille, tout étourdie par ces baisers qui tombent sur elle comme la grêle, parvient cependant à se dégager, et va s'asseoir tout au bout du divan, en murmurant :

— Ah ! monsieur... c'est bien vilain ce que vous faites là, et ce n'est pas ce que vous m'aviez promis !

— Vous avez raison ! s'écrie Gaston en se levant à son tour et en marchant à grands pas dans la chambre. Oh ! oui, ce que je fais là est affreux, indigne ! je promets d'être sage, et... C'est un peu votre faute aussi ; en me montrant votre médaillon, vous me faites voir des choses... qui auraient tourné la tête à Salomon, ce roi si sage... qui avait trois cents femmes et le double de concubines !... Oh ! le bon temps que celui-là ! et comme il était doux d'être sage à la manière de Salomon. Allons, n'ayez plus peur, charmante fille... revenez à votre place... ne me montrez plus votre médaillon, et achevons de dîner. Je ne veux vous obtenir qu'à force de soins et d'amour !... Je ne veux vous devoir qu'à vous-même... quand vous me connaîtrez mieux.

Les jeunes gens se sont remis à leur place. Cerisette a repris confiance en Gaston, dont les paroles ont un accent de vérité qui la rassure. Il est facile de voir que ce jeune homme est sincère quand il lui parle ; mais, lorsqu'il attache ses yeux sur elle, sa sagesse semble avoir de rudes combats à soutenir.

— Causons, reprend Gaston en se versant du champagne et en emplissant le verre de Cerisette, causons raisonnablement... comme de vieux amis. Voyons, entre nous, ce M. Angely qui vous a séduite... ou plutôt qui vous a surprise dans ce grenier... l'aimez-vous beaucoup ? Êtes-vous profondément affligée de son abandon ?

La jeune fille lève ses beaux yeux noirs et doux sur celui qui l'interroge et lui répond, comme si elle lui faisait une confidence :

— Mon Dieu !... tenez... si j'interroge bien mon cœur... non, je ne suis pas désolée de l'inconstance d'Angely... et, pourtant... lorsque je me suis décidée à le suivre, à quitter pour l'accompagner le séjour où j'avais passé mon enfance, eh bien ! il me semblait que je l'aimais beaucoup... que je devais l'adorer toujours ! Vous qui connaissez si bien le monde, monsieur, dites-moi, est-ce que cela arrive souvent ?... Est-ce qu'on se trompe ainsi sur ses sentiments ?... Est-ce qu'il y a des amours qui durent si peu ? Ou bien est-ce que je me trompais en croyant aimer celui que j'ai suivi ?

Gaston va se mettre à ses pieds. (P. 183.)

— Ma chère amie, ce qui vous arrive est excessivement commun... surtout chez les jeunes filles : on leur fait la cour, on leur adresse de tendres serments ; cela les charme : elles se figurent tout de suite qu'elles adorent celui qui leur a dit tout cela. Et puis... bien le bonsoir, la témérité des hommes fait le reste!... et, plus tard, les pauvres filles sont toutes surprises de ne point éprouver le plus petit grain d'amour pour celui qui les a fait succomber. Hein!... je me flatte que dans ce moment je parle comme Caton!... Il est bon, le champagne!... Vous ne l'aimez pas?

— Si, monsieur, mais... il me semble que cela m'étourdit...

— Il n'y a pas de danger. Voyez-vous, ma chère petite, La Rochefoucauld, dont je vénère les maximes, quoiqu'elles ne soient pas consolantes, eh bien! ce grand penseur a dit: « Il n'y a qu'une sorte d'amour, mais il y en a mille différentes copies... » Comprenez-vous cela?

— Je crois que oui, monsieur; alors ce n'est qu'une copie que je ressentais pour Angely?

— Précisément... une très mauvaise copie, même! Malheureusement, on peut connaître beaucoup de copies avant d'arriver à un original... Quelquefois même, on ne connaît jamais cet original, et on use sa vie et son cœur avec des copies!

— Mais enfin, monsieur, quand on aime véritablement, comment s'en aperçoit-on?

— Comment on s'en aperçoit?... Elle me fait des questions fort drôles!... Ah! chère petite, on s'en aperçoit à... Tiens, mais, au fait, c'est vrai, à quoi s'en aperçoit-on? C'est difficile à expliquer, ceci.

— Vous n'avez donc jamais aimé quelqu'un bien sincèrement, alors?

— Moi?... Oh! si fait!... j'ai beaucoup aimé... mais, comme vous dites, je crois que ce n'était jamais bien profond, bien exclusif... Par exemple, en regardant une femme, je n'ai jamais ressenti autant de plaisir que j'en éprouve maintenant en attachant mes regards sur les vôtres. Eh bien! vous détournez les yeux?

— Vous me rendez toute confuse, monsieur.

— Ah! regardez-moi, je vous en prie, ne tremblez pas! ne craignez rien! Que cherchez-vous donc à votre ceinture?

— Ce n'est rien, monsieur, c'est que je tâtais si je n'avais pas perdu...

— Votre médaillon? Vous venez de me le montrer.

— Non, ce n'est pas le médaillon... mais cette carte...

— Ah! oui, que l'on a trouvée sur votre nourrice... et sur laquelle on a écrit quelque chose...

— Oui, monsieur... je dois aussi la garder avec soin. Craignant qu'elle ne sorte de la poche de ma robe, je l'avais mise aujourd'hui en dedans de ma ceinture...

— Eh bien! est-ce que vous l'avez perdue?

— Non... je la sens maintenant... J'ai eu peur un moment..

— Voulez-vous me la montrer, cette carte?... Si par hasard j'allais reconnaître l'écriture qui est dessus... cela pourrait nous mettre sur les traces de vos parents.

— Oh ! vous avez raison monsieur ; attendez, attendez !...

Et Cerisette, sans penser aux dangers auxquels elle s'expose, dénoue de nouveau sa robe, et cherche la carte dans sa ceinture ; mais cette précieuse carte était cachée beaucoup plus avant que le médaillon, et, pour l'avoir, il faut, sans le vouloir, découvrir encore une foule de choses qu'il est bien imprudent de montrer. La jeune fille s'impatiente, se dépite, parce qu'elle n'arrive pas assez vite à ce qu'elle veut avoir. Tout à coup, une main se glisse sur son sein pour l'aider... puis cette main s'égare au lieu de chercher. Cerisette crie, se débat, mais Gaston avait perdu la raison, et toutes ses résolutions de rester sage venaient de s'évanouir en sentant palpiter le cœur de la jolie fille sous sa main... et ce n'est plus la dame de carreau qu'il cherche à rencontrer.

Cette fois, le jeune homme oublie tout à fait ses promesses, et ce n'est qu'après avoir été coupable qu'il se repent de sa faute, ou du moins qu'il a l'air de s'en repentir ; car Cerisette était si jolie que le péché était très doux. La jeune fille verse d'abondantes larmes en cachant sa figure dans ses mains, et Gaston va se mettre à ses pieds, où il implore son pardon.

— Hélas ! murmure Cerisette, à quoi donc suis-je destinée ?... Sans doute le ciel me punit encore... Je n'aurais pas dû consentir à vous suivre... ni croire à vos promesses... mais je ne savais pas qu'on me tromperait toujours... Je crois ce qu'on me dit... C'est donc un grand tort, cela ? C'est cette dame de carreau qui est cause de tout cela !... J'avais bien besoin d'en parler !...

— Accusez-moi, je me fais honte, répond Gaston en baisant la main de la jeune fille. Oui, j'ai manqué à mes serments... Pourtant, cette faute fut involontaire...... Je voulais respecter votre abandon... Mais vous êtes si jolie ! si séduisante !... Vos charmes m'ont tourné la tête et les sens. Pardonnez-moi, et croyez au moins que, moi, je ne vous délaisserai pas, que je mettrai tous mes soins à vous rendre heureuse, à embellir votre existence, et que je tâcherai enfin, à force d'amour, de mériter le vôtre.

On a dit bien souvent que l'on croit facilement ce que l'on désire. Je ne suis pas absolument de cet avis ; car ce que l'on désire est ordinairement ce qui n'arrive pas. Mais Cerisette pensait sans doute autrement ; et puis, qu'avait-elle de mieux à faire que de croire ce jeune homme qui paraissait si bien éprouver tout ce qu'il lui disait ?

— Dès demain, dit Gaston en s'asseyant contre Cerisette, et passant un bras autour de sa taille, oui, chère petite, dès demain, je te loue un joli appartement ; je le fais meubler élégamment... Oh ! rien ne te manquera ; tu auras une femme de chambre pour te servir.

— Ce n'est pas la peine .. je suis habituée à me servir moi-même.

— Moi, je veux que tu aies une domestique...

— Une petite chambre, un lit, une table, deux chaises, c'est tout ce qu'il me faut; ensuite, je sais un peu coudre, un peu broder... pas très bien... Mais enfin, en travaillant, on apprend, et je chercherai de l'ouvrage...

Gaston se met à rire, et embrasse de nouveau Cerisette en s'écriant :

— Que parles-tu d'une petite chambre... et de travail?... Oh! non, non, tu n'auras pas besoin de t'occuper... le soin de ton avenir me regarde... Je suis riche, chère amie... je veux que ton existence soit désormais filée par les amours, les plaisirs. Je veux que tous tes désirs soient satisfaits... que tes toilettes soient ravissantes. Tu n'en as pas besoin pour être jolie, mais cela me rendra si heureux de te voir effacer nos belles dames de Paris... Oui, les effacer, car tu seras cent fois plus belle!... Mais, voyons, en attendant demain, il faut songer au présent; je ne puis pas te louer un appartement en ce moment, il est bientôt dix heures... et il faut absolument que je paraisse à la soirée de mon oncle... Je te ferais bien venir chez moi... Mais, non... il pourrait y avoir du monde...

— Vous avez du monde chez vous... si tard?

— Oh! des visites... A Paris, on reçoit des visites fort tard. Tout bien considéré, voici comment il faut nous arranger : tu vas monter dans un fiacre, tu te feras conduire dans un hôtel garni où tu passeras la nuit, cela n'a rien d'inconvenant. Tiens, voici de l'argent; mets cela dans ta poche, cela te suffira pour jusqu'à demain, et, demain, tu viendras chez moi sur les midi; je t'attendrai. Nous irons ensemble te chercher un logement... Tiens, voici ma carte sur laquelle sont mon nom et mon adresse; mets-la dans ta poche avec ton argent. Comme tu ne connais pas Paris, demain, en sortant de ton hôtel, tu prendras une voiture et tu te feras conduire à mon adresse. C'est bien dit, bien entendu, bien convenu?...

— Oui, monsieur, je ferai tout ce que vous m'avez dit.

— Monsieur!... elle m'appelle encore monsieur!... Mais, au fait, notre connaissance a été bien brusque, ma conduite si indigne... Vous me pardonnerez quand vous verrez combien je vous aime, et alors vous m'appellerez Gaston, n'est-ce pas?

— Oui, monsieur Gaston.

Le jeune homme sonne le garçon, paye, demande un fiacre pour Cerisette; puis, s'apercevant qu'il est dix heures et demie passées, l'entraîne vivement, l'embrasse encore une fois en lui disant : « A demain! » et se jette dans son remise qui l'attendait; tandis que la jeune fille, aidée par un commissionnaire, monte dans un fiacre en disant au cocher :

— Dans un hôtel... une auberge, celle que vous voudrez, cela m'est égal.

XXII

UN COCHER IVRE

Le fiacre a pris sa course. Cerisette, encore tout étourdie par les nouvelles aventures qui viennent de lui arriver, peut-être un peu aussi par le champagne qu'on lui a fait boire, se trouve pendant quelques instants dans cet état qui n'est ni la raison ni l'ivresse, où l'on ne pense pas, parce qu'on aurait trop de choses à débrouiller dans sa mémoire, mais où l'on n'est pas bien sûr d'être parfaitement éveillé.

Le cocher avait le vin taquin.

Tout à coup, un souvenir se fait jour dans son esprit; elle regarde autour d'elle et s'écrie :

— Ah! mon Dieu! et mon paquet, et mes effets!

Elle se rappelle bientôt qu'elle l'a laissé dans la voiture qui attendait Gaston à la porte du traiteur; elle se rassure en pensant que son nouvel ami l'aura trouvé et le lui rendra le lendemain. Le paquet ne contenait qu'une robe, un jupon, quatre chemises, trois mouchoirs et des bas, mais c'était toute la garde-robe de Cerisette, et, dans toute autre circonstance, elle eût été désespérée de cette perte. En ce moment, où elle a encore dans la mémoire les beaux meubles, les belles toilettes que Gaston lui a promis, elle ne saurait être inquiète d'une perte si légère, et, dans le cas même où son paquet n'aurait point été retrouvé dans la voiture, elle sent dans sa poche assez d'argent pour remplacer ce qu'elle a perdu. Gaston y a glissé quarante francs en lui disant que cela lui suffirait jusqu'au lendemain, et la jeune fille se dit :

— Est-ce qu'on dépense quarante francs par jour à Paris?... Oh! ce n'est pas possible, il faudrait être trop riche pour y demeurer.

Tout à coup la voiture s'arrête ; Cerisette croit être arrivée devant une auberge ; mais son cocher, au lieu d'ouvrir la portière, reste sur son siège et se contente d'avancer sa tête contre une des glaces baissées par-devant, en murmurant d'une voix avinée et d'une bouche empâtée :

— Ah ça ! voyons, *ousque* nous allons? Car, enfin, je trotte, je trotte, mais faut savoir où l'on va ; sans ça, je pourrais vous promener toute la nuit!

Cerisette s'aperçoit facilement que ce cocher est ivre : elle éprouve un sentiment de frayeur, et s'empresse de répondre :

— Mais je vous ai dit de me conduire dans une auberge...

— Une auberge!... Qu'est-ce que vous entendez par là? Est-ce qu'il y a des auberges à Paris?...

— Un hôtel garni, si vous aimez mieux.

— A la bonne heure!... Un hôtel garni... c'est différent, il n'en manque pas... mais vous disiez une auberge... je ne pouvais pas comprendre... Fallait tout de suite me dire un hôtel... je sais ce que c'est.

— Je vous l'avais dit, monsieur.

— Vous croyez?... Oh! que non... je ne suis pas gris... ou du moins je ne suis pas assez gris pour ne pas entendre ce qu'on me dit... Nous disons donc que vous voulez que je vous conduise dans un hôtel?... Très bien!... Mais lequel?... Voilà... lequel?... C'est qu'il en pleut, des hôtels, dans Paris!... Est-ce celui des Princes?... des Ambassadeurs?... des Haricots?... Ah! celui-là, non, ça ne vous regarde pas... vous... car je crois que c'est une femme que je mène... Après tout, je n'en suis pas bien sûr... Êtes-vous une femme ou un homme?

— Mais vous voyez bien que je suis une femme, monsieur! Conduisez-moi à l'hôtel que vous voudrez, cela m'est égal...

— Tiens! et à moi donc?... je n'y tiens pas... choisissez vous-même.

— Un hôtel modeste!... pas trop cher...

— Ah! je comprends... dans le bourgeois... Nous allons trouver cela dans le quartier du Marais... Justement, c'est mon chemin pour rentrer mes bêtes... Ça vous est égal d'aller dans le Marais?

— Sans doute... puisque je vous dis où vous voudrez.

— Vous dites... vous dites... je ne sais pas trop ce que vous dites... Allons! hue, les autres, et au galop!

La voiture repart. Cerisette n'est pas tranquille; l'état de son conducteur l'effraye, et, pour augmenter sa frayeur, le cocher fouette ses chevaux à tour de bras; les pauvres bêtes vont un train de poste, et à chaque instant le fiacre manque d'accrocher des omnibus ou de grosses voitures de rouliers.

— Cet homme va faire quelque malheur! se dit Cerisette; il va me verser... et, d'ailleurs, en allant de ce train-là, comment peut-il voir les enseignes, reconnaître les hôtels?... S'il n'était pas si tard, j'aimerais mieux aller à pied.

Mais bientôt le fiacre s'arrête de nouveau; Cerisette respire, elle se croit au bout de ses peines. Mais son cocher se retourne sur son siège et remet sa figure contre une portière en criant :

— Ah ça! mais ça m'embête à la fin de ça... Je n'en vois pas du tout d'hôtel... je n'aperçois que des épiciers... et qui ferment, encore... Voulez-vous que j'entre chez le marchand de vin, là-bas au coin, pour lui demander un hôtel, en me rafraîchissant?

— Oh! non, monsieur, je vous en prie, n'allez pas chez le marchand de vin. Conduisez-moi moins vite... vous verrez mieux les enseignes des maisons, car les hôtels doivent avoir aussi des enseignes, à Paris?

— Vous trouvez que je vous mène trop vite?... Vous vous plaignez que la mariée est trop belle; savez-vous que mes bêtes ont envie de rentrer?... Elles ont bien gagné leur journée... et moi aussi! Ah! sacré mille noms d'un nom!... si vous croyez que je vais vous rouler toute la nuit!... le plus souvent... Allons! hue... au galop!

Le cocher avait le vin taquin; au lieu d'aller moins vite, comme on l'en priait, il fouette ses chevaux avec une nouvelle ardeur : la voiture part comme le vent. Cerisette tremble comme la feuille; bientôt une secousse effroyable la rejette d'un côté opposé à celui où elle est assise; des cris, des jurements se font entendre. C'est son cocher qui vient d'accrocher une de ces voitures qui se devinent de loin, et se dispute avec ces messieurs qui ne travaillent que la nuit.

Cerisette s'est crue tuée; elle s'aperçoit enfin que la voiture est seulement accrochée dans une autre dont elle ne peut se détacher. Les jurements augmentent, la dispute s'échauffe; les conducteurs des poudrettes traitent d'imbécile et de soûlard le cocher qui avait largement de la place pour passer et qui est venu se jeter dans une lourde voiture. Le cocher n'a pas le vin aimable, il menace ses adversaires, il leur donne un nom que ceux-ci savent trop bien mériter, et que, par cette raison, ils ne veulent pas recevoir. On se menace, les coups de fouet commencent à s'échanger. Cerisette, éperdue, tremblante d'effroi, en voyant des hommes attaquer le cocher, croit qu'ils vont venir la prendre pour la traiter comme celui qui la conduit, elle n'a plus qu'un désir, c'est de fuir, c'est de se sauver. Elle baisse une des glaces, et, après bien des efforts, parvient à ouvrir la portière du côté où le fiacre n'est pas accroché. Une fois la portière ouverte, elle saute sur le pavé; puis, se faufilant derrière les voitures, se met à courir pendant longtemps sans regarder derrière elle, et jusqu'à ce que les voix de ces hommes qui se menacent n'arrivent plus jusqu'à elle!

Eh bien, ma petite, est-ce que tu as perdu ton bon ami?

Cerisette est cependant obligée de s'arrêter, car la respiration lui manque; elle regarde derrière elle, puis elle écoute: le plus grand silence règne autour d'elle. Elle a couru assez longtemps pour ne plus craindre qu'on puisse la rejoindre; les passants sont devenus rares; elle pense qu'il doit être tard et craint de ne plus trouver un hôtel ouvert. Cependant, grâce au gaz qui éclaire la rue dans laquelle elle est arrêtée, elle n'éprouve pas trop d'effroi de se voir seule, la nuit, au milieu d'une ville qu'elle ne connaît pas, et se remet en marche en se disant :

— Je trouverai encore des boutiques ouvertes, et je demanderai.

La jeune fille a marché quelque temps; elle est dans une rue large, mais toutes les boutiques sont fermées; elle commence à craindre de ne plus trouver un gîte pour la nuit, lorsqu'en passant devant une allée dont la porte est toute grande ouverte elle aperçoit une faible lumière qui part du fond de la maison. Elle s'arrête pour regarder; au même instant, une femme qu'elle n'avait point aperçue et qui se tenait dans la rue, à quelques pas de l'allée, s'approche d'elle en lui disant d'un ton hardi et délibéré :

Cerisette éprouve un sentiment de dégoût, en entrant dans cette maison. (P. 191.)

— Eh bien! ma petite, est-ce que tu as perdu ton bon ami, ce soir? En tout cas, je te promets qu'il n'est pas chez nous... Je ne sais pas de quoi se nourrissent les hommes à c't'heure! A coup sûr, ce n'est pas de truffes, car le commerce ne *biche* pas!

Cerisette regarde cette femme qui lui parle si familièrement; elle s'étonne de lui voir une toilette élégante, et une robe tellement décolletée que sa poitrine et ses épaules sont presque à découvert; elle pense qu'à Paris c'est la mode de s'habiller ainsi, et continue d'examiner cette femme qui est jeune et assez jolie, mais dont le regard effronté et le sourire impudique ne provoquent pas sa confiance.

Cependant, celle qui a déjà parlé à Cerisette reprend bientôt :

— Est-ce qu'on t'a donné mon signalement à faire, que tu me toises ainsi du haut en bas ? Veux-tu que je me retourne... tu me verras de tous côtés ?

— Pardon, madame, excusez-moi, répond Cerisette, qui, revenant bien vite au sentiment de sa position, espère profiter de cette rencontre et reprend : Mon Dieu, madame, je suis bien embarrassée, mais si vous pouvez me dire où je trouverai un gîte bien honnête... un hôtel pour cette nuit... en payant, bien entendu, vous me rendrez un grand service... et je vous en aurai beaucoup d'obligation.

La fille a écouté Cerisette; elle l'examine avec plus d'attention et lui dit :

— Vous ne savez pas où aller coucher ?... Vos maîtres vous ont donc renvoyée ce soir ?

— Mes maîtres ?... Je n'ai pas de maîtres, madame, je suis libre de faire ce que je veux.

— D'où donc arrivez-vous, alors ?

— Je viens de Sèvres, où j'ai passé plusieurs jours... mais avant j'ai beaucoup voyagé.

— Tiens... tiens !... et vous n'êtes à Paris que d'aujourd'hui ?

— Oui... j'y ai dîné... avec une personne que je dois rejoindre demain; mais, en attendant, je cherchais un hôtel... J'étais en voiture; le cocher a accroché une grosse charrette; les hommes se sont disputés, je me suis sauvée... Et pouvez-vous m'enseigner une auberge, car il est déjà bien tard ?

— En v'là une drôle d'histoire !

La fille réfléchit quelques instants, puis reprend :

— Dame ! si vous ne savez pas où aller passer la nuit, vous pouvez entrer ici, on vous y couchera.

— Oh ! je ne demande pas mieux, madame ! Cette maison est donc un hôtel garni où l'on peut se coucher ?

— Je crois bien, l'on y couche souvent même, on ne fait que ça !

— Alors, comme c'est heureux que je vous aie rencontrée, madame, et que je me sois arrêtée devant cette maison !... Mais, pourtant ! je n'ai point aperçu d'enseigne sur la porte ?

— A Paris, on n'en met pas à nos maisons. « A bon vin point d'enseigne, » comme on dit. Allons ! venez, je vas vous présenter à la maîtresse de... de l'hôtel.

— Je vous suis, madame.

XXIII

UNE MAISON INFAME

La fille est entrée dans l'allée sale et étroite. Au fond, on trouve un escalier éclairé par une lampe qui ne jette qu'une faible lueur ; les marches de l'escalier sont crottées, la rampe est humide. Cerisette éprouve un sentiment de dégoût en entrant dans cette maison ; elle trouve que, pour un hôtel de Paris, cela est bien mal entretenu ; mais il est trop tard pour qu'elle se montre difficile : elle pense que l'auberge la plus mal achalandée vaut encore mieux que de coucher à la belle étoile. Elle suit donc sa conductrice qui monte l'escalier, s'arrête au premier, ouvre une porte, traverse une chambre noire, ouvre une seconde porte, et fait entrer Cerisette dans une grande pièce bien éclairée, où il y a beaucoup de monde.

Cerisette demeure toute saisie du tableau qui s'offre à sa vue. La compagnie au milieu de laquelle elle se trouve n'est composée que de femmes, mais il y en a une, plus âgée que les autres, d'une énorme corpulence, qui est assise dans une vaste bergère où elle semble trôner. Les autres femmes, la plupart jeunes, ont de ces toilettes de bal achetées au Temple, dans le genre de celle de la fille qui était de faction dans la rue ; quelques-unes sont belles, mais toutes ont le teint flétri, les yeux cernés, le regard cynique, la tournure déhanchée ; les unes sont assises à terre sur un méchant tapis, d'autres se tiennent appuyées sur un meuble ou se vautrent sur un vieux divan couvert de taches. A l'entrée de Cerisette, toutes poussent un cri d'étonnement et portent sur elle des yeux presque farouches, tandis que la grosse matrone murmure d'une voix gutturale et sans bouger de sa bergère :

— Qu'est-ce que tu nous amènes là, Bérénice?

— Je vous amène une nouvelle débarquée... qui ne connaît pas du tout Paris, où elle n'est que de ce soir ; elle cherchait un hôtel garni bien honnête, pour y coucher... en payant. Elle m'a priée de lui en indiquer un, je l'ai fait monter ici... et voilà. A présent, voyez ce que vous voulez faire.

La réponse de Bérénice est accompagnée de gestes que Cerisette ne peut pas voir parce que celle qui parle est restée derrière elle ; mais cette pantomime a été parfaitement comprise par les personnes de la maison, et une grande blonde part d'un éclat de rire en disant aux autres :

— Ah ! un hôtel garni bien honnête... c'te bêtise !

Mais cette gaieté est presque aussitôt réprimée par la matrone, qui jette un regard courroucé sur la rieuse en s'écriant d'une voix à faire trembler les vitres :

— Silence là-bas, la Râleuse !... Que j'entende encore quelqu'un rire !... Qu'est-ce qu'il y a de risible là-dedans?... Ma maison n'est pas honnête peut-être?... Est-ce que je ne paye pas mes impositions et ma patente?... Hum! quelles huîtres!... Asseyez-vous, mam'zelle... Donnez donc une chaise à cette petite, vous autres au lieu de vous étaler comme si vous étiez sur la place aux Veaux... Allons ! qu'on se remue, grues !

Mme Trancède.

Quelques-unes de ces femmes présentent une chaise à Cerisette; les autres, sur un signe de leur matrone, prennent une tenue plus décente. La plupart se rapprochent pour examiner avec curiosité la jeune fille qui vient d'arriver.

Au milieu de toutes ces personnes de son sexe, Cerisette éprouve encore un malaise, une crainte dont elle ne peut pas bien se rendre compte, mais que la grosse femme fait tous ses efforts pour dissiper par ses politesses; elle tâche même de se faire une voix douce en lui parlant.

— Vous n'êtes donc pas de Paris, jeunesse?

— Non, madame... je suis... je suis d'un petit village... à côté de Nemours.

— Oh! Nemours! le pays des pruneaux, dit une petite brune en se grattant le côté avec un air de satisfaction.

— Est-elle sotte, cette Paméla!... c'est Tours qui est la patrie des pruneaux, et non pas Nemours! Ça veut parler géographie et ça n'est bonne qu'à gratter ses puces! Et vous n'étiez jamais venue à Paris, jeune enfant?

— Non, madame, jamais.

— Est-ce que vous y venez chez des parents, des connaissances, ou pour vous mettre en maison?

— Non, madame... je ne connais personne à Paris... je ne viens pas pour avoir une place.

— Alors vous êtes donc rentière, ma petite; je vous en félicite, c'est un état que j'ambitionne... Quand j'aurai amassé de quoi planter des choux, je me retirerai du commerce... je deviendrai rentière.

— Mais, madame, je ne suis pas du tout rentière, moi...

— Vous n'avez pas de rentes!... Alors vous portez donc toute votre fortune sur vous? Vous avez tort, ma petite; à Paris, c'est bien imprudent... On peut faire tant de mauvaises rencontres!... Eh ben! les v'là encore qui rient, ces chipies!... Ah! qué loques!... Mais faut les excuser... c'est jeune, ça ne pense qu'à jouer... Paméla, quand tu auras fini de te gratter, là-bas!...

— Ah! qué scie!

— Chut!... Tâchons un peu d'être polie!... ou on ne soupera pas!

Cerisette jette un nouveau regard sur toutes ces femmes qui l'entourent et dont quelques-unes s'exercent maintenant à lui faire des mines gracieuses. Elle dit à la grosse femme :

— Est-ce que madame est maîtresse de pension?

— Justement, ma chère, je tiens une pension bourgeoise... une table d'hôte... Tenez, vous arrivez bien, nous allions souper... Est-ce que Minos n'est pas encore arrivé?

— Non, madame.

M. Minos.

— Oh! faut pas qu'il prenne le genre de se faire attendre tous les soirs! Je veux qu'on soit réglé comme un centimètre! S'il n'est pas arrivé dans cinq minutes, nous soupons... Il est en train de jouer dans quelque tapis franc, le vaurien! et il va encore revenir sec comme une amande.

— Madame, reprend Cerisette, qui voudrait quitter la société qui l'entoure, je vous remercie bien, mais je ne souperai pas, je n'ai pas faim ; je suis très fatiguée... Si vous vouliez me faire donner tout de suite une chambre...

— Ah! vous ne voulez pas manger? Alors on va vous préparer une chambre... Ah! mais, c'est cinq francs qu'il faut me compter d'abord, je ne loge pas à moins... et encore quelquefois c'est plus cher.

Cerisette fouille dans sa poche et en tire une pièce de cent sous qu'elle présente à la grosse femme. Celle-ci la prend en disant :

— C'est bien. Ohé, la Jaunisse!

Une espèce de servante sale et décrépite paraît à l'entrée de la salle et se met à crier :

— Le souper est prêt.

— C'est bon, nous attendons Minos ; laisse rissoler tes plats et monte tout de suite au quatrième... la petite chambre bleue... dont on ne se sert jamais... Il y a un lit, je crois?

— Oui, mais il n'y a pas de draps.

— Eh ben! mets-y des draps pour coucher mamz'elle. Allons! en deux temps et trois mouvements, dépêchons-nous.

— On y va.

La servante est partie, la grosse femme dit à Cerisette :

— Ça ne va pas être long... Mais pourquoi ne voulez-vous pas souper avec nous? Il ne vous en coûterait pas plus... C'est une invitation que je vous fais.

— Je vous suis bien obligée, madame, mais il me serait impossible de rien prendre... J'ai dîné tard... et très bien dîné au Palais-Royal.

— Vous avez dîné au Palais-Royal, chez un traiteur?

— Oui, madame.

— Toute seule?

— Oh! non, madame, avec un jeune homme qui m'a ramenée de Saint-Cloud dans sa voiture, et que je dois aller retrouver demain sur les midi.

Toutes les demoiselles de la maison se mettent à rire, et la matrone secoue la tête, en disant :

— Ah! bon! bon! bon! vous avez été bien longtemps pour nous dire ça. C'est votre amoureux, quoi, qui vous a enlevée et fait venir à Paris, où il doit vous entretenir. N'est-ce pas?

Cerisette baisse les yeux et ne répond rien. La grosse femme reprend :

— Oh! mon Dieu! il n'y a pas de mal à ça! Je n'ai pas l'intention de vous sermonner! Nous ne sommes pas susceptibles pour ces bagatelles-là, nous autres. Et où devez-vous trouver votre monsieur, demain? Si vous ne connaissez pas Paris, faudra prendre garde de vous perdre.

— La personne que j'irai rejoindre m'a laissé son adresse... Je prendrai une voiture et je me ferai conduire... Sans cela, je ne pourrais jamais trouver.

— Oui, ce sera plus prudent; et comment vous appelez-vous ?

— Cerisettte, madame.

— Cerisette tout court?

— Oui, madame.

Plusieurs filles se mettent à ricaner en s'écriant :

— En voilà un nom distingué !

— C'est un nom de fruitière, ça !

— J'aimerais mieux m'appeler pomme cuite, moi.

— Il est certain que le nom de pomme cuite te conviendrait assez, reprend la matrone en haussant les épaules. Vous êtes des bécasses ! Cerisette est un nom comme Colette, Rosette...

— Ou Poudrette.

— Si tu ne te tais pas, toi, la Râleuse, je te vas gifler.

— Madame, nous avons faim.

— Nous voulons souper.

— Un instant ! Et ce chenapan de Minos qui ne rentre pas. Ah ! on monte l'escalier en sifflant; c'est lui. D'ailleurs, voilà Grignedent.

Un petit chien tout noir, de la race des griffons, entre dans la chambre en remuant la queue et va frotter son museau contre chaque demoiselle de la maison, en faisant entendre un grognement sourd qui est sa manière d'exprimer sa bonne humeur; ensuite il saute sur les genoux de la maîtresse de la maison, et se met à lui lécher les mains, le menton, le nez, si bien que la grosse femme est obligée de le repousser avec sa main pour mettre un terme à des caresses qui menacent de lui gagner les yeux.

— Allons, assez, Grignedent... c'est bien... vous vous rendez à votre devoir !... Vous avez plus d'amabilité que votre mauvais sujet de maître... Ah ! le voilà, c'est bien heureux !

Un individu, de quarante-cinq ans environ, mais ayant encore la tournure d'un jeune homme, vient d'entrer dans la chambre. Ce monsieur a une jolie taille, il est bien fait de corps et a pu être assez bien de visage; mais l'abus d'une foule de choses a tellement détérioré ses traits, qu'il faut l'examiner longtemps pour s'apercevoir qu'il a été joli garçon. Ses yeux assez grands sont caves, cernés, renfoncés sous leur orbite, ses pommettes sont saillantes, ses joues plissées, l'absence de dents les a creusées ; enfin son nez en trompette est devenu, à l'extrémité, de la couleur d'une betterave, ce qui tranche désagréablement avec la pâleur morbide de son visage.

La mise de M. Minos annonce un ex-lion passé à un état que nous n'avons pas besoin de nommer. Il porte un pantalon de tricot gris et collant qui dessine parfaitement ses formes, mais qui est sale et taché. Ses bottes, qui ont la prétention d'avoir été vernies, ont depuis longtemps mérité la retraite. Il a un gilet de poil de chèvre jaune, boutonné jusqu'au menton pour cacher les mystères de la chemise. On voit ensuite un col noir devenu plus luisant que les bottes; mais on n'aperçoit pas un petit bout de linge. Tout cela est relevé par un habit bleu bien coupé, bien fait, qui dessine les hanches, mais qui est extrêmement râpé, fripé, usé, et semble n'avoir jamais voulu recevoir un coup de brosse. Des cheveux blonds peignés avec prétention, une raie faite sur le côté, un chapeau crasseux mis en tapageur sur tout cela, une badine à la main; l'air crâne, querelleur, la tournure prétentieuse, marchant en se dandinant sur la pointe des pieds, voilà M. Minos, qui, en entrant, va se jeter sur le divan, étalant ses jambes comme s'il voulait se mettre en montre, et s'écrie :

— Je suis échiné, abîmé, je viens de la rue Caumartin... J'ai reconduit Déjanire jusque chez elle... et je l'avais prise à la porte Saint-Martin... En voilà de l'agrément!...

— Et à propos de quoi vas-tu reconduire les autres femelles? répond la matrone avec humeur. Qu'est-ce que t'as besoin de te faire le cornac de Déjanire? Est-ce que je t'entretiens pour ça?...

— Ma chère, il le fallait! que diable! On est chevalier français avant tout!... On finissait à la Porte-Saint-Martin... Je passais, j'aperçois Déjanire qui sortait du théâtre, mise chicarde... tournure flambante... sous les armes, enfin!... Puis, sur ses pas je vois un paltoquet, quelque râpé de surnuméraire, pas de gants!... Je me dis : « Voilà une fichue conquête que Déjanire a faite là... La malheureuse va se faire voler! » Je veux m'assurer de la chose, je la suis. En effet, ce monsieur offre son bras, mais pas de voiture... J'étais sûr du coup, je savais bien que Déjanire n'aurait pas refusé le fiacre. Mon particulier la serre de près, je devine qu'il l'embête; elle refuse son bras et double le pas. Alors mon homme se met sur ses talons et s'attaque à sa lune... Comment on voit tout de suite un homme qui ne sait pas vivre!... « Mais, cuistre, payez donc un fiacre si vous voulez jouer à ce jeu-là! » Bref, je prends la corde sur mon galant, je vais à Déjanire et lui offre mon bras. Elle me reconnaît, elle est enchantée de la rencontre; elle se pend après moi comme si j'étais un porte-manteau. Ne voilà-t-il pas que ça embête l'autre qui était derrière : je l'entends rognonner. Je me mets à siffler; il marche à mon côté et se permet de me dire :

— De quel droit prenez-vous le bras de madame dont j'ai fait connaissance au spectacle?

Aussitôt, il lui fait des mines, des sourires, lui envoie des baisers. (P. 203.)

— C'est pas une fameuse connaissance qu'elle a faite, dis-je ; laissez-nous en repos, mon cher, nous n'avons que faire à vous...

Mais le ton légèrement railleur de ma réponse exaspère ce monsieur. Il m'injurie, me menace, me propose un duel... me dit qu'il sera demain au bois de Boulogne avec deux témoins et des épées ou des pistolets !... Ah ! ah ! ah !... Je ris... c'était si drôle ! ..

— Mon petit, dis-je au monsieur, mettez-vous deux, trois, quatre, contre moi. Prenez des pistolets, des sabres, des épées!... Moi je prendrai une queue de lapin, entendez-vous? et je vous rosserai tous!...

— Oh! là-dessus, il est devenu furieux... et il s'est sauvé... Je savais bien que cela finirait par là...

— Mais on dirait que tu as une balafre au front... comme un coup de canne?...

— C'est que probablement je me serai attrapé avec ma badine en la levant sur ce petit monsieur...

— Et tu es revenu à pied?

— Parfaitement.

— Il me semble qu'à son tour Déjanire aurait pu te payer un cabriolet pour le service que tu venais de lui rendre?...

— Elle n'avait plus *d'os!*...

— Et toi, tu devais en avoir!... Est-ce que tu as mangé tes cent sous de ce matin?

— Non, je les ai joués... au *jaquet*, et j'ai été fumé.

— Qu'est-ce que c'est que le jaquet?... Encore une invention pour vider ses goussets!

— C'est un jeu fort gentil; ça se pratique sur un trictrac, avec des dés... Mais, j'ai faim, par la mordieu! je ferai honneur au festin... Ah! bigre! qu'est-ce que je vois? Du nouveau... une recrue?... Elle a de l'œil... du montant... Approche ici, petite, que je te passe à l'inspection.

C'était à Cerisette que ce monsieur venait d'adresser ces paroles, et la jeune fille le regardait d'un air étonné, mais ne bougeait pas; la grosse maîtresse du logis, qui depuis un moment fait des signes que M. Minos n'a pas compris, s'empresse de lui crier :

— Minos, taisez donc votre bec!... vous jacassez comme une pie!... Mademoiselle cherchait un hôtel garni pour y passer la nuit, elle a rencontré Bérénice dans la rue et celle-ci l'a amenée chez moi, où je veux qu'elle soit traitée avec tous les égards dus au sexe... Y es-tu, à présent, sacripant?

— Parfaitement, belle maman. Je mets toute ma galanterie aux pieds de mademoiselle.

— C'est bon, elle n'en a pas besoin. Tâche d'en garder un peu pour moi, avec qui tu es bigrement *feignant!*

— Et peut-on savoir le nom de cette jolie adulte?...

— Oh! voilà qu'il va chercher des mots musqués. Mam'zelle s'appelle Cerisette... Es-tu content?...

— J'aimerais mieux Amourette...

— On t'en fichera des amourettes, tripoteur!

— Eh! mais, voyez donc Grignedent, il a du nez, ce polisson-là!... il va faire le beau près de mademoiselle... il tourne autour d'elle.

— Il lui fait sa queue en trompette! s'écrie la Râleuse en riant.

— On voit bien que j'ai dressé ce gaillard-là, reprend M. Minos en se levant pour aller caresser le chien; il a toutes les allures d'un animal distingué!

— Vous devriez vous mettre professeur de chiens, Minos!

— Ah çà! est-ce que mademoiselle est muette! reprend Minos en s'approchant de Cerisette. Je n'ai pas encore ouï son timbre... j'espère qu'au souper elle sera plus loquace...

— Monsieur... je... je ne soupe pas, répond Cerisette, toute troublée par les manières du faux lion, qui est venu mettre son nez rouge presque sous le menton de la jeune fille, qui s'écrie alors :

— Comment, vous ne soupez pas? Par la mordieu! voilà qui serait coquet!... Mais on soupe toujours, ma toute belle, dans quelque circonstance que l'on se trouve... Tenez, moi, j'ai eu vingt duels... j'ai peut-être tué trente insolents dans ma vie...

— Un et demi par duel? murmura la Râleuse.

— Silence aux petites places!... Eh bien! je n'ai jamais si joyeusement soupé que la veille d'une affaire..! Demandez plutôt à Mme Tancrède... votre estimable hôtesse... Elle m'a vu à l'œuvre.

— Oui! oh! pour manger, on sait que tu vas bien... tu engloutis une volaille en quatre bouchées... tu l'ingurgites comme du champagne... Allons, Grignedent, laissez donc mademoiselle tranquille... vous ne savez pas si elle aime votre race.

— J'aime toutes les bêtes, répond Cerisette en caressant le chien.

— Cela fait votre éloge, reprend Minos en pirouettant dans la chambre; mais, nom d'un petit bonhomme! j'éprouve le besoin de tortiller quelque chose.

— La chambre de mademoiselle est prête! crie la servante en paraissant à l'entrée de la salle.

— C'est bien, la Jaunisse, vous allez la conduire.

Cerisette s'est bien vite levée, et elle se dispose à suivre la bonne; mais M. Minos la retient par la taille en disant :

— Allons donc! il faut souper!... Cette petite ne peut pas aller se coucher l'estomac vide... je la placerai à côté de moi... Elle fera une trempette avec un biscuit.

— Assez causé! s'écrie Mme Tancrède.

Et, d'un bras vigoureux, la grosse matrone fait tourner Minos sur lui-même et l'envoie se cogner contre plusieurs de ses pensionnaires.

— Mademoiselle a besoin de repos, ça se voit bien, ne la retenons pas davantage... Bonne nuit, mam'zelle... dormez aussi tard que vous voudrez... On vous portera ensuite votre déjeuner dans votre lit si vous le voulez...

— Je vous remercie bien, madame.

Cerisette fait un profond salut à la société, qui ne songe guère à le lui rendre, elle suit l'horrible servante qui grimpe l'escalier un bougeoir à la main.

A peine Cerisette est elle hors de la salle que M. Minos, s'adressant à Mme Tancrède, lui dit en se caressant le menton :

— Il y a beaucoup d'argent à gagner sur cette petite : c'est frais, c'est jeune, c'est coquet, c'est neuf!... Si tu la laisses aller, je t'ôte mon estime...

— Cruchon! qui croit qu'on a besoin de ses leçons... Tiens, vois-tu ça!

La chambre de mademoiselle est prête! crie la servante en paraissant à l'entrée de la salle.

Et la grosse femme montre au monsieur une carte qui était tombée de la poche de Cerisette quand celle-ci y avait fouillé pour lui donner cinq francs, et que la jeune fille n'avait pas vue tomber.

— Qu'est-ce que ça? Une carte... une adresse?

— Oui, l'adresse de son séducteur, de celui qui l'a amenée à Paris, et qu'elle compte aller retrouver demain matin; mais, bernique! L'adresse perdue... il lui sera impossible de retrouver son amant; et, de peur que quelqu'un ne bavarde, je ne veux pas même qu'on la lise.

En disant cela, la matrone s'approche d'une lumière et y brûle la carte en s'écriant :

— Comme ça, ni vu, ni connu! et le reste me regarde... Allons, qu'on me suive!... Au souper!... à table!...

— A table! répètent toutes les filles avec des voix discordantes.

Grignedent passe le premier. M. Minos offre ensuite son bras à Mme Tancrède, qui est tellement grasse qu'elle semble traîner ses jambes au lieu de marcher. Les demoiselles viennent après.

XXIV

UNE VILAINE CHAMBRE. — UN VILAIN VOISIN

La servante Jaunisse s'est arrêtée au quatrième étage, elle a fait entrer Cerisette dans une petite chambre semblable à celles que l'on trouve dans les mauvaises auberges, et qui ne sont occupées que les jours extraordinaires. Il y a là un lit entouré de rideaux d'une étoffe commune, puis les meubles indispensables et rien de plus. Mais la voyageuse n'en désire pas davantage ; elle est accablée de fatigue et ne demande qu'à se mettre au lit.

La servante pose la lumière sur une cheminée, en disant d'un ton bourru :

— Voilà votre chambre. J'ai mis des draps et fait le lit... J'espère que vous me donnerez quelque chose pour ma peine...

— Oui, mademoiselle, oui, vous pouvez être sûre que demain, avant de sortir, je ne vous oublierai pas, répond la jeune fille en s'apprêtant à se déshabiller.

— Demain... avant de partir... murmure la Jaunisse en secouant la tête... Hum!... reste à savoir, d'abord, si demain... Enfin... c'est pas mon affaire...

— Que voulez-vous dire?...

— Rien... rien... Faudra-t-il vous monter à déjeuner du café au lait?

— Oui, s'il vous plaît...

— D'ailleurs, voilà une sonnette qui répond sur le carré ; vous sonnerez.

— Je vous remercie, mademoiselle.

— Bonsoir.

La servante est partie. Cerisette, tout en se déshabillant, examine la chambre, qu'elle trouve sale, et l'ameublement qui lui semble mesquin.

— J'aurais cru que les auberges étaient plus belles à Paris, se dit la jeune fille en jetant un regard presque craintif autour d'elle. Les chambres sont mieux tenues que cela chez M. Chatouillé... et pourtant cette femme m'a demandé cinq francs pour me loger!... Comme c'est cher, à Paris!... Je ne sais pourquoi cette maison me déplaît!... Toutes ces femmes que j'ai vues en bas avaient un air singulier en me regardant... sans doute, elles me trouvaient ridicule... mal mise... Il est certain que je ne suis pas habillée comme elles... Enfin, je suis encore bien heureuse d'avoir trouvé cet hôtel, car j'aurais pu coucher dans la rue, et, qui sait si je n'aurais pas fait de mauvaises rencontres! Une nuit est bien vite passée, et demain, dès qu'il sera midi, j'irai retrouver Gaston. Il a vraiment l'air de m'aimer, ce jeune homme. Mon Dieu! quand je pense à tout ce qui m'est arrivé aujourd'hui, je ne puis y croire; il me semble que c'est un rêve!

Cerisette se couche, et la fatigue ne tarde pas à fermer sa paupière. Mais son sommeil est pénible, agité; des songes effrayants la tourmentent; plusieurs fois elle s'éveille en se demandant où elle est, et lorsqu'elle a repris un peu de calme, elle se rendort, mais c'est toujours pour retomber dans les mêmes rêves.

Le sommeil est-il donc une seconde vue, ou avons-nous en dormant des pressentiments, comme lorsque nous jouissons de toutes nos facultés?

C'est avec joie que Cerisette voit revenir le jour. Elle n'entend aucun bruit dans la maison et n'ose pas appeler encore; enfin des pas se font entendre dans l'escalier; elle sonne. La Jaunisse arrive avec cet air aigre et maussade qui lui est habituel, et s'écrie :

— Diable! déjà éveillée? Vous êtes matinale, vous! Mais toutes nos dames tapent encore de l'œil. On ne se lève pas de si bonne heure, ici, vu qu'on travaille tard.

— Mademoiselle, voulez-vous avoir la bonté de me monter à déjeuner?

— A déjeuner? Oh! je n'ai pas encore été chercher mon lait; il n'est pas huit heures!

— On déjeune donc bien tard à Paris?

— Ça dépend... Attendez un peu, la foire n'est pas sur le pont... On ne déjeune que quand madame a donné ses ordres.

— Quelle singulière auberge! se dit Cerisette lorsque la Jaunisse est sortie. Il semblerait que les voyageurs n'ont pas le droit de faire ce qu'ils veulent, tandis que là-bas, au *Cerf sans cornes*, c'est nous qui étions aux ordres des voyageurs.

Cerisette patiente quelque temps; puis elle se lève, s'habille et ouvre une fenêtre qui donne sur la rue. Comme la croisée est sur le toit, on ne voit pas en bas, mais, en revanche, on plonge sur les fenêtres des maisons en face. Il n'y a pas longtemps que Cerisette regarde, lorsqu'un homme entre deux âges paraît à une croisée d'une maison qui fait face, dans le simple appareil d'un employé qui n'a pas encore fait sa toilette.

Ce monsieur examine d'abord le ciel, comme pour lui demander le temps qu'il fera et de quelle espèce d'étoffe il doit couvrir ses fuseaux; puis, en ramenant ses regards vers la rue, il aperçoit Cerisette. Aussitôt, il lui fait des mines, des sourires, lui envoie des baisers, se met à danser le cancan, et, dans le feu de la danse, se permet de relever, comme un manteau, le vêtement indispensable qui compose tout son costume.

Cerisette referme vivement sa fenêtre, en se demandant si c'est ainsi que les voisins se disent bonjour à Paris. Cette manière de se saluer lui paraît tellement osée, qu'elle n'est pas encore revenue de sa surprise lorsque la servante lui apporte à déjeuner, en lui disant :

— Voilà ce que vous avez demandé. Madame vous prie de descendre lui parler quand vous aurez déjeuné. Elle est encore couchée, mais ça ne fait rien.

— Cela suffit, certainement je ne m'en irai pas sans aller saluer cette dame.

La Jaunisse s'éloigne en murmurant entre ses dents des phrases que Cerisette ne comprend pas bien, et auxquelles, d'ailleurs, elle ne juge pas nécessaire d'attacher de l'importance. Elle déjeune à la hâte ; elle voudrait qu'il soit déjà l'heure de partir pour se rendre près de son nouveau protecteur; mais il n'y a point de pendule dans la chambre, et elle ne possède pas de montre. Pour tromper le temps, dès qu'elle a déjeuné, elle fouille dans sa poche, dans laquelle est son argent, en disant :

— Voyons donc cette adresse qu'il m'a donnée, car il a un autre nom que Gaston... Il me l'a dit, mais je ne me le rappelle pas.

Cerisette trouve ses pièces de cinq francs, mais en vain elle cherche au fond de sa poche ; en vain, après en avoir retiré tout son argent, elle la visite de nouveau : la carte que Gaston lui a donnée n'y est plus.

La jeune fille court à la place où elle s'est deshabillée ; elle examine elle cherche, elle furète partout, jusque dans le lit où elle a couché : la précieuse adresse n'y est pas.

— Oh! mon Dieu! où donc l'aurai-je perdue? se dit Cerisette qui prévoit peut-être pour elle la source des plus grands malheurs. Ah! dans ce fiacre, j'ai compté mon argent. Serait-elle tombée dans la voiture? Mais il me semble bien que je l'ai sentie encore en replaçant l'argent dans ma poche. N'est-ce pas plutôt hier au soir, lorsque j'y ai fouillé pour donner cent sous à la maîtresse de cet hôtel? Oh! oui, ce doit être dans ce moment qu'elle sera tombée de ma poche. Mais, alors, elle doit être encore dans la salle en bas où j'étais hier au soir! Ah! courons vite la chercher.

Cerisette ouvre la porte et descend rapidement l'escalier ; elle rencontre en chemin quelques-unes des demoiselles qu'elle a vues la veille, et qui causent sur leurs portes dans le même costume que le voisin qui dansait le cancan ; mais la jeune fille est trop préoccupée pour faire attention à ce détail. Elle arrive au premier. La porte est fermée ; elle sonne, on ne lui ouvre pas; mais deux des demoiselles qui sont à l'étage supérieur se penchent sur la rampe en criant :

— Quel tapage elle fait, celle-là!

— Que voulez-vous donc, petite? Pourquoi cognez-vous comme ça?

— Pardon, mesdames, mais je ...

— Oh! oh! mesdames!... je te donne ma bénédiction, à toi; enfin, c'est égal, va toujours, petite.

— J'ai perdu quelque chose, une carte, une adresse; ce doit être dans cette salle où je suis entrée hier au soir. Je voudrais y rentrer pour chercher ce que j'ai perdu.

Les deux filles échangent un coup d'œil, et l'une répond :

— Ma biche, sonnez à l'autre porte en face : c'est chez madame; vous lui expliquerez la chose, et elle vous répondra.

Bonjour, Cerisette, bonjour, mon ange!

— Mais, mademoiselle, ce n'est pas en face que je suis entrée hier, c'est de ce côté; c'est par là que je dois chercher cette adresse, qui sera tombée de ma poche.

— On vous dit de sonner chez madame. Est-elle butée, la provinciale!

Cerisette se décide à faire ce qu'on lui a dit. Elle sonne à l'autre porte. Au bout de quelques instants, M. Minos vient ouvrir, vêtu d'un caleçon fort mal fermé et d'une grande robe de chambre qui ne ferme pas du tout. Il se cabre comme un jeune étalon en apercevant Cerisette, et s'écrie :

— Eh! c'est notre jeune pensionnaire, notre petite voyageuse! Bonjour, Cerisette, bonjour, mon ange!

Pendant que Cerisette essaye de se débarrasser de ce monsieur qui

Est-ce qu'elle ne dîne pas avec nous? dit le monsieur. (P. 208.)

cherche à l'embrasser, la voix de Mme Tancrède part d'une pièce voisine et mugit ces mots :

— Eh ben! quoi que vous fichez donc par là-bas? Minos, si tu n'es pas sage, je te supprime le bifteck ce matin. Et vous, petite, entrez ici.

M. Minos se calme, et Cerisette se hâte de passer dans une seconde pièce où est un lit d'une dimension colossale, mais qui est presque entièrement rempli par la volumineuse corpulence de Mme Tancrède. Cette dame s'y étale, la tête appuyée sur une pile d'oreillers et le chef couvert d'un béguin garni de dentelles. Elle fait signe à Cerisette d'approcher.

— Pardon, madame, si je vous dérange ; mais j'ai perdu une carte sur laquelle est l'adresse de la personne que je dois aller retrouver ce matin... Je pense que je l'aurai laissé tomber hier au soir dans la pièce où vous étiez. Je voudrais y chercher, car il faut absolument que je retrouve cette adresse... Sans cela... que deviendrai-je, mon Dieu!

Mme Tancrède tire une sonnette, la servante arrive.

— La Jaunisse, as-tu balayé le salon à côté, ce matin?

— Pas encore... Tiens! nous avons le temps!...

— Oh! tant mieux! s'écrie Cerisette, je suis plus sûre de retrouver ce que j'ai perdu...

— Conduis mademoiselle dans le salon, elle a perdu une carte... elle verra si elle y est.

— Oh! certainement elle doit y être, madame.

— Oui, si c'est bien chez nous que vous l'avez perdue; allez voir.

Cerisette suit la servante qui lui ouvre la porte de l'autre côté et l'introduit dans la salle.

— Ah! c'est bien ici! s'écrie la jeune fille.

Et aussitôt, elle court à la place qu'elle occupait la veille; puis elle se met à genoux, et, après avoir bien cherché, à un endroit, en fait autant par toute la salle; mais ses peines devaient être infructueuses. Après une demi-heure passée à fureter partout, Cerisette est enfin convaincue que l'adresse de Gaston n'est pas là. Elle retourne près de Mme Tancrède et, le cœur gros, les yeux pleins de larmes, balbutie :

— Elle n'y est pas, madame, elle n'y est pas!... Mon Dieu! comment cela se fait-il?

— Par une fort bonne raison... c'est que vous aurez perdu cette carte ailleurs. Quand on perd une chose, est-ce que l'on sait jamais où?...

— Ah! madame, comment donc faire pour retrouver cette adresse?... Alors, c'est dans la voiture qu'elle sera sortie de ma poche.

— C'est bien probable. Savez-vous le numéro du fiacre dans lequel vous êtes montée.

— Non, madame, je ne sais rien.

— C'est fâcheux! Il faut toujours prendre le numéro d'une voiture ; cela aide à retrouver les objets qu'on y laisse.

— Mais, cette voiture, madame, je l'ai prise en sortant du Palais-Royal. Si on allait par là... peut-être la retrouverait-on?

— C'est une idée!... Calmez-vous, petite, vous ne pouvez pas faire toutes ces démarches, puisque vous ne connaissez pas Paris ; mais, comme je m'intéresse à vous, je vais charger Minos de ce soin ; il courra à toutes les places de voitures, il trouvera la vôtre ; si votre carte y est encore, il l'aura.

— Ah ! madame, que vous êtes bonne ! Que de remercîments !...

M. Minos, qui a terminé sa toilette, arrive en faisant le beau, et dit :

— Oui, oui, petite, dès que j'aurai déjeuné, je me mettrai en course pour vous ; mais il faut, avant tout, que je leste le bâtiment, sans quoi je ne répondrais pas de la manœuvre.

Cerisette remercie ce monsieur et se dispose à remonter dans sa chambre. Tout à coup, elle s'arrête :

— Avez-vous encore besoin de quelque chose? dit Mme Tancrède

— Mon Dieu, madame... c'est que... hier... j'ai laissé dans la voiture de M. Gaston un paquet renfermant mes effets... c'est peu de chose... et pourtant c'est beaucoup pour moi ; je n'ai pas seulement un fichu pour mettre sur mon cou.

— Moucheron, tire le second tiroir de la commode, prends un fichu, donne-le à mademoiselle. Soyez tranquille, petite, je vous fournirai tout ce dont vous aurez besoin : du linge, des robes, tout ce qu'il vous faudra.

— Oh ! merci, madame ; mais en retrouvant Gaston, j'aurai mes effets. Monsieur, quand serez-vous revenu?

— Ma foi ! je ne sais pas trop, jeune amie ; et s'il faut que je trotte après tous les fiacres... ce sera long.

— Et mon rendez-vous était pour midi, et il est déjà dix heures passées !... Oh ! monsieur, si vous pouviez me rapporter cette adresse avant midi !

— Si je l'ai, vous pouvez être certaine que vous l'aurez aussitôt... Allons ! par la mordieu ! mon déjeuner ! Qu'on me serve, et que j'aille ensuite battre le pavé pour cette Vénus pudique !

Cerisette est remontée dans sa chambre. Elle s'assied tristement, son cœur est oppressé. La perte de cette adresse lui semble un malheur irréparable ; le souvenir de ce jeune homme, avec qui elle a passé sa journée de la veille, revient sans cesse à sa pensée ; maintenant il lui semble que c'était un protecteur qu'elle avait trouvé ; elle se répète toutes les paroles d'amour, tous les serments qu'il lui a faits et se dit :

— Que va-t-il penser de moi en ne me revoyant pas?

La pauvre fille compte les heures, les minutes ; le temps lui semble d'une longueur insupportable. Elle descend s'informer si M. Minos est revenu. On lui répond que non. Et l'heure est passée où elle doit aller chez Gaston. Mais elle pense qu'avec son adresse elle pourra toujours l'attendre chez lui, et qu'elle ne saurait manquer de le rejoindre.

La journée s'écoule, et celui qu'elle attend n'est pas revenu. Ce n'est que sur les sept heures du soir que M. Minos reparaît, le nez encore plus rouge que la veille, mais faisant toujours une voix mignarde.

Cerisette venait de descendre chez Mme Tancrède, lorsque son favori paraît, toujours accompagné de Grignedent, qui va rôder autour de Cerisette.

— Eh bien, monsieur? dit la jeune fille en courant au-devant de Minos.

— Ah! jeune amie, je me suis bigrement éreinté pour vous, avec ça qu'il a bruiné aujourd'hui; le pavé est gras comme un moine...

— Et cette voiture? ce cocher?

— Je l'ai retrouvé... à force de chercher. D'abord, moi, je trouverais une aiguille dans une botte de foin...

— Et cette carte? cette adresse?

— Ah! c'est différent! quant à cela, bellotte, néant!... rien... pas vestige de carte dans le sapin, elle n'y était pas : et vous comprenez bien, comme ce n'est pas une chose que l'on aurait intérêt à voler, que ce n'est pas le cocher qui l'a mise dans sa poche.

Cerisette est anéantie; elle laisse tomber sa tête sur sa poitrine en murmurant :

— Perdue!... plus d'espoir!... Que vais-je faire, mon Dieu!

— Soyez donc tranquille; oh! Cerisette, à Paris, les jolies filles trouvent toujours de l'occupation. Je me charge de vous en procurer, moi... et bientôt.

Un regard de la grosse femme fait taire ce monsieur, qui fait une demi-pirouette sur le talon de ses bottes et va se mirer dans une glace.

Cerisette reprend tristement le chemin de sa chambre.

— Est-ce qu'elle ne dîne pas avec nous? dit le monsieur.

— Non, dit Mme Tancrède; mademoiselle a du chagrin, il vaut mieux qu'elle soit libre dans sa chambre, on lui montera à dîner. Mais ne vous désolez pas, mademoiselle, je ne vous laisserai pas dans l'embarras, moi. Je vous enverrai du linge... et des robes, vous choisirez...

Cerisette n'a plus le courage de répondre. Elle regagne sa chambre, se jette sur une chaise et s'abandonne pendant quelque temps aux plus sombres réflexions.

La nuit est venue, lorsque la servante lui monte de la lumière et à dîner en lui disant :

— Madame ne vous engage pas à descendre ce soir, parce qu'elle a beaucoup de monde. On dansera peut-être, et, comme vous êtes triste, ça ne vous amuserait pas.

— Je n'ai point envie de descendre, répond Cerisette, je n'ai pas non plus envie de dîner.

— Bah! bah! à quoi ça vous servirait-il de vous affliger?... A votre âge... avec votre figure... il y a de la ressource... Faites donc comme nos demoiselles qui font la noce toute l'année.

La Jaunisse est partie. Cerisette se dit qu'elle se rendra encore malade en se laissant aller au chagrin. Elle se décide à dîner en se demandant quelle peut être la profession de ces demoiselles, qui mènent toute l'année une si joyeuse vie.

Puis Cerisette se couche, et s'endort en cherchant ce qu'elle pourrait faire à Paris pour ne point mourir de faim.

A son réveil, la jeune fille aperçoit, sur des chaises près de son lit, du linge, des robes, des bonnets, des rubans, des fleurs, jusqu'à des boucles d'oreilles avec des pendants ornés de pierres et de perles, qui sont fausses comme le reste.

Cerisette est femme, tout ce qui a rapport à la toilette doit lui plaire; elle est dans l'âge où s'occuper de parure est le plus doux passe-temps, nous voyons souvent des femmes qui conservent toute leur vie cet âge-là.

Celle-ci est allée mettre un bonnet et s'envelopper dans un immense châle tartan.

La jeune fille se lève; elle examine une robe, puis une autre. Toutes ces toilettes sont fanées et ont l'air d'avoir servi; mais, avec les comédiens ambulants, Cerisette s'était accoutumée aux costumes de hasard Elle essaye plusieurs robes, elle garde la plus simple; elle pose un bonnet sur sa tête puis elle le rejette: toutes ces coiffures lui donnent un air hardi, effronté qui lui déplaît; elle s'aime mieux avec son simple chapeau de paille.

Tout en s'habillant, la jeune fille se demandait toujours ce qu'elle allait faire. Tout à coup le souvenir de Sabretache revient à sa mémoire; elle sent son cœur soulagé, un éclair de joie passe sur son visage, elle se hâte de prendre le déjeuner qu'on lui a monté, puis elle descend chez Mme Tancrède qu'elle trouve encore au lit.

— Madame, voulez-vous avoir la bonté de m'indiquer le chemin de Bagnolet?

— De Bagnolet!... Et que voulez-vous aller faire à Bagnolet? répond la grosse femme en fronçant les sourcils; est-ce que vous connaissez du monde là?

— Madame, je connais un brave militaire, qui m'aime beaucoup; il m'a dit qu'il allait retrouver son père à Bagnolet, près de Paris, et moi je veux aller lui conter tout ce qui m'est arrivé, pour qu'il me dise ce que je dois faire à présent; car je n'ai point de parents, moi, madame, je ne connais pas ma famille... et ce soldat est mon seul ami...

— Ah! vous connaissez des soldats... des pioupious! Vous n'êtes pas tant d'Orléans que vous en avez l'air, vous.

— Ce n'est pas loin d'ici, n'est-ce pas, madame?

— Non... vous pouvez y aller en vous promenant... Mais vous ne trouveriez jamais!... Je vous donnerai quelqu'un qui vous conduira et vous ramènera si vous ne trouvez pas votre tourlourou.

— Ah! vous êtes bien bonne, madame, je suis bien reconnaissante de vos bontés pour moi.

— Gn'a pas de quoi! A propos, petite, je vous ai envoyé du linge... des robes... des bonnets...

— Oui, madame... je vous remercie beaucoup.

— Il ne s'agit pas de remercîments! C'est trente francs que vous me devez.

— Trente francs?...

Cerisette reste toute saisie, mais Mme Tancrède tend sa main en lui disant :

— Allons, aboulez!... Est-ce que vous avez cru qu'on s'habillait pour rien, à Paris? A la bonne heure, vous avez une robe chic, et la vôtre était bigrement pleutre. Quant à votre nourriture... nous compterons plus tard... Et si vous acceptez ce que je vous proposerai, vous serez habillée, logée et nourrie gratis... En v'là de la chance!

Cerisette paye la somme qu'on lui demande, et il ne reste plus que cent sous dans sa poche. Mais elle pense qu'elle va retrouver le soldat auquel elle a donné l'hospitalité et qui lui a témoigné tant d'amitié; il lui semble qu'alors elle n'aura plus à s'inquiéter de son avenir, et cet espoir lui donne du courage. Elle attend avec impatience le guide que Mme Tancrède veut lui donner.

XXV

PAUVRE FILLE!

La maîtresse de la maison a sonné une de ses pensionnaires ; elle lui a parlé bas. Celle-ci est allée mettre un bonnet et s'envelopper dans un immense châle tartan ; puis elle revient dire à Cerisette :

— Quand vous voudrez, mademoiselle, je vais vous conduire.

Cerisette remercie encore et part avec sa conductrice qui a une robe à volants et des souliers éculés qui ne tiennent plus à ses pieds, ce qui ne l'empêche pas, en route, d'affecter un tortillement de hanches qui fait souvent sourire les passants ; mais, sans s'inquiéter de la tournure de son guide et des paroles un peu lestes que quelques hommes lui adressent en la regardant, Cerisette marche à ses côtés, impatiente d'arriver à Bagnolet.

La conductrice de la jeune fille a pris un faubourg ; elles arrivent à une barrière, puis sortent de Paris.

— Sommes-nous arrivées à Bagnolet? demande Cerisette.

— Ah ! ouiche !... Nous allons entrer seulement dans Ménilmontant... et j'ai une soif qui me dessèche le cornet...

— Le cornet?

— Oui ! quoi, le gosier, si vous aimez, mieux. Est-ce que vous ne payez rien, vous?

— Que voulez-vous donc que je paye?

— Tiens, c'te bêtise ! une bonne bouteille... avec un morceau de jambon... ou une omelette... Il me semble que vous pouvez bien me faire cette politesse, à moi qui trotte pour vous servir de guide...

Cerisette n'ose pas refuser, mais elle fouille à sa poche et en tire la pièce de cinq francs, en disant :

— C'est que voilà toute ma fortune, tout ce qui me reste...

— Cinq balles ! c'est plus qu'il n'en faut pour nous régaler. Entrons à ce bouchon... Donnez-moi votre pièce... c'est moi qui ferai la carte... j'aurai soin que ça ne monte pas trop haut !

— Mais... quand je n'aurai plus d'argent, comment ferai-je?...

— Donnez donc, chiffon ! Puisque vous allez retrouver votre tourlourou, il vous remettra sur l'eau.

Et, sans attendre de réponse, la demoiselle si mal chaussée prend la pièce de cinq francs de la main de Cerisette et, poussant devant elle la jeune fille, la fait entrer chez un marchand de vin traiteur, va l'attabler dans une salle, demande du vin vieux, une omelette, du veau, du fromage et un sou de tabac à priser

On sert ces demoiselles. Cerisette n'a pas faim, mais sa compagne lui répète si souvent : « Mangez donc, on a l'air bête quand on ne mange pas ! » que, pour ne point avoir l'air bête, la pauvre petite se bourre de veau et d'omelette ; quant au vin, sa compagne se sert souvent, mais elle ne lui verse jamais.

Enfin, le repas est terminé. La fille a bu à elle seule les trois quarts et demi de la bouteille, elle demande la carte ; le déjeuner monte à trois francs dix sous. Il revient donc trente sous sur la pièce de cinq francs. La conductrice de Cerisette les met dans sa poche, en disant :

— Ce sera pour lamper quelques canons en revenant.

Cerisette n'ose pas réclamer sa monnaie ; elle se contente de soupirer et de prier le ciel de lui faire retrouver Sabretache.

Madame, connaissez-vous M. Sabretache dans ce pays?

On arrive à Bagnolet. La fille dit à Cerisette :

— Nous sommes au village demandé. *Ousqu'il* perche, votre gendarme ?

— Comment ? je ne comprends pas.

— Eh bien ! quoi... où loge-t-il, votre militaire ? Il me semble que je parle français pourtant.

— Où loge Sabretache ?

— Sabretache !... Votre amant se nomme Sabretache ? Ah ben ! il a dû faire son chemin celui-là ! Nous aurons de la peine à le rattraper !

— D'abord, mademoiselle, M. Sabretache n'est pas mon amant... Dieu merci !... C'est mon ami, et voilà tout.

— Ah ben ! moi, tous mes amis sont mes amants... C'est bien gai. Enfin, voyons, où loge-t-il, votre ami ?

— Je n'en sais rien. Il m'a dit : « A Bagnolet, » je n'en sais pas plus.

Voulez-vous mon bras pour retourner à l'hôtel? (P. 220.)

— C'est peu de chose ! Si nous avions une grosse caisse au moins, nous le ferions tambouriner, ce monsieur.

Une paysanne passait. Cerisette l'arrête en lui disant :

— Madame, connaissez-vous M. Sabretache dans ce pays?

La paysanne répond sèchement :

— Non.

Et continue son chemin. Cerisette s'adresse bientôt à une autre, qui semble vouloir la battre en lui répondant :

— Qué que c'est ça?... des sabres?... des taches?... Ne venez pas vous gausser de nous ici, entendez-vous, mauvaises coureuses de Paris?... C'est que je ne voulons pas qu'on se moque de nous... Ah! mais... j'vous donnerons une raclée qui comptera.

La compagne de Cerisette riait comme une folle en s'écriant :

— Ils sont gentils, les habitants de l'endroit!... ils sont aimables!... ils reçoivent bien les Parisiens!

Mais Cerisette ne perd point courage : bien certaine que le soldat ne l'a point trompée, elle entre dans la boutique d'un boulanger et y répète sa question. Un vieillard, assis dans le fond de la boutique, s'écrie :

— Sabretache !... oh!... mais, oui... je l'ai bien connu, moi, le père Sabretache... Il habitait tout au bout, là-bas, du côté de Montreuil...

— Ah! monsieur, son adresse, s'il vous plaît?... Indiquez-moi le chemin... je vous serai bien obligée...

— Son adresse... mais à quoi cela vous servirait-il, mon enfant? Le père Sabretache est mort il y a près de quatre mois...

— Mort! oh! mon Dieu! Mais son fils, un soldat, qui revenait ici il y a deux mois à peu près?

— Son fils? Ah ! oui, en effet... oui, le père Sabretache nous parlait souvent de son fils qui était à l'armée, qui se battait à Alger contre les Bédouins. Il paraît que c'était un brave garçon.

— Eh bien! monsieur, il est revenu dans ce pays. Où le trouverai-je?

— Il est revenu, c'est vrai, on me l'a dit; en apprenant que son père était mort, il n'est pas resté ici, il a quitté Bagnolet.

— Et a-t-il dit où il allait, monsieur?

— Non, mamzelle; je crois bien qu'il allait à Paris, à moins qu'il n'ait eu l'idée de retourner à l'armée; quelquefois, quand on n'a plus de parents dans son pays, on se dit : « Autant retourner au régiment. »

— Oh ! mon Dieu ! vous ne pouvez pas me dire où je le trouverai?...

— Puisque je n'en sais rien. Après ça, je ne l'ai pas vu, moi, le fils à Sabretache; si vous voulez aller jusqu'à la maison où demeurait son père, on vous en dira peut-être plus long.

Cerisete se fait indiquer cette maison, et, malgré les représentations de sa compagne qui lui dit qu'elle va faire une course inutile, puisque son troupier n'est plus dans le pays, elle prend le chemin qu'on lui a enseigné et arrive à la maisonnette où logeait le vieux Sabretache et qui est maintenant habitée par un maraîcher et sa famille, mais, là, on ne lui donne pas d'autres renseignements sur celui qu'elle cherche. En apprenant que son père est mort, le soldat avait été pleurer sur sa tombe dans le modeste cimetière du village; il s'était informé ensuite si son père n'avait laissé aucune dette dans le pays, et, après avoir payé cinq francs et douze sous au marchand de tabac, le seul créancier de son père, il est reparti tristement sans dire où il allait.

— Alors, il me semble que nous pouvons filer aussi, dit la demoiselle qui est avec Cerisette, nous n'avons plus rien à faire ici; jouons des *guibolles;* mais, avant, rafraîchissons-nous, car, si je ne buvais pas, j'attraperais la pépie.

Cerisette ne répond rien, elle est absorbée dans ses réflexions. Sabretache était son dernier espoir, et elle vient de le perdre. Elle se demande avec terreur ce qu'elle va devenir dans ce Paris où elle ne connaît personne et où il fait si cher à vivre, à en juger par ce qu'elle a déjà dépensé. Elle écoute à peine sa compagne qui s'est assise devant un bouchon, et s'est fait servir une mesure de piqueton qu'elle boit seule, Cerisette ayant déclaré qu'elle ne prendrait rien.

— Êtes-vous gniole de vous désoler comme ça pour un homme de perdu? dit la fille en voyant le profond abattement de Cerisette. Eh! mon Dieu! des hommes, c'est pas une marchandise rare. Et quant à votre position, puisqu'on vous en offre une chez nous, de quoi que vous avez à vous inquiéter?

— Oh! mademoiselle, je tâcherai par mon travail de mériter l'intérêt que votre hôtesse veut bien me témoigner. Je sais coudre, faire du linge, on verra que je ne suis pas paresseuse.

— Ah! ah! ah! coudre... travailler... la bonne blague! Est-ce que nous pensons à tout cela, nous autres?

— Que faites-vous alors? A moins que vous n'ayez toutes les moyens de payer votre pension?

— Payer... des navets... nous payons par tempérament!

— Je ne comprends pas...

— Madame m'a défendu de vous expliquer la chose... Je ne sais pas trop pourquoi. Apparemment qu'elle tient à vous instruire elle-même; mais si vous n'étiez pas une serine, vous auriez déjà deviné. Il se fait tard, en route; rentrons à Paris.

Cerisette suit sa conductrice; mais elle réfléchit à ce que celle-ci vient de lui dire, et une crainte vague se glisse dans son âme. Sans connaître positivement tous les dangers qu'offre une grande ville, elle se rappelle certains discours tenus devant elle par Angely et ses camarades, et des anecdotes sur quelques pauvres jeunes filles séduites qui étaient tombées ensuite dans le dernier degré de l'abjection. Ces pensées lui serrent le cœur; elle frémit en se retrouvant dans cette maison où elle a demandé un asile; quelque chose lui dit de ne plus y rentrer. Mais celle qui est avec elle remarque son hésitation, et, la prenant sous le bras, l'entraîne en lui disant :

— Allons donc, traînarde, madame nous attend.

En revoyant Cerisette triste et découragée, Mme Tancrède sourit et dissimule mal une joie hideuse en lui disant :

— Eh bien, petite, votre tourlourou a donc fichu le camp aussi?

— Il a perdu son père, madame, et il n'est pas resté à Bagnolet... Je ne sais plus où le trouver, ni à qui demander de ses nouvelles.

— Croyez-moi, ne pensez plus à lui, il est probable qu'il ne songe plus à vous; les hommes sont si volages!

— Mais, madame, je vous assure que ce n'était qu'un ami pour moi, et, les amis, on dit que cela ne change pas.

— Oui, oui, connu! D'ailleurs, tout change, ma petite, les amis comme les autres; et nous aussi nous changeons, et plus vite que nous ne voudrions! c'est pourquoi il faut profiter de sa belle jeunesse avant de tomber dans les pommes cuites.

— Madame, à qui pourrais-je m'adresser pour avoir de l'ouvrage?

— De l'ouvrage? Et quelle espèce d'ouvrage savez-vous donc faire?

— Je sais coudre, madame; je sais faire des reprises, raccommoder du linge.

— Beau talent! avec lequel vous mourrez de faim! car, en vous échinant comme une malheureuse depuis le point du jour jusqu'à la nuit, vous gagnerez à peine douze sous... C'est du propre, hein?... Croyez-vous qu'avec douze sous une femme puisse se loger, se vêtir, se blanchir, se chausser et se nourrir? Moi, je vous certifie que c'est un métier de galères... et encore, c'est qu'il faut en trouver, de l'ouvrage, et, à Paris, n'en a pas qui veut. Chacun a ses créatures, ses protégées...

— Mais alors, madame, comment une pauvre fille fait-elle pour vivre à Paris?

— Quand elle est jolie, comme vous, elle fait des conquêtes, qu'on fait chanter... ou payer, si vous comprenez mieux; restez avec nous, vous aurez des toilettes à choisir; vous serez joliment nourrie, je m'en vante, et rien à faire qu'à écouter les galants.

— Ah! madame... quelle horreur!... C'est donc se vendre alors?

— Eh ben!... après? Est-ce qu'on n'en a pas le droit? Est-ce que tout ne se vend pas ici-bas... depuis la conscience des hommes d'État jusqu'aux faveurs des belles mijaurées du grand monde? Seulement, celles-ci se vendent plus cher que nous, voilà toute la différence.

— Non, madame, non! je ne m'avilirai point ainsi. Je travaillerai... je ne mangerai que du pain s'il le faut, mais, au moins, je ne me ferai pas honte à moi-même.

— Bon! bon! des grands mots! des phrases!... Quand on a été, comme vous, dîner avec un monsieur au Palais-Royal, il me semble qu'on ne devrait pas faire tant la sucrée. D'ailleurs, une fille sans parents, sans famille, qu'est-ce que vous avez à perdre? Mais vous devez être fatiguée; remontez dans votre chambre, reposez-vous, on va vous faire monter du fricot. La nuit porte conseil, vous réfléchirez, et demain nous causerons. Seulement, rappelez-vous que vous n'avez plus le sou et que vous me devez déjà deux jours de nourriture.

Cerisette s'empresse de retourner dans sa chambre; il lui prend envie de quitter sur-le-champ la maison de Mme Tancrède, mais ses forces trahissent son courage; elle se sent si fatiguée, si abattue au moral comme au physique, qu'elle se laisse tomber sur un siège en murmurant :

— Mon Dieu!... pourquoi suis-je venue à Paris?

La Jaunisse lui apporte à dîner, mais ne lui dit pas un mot. Après avoir pris quelque nourriture, Cerisette se jette sur son lit, où le sommeil vient surprendre ses chagrins. Cerisette est éveillée avant le jour; dès qu'il commence à poindre, elle se lève, s'habille à la hâte, bien décidée à quitter sur-le-champ la maison honteuse où elle a eu le malheur de loger. Elle pense que tout le monde dormant encore aux étages inférieurs, il lui sera facile de partir sans rencontrer personne. Elle reprend les vêtements qu'elle portait en arrivant, laisse tout ce que lui a vendu Mme Tancrède, et, de cette façon, espère être quitte avec elle.

Cerisette ouvre doucement sa porte, elle écoute, n'entend aucun bruit et se hâte de descendre l'escalier. Elle est arrivée en bas sans rencontrer personne; elle se glisse dans l'allée, court à la porte et veut sortir; mais cette porte est fermée à deux tours et on a retiré la clef. La jeune fille est désolée; plusieurs fois elle secoue cette porte qui la sépare de la rue; ses efforts sont inutiles; il lui faut remonter tristement à sa chambre, mais, cette fois, elle rencontre dans l'escalier la servante, qui lui dit :

— C'est donc vous qui secouez la porte de si bon matin?

— Oui, mademoiselle... c'est que je voudrais sortir... j'ai affaire... Vous avez la clef, sans doute? Voulez-vous avoir la complaisance de m'ouvrir?

— Vous ouvrir? Et où diable voulez-vous aller courir à l'heure qu'il est? Il n'y a encore que les balayeurs de levés dans Paris. D'ailleurs, je ne dois pas vous laisser sortir sans la permission de madame. Vous filez sans rien dire? Est-ce que je sais si vous n'emportez pas quelque chose, moi?

— Ah! quel soupçon! Moi... emporter quelque chose! Je n'ai rien emporté de ce que madame m'a vendu.

— C'est bon... vous vous expliquerez avec elle. Mais vous ne sortirez pas sans permission. Remontez chez vous.

Cerisette ne réplique pas; elle voit que ce serait inutile; il lui faut retourner dans sa chambre et y attendre que Mme Tancrède soit éveillée et veuille bien la recevoir. Ce moment arrive enfin, et elle se rend chez la grosse femme, tenant le petit paquet contenant ce que celle-ci lui a vendu.

— Vous vouliez donc vous envoler dès *le patronminet?* dit Mme Tancrède en toisant Cerisette. Mais vous me devez de l'argent, mademoiselle, et on ne quitte pas ainsi les gens sans les payer.

— Madame, je vous laissais le peu que je possède... tout ce que vous m'avez vendu. Je pensais que cela devait m'acquitter.

— Ce n'est pas sûr. Mais enfin, où vouliez-vous aller?

— Chercher de l'ouvrage.

— Toujours la même rengaîne? Vous n'en trouverez pas, de l'ouvrage.

— J'espère que si, madame.

— C'est donc... votre dernier mot?

— Oui, madame.

— Eh bien!... allez, mademoiselle; mais si vous ne trouvez pas d'ouvrage, vous reviendrez au moins?

— Non, madame.

— Et moi je vous dis que vous reviendrez... votre couvert sera mis ici. Et, après tout... on ne vous forcera pas à faire ce qui vous déplaira.

Cerisette salue la grosse femme, et se dépêche de la quitter. Son cœur se dilate en sortant de cette maison; elle ne sait pas où elle doit porter ses pas, mais elle marche au hasard, ne désirant alors que s'éloigner de la demeure de Mme Tancrède.

Après avoir marché assez longtemps, Cerisette pense enfin à mettre à profit sa liberté. Elle aperçoit une boutique dans laquelle on vend de la lingerie. Elle se décide à y entrer; mais quand elle se voit au milieu du magasin, elle demeure interdite, embarrassée. On lui demande ce qu'elle désire, et c'est en balbutiant qu'elle fait comprendre ce qui l'amène. Alors, au lieu de l'accueil aimable qu'on lui avait fait quand on pensait qu'elle venait acheter, on prend un air sec, brusque, impoli, en lui répondant :

— Nous n'en avons pas, et, d'ailleurs, nous n'en donnons qu'aux personnes que nous connaissons ou qui nous sont recommandées.

Cette réponse est accompagnée d'un geste qui invite la pauvre fille à sortir, ce qu'elle fait tristement ; puis, elle continue son chemin en se disant :

— Peut-être serai-je plus heureuse ailleurs?

Mais, ailleurs, elle reçoit exactement la même réponse. Dans quelques boutiques, on a même l'air de trouver très étonnant qu'elle se permette de se présenter ainsi pour demander à travailler. On la renvoie durement, brutalement, et Cerisette se dit, en sortant de ces magasins d'où on l'a presque mise à la porte :

— Mon Dieu? c'est donc bien ridicule à Paris de chercher de l'ouvrage, que l'on y traite si mal une pauvre fille qui se permet de demander à travailler?

Il y a déjà plusieurs heures que Cerisette marche, lorsque tout à coup un petit chien fort laid s'approche d'elle pour la caresser ; elle frémit en reconnaissant Grignedent. Tournant alors la tête, elle aperçoit son maître, M. Minos, à quelques pas plus loin. Celui-ci, s'apercevant qu'il a été vu, s'approche de la jeune fille en lui disant :

— Ah! vous vous promenez par ici, belle nymphe?... Voulez-vous mon bras pour retourner à l'hôtel?

— Je vous remercie, monsieur, je n'ai besoin de personne.

— Vous êtes bigrement pâle, cependant, et je soupçonne que vous auriez besoin de prendre quelque chose.

— Non, monsieur ; je vous salue !

— Au revoir donc, ma biche !

M. Minos feint de s'éloigner avec son chien, et Cerisette prend un chemin opposé à celui de ce monsieur. Mais, au bout de quelque temps, elle se sent tellement fatiguée qu'elle est obligée de s'asseoir sur le premier banc de pierre qu'elle aperçoit. La jeune fille n'a rien pris depuis la veille, et la marche qu'elle fait augmente le besoin de nourriture qu'elle ressent et cherche à ne point écouter.

A Paris, on fait peu d'attention aux gens qui, dans la rue, ont l'air d'avoir du chagrin ou de souffrir ; et, en effet, ce sont de ces choses si naturelles et si communes! Cerisette peut donc se reposer, réfléchir, s'attrister tout à son aise ; personne ne lui demande ce qu'elle a. Après avoir passé plus d'une heure sur le banc, la jeune fille se lève en disant :

— Je ne suis plus fatiguée... Essayons encore ; peut-être ne me rebutera-t-on pas toujours.

Et elle se remet en marche, et elle entre de nouveau dans les boutiques demander de l'ouvrage, mais elle n'est pas plus heureuse : partout

Je serais bien descendu de mon arbre. (P. 228.)

elle éprouve des refus. Elle essaye alors de s'adresser ailleurs ; elle se présente chez un tapissier et demande si l'on y aurait besoin d'une servante. Une dame assise dans le magasin l'examine quelque temps, et lui dit :

— En effet, je cherche une bonne. Qui est-ce qui vous envoie ?

— Personne, madame, murmure Cerisette en baissant les yeux.

— Comment, personne ! Enfin, d'où venez-vous ? Où serviez-vous ? Où pourrait-on prendre des informations sur vous?

— Nulle part, madame.

— Nulle part? Ceci est un peu fort! Vous venez au moins du bureau, je pense, mademoiselle?

— Quel bureau, madame?

Le bureau de placement pour les domestiques : on a dû vous donner une lettre par laquelle on vous adresse à moi.

— Mais, madame, je ne viens pas du bureau. Je ne sais pas ce que vous voulez dire.

— Alors, mademoiselle, vous êtes une effrontée d'oser vous présenter chez moi sans pouvoir me dire d'où vous venez. Sortez vite, je ne crois pas que personne sera tenté de vous prendre.

— Il est donc défendu de chercher à se placer? se dit Cerisette en sortant de chez le tapissier. Mais ce bureau de placement? Si j'y allais... on me trouverait peut-être une place. Voyons, il faut d'abord savoir où il y a un de ces bureaux.

Cerisette entre chez une fruitière, elle s'informe; on lui indique l'endroit qu'elle cherche dans une rue voisine. Elle se hâte, elle se figure que là elle trouvera tout de suite un emploi ou de l'ouvrage. Elle arrive au bureau de placement; elle explique ce qu'elle désire à une femme assise derrière un grillage et qui semble très occupée à donner du mourron à son serin.

— Vous voulez vous faire inscrire, alors?

— Oui, madame.

— Bonne d'enfant ou cuisinière?

— Ce que vous voudrez, madame.

— Comment! ce que je voudrai?. Il me semble que c'est vous que cela regarde.

— Je prendrai la place que l'on voudra.

— Enfin savez-vous faire la cuisine?

— Pas trop, madame.

— Pas trop, ça veut dire pas du tout. Mettez-vous bonne d'enfant; on ne fait rien que promener des moutards.

— Oui, madame, je le veux bien, je promènerai les enfants.

— Donnez-moi cinq francs.

— Cinq francs! Pourquoi faire?

— Pour votre inscription, et, quand vous serez placée, vous m'en redonnerez autant.

— C'est que... je n'ai pas un sou, madame.

— Alors, fichez-moi le paix et laissez-moi tranquille... Est-ce que vous croyez que je paye un loyer et des contributions uniquement pour vos beaux yeux?...

— Mais, madame... quand j'aurai une place... je vous payerai.

— Oui!... oui, comptez là-dessus... et courez après. Allez chercher cinq francs chez une de vos payses et apportez-les-moi.

— Je n'ai pas de payse, madame.

— Alors, c'est bien, en voilà assez.

Et la dame referme son grillage et ne s'occupe plus que de son serin, tandis que Cerisette, les yeux noyés dans les larmes sort du bureau n'ayant plus que cette pensée :

— Mon Dieu!... que vais-je donc devenir?...

Elle marche encore plusieurs heures ; mais les forces et le courage l'abandonnent; elle éprouve des tiraillements d'estomac qui, à chaque instant,la font souffrir davantage. Le jour baisse, elle s'arrête de nouveau. A dix-huit ans, la vie offre tant d'avenir qu'il est cruel de sentir qu'elle nous échappe, et cela faute de subsistance!... Pauvres humains! qui nous croyons les maîtres du monde et qui n'avons guère plus de durée qu'une lampe, qui cesserait de brûler si l'on oubliait d'y mettre de l'huile.

La nuit est venue. Cerisette s'est hasardée à tendre la main à une dame qui passait près d'elle : celle-ci l'a brusquement repoussée en lui disant :

— Allez donc travailler, paresseuse! Cela vaudra bien mieux que de demander l'aumône. Tendre la main à votre âge... fi! c'est honteux! Vous mériteriez que je vous fasse arrêter par un sergent de ville.

Cerisette est retombée contre une borne, en disant :

— Oh! c'est assez! je ne demanderai plus.

En ce moment, quelque chose frôle encore sa robe, puis elle sent qu'on lui lèche la main. C'est Grignedent, c'est toujours le petit griffon qui veut la caresser, et lui donner des marques d'amitié. Cerisette lève lentement la tête. M. Minos est encore là, à quelques pas devant elle : il la contemple un moment, puis s'approche d'elle, et, d'une voix aussi mielleuse que possible, dit à la pauvre fille en lui prenant un bras qu'il passe sous le sien :

— Allons, ma bergère... vous souffrez!... Par la mordieu! je ne vous laisserai pas crever là, moi, comme tous ces gredins qui passent sans vous offrir un verre d'eau. Venez donc, venez... Cette bonne Mme Tancrède vous aime beaucoup, elle sera enchantée de vous recevoir.

Et, cette fois, Cerisette se laisse emmener en murmurant seulement :

— O mon Dieu!... vous m'abandonnez donc!...

XXVI

LA CHASSE AUX LIONS

Il est neuf heures du soir; un homme en veste, coiffé tout simplement d'un bonnet ou calotte sans visière, pantalon de toile, veste pareille, et chargé d'un seau contenant de la couleur et des brosses de différentes dimensions, vient de tourner l'angle de la rue du Temple pour entrer rue de Vendôme, lorsqu'il se trouve face à face avec un individu qui arrivait par le côté opposé. Ces deux personnages, arrêtés alors près d'un bec de gaz et presque l'un contre l'autre, poussent tous deux une exclamation de surprise en se regardant, et s'écrient :

Allez donc travailler, paresseuse.

— Est-ce possible?...

— Je ne me trompe pas!...

— C'est bien lui!

— C'est bien toi!

— C'est moi!...

— Sabretache!...

— Pétarade !...

— Eh! oui, c'est moi, Pétarade, ton ancien camarade... là-bas!... *ousque* nous frottions si joliment les Bédouins... et même aussi les Bédouines! C'est qu'il y en a qui ne sont pas trop déchirées, des Bédouines... Et moi, elles me chaussaient, vu que j'ai toujours préféré les brunes aux blondes...

— Ce farceur de Pétarade!... toujours le même!... Ah! çà, mais tu n'as plus le costume militaire; est-ce que tu as aussi quitté le service?

— Oui, cher ami, je me suis remis dans les pékins, parce qu'on m'a fait un passe-droit... Et, moi, tu sais que je n'ai jamais aimé ce genre de plaisanterie... Oh! je suis à cheval sur les règlements!

— Est-ce que tu espérais passer caporal?...

— C'est pas ça... mais, un soir, vois-tu, j'étais allé me promener avec Roquet... tu te rappelles... Roquet, un petit fluet... qu'on avait oublié de vacciner?...

— Oui... Eh bien?

— J'avais dit à Roquet : « Veux-tu venir avec moi à la chasse aux lions?... Nous en tuerons deux ou trois en nous promenant, ça nous fera passer le temps, et nous vendrons leurs peaux aux vivandières contre du riquiqui... » Car, tu sais, Sabretache, que j'étais connu en Algérie pour un fameux destructeur de lions?...

— Toi?... En voilà la première nouvelle, par exemple!... Nous avons, en effet, parmi nos compatriotes, des hommes renommés par leur audace et leur habileté dans ces chasses dangereuses!... Mais toi... je n'ai jamais entendu dire que tu aies tué le plus petit jaguar...

— C'est que tu l'as oublié ou que tu auras confondu mon nom avec d'autres... Enfin, n'importe... le fait est que j'avais dit à Roquet :

« Viens avec moi, prends ton fusil, ton sabre, nous tuerons des lions en nous amusant... C'est la chasse la plus agréable que je connaisse... je la préfère à celle aux alouettes... Il y a des gens qui sont contents quand ils ont tué une douzaine d'alouettes; moi, je préfère tuer ma douzaine de lions... Ceci dépend du goût et de la coupe des cheveux... »

Pétarade, l'ami de Sabretache.

— Dis donc, Pétarade, si ton histoire est longue, j'aimerais autant l'entendre assis devant un verre de vin, d'autant plus que je suis un peu fatigué. J'ai travaillé toute la journée, moi!...

— Ça va; dirigeons-nous vers un bouchon. Tu es donc dans la peinture, à présent, mon brave Sabretache, que tu portes de la couleur... et de gros pinceaux sous le bras?

— Ça, ce sont des brosses?...

— Ah! tu appelles ça des brosses! Excusez! Si nous avions brossé nos uniformes avec ça, on nous aurait joliment mis à la salle de police... Tu peins la miniature... tant mieux! tu feras mon portrait, je poserai pour tout ce que tu voudras...

— Des portraits! avec ces pinceaux-là!... y penses-tu?

— Alors, tu fais des tableaux de batailles?

— Je fais des plafonds, je peins le bâtiment... enfin, je tâche de gagner ma vie et j'y arrive... Je m'arrange même pour avoir encore de quoi offrir une bouteille à un ami dans une occasion comme celle-ci.

— C'est gentil, ça!... J'allais te l'offrir, mais, puisque tu as pris les devants, je ne te ferai pas l'impolitesse de refuser.

Les deux ci-devant soldats entrent chez un marchand de vin, s'asseyent à une table, demandent une bouteille, et la conversation continue.

— Ce cher Sabretache... je suis content de t'avoir retrouvé tout de même, et, pourtant, c'est pas à Paris que je t'aurais cherché; il me semble que tu nous avais dit que tu allais revoir ton père, dans un petit village des environs... le nom m'échappe.

— A Bagnolet; oui, en effet, je suis retourné à mon village dans l'espoir de revoir mon père... de soigner ses vieux jours... Mais les événements contrecarrent si souvent nos projets, que nous ferions bien mieux de ne point en faire! Quand je suis arrivé à Bagnolet... mon père était parti... mais pour le dernier voyage... pour celui que nous ferions tous, et quelquefois sans avoir le temps de préparer nos malles!... Pauvre père!... j'aurais été si content de l'embrasser encore... et lui, il aurait été si heureux de presser son fils dans ses bras!... Mais le destin ne l'a pas voulu... Je n'ai pu qu'aller pleurer sur sa tombe dans le cimetière du village.

Sabretache s'arrête et passe sa main sur ses yeux; Pétarade prend un air grave et avale son verre de vin d'un trait, en disant :

— Ton père est mort? Je bois celui-ci à sa santé!

— Comment?... à sa santé, quand il est mort!

— Je veux dire à son éternité dans l'autre monde, où je me flatte qu'il ne se commet point de passe-droit!

— Tu comprends bien, Pétarade, que, ne retrouvant plus à Bagnolet ni parent, ni ami, je n'avais aucune raison pour rester dans un village qui entretenait ma tristesse. Ah! si j'avais su ne pas revoir mon vieux père, je n'aurais point quitté le régiment, je serais resté avec les camarades. Je m'étais habitué à l'Afrique; j'y aurais attendu la balle d'un Arabe. D'ailleurs, j'ai quarante-neuf ans. Je fais peu de cas de ce qui me reste encore à vivre. Mais, enfin, j'avais pris mon congé, je n'aime point à avoir l'air d'une girouette; j'avais exercé dans ma jeunesse l'état de peintre colleur, je suis revenu à Paris où j'ai repris mon premier état. Avec le magot que je rapportais de mon vieux père, je me suis meublé assez joliment une petite chambre à l'entrée du faubourg Saint-Antoine : c'est là où je loge pour le quart d'heure et où je retournais quand nous nous sommes trouvés nez à nez tout à l'heure. Voilà toute mon histoire. A présent, à ton tour... Reprends ta chasse aux lions. Je t'écoute.

— Pour lors, je propose donc à Roquet de m'accompagner avec ses armes, vu qu'on ne tue pas un lion en lui enlevant le ballon. Le roi des animaux prendrait mal cette façon familière de l'attaquer. Roquet ne manque pas de courage... Cependant, ma proposition lui causa une émotion qui fit pâlir jusqu'à ses mains, et il me dit :

— Tuer des lions, ça doit avoir son vilain côté... Si mon fusil ratait par hasard au moment où l'animal voudrait fondre sur moi?

— Eh bien! lui fis-je, on a son sabre-poignard et on attend le monstre que l'on coupe en deux par le milieu du nez... C'est son endroit vulnérable.

— Si nous emmenions avec nous une petite pièce de canon? reprend Roquet.

— Fi donc! lui dis-je... nos armes nous suffisent.

Bref, je fais tant par mon éloquence que je l'électrise, et il se décide à m'accompagner.

Nous voilà partis. Le temps était superbe, un peu chaud, mais tu sais que c'est l'ordinaire du pays. Du reste, nos gourdes étaient pleines de tafia, c'est rafraîchissant. Nous nous mettons en marche. Roquet me disait :

— Où sont les lions? Je veux être prévenu à l'avance.

Et moi je lui répondais :

— Sois tranquille, je connais leur tanière ; d'abord, ça porte avec soi une odeur sauvage près de laquelle le bouc n'est que la fleur d'oranger; ensuite, ça rugit... C'est un bruit comme si on avait douze contrebasses en mouvement autour de soi. Tu connais la musique, fais attention quand tu entendras celle-là. Arrivés sur une hauteur d'où l'on dominait un défilé de longueur, bordés par-ci par-là de palmiers, de dattiers, de cocottiers et autres abricotiers, je dis à Roquet :

— Arrêtons-nous ici. Vois-tu, là-bas, cette espèce de caverne sous des rochers? Eh bien! ce n'est pas là que se cachent les lions... c'est ordinairement dans ce massif, dans ces broussailles qui sont dans le fond du défilé. Asseyons nous ici, buvons un coup, mais ayons toujours l'œil sur le massif ; c'est par là que viendra le lion. Ayons nos fusils armés à côté de nous ; mais surtout ne tire pas que je ne te le dise !... Il ne faut pas perdre sa poudre ici, il ne faut tirer qu'à coup sûr, sans quoi le roi des animaux nous échapperait, et peut-être même s'amuserait-il à sauter par-dessus notre tête ; ça ne fait pas de mal, mais ça vous fait aller de la poussière dans les yeux, et c'est désagréable.

Roquet me promet de n'agir que sur mon commandement. C'est bien ; nous nous reposons, nous visitons nos biberons, et nous avions toujours les regards attachés sur le massif. Une heure se passe ; rien ne paraît. J'avais bien aperçu dans l'éloignement quelques petits lionceaux qui jouaient aux barres dans la plaine, mais il n'étaient pas plus gros que des chats, ça ne valait pas notre coup de fusil. Une autre heure se passe ; à force de fixer le massif, j'avais mal aux yeux ; et j'étais de temps en temps obligé de les fermer. Roquet s'embêtait et disait :

— Il paraît qu'ils ont peur de nous, tes lions, et qu'ils n'ont pas envie de goûter de nos carabines.

Tout à coup je suis éveillé par un rugissement très fort qui par derrière moi... Roquet pousse un cri ; moi, je me retourne et je vois un superbe lion qui, au lieu de sortir du massif, venait en sournois par un autre côté et s'approchait de nous en tortillant sa queue, ce qui annonce toujours chez le lion une colère sourde. Roquet devient pâle et tremblant. Je lui dis :

— N'aie donc pas peur... laisse-le avancer.

— Et je me mets à grimper sur un palmier avec mon fusil, parce que, du haut de l'arbre, je dominais bien mieux sur le lion, et que je voulais le tirer dans l'oreille ! c'est encore son endroit sensible. Mais mon Roquet, au lieu d'attendre tranquillement la bête, comme je lui avais dit, se met à à courrir de toutes ses forces en poussant des cris de merlusine. Ce que voyant, mon lion se met aussi à courir après lui. « Ah ! que je me dis, ça va mal pour Roquet. » En effet, le lion gagnait du terrain. Roquet tire sur lui et le manque... Encore une bêtise ; je lui avais défendu de tirer. Il m'appelle à son secours... Je serais bien descendu de mon arbre, mais alors il me prend une crampe dans le mollet gauche ; impossible de bouger. Ce pauvre Roquet n'était plus qu'à douze pas du lion qui se disposait à s'élancer sur lui ; moi, je me préparais à tirer. Malheureusement, le lion ne me présentait pas ses oreilles. En ce moment, un coup part... C'était un autre homme de notre régiment... Jolibois... tu sais bien, un gros trapu... Jolibois, qui passait avec des camarades, venait de tirer sur le lion. Oh ! alors, comme je voyais son oreille je tire et je le tue net ! Ce pauvre Roquet était plus mort que vif. Et il a la bêtise de dire que sans Jolibois il était perdu.

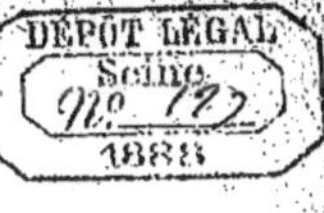

L'envoie tomber au milieu du ruisseau. (233.)

— Eh bien! que je lui fais, tu es encore gentil tout de même, toi; le plus souvent que je te remmènerai à la chasse.

Mais ce n'est pas le tout, nous rapportons le lion mort sur une civière, et Jolibois se permet de réclamer sa peau, et le capitaine la lui adjuge, en disant que c'est à lui qu'elle revient. Oh! cette fois, que je me dis, en voilà assez de passe-droit; on m'a soufflé une foule de grades sous prétexte que je suis toujours à l'hôpital quand les autres se battent. Est-ce que c'est ma faute si je suis d'un tempérament maladif? Mais, l'histoire du lion m'ayant entièrement dégoûté du service, j'ai pris mon congé; j'avais fini mon temps. Je me suis dit comme toi : « Rentrons dans la vie du bourgeois. Je n'ai pas encore trente ans sonnés, je suis bâti pour séduire et plaire, allons retrouver ma payse et remettons-nous à tourner des tabatières, des bonbonnières... J'y étais habile, jadis; et si la payse s'est amassé des noyaux en servant fidèlement ses maîtres, je pourrais sacrifier à l'hyménée... Et voilà.

Sabretache, qui a écouté avec un sourire un peu moqueur le récit de la chasse au lion, emplit le verre de son camarade en lui disant :

— Eh bien, la payse a-t-elle été fidèle? Es-tu marié?

— Ah! plus souvent. Vois-tu, Sabretache, les femmes, ce sont des lézards : ça vous glisse dans la main au moment où vous croyez les avoir apprivoisées. Catherine m'aimait toujours, à ce qu'elle disait, mais elle en avait épousé deux autres pour m'attendre plus patiemment. Bref, elle était veuve de deux maris, et m'offrait d'être son troisième. Cela me tenta d'autant moins qu'elle était pourvue de cinq mioches que ses défunts lui avaient laissés. Je me suis dit : « Pour peu que je lui en fasse autant, il faudra donc que nous tenions une école rien que pour nos moutards? Merci! » J'ai salué la payse; j'ai rompu toute relation avec elle. Quand il me prendra envie de me matrimonier, ce ne sont pas les femmes qui me manqueront. Quand on est ficelé et tourné comme moi! A propos, Sabretache, me trouves-tu plus gentil en bourgeois? Ne me flatte pas! je n'aime que la vérité!

Sabretache se met à toiser Pétarade, qui est haut et mince comme une asperge, n'a jamais eu ni hanches ni mollets, mais, en revanche, a les cheveux passablement rouges, une bouche qui rejoint les oreilles, un nez en lame de couteau, et de gros yeux roux à fleur de tête qu'il tient constamment ouverts comme quelqu'un d'étonné.

— Je te trouve toujours le même, dit Sabretache à son camarade.

Celui-ci prend sa main, et la lui serre fortement en s'écriant :

— Cet éloge me suffit; je n'en demande pas d'autre pendant cinquante ans de suite. Et toi, Sabretache, as-tu retrouvé quelque bonne amie?

— Oh! moi, je n'ai point de bonne amie, je n'ai jamais été un amateur du sexe, comme toi. Un petit mot en passant à une vivandière... je ne dis pas non!... mais faire ma cour! je n'y entendais rien. Aussi, grâce au ciel, les femmes ne m'ont jamais causé de tourments!

— C'est drôle qu'on n'aime pas le sexe! Moi, il y a des nez retroussés pour lesquels j'aurais affronté une nuée d'Arabes.

— Quand je dis que les femmes m'occupent peu, je mens cependant; car il y en a une à laquelle je pense souvent... et que je grille de revoir!...

— Ah! tu vois bien avec ton air indifférent... tu es pincé!

— Tu n'y es pas! Il ne s'agit aucunement d'amour dans tout cela. C'est une jeune fille qui m'a rendu un service, qui m'a recueilli, logé dans sa chambre, lorsqu'on me refusait un gîte dans une auberge à deux lieues de Nemours.

— J'étais accablé de fatigue, je souffrais beaucoup de ma dernière blessure... que j'ai reçue... non pas en chassant des lions, mais dans une razzia sur les Arabes. Bref, sans la bonté de cette jeune fille, je crois que je serais tombé sur le chemin... et il faisait un temps affreux... un orage épouvantable... Je ne suppose pas que je me serais bien trouvé de coucher à la belle étoile.

— Et la jeune fille t'a reçu dans sa chambre! Merci, en voilà de l'humanité!...

— Oui, elle m'a cédé sa chambre et elle a été se coucher... je ne sais où... Ah! pourvu qu'il n'en soit rien résulté de fâcheux pour elle! Pauvre petite Cerisette! si franche, si naïve, si gaie! Je l'aime comme une sœur, vois-tu! comme une fille... comme mon enfant, enfin...

— Oh! alors, c'est de l'amour vertueux, ce n'est plus mon genre. Mais pourquoi es-tu préoccupé de ta jeune fille? Est-ce qu'on t'a dit que le feu avait pris à son auberge?

— Non... mais je craignais autre chose pour elle. Ce qu'il y a de certain, c'est qu'au printemps prochain je me donnerai un petit congé pour aller lui dire bonjour et savoir ce qu'elle fait là-bas... Dix-huit lieues! ce n'est pas loin, j'irai en me promenant.

— Eh ben! tiens, si tu veux, je ferai ce petit voyage avec toi. Dix-huit lieues! qu'est-ce que c'est que ça pour nous autres qui avons joué à la cligne-musette dans les déserts de l'Afrique? Ça te va-t-il, Sabretache, que je t'accompagne dans cette promenade?

— Pourquoi pas! Mais nous n'en sommes pas là. En attendant, je vais rentrer me reposer; car, demain, j'ai de la besogne loin de mon quartier, et je veux y être de bonne heure.

— Moi aussi, j'ai de la besogne... J'en fais le moins que je peux, j'en conviens; mais, pourtant, j'en fais. Je travaille chez un fabricant, rue Saint-Denis; je demeure à côté, rue Greneta; mais, quand tu voudras me trouver, je vais tous les soirs flâner et fumer ma pipe à l'estaminet de l'*Épi scié*... calembour, sur le boulevard du Temple. On y joue quelquefois de petites comédies en manière de vaudeville, ça m'amuse, et ça forme l'esprit.

— Moi, je t'ai dit mon adresse, faubourg Saint-Antoine, au coin de la rue de Charonne.

Les deux anciens camarades quittent la table. Sabretache paye la bouteille; Pétarade propose d'en payer une autre plus loin, mais son ancien refuse, et, après s'être de nouveau pressé la main et dit au revoir, les ci-devant soldats se séparent. Pétarade continue son chemin vers la rue Meslay, et Sabretache suit la rue Vendôme, en se dirigeant du côté de la rue Boucherat.

La conversation des deux amis, entremêlée de rasades, avait duré longtemps, car Pétarade, qui avait de la prétention à être beau parleur, narrait fort lentement, s'écoutait parler, et semblait souvent chercher de quelle manière il finirait son discours. Il était donc près de onze heures lorsque Sabretache reprit sa route, sifflant entre ses dents une marche militaire qu'il affectionnait, et songeant aux soirées qu'il avait passées en Afrique et dont la vue de Pétarade venait de lui rendre le souvenir plus vif.

En suivant la rue Boucherat, à la hauteur de la rue de Saintonge, des cris étouffés parviennent à l'oreille de Sabretache. Il regarde autour de lui et n'aperçoit personne; il pense s'être trompé et va poursuivre sa route. Le même cri se fait entendre, mais, cette fois, plus fort, plus aigu, plus suppliant : c'est une femme qui implore la pitié de quelqu'un et appelle à son secours. Sabretache s'est senti vivement ému... Ce cri a retenti au fond de son cœur. Aussitôt, ne consultant que son désir d'être utile à celle qui implore du monde à son aide, il court du côté où il entend encore comme des supplications. Il n'a pas fait cent pas qu'il aperçoit un homme, mis avec élégance, tenant une femme par le bras, et l'entraînant vers une allée ouverte et faiblement éclairée; mais cette femme se débat, elle ne veut point aller avec cet homme, elle le supplie de la lâcher; elle se traîne presque à ses genoux, et l'homme, sans paraître faire attention à ses plaintes, l'attire toujours vers l'allée en lui disant :

— Oh! tu viendras avec moi... Tu n'as pas le droit de me refuser, et je trouve plaisant que tu fasses tant de façons.

La malheureuse femme touchait presque à l'allée, lorsque Sabretache arrive, et, retenant fortement le monsieur par le bras, lui dit :

— Pourquoi faites-vous violence à cette femme? Vous voyez bien qu'elle ne veut pas aller avec vous. Êtes-vous son mari pour agir comme ça?

— Son mari! s'écrie le monsieur en ricanant... son mari! Ah ça! mais, vous ne voyez donc pas ce que c'est que cette malheureuse? C'est une fille... elle est de cette maison-là... elle n'a donc pas le droit de me refuser de venir avec moi... Ce qui la vexe, c'est que je l'ai reconnue... et que je lui ai dit son nom... Ah ! ah ! ce n'était pas la peine de faire tant la bégueule avec moi à Nemours pour arriver où tu en es, ma belle Cerisette.

— Cerisette ! s'écrie Sabretache, qui reste comme frappé de stupeur et laisse tomber à terre son seau et ses brosses, tandis que la jeune fille, le considérant à son tour, pousse un cri, et, parvenant par un dernier effort à se dégager des mains du ci-devant commis-voyageur, court se jeter aux pieds du vieux soldat en murmurant :

— Oui !... oui !... c'est moi !... Ah ! par pitié, si ce n'est pas par reconnaissance, je vous en supplie... sauvez-moi !... arrachez-moi d'ici !...

Sabretache, revenu à lui, va relever Cerisette et lui tend déjà les bras, lorsque M. Froimont revient se mettre entre eux, et prenant un air menaçant :

— Qu'il te sauve ! Je trouve cela plaisant ! Je ne sais pas si cet homme te connaît, petite, mais je lui défends de se mêler de mes affaires. Tu vas monter avec moi, parce que telle est ma fantaisie... parce que tel est mon caprice... et, corbleu ! ne faisons plus de façons, car je sais comment on fait obéir les filles de ton espèce.

Sabretache la prend dans ses bras.

Ces mots sont accompagnés d'une violente bourrade par laquelle le beau monsieur veut forcer Cerisette à l'accompagner. Mais à peine a-t-il porté la main sur la jeune fille que Sabretache, avec la promptitude de l'éclair, s'élance sur lui, le saisit à la gorge, le secoue quelques moments par le collet, comme s'il tenait une marionnette, puis, le lançant de toutes ses forces sur le pavé, l'envoie tomber au milieu du ruisseau en lui disant :

— Tiens, misérable ! voilà comme je traite ceux qui portent la main sur une femme, quelle que soit sa position... Mais quant à celle-ci... oh! je te réponds que tu n'y retoucheras pas... Je serai là pour t'en empêcher.

Le beau Froimont ne répond pas ; le coup qu'il a reçu l'a trop violemment étourdi; Sabretache revient vers Cerisette; la pauvre fille a perdu connaissance : elle est couchée sur le pavé. Sans s'occuper à la faire revenir, Sabretache la prend dans ses bras, l'emporte, et se met à courir dans la direction du boulevard. Il arrive bientôt à une place de fiacres. En le voyant arriver avec son fardeau, un cocher se hâte d'ouvrir sa voiture; il aide Sabretache à placer dedans la jeune fille, qui est toujours évanouie. L'ex-troupier se met à côté de Cerisette, baisse les portières pour avoir de l'air, et dit au cocher :

— Faubourg Saint-Antoine, au coin de la rue de Charonne, et va bon train, le mouvement fera revenir cette petite.

XXVII

UN BIENFAIT N'EST JAMAIS PERDU

Lorsque Cerisette rouvre les yeux, elle se trouve étendue sur une modeste couchette, dans une chambre mansardée, meublée fort simplement, mais où règnent l'ordre et la plus rigoureuse propreté.

Une lumière est posée sur une table, et debout devant le lit se tient Sabretache, qui épie le moment où la jeune fille ouvrira les yeux, et court alors lui prendre une main qu'il presse affectueusement dans les siennes en murmurant :

— Pauvre petite!

Cerisette promène ses regards autour d'elle; on voit qu'elle cherche à rassembler ses souvenirs. Enfin ses yeux s'arrêtent sur Sabretache, et, joignant ses mains qu'elle tend vers lui, elle s'écrie avec une voix suppliante :

— C'est vous, mon ami, mon protecteur... je ne m'étais pas trompée! C'est vous qui m'avez secourue... sauvée!... Ah! vous ne m'abandonnerez plus, n'est-ce pas? Vous me garderez... vous les empêcherez de me reprendre... Je ne retournerai plus dans cette maison infâme... vous me défendrez s'ils viennent me chercher... Vous me cacherez... Du pain et de l'eau avec vous... c'est tout ce qu'il me faut... Mais je ne veux plus... être avec ces femmes!...

— Calmez-vous... rassurez-vous, mon enfant; oui, certes, je vous défendrai... Ah! qu'on ne s'avise pas de venir vous chercher chez moi...

Et, d'ailleurs, qui l'oserait? De quel droit voudrait-on vous obliger à vivre dans l'infamie?...

— Oh! si vous saviez, mon ami! Déjà, plusieurs fois, j'ai voulu me sauver, fuir celles qui me gardaient... car j'étais gardée à vue presque toute la journée; et puis, la maîtresse de la maison... cette femme odieuse me disait : « Il ne vous est plus permis de me quitter... j'ai donné votre nom à la police... Partout où vous irez, j'ai le droit d'aller vous réclamer, de vous faire arrêter... » Est-ce vrai, cela?... Oh! mon Dieu! je préfère mourir, alors... Oui, je ne veux plus de cette horrible existence!

— Encore une fois, rassurez-vous, mon enfant : tant que vous serez avec moi, je ne conseille à personne de vous dire un mot de travers... Le bancal est encore là, voyez-vous! et, s'il fallait en jouer pour vous défendre, on leur ferait voir qu'on sait s'en servir. Mais, mon Dieu! il est donc bien possible!... Vous étiez... vous, ma pauvre petite, vous que j'ai laissée si sage... si naïve, si pure encore... Et comment se fait-il?... En si peu de temps!... Par quelle fatalité êtes-vous arrivée là?... C'est à ne pas le croire, et je ne puis encore me le persuader.

— Vous avez bien raison, mon ami, c'est la fatalité!... Écoutez-moi, je vais vous raconter tout ce qui m'est arrivé depuis cette nuit... où je vous dis adieu... Vous me direz franchement si vous me trouvez bien coupable... Je le suis, sans doute, et, pourtant, aucune de mes fautes ne fut préméditée.... Enfin, vous allez m'entendre...

— Reposez-vous plutôt cette nuit, Cerisette; tant d'émotions vous ont accablée, demain vous me ferez ce récit.

— Non... je vous en prie, il me semble que cela me soulagera de vous dire tout cela. Laissez-moi parler à présent....

— Si vous le voulez, soit.

Sabretache s'assied contre le lit et écoute avec attention la jeune fille qui lui fait un récit exact de toutes les aventures qui lui sont arrivées depuis qu'elle a quitté la maison de M. Chatouillé.

L'ancien soldat lève les yeux au ciel en apprenant que Cerisette a été le chercher à Bagnolet, et il murmure :

— Ah! si j'avais su... si j'avais pu prévoir, je vous aurais attendue, chère petite!... Et, après cela... réduite à demander l'aumône... repoussée partout... mourante de faim... Comment n'auriez-vous pas succombé?

— Ah! j'aurais dû mourir, je le sais bien... J'ai eu tort de n'en pas avoir le courage...

— Non, mon enfant, non, à votre âge, il est permis de tenir à la vie, à tout âge même, on assure que c'est un crime de déserter le poste où la nature nous a placés. Et depuis combien de temps étiez-vous dans cette honteuse maison?

— Depuis dix jours... Ce soir, on m'avait laissée sortir seule... car, ayant formé le projet de fuir, dans la journée, j'avais eu l'air d'être plus soumise, plus résignée à ma position... Je m'étais efforcée de rire avec toutes ces malheureuses qui m'entouraient; ce moyen m'avait réussi. Croyant que j'avais entièrement pris mon parti, après m'avoir parée, on m'avait laissée sortir ce soir; mais à peine avais-je fait vingt pas hors de la maison qu'un homme m'arrête en m'appelant par mon nom. Jugez de ma surprise, de ma honte, en reconnaissant ce M. Froimont qui, à Nemours, m'avait poursuivie de son amour, de ses propositions que je n'avais pas voulu écouter. Je ne saurais vous dire tous les propos qu'il me tint, avec quelle barbarie il se fit le bonheur de ma honte... Oh! il est bien méchant, cet homme, et il était heureux de se venger alors de mes refus, de mes dédains d'autrefois. Je le suppliais en vain de me laisser, il était insensible à mes cris, à mes prières... C'est alors que vous m'avez entendue et que vous êtes accouru... Vous savez le reste, mon ami. Oh! dites-moi si je suis méprisable à vos yeux, si je suis perdue à tout jamais! Dites-le-moi, car, alors, je vous le jure, ce serait me rendre un bien mauvais service que de me conserver ma misérable existence!

Je ne saurais vous dire tous les propos qu'il me tint

— Moi, vous mépriser, pauvre enfant! moi, vous ôter mon amitié!... Mais, lors même que mon cœur ne me parlerait pas pour vous, est-ce que ce ne serait pas mon devoir de vous protéger, de vous retirer du bourbier dans lequel vous êtes tombée? Eh! mille carabines! qui est-ce qui a causé vos malheurs.. vos fautes?... C'est moi, oui, corbleu! c'est moi;

J'avais juré, sur le dernier caleçon de mon défunt, de rester fidèle à ses cendres!... (P. 243.)

sans le vouloir, c'est vrai, mais je n'en suis pas moins l'auteur. Si vous ne m'aviez pas cédé votre chambre à l'auberge, ce bel enjôleur d'acteur ne vous aurait pas guettée et retrouvée dans le grenier? Par conséquent, vous ne seriez pas partie ensuite avec la troupe de comédiens; maintenant, vous seriez probablement encore à l'auberge du *Cerf sans cornes*. Dans la vie, tous les événements se suivent, se tiennent, s'enchaînent : c'est l'un qui amène l'autre. Je sais bien qu'il y a des gens qui vous diront que c'était votre destinée, que tout cela devait arriver! Cette maxime-là ne me dégagera pas de la reconnaissance que je vous dois. Et, en vous retirant de l'affreuse position dans laquelle vous étiez tombée, c'est d'abord un devoir que je remplirai. Reprenez courage, mon enfant; je maintiens, moi, qu'il est toujours temps de revenir au bien. Vous avez été dix jours perdue?... Eh bien! ces dix jours-là, il faut les effacer de votre existence, de votre pensée, de votre souvenir... et vous y parviendrez à force de bonne conduite, de sagesse, de courage... Votre volonté est d'être honnête maintenant, vous n'y faillirez plus, j'en suis sûr...

— Oh! non... non... jamais! Merci, mon ami, merci; vos paroles me rendent l'espoir... Il me semble que je vais renaître à une autre vie... Vous ne m'abandonnerez plus, n'est-ce pas?... Et si cette horrible femme venait me chercher pour m'emmener encore, vous me défendriez contre elle?...

— C'est-à-dire que je casserais les reins à quiconque viendrait vous menacer... Vous êtes ici chez moi, dans la demeure d'un honnête homme... Soyez tranquille, mon enfant, on ne viendra pas vous y chercher!...

— Je suis chez vous... Ah! quel bonheur!... Je vais donc pouvoir dormir en paix...Ce sera la première fois depuis... depuis....

Cerisette ne peut en dire davantage : les pleurs coulent de ses yeux, ses sanglots la suffoquent; mais, au milieu de ses larmes, elle sourit encore en regardant Sabretache.

— Maintenant il faut vous reposer, il faut dormir, dit le troupier. Vous devez en avoir besoin, après tant d'événements; et puis, il est fort tard, car vous avez été évanouie pas mal longtemps. Couchez-vous, mon enfant; vous trouverez ici de l'eau, de l'eau-de-vie, et même du sucre dans cette tasse sur la commode. J'avais acheté ça pour les cas extraordinaires. On a toujours raison d'être prévoyant. Bonsoir, demain je viendrai savoir de vos nouvelles.

— Mon Dieu! mon ami, vous n'avez probablement que cette chambre pour vous loger!... Si vous me la donnez, où allez-vous coucher, vous?

— Cerisette, dit Sabretache, en prenant la main de la jeune fille, quand vous m'avez cédé votre chambre là-bas, à l'auberge, vous n'en aviez pas une autre non plus, et cela ne vous a pas arrêtée. Ça serait gentil si un soldat craignait de faire ce qu'a fait une jeune fille; et m'est avis, ma petite, qu'en me donnant votre chambre vous couriez d'autres dangers que moi. Vous voyez donc bien que, dans tout ça, c'est vous qui aurez le mérite de la bonne action. Bonsoir, mon enfant, dormez en paix, maintenant.

Sabretache allume un rat-de-cave qui lui sert ordinairement à monter le soir ses cinq étages; puis, faisant encore un signe de tête à Cerisette, il sort de la chambre et tire la porte après lui.

Arrivé sur le carré, l'ancien militaire réfléchit un moment; ensuite, il descend rapidement l'escalier et va frapper au carreau de la loge du portier, chez lequel on n'aperçoit aucune lumière, car on n'entend pas le moindre bruit dans la maison.

— Holà! hé! madame Pigeondel, est-ce que vous dormez déjà? crie Sabretache en tambourinant sur le carreau de la loge.

Au bout de quelques minutes, une voix fêlée se fait entendre :

— Qui est-ce qui se permet donc de faire ce train sur mes carreaux à une heure aussi *imbue?*

— C'est moi, Sabretache; j'ai deux mots à vous dire...

— Ah! c'est vous, monsieur Sabretache, mais je ne suis pas en état de vous recevoir. Je n'ai que ma camisole qui ne rejoint pas sur mon sein : elle a considérablement rétréci au blanchissage.

— Je n'ai pas besoin que vous me receviez, madame Pigeondel, faites-moi seulement le plaisir de me passer la clef du grenier qui est au-dessus de ma chambre, et qui vous sert, je crois, à étendre du linge?

— Que voulez-vous aller faire dans ce grenier?

— Vous savez bien que j'ai ramené une jeune fille, ce soir, qui était sans connaissance?

— Ah! oui, même que j'ai trouvé ça bien intempérant de votre part, pour un ancien militaire si bien réglé que vous.

— Vous avez fait de sottes conjectures. Cette jeune fille est... est ma nièce; je l'ai retirée d'une maison où on la traitait mal, et maintenant je veillerai sur elle, car c'est mon devoir. Mais, comme il n'est pas convenable que je couche dans la même chambre qu'elle, je lui cède la mienne, et voilà pourquoi je vous demande la clef de votre grenier. Comprenez-vous, à présent?

— Oh! c'est bien différent, alors... Comment, monsieur Sabretache, c'est votre nièce, cette jeune fille? Fallait donc le dire tout de suite, je vous aurais monté du vinaigre. Mais, dame, quand on ne sait pas, on suppose...

— Oui, on suppose tout de suite le mal, c'est l'habitude.

— Voilà la clef; mais il n'y a pas de lit dans le grenier!

— Ça m'est égal.

— Par exemple, il y a de la paille par terre, beaucoup de paille même; parce que, l'automne, j'ai un frère qui m'envoie des nèfles de la campagne et je les mets mûrir sur la paille.

— C'est fameux, alors; je prendrai la place des nèfles. Bonsoir, madame Pigeondel.

— Ah ! cette jeune fille est votre nièce? Tiens... tiens !...

Sabretache ne répond plus à la portière; il monte au grenier, se jette sur la paille et s'y endort avec cette quiétude que donne une conscience satisfaite, et qui pour reposer vaut mieux qu'un lit de plume.

XXVIII

LA NIÈCE DE SABRETACHE

Sabretache est éveillé depuis longtemps; mais il n'a point osé frapper chez lui, car il craint de troubler le repos de Cerisette. Enfin, sur les huit heures et demie, ayant entendu quelque bruit partir de sa chambre, il prend une petite boite de fer-blanc pleine de lait que lui a acheté la portière, il met un pain de deux livres sous son bras et se hasarde à heurter doucement. Cerisette vient lui ouvrir.

Les pleurs coulent de ses yeux.

— C'est moi, mon enfant, dit Sabretache à la jeune fille qui lui tend la main. Et, d'abord, comment avez-vous passé la nuit?

— Bien, oh ! très bien, mon ami; depuis longtemps, je n'avais pas reposé aussi paisiblement.

— Tant mieux! Maintenant, il faut que je vous apprenne une chose essentielle dans le cas où la portière viendrait vous parler : j'ai dit que vous étiez ma nièce. Dame! vous n'êtes peut-être pas flattée d'avoir pour oncle un vieux troupier, mais cela sauvait une foule de questions.

— Que dites-vous donc, mon ami? Moi, je ne serais pas flattée d'être votre nièce? Ah! que n'est-ce la vérité! Être la parente d'un brave, d'un loyal soldat, est-ce que ce n'est pas un honneur? C'est moi qui vous remercie d'avoir bien voulu me donner ce titre.

— Alors, c'est convenu : vous êtes ma nièce et vous m'appellerez votre oncle. Au reste, cela ne vous empêchera pas plus tard de vous faire reconnaître à votre famille, si vous la rencontrez. A propos, je pense que vous avez toujours ce médaillon renfermant des cheveux, et cette carte sur laquelle il y avait de l'écriture? Ce sont là vos seuls actes de naissance?

— Mon Dieu, mon ami, j'ai toujours le médaillon ; le voilà, il ne m'a pas quittée, et, grâce au ciel, on ne me l'a pas pris ; mais, quant à la carte, je ne l'ai plus.

— Vous l'avez perdue?

— Oh! je suis bien sûre que je l'avais encore la dernière fois que, mourante de fatigue et de besoin, ce M. Minos m'a ramenée dans cette horrible maison. Mais, le lendemain, en m'habillant, je ne l'ai plus trouvée dans mon corset ; en vain je l'ai réclamée, on m'a répondu qu'on ne l'avait pas trouvée. Est-il vrai qu'elle ait été perdue? Est-ce exprès qu'on n'a pas voulu me la rendre?... Je l'ignore ; mais il ne me reste plus que ce médaillon que je porte toujours sur mon cœur.

— Il faudra donc se contenter de cela pour vous reconnaître. Mais, franchement, je commence à croire que vos parents ne s'inquiètent guère de vous. C'est pourquoi je tâcherai, moi, de les remplacer. Je suis votre oncle, c'est arrangé. Maintenant, chère enfant, je vais vous quitter pour aller à mon ouvrage ; je ne reviendrai que ce soir à huit heures. D'ici là, vous avez besoin de déjeuner, de dîner. Je vous ai toujours apporté du lait dans cette boîte et un pain de deux livres ; vous direz ce que vous voudrez. Tenez, dans le tiroir de la commode, vous trouverez de l'argent, c'est ma caisse : faites acheter par la portière ce qu'il vous

C'est moi, mademoiselle : Mme Pigcondel, la portière.

faudra. Pendant quelques jours évitez de sortir, cela vaudra mieux.

— Oh! je ne veux pas bouger!... Dites-moi, mon ami... ici, sommes-nous bien éloignés de cette vilaine maison où... où j'étais?

— Dame! vous êtes à l'entrée du faubourg Saint-Antoine. Vous étiez rue de Saintonge, près de la rue Boucherat... Il y a un assez joli ruban de queue.

— Mon ami, est-ce que vous ne dînez pas en revenant?

— Je mange la soupe quand j'en ai.

— Eh bien! je vous attendrai pour dîner. Oh! cela me fera plaisir...

— Comme vous voudrez, Cerisette... ma nièce, dis-je : il faut que je m'habitue à vous appeler ma nièce.

— Ah! je voudrais aussi... Toute la journée... rester sans rien faire, ce sera long. Si je trouvais à travailler, à m'occuper... je sais très bien coudre, mon ami.

— Vraiment? Eh bien! si cela ne vous ennuie pas, fouillez dans la commode, visitez mon linge... mes effets... je vous réponds que vous trouverez de la besogne.

— Oh! tant mieux!

— Enfin, si vous avez besoin de quelque chose, appelez la portière, Mme Pigeondel, et elle fera vos commissions. A ce soir, chère petite!

— A ce soir... mon oncle!

Sabretache est parti. Cerisette se sent si heureuse d'être sortie de l'abîme où elle était tombée, que la chambre où elle se trouve lui semble un palais, et pourtant cette chambre ne renferme que le nécessaire : une commode en noyer, des chaises et une table en bois blanc; sur la cheminée, un petit miroir accroché à un clou; enfin, la couchette sur laquelle il y a deux matelas, un traversin et un oreiller, et à la fenêtre un rideau en toile de coton bleue et blanche; voilà tout l'ameublement. Mais la jeune fille se promène au milieu de tout cela le cœur content; elle respire plus à son aise, elle ne craint plus de porter ses regards vers le ciel, et elle se dit :

— Ah! la plus belle demeure est celle des honnêtes gens.

Après avoir déjeuné avec du pain et du lait, Cerisette commence la visite du linge que renferme la commode : elle trouve sur-le-champ de quoi s'occuper. Mais, pour travailler, il lui faut des objets indispensables à une ouvrière : les aiguilles, le fil, et un dé; elle cherche en vain partout, le ménage du soldat ne renferme pas cela. Cerisette se demande comment elle pourrait se procurer cela; car elle est bien décidée à ne point sortir et même à ne point descendre. Il y a déjà quelque temps qu'elle cherche en vain un moyen pour coudre sans fil et sans aiguille, lorsqu'on frappe doucement à la porte.

La jeune fille, qu'un rien effraye, demande en tremblant :

— Qui est là?

— C'est moi, mademoiselle: Mme Pigeondel, la portière; je viens savoir si vous n'avez besoin de rien.

Cerisette se hâte d'ouvrir, et la portière entre en faisant des révérences.

— Je n'ai pas pu monter plus tôt, mademoiselle, comme je l'avais promis à monsieur votre oncle, mais c'est que, voyez-vous, on a tant à faire dans ces orgueilleuses de maisons! Avec ça que nous avons une propriétaire qui est *susestible* comme un poisson; si elle trouvait une paille dans la cour quand elle vient visiter son immeuble, elle serait capable de me mettre au rebut. A propos, et comment que se trouve mademoiselle, car vous étiez malade hier au soir quand votre oncle vous a descendue de la voiture? C'est peut-être le roulis du fiacre qui vous avait fait du mal; moi, mademoiselle, croiriez-vous que je ne peux rien garder dans une voiture!... oh! mais, rien du tout! Je n'aurais pris qu'un pruneau que je le rends dans son état *surnaturel* : c'est même une chose qui m'a été bien fastidieuse à la noce de Mlle Pinçon, la voisine. C'était au mois de mai, la saison des lilas...

Cerisette, qui s'aperçoit que la portière s'apprête déjà à lui conter ce qui lui est arrivé à la noce de Mlle Pinçon, l'interrompt en lui disant :

— Madame, vous seriez bien bonne si vous pouviez me procurer du fil, des aiguilles, un dé, enfin, tout ce qu'il faut pour travailler.

— Très volontiers, mademoiselle, je vas vous chercher tout cela. Ah! dame! chez votre oncle, vous n'avez pas trouvé tous ces petits *ustensibles* de femme. Un ancien soldat, ça ne manie guère l'aiguille. Eh bien! pourtant, j'ai connu un caporal qui faisait des reprises perdues dans des torchons, que c'était à ne plus retrouver le trou. Quand les hommes s'adonnent à la couture, ils y font de bien *belles ouvrages*. Ce caporal-là était parent de mon défunt feu Pigeondel... car je suis veuve depuis dix ans... et si j'avais voulu me remarier, ce ne sont pas les *soupireurs* qui m'ont manqué. Mais, *nix*! que j'ai dit : j'avais juré sur le dernier caleçon de mon défunt de rester fidèle à ses cendres, et je puis dire que j'ai tenu ce serment mieux que bien des femmes avec leur mari vivant!

— Alors, madame, vous m'apporterez tout de suite du fil de plusieurs grosseurs.

— C'est entendu, un petit choix... Je vois ce qu'il vous faut. Ah ça! mais, je vous apportais du café. Est-ce que vous avez déjeuné?

— Il y a longtemps.

— Et vous n'avez pris que du lait? Après ça, des goûts, des couleurs.

Ensuite, le lait est bon! Oh! c'est une femme de Vincennes qui me l'apporte, la mère Picheux. Elle vend aussi des petits fromages. Quand vous en voudrez, ne vous gênez pas, dites-le-moi.

— Je vous remercie, madame; ce que je voudrais, c'est ce qui me manque pour travailler.

— C'est juste, je vas vous chercher ça. Votre oncle m'a dit que vous aviez des fraîcheurs dans les jambes et que ça vous empêchait de marcher.

— C'est la vérité, madame.

— A votre âge, c'est contrariant... Je vous donnerai un remède pour ça. Vous n'avez pas besoin d'autre chose pendant que je sors? Et pour votre dîner?

— Ah! pardon... je voudrais préparer une soupe pour... mon oncle, quand il reviendra ce soir.

— Je vais vous apporter du bouillon; on en vend à c't'heure qu'on croirait de la gelée. Il y a des compagnies hollandaises autant que des lieux d'aisances. C'est bien commode!

La portière est enfin sortie. Cerisette trouve cette femme horriblemen bavarde; mais, dans son besoin de parler, elle ne laisse pas même le temps de répondre aux questions qu'elle fait; c'est une compensation.

Mme Pigeondel revient avec un assortiment de fil et d'aiguilles, et elle pose un bol de bouillon sur la commode, en disant :

— Le fait est que votre oncle aura besoin d'un bon bouillon pour se refaire; il doit avoir été assez mal couché là-haut.

— Où donc a-t-il couché, madame?

— Mais, dans le grenier, sur la paille où je mets mes nèfles... C'est un fruit que j'adore! Il y a des personnes qui prétendent qu'il est pernicieux; je n'en ai jamais éprouvé de désagréments. Je vous en offrirai cet hiver. Les aimez-vous?

— Pardon, madame. répondit Cerisette, qui depuis un moment n'écoutait plus la portière; mais il faudrait... Auriez-vous la bonté de me dire où est ce grenier dans lequel a couché mon oncle?

— Le grenier? Pardine! ici dessus... dix-sept marches à monter... Est-ce que vous avez du linge à étendre?

— Non, madame, mais il faut... Vous sentez bien que mon oncle ne peut pas coucher sur la paille. Il y a deux matelas sur cette couchette, je vais en monter un là-haut, avec le traversin...

— Ah! c'est juste, au fait, vous pouvez partager... Mais il ne m'a pas du tout parlé de ça, M. Sabretache.

— Ce n'était pas nécessaire... Nous allons tout de suite ôter cela de ce lit.

Sabretache serre la main de son ami. (P. 251.)

La portière, qui était grande et forte, prend elle-même le matelas et le traversin, en disant à Cerisette :

— Restez tranquille, vous avez mal aux jambes, ne vous fatiguez pas... je vais monter cela dans le grenier.. J'ai des jarrets d'acier, moi. Si vous avez besoin d'autre chose, appelez-moi... Mme Pigeondel... Oh ! je ne suis pas avare de mes pas.

Cerisette se trouve plus contente en sachant que, pour la loger, son protecteur ne couchera plus sur de la paille, et dans son désir de se rendre utile, elle se met avec ardeur à l'ouvrage. Elle ne quitte son aiguille que vers le soir. Alors, elle pense au souper ; elle a trouvé dans la maison tout ce qui est nécessaire pour ces détails de ménage ; tout est prêt lorsque son protecteur revient de son ouvrage.

— Eh bien ! mon enfant, comment avez-vous passé la journée? dit Sabretache en prenant la main de Cerisette. Elle vous a semblé longue, sans doute?

— Mais pas du tout !... Elle a passé vite au contraire, je me suis occupée... Tenez, voilà mon ouvrage... Est-ce bien?

— Trop bien !... Il ne faut pas faire tout cela avec autant de soin.

— Pourquoi donc?... Mais quand je ne trouverai plus à travailler pour vous, il faudra me chercher de l'ouvrage, mon ami, car je ne veux jamais rester les bras croisés...

— Nous songerons à cela plus tard... Diable !... une bonne soupe toute faite !... c'est gentil, cela !... Vous n'avez donc rien pris depuis ce matin?

— J'aime mieux vous attendre.

— Bonne fille... bonne petite nièce que j'ai là !... Eh bien ! mettons-nous à table ! j'ai apporté un peu de charcuterie... Une autre fois, si ça vous amuse, vous ferez un autre fricot !... Mille escadrons ! mais je vais être heureux comme un pacha, avec une ménagère comme ça ! Cerisette se met à table, avec Sabretache, qui trouve la soupe délicieuse et voit avec plaisir la jeune fille manger avec appétit. Mais tout à coup, en portant par hasard les yeux sur la couchette, Sabretache remarque le changement qui s'est opéré dans le lit ; il fronce les sourcils et s'écrie :

— Voilà un lit qui n'a plus son fourniment, qu'est-ce que ça veut dire?... Est-ce qu'il est entré des pillards, des maraudeurs par ici?

— Cela veut dire que j'ai partagé avec vous. N'était-ce pas tout simple et devais-je encore vous laisser passer une nuit sur la paille?

— Et qui vous a dit que j'avais couché sur la paille?

— Mais... c'est la portière... en me parlant du grenier.

— Cré nom d'une bombe ! il faudra donc toujours que ces femmes-là bavardent comme des pies! De quoi se mêle-t-elle !.... Je couche comme il me plaît, et je n'entends pas que vous ôtiez de ce lit un matelas et un traversin... ça le déforme ; je vas rétablir l'ordre.

Sabretache se lève et s'apprête à sortir; mais déjà Cerisette a couru vers la porte ; elle se met devant, en disant :

— Écoutez, mon ami, si vous voulez que j'accepte votre hospitalité, il faut laisser les choses telles qu'elles sont; pensez-vous que je dormirais bien, moi, en vous sachant sur la paille?

— Au bivac on n'a pas mieux, et on dort; j'y suis habitué.

— Au bivac on ne peut pas faire autrement.

— D'ailleurs, j'achèterai un autre matelas.

— C'est inutile, je vous coûte bien assez; et n'est-ce pas déjà trop que, pour me loger, vous vous priviez de votre chambre... que vous vous contentiez d'un grenier?... Ah! ce lit est bien assez doux pour moi!... Après ce que j'ai fait... après mon indigne conduite... c'est moi qui devrais être sur la paille du grenier.

— Vous ne savez pas ce que vous dites, vous êtes une enfant! Vos fautes sont celles des autres!... Vous avez été assez punie.

— Le ciel m'a prise en pitié en vous envoyant à mon secours... Je veux être digne de ce que vous faites pour moi.

— Mais pourtant...

— Mon oncle, vous me feriez de la peine en insistant.

— Allons?... il paraît que c'est la nièce qui commandera ici?

Sabretache se remet à table, la paix est rétablie. La gaieté renaît, le repas s'achève, et l'oncle dit ensuite bonsoir à sa nièce.

Plusieurs jours s'écoulent sans que rien vienne troubler la nouvelle existence de Cerisette. Heureuse d'être sous la protection de Sabretache, la jeune fille fait tout ce qu'elle peut pour s'en montrer digne; travaillant assidûment toute la journée, ayant grand soin du ménage, préparant avec joie le repas du soir, elle n'est pas sortie une seule fois de la maison qu'elle habite; c'est tout au plus si elle ose un moment prendre l'air à la fenêtre, et pourtant elle n'a plus à craindre là des voisins ni des regards indiscrets : le faubourg Saint-Antoine laisse un trop large espace d'un côté de la rue à l'autre.

Sabretache, qui sait que Cerisette ne possède pour toute garde-robe que ce qu'elle a sur elle, lui a fait acheter par la portière du linge et des vêtements. Pour que la jeune fille ne manque de rien, il se lève plus tôt, travaille plus tard, ne se permet pour lui aucune dépense et se prive même de tabac pour sa pipe, que, par habitude, cependant il porte à sa bouche le matin en se levant, et le soir avant de se coucher, et qu'il fume ainsi à froid, en disant :

— C'est pas une mauvaise chose; ça m'habituera à fumer sans cracher.

Cependant plusieurs fois l'ancien soldat a dit à Cerisette :

— Mon enfant, il faut pourtant sortir un peu; vous ne pouvez point passer toute votre vie dans une chambre. L'exercice est salutaire, vous tomberez malade, vous vous dessécherez sur pied, et je ne veux pas de ça

— Plus tard, dit Cerisette, nous avons le temps... rien ne presse...

— Vous devez vous embêter toute la journée, seule dans cette chambre?...

— Pas du tout, je m'y plais beaucoup.

— Vous devez avoir des inquiétudes dans les jambes?

— Pas la moindre.

— La portière dit que vous attraperez la goutte à ne pas marcher.

— Est-ce que vous voulez que je fasse les volontés de la portière au lieu des miennes?

— Non, parbleu! je ne veux pas de cela!

— Parlons d'autre chose, alors; contez-moi une de vos campagnes d'Afrique, cela m'amuse beaucoup.

Les discussions se terminaient toujours ainsi.

Un jour, Cerisette était seule comme à son ordinaire et en train de raccommoder des guêtres à Sabretache, lorsqu'on frappe à la porte d'une façon qui n'est pas celle de la portière.

— Qui est la? demande Cerisette.

Une voix forte lui répond :

— C'est moi, Pétarade... ami et camarade de Sabretache, que je viens pour la chose de le voir.

— Mais... M. Sabretache est sorti.

— Ça ne fait rien, puisqu'il y a du monde; je causerai tout de même à son intention.

Cerisette hésite, mais elle pense qu'il serait malhonnête de refuser la porte à un ami de Sabretache, et, dans ses récits sur l'Afrique, elle se souvient que son protecteur a prononcé plus d'une fois le nom qu'on vient de lui dire; d'ailleurs, cette personne peut avoir quelque chose à faire dire à Sabretache. Elle se décide donc à ouvrir, et Pétarade, le corps serré dans une jaquette de coutil gris, et la tête couverte d'un képi, entre dans la chambre en se dandinant et en lorgnant beaucoup la personne qu'il y trouve.

— Pardon, excuse, jeunesse, dit Pétarade en portant le revers de sa main à son képi. C'est-il vrai que vous êtes la nièce de Sabretache?

— Oui, monsieur.

— Ah! ben, par exemple, en v'là d'une bonne!... Je ne voulais pas le croire... foi de guerrier, quand la portière m'a dit : « M. Sabretache n'y est point, mais vous trouverez sa nièce. » J'ai répondu à la portière : « Qu'est-ce que vous me chantez? Je connais Sabretache comme les lions du désert, il n'a pas plus de nièce que mon œil, puisqu'il n'a pas resté à Bagnolet faute de parents. » La bonne femme a eu un air étonné, et moi je me suis dit : « Faut que je vois un peu cette soi-disant nièce du camarade. »

— La portière ne vous avait pas trompé, monsieur, et, maintenant que vous m'avez vue, si vous n'êtes venu que dans ce motif, je vous engage à vous retirer.

Le ton sévère et résolu avec lequel Cerisette vient de prononcer ces mots impose tellement à Pétarade qu'il ne sait plus sur quelle jambe se tenir. Otant son képi et saluant la jeune fille, comme s'il était encore devant son capitaine, il balbutie :

Otant son képi et saluant la jeune fille, comme s'il était encore devant son capitaine.

— Pardon, excusez. mademoiselle ; je n'ai pas eu la chose de vous offenser ; certainement c'est moi qui ai tort. Après tout, ce que j'en disais... Sabretache a bien le droit d'avoir des nièces et des neveux. Je n'ai jamais eu l'intention de m'y opposer. Et comment donc qu'il se porte, ce brave camarade! je lui avais dit l'estaminet que je fréquente, l'autre soir que nous nous étions rencontrés ; il m'avait dit : « Eh bien! j'irai un de ces soirs t'y trouver. » Alors, comme j'ai vu que je ne le voyais pas, aujourd'hui... que je n'étais pas très en train de travailler, j'ai des jours comme ça dans la semaine : « Parbleu! me fis-je, je vais aller savoir si c'est que le camarade a la colique. » Il m'avait donné à peu près son adresse ; j'ai trouvé tout de suite, je suis très adroit, et voilà.

— Monsieur, répond Cerisette qui s'est remise à son ouvrage, mon oncle se porte très bien, mais il ne rentre guère qu'à la brune ; si vous voulez le voir, il faut venir plus tard.

— Suffit, mademoiselle; à présent que je connais l'ordre et la marche, je suis fixé.

Cerisette pense que M. Pétarade va s'en aller; mais celui-ci n'en fait rien : tournant son képi dans ses mains, se balançant tantôt sur une jambe tantôt sur l'autre, il reste dans la chambre, faisant la bouche en cœur et les yeux en perdrix amoureuse.

Plusieurs minutes s'écoulent; Cerisette travaille sans lever les yeux sur Pétarade, qui s'écrie enfin :

— C'est tout de même joli, ici! vous avez une vue *conséquente*; vous voyez la colonne de Juillet que je présume?

— Oui, monsieur.

— C'est un peu haut, mais on n'en est que plus élevé.

Cerisette se tait; elle ne tient pas à soutenir la conversation. Nouveau silence plus long, cette fois; puis, c'est Pétarade qui repart :

— Pour lors, vous habitez comme ça avec votre oncle, et votre oncle habite avec vous?

— Oui monsieur, mon oncle loge dans une chambre ici dessus.

— Ah! je disais aussi... il faut que Sabretache ait encore une tente quelque part. Ah! il a une chambre ici dessus; il doit encore avoir la vue plus haute, alors. Moi, je reste rue Grénéta. Je serais très bien logé, si j'avais de la vue, mais j'ai une chambre où l'on ne voit pas clair; si on y voyait clair, ce serait très gai. Mais je n'y moisis pas, dans ma chambre, je quitte mon nid dès le point du jour, comme les alouettes.

Cerisette continue de travailler. Un silence beaucoup plus long fait suite à ce bout de conversation, et enfin Pétarade, qui ne sait plus quel sujet entamer pour faire causer la jeune fille, remet son képi sur sa tête en disant :

— Bien charmé, mademoiselle, d'avoir eu le plaisir de faire votre connaissance; j'espère que vous me permettrez de la cultiver en venant voir votre oncle.

— Il faudra venir le soir, monsieur.

— Oui, mademoiselle, c'est ce que je ferai. Je reviendrai bientôt, peut-être demain, ou après-demain, ou un autre jour. Je ne peux pas vous dire au juste, mais ça ne fait rien. Bien le bonjour, mademoiselle; mes compliments à Sabretache. Ne vous dérangez pas, je vous en prie, je vais ouvrir la porte.

Et M. Pétarade sort enfin de la chambre, au grand contentement de Cerisette, qui s'est bien aperçue que l'ancien militaire faisait beaucoup de mines en la regardant.

Le soir, la jeune fille instruit son protecteur de la visite qu'elle a reçue et de l'étonnement manifesté par Pétarade en apprenant que son ami avait une nièce.

— De quoi se mêle-t-il, ce grand craqueur-là! dit Sabretache; est-ce que nous avons des comptes à lui rendre? Au reste, Pétarade est un bon garçon, aimant à faire des histoires, à conter des blagues, à se vanter un peu; mais, dans le fond, toujours prêt à rendre service, et qui m'a souvent prouvé une amitié sincère. Ne craignez donc rien de lui, mon enfant; si jamais il pouvait vous être utile, je suis sûr que ce serait un plaisir pour lui. Mais, s'il revenait vous ennuyer quand je n'y suis pas, oh! ne vous gênez point, mettez-le à la porte.

Cerisette n'attache pas plus d'importance à la visite de Pétarade; mais le lendemain matin, lorsque la portière lui apporte ses provisions, elle s'aperçoit que Mme Pigeondel prend avec elle un air plus sec, un ton moins poli.

La jeune fille comprend que ce changement vient de l'incrédulité témoignée par Pétarade en apprenant que son ancien camarade avait une nièce; mais elle se garde bien de parler de cela à Sabretache.

XXIX

RENCONTRE. — CHANGEMENT DE DOMICILE

Deux jours se sont écoulés, lorsque, sur les huit heures du soir on frappe militairement à la porte de la chambre dans laquelle Cerisette et Sabretache sont en train de prendre leur repas. La jeune fille court ouvrir, et Pétarade rentre en s'écriant :

— C'est moi. Bonsoir, camarade; bonsoir, mademoiselle; comment que tu vas? Je suis venu *avant-z-hier*, que même j'ai eu celui de trouver mademoiselle ta nièce, qui est bien aimable, que je suis bien satisfait d'avoir fait sa connaissance...

Sabretache serre la main de son ami, lui dit de s'asseoir et lui offre de se rafraîchir. Pétarade accepte et s'assied près de Cerisette d'un air enchanté, tandis que la jeune fille et l'ancien soldat continuent leur repas du soir.

— Ah ça! mais, à propos, farceur, dit Pétarade en passant ses doigts dans sa moustache, tu ne m'avais pas dit que tu avais une nièce!... Aussi, j'ai été tout surpris en trouvant mademoiselle établie ici avec ce grade; même que d'abord, j'ai cru que c'était une frime!...

— Est-ce que je suis obligé de te dire tout ce qui me concerne?... Est-ce que j'ai des comptes à te rendre? répond Sabretache d'un ton un peu sévère.

Pétarade répond aussitôt :

— Mon Dieu, c'est pas ça!... je ne te demande pas de comptes!... Tu as le droit de m'en faire... et voilà tout. Ce que j'en dis, c'est rapport à l'histoire de la surprise.

— Ma nièce était... dans un autre pays ; je pensais qu'elle y resterait, voilà pourquoi je n'en parlais pas!

— C'est bien heureux qu'elle n'y soit pas restée!

Et Pétarade, qui est très content d'avoir dit cela, tourne son menton dans sa cravate d'une façon qui fait sourire Cerisette.

— Ah! tu trouves?... dit Sabretache. Ma foi! je suis de ton avis!... Ma nièce a soin de mon ménage... de mes effets... Il faut voir comme tout est tenu chez moi, maintenant!... Et puis, elle fait notre petit fricot; de cette façon, je ne suis plus obligé d'aller manger à la gargote.

Cerisette continue de travailler.

— Et mademoiselle fait une cuisine qui sent bien bon! dit Pétarade en passant le bout de sa langue sur ses lèvres.

— C'est donc un bonheur pour moi qu'elle soit revenue à Paris, cette chère fille!...

— Ah! mon ami!... mon oncle! murmure Cerisette, vous voulez cacher le bien que vous me faites, en ayant l'air de croire que je vous suis bien utile!... mais je ne suis pas votre dupe!...

— Allons, taisez-vous, ma nièce, n'allez-vous pas faire croire à Pétarade que je ne sais pas ce que je dis?... Si vous êtes heureuse avec moi, je ne le suis pas moins de vous avoir pour tenir ma maison!...

— Ce qui fait que vous êtes heureux tous les deux! reprend Pétarade en vidant son verre.

— Oui, certes! s'écrie Sabretache, et tant que ma petite Cerisette

Et où va loger M. Sabretache avec sa nièce? (P. 260.)

voudra rester avec son oncle, elle sait bien qu'elle lui fera plaisir.

— Cerisette!... s'écrie Pétarade; mademoiselle ta nièce s'appelle Cerisette?

— Sans doute, répond Sabretache, tandis que la jeune fille rougit déjà.

— Tiens! c'est drôle!

— Qu'est-ce qu'il y a de drôle à cela?

— C'est que tu m'avais parlé d'une jeune fille qui t'avait rendu service... dans une auberge... quand tu es revenu d'Alger!... et même que nous devions aller la voir ensemble au printemps... aux environs de Nemours.

— Eh bien?

— Eh bien! elle s'appelait aussi Cerisette celle-là!... que tu aimais comme une sœur!... Je me rappelle très bien que tu disais : « Cette pauvre petite Cerisette, je suis inquiet à son sujet. »

La jeune fille baisse les yeux, et Sabretache est un moment embarrassé; mais il reprend bientôt d'un air dégagé :

— Eh bien! qu'est-ce qu'il y a d'étonnant à ce que ma nièce porte le même nom que cette jeune fille? Est-ce qu'on ne rencontre pas tous les jours des Marie, des Madeleine, des Françoise?...

— C'est juste, au fait... on peut avoir un nom à une autre... J'ai bien un cousin qui s'appelle Giroflée comme un tambour de notre régiment!

— C'était pas Giroflée que s'appelait notre tambour, c'était la Tulipe.

— Tu crois?... Ah! oui, au fait, c'était la Tulipe!... Mais enfin, c'est toujours le nom d'une fleur.

Pétarade prolonge sa visite fort tard; il faut même que son camarade lui fasse observer qu'il veut aller se coucher pour le décider à partir, ce qu'il ne fait qu'après avoir dit trois bonsoir à Cerisette.

Cette visite est bientôt suivie d'une autre. Il est facile de voir que le jeune camrade de Sabretache éprouve un grand plaisir à se trouver près de Cerisette; mais, comme ce plaisir ne sort point des bornes du respect et ne se trahit que par des œillades auxquelles on ne répond pas, et des soupirs qu'on feint de ne point entendre, on laisse venir Pétarade, dont la conversation fait souvent rire Sabretache et même Cerisette.

Il y a près d'un mois que Cerisette habite le faubourg Saint-Antoine et elle n'est point encore sortie; cependant, ses couleurs qui étaient revenues ont disparu de nouveau, et sa figure amaigrie annonce que cette réclusion continuelle est loin d'être favorable à sa santé. Chaque jour Sabretache renouvelle ses instances près de la jeune fille pour qu'elle consente à prendre de l'exercice, et toujours celle-ci remet la promenade au lendemain. Mais, maintenant, Pétarade sert d'auxiliaire à son ami, et, chaque fois qu'il va chez Sabretache, il ne manque pas de s'écrier :

— Est-ce ce soir que mademoiselle ta nièce fera une petite promenade? Le temps est superbe!... Il serait prudent d'en profiter avant que les mauvais jours arrivassent.

— C'est ce que je viens encore de répéter à Cerisette, dit Sabretache. Si elle ne sort pas, elle tombera malade.

— Mademoiselle croit peut-être que nous n'avons pas de jolies promenades dans les environs? Elle se trompe!... Si elle voulait seulement me laisser la conduire, je connais de petits bals, dans le faubourg, contre la barrière, du côté de Belleville, de Ménilmontant!... C'est joliment amusant!... et très bonne société; ce sont tous jeunes hommes avec leurs maîtresses. On pince son rigodon, on se rafraîchit et on voit du feuillage.

— Merci, monsieur Pétarade, mais je ne danse pas, moi, et je ne désire pas aller dans ces endroits-là.

— C'est dommage, mam'zelle; je suis sûr que vous danseriez avec agrément.

— Vous n'irez pas à la guinguette, mon enfant, dit Sabretache, puisque ce n'est pas votre goût; mais il faut sortir, vous promener, prendre l'air; le bon Dieu ne nous a pas donné des jambes pour ne jamais nous en servir.

Cerisette comprend que son protecteur a raison; elle consent enfin à quitter la chambre, et, un soir, dans la compagnie de Sabretache et de Pétarade, se promène sur le boulevard Bourdon et le long de la rivière

Cette sortie est bientôt suivie d'une autre, car la jeune fille est obligée de convenir qu'elle se porte mieux; ses couleurs reviennent; ses yeux reprennent leur éclat; l'air et l'exercice produisent leur effet.

Sabretache se frotte les mains en disant :

— Quand je répétais qu'elle avait besoin de se promener!... Voyez!... la voilà qui se redresse comme une fleur au soleil.

— Mam'zelle n'avait pas *de besoin* du soleil pour être une rose quelconque! dit Pétarade; mais, c'est égal, le coup de vent n'a pas nui.

Et chaque fois que l'on sort, Pétarade offre son bras à la jeune fille, qui le remercie et prend celui de Sabretache; ce qui n'empêche pas le jeune homme de renouveler son offre à la sortie suivante.

Il y a déjà quelque temps que Cerisette, renonçant à garder la chambre, se donne presque chaque soir le plaisir de la promenade en s'appuyant sur le bras de son protecteur. Aucun événement n'est venu troubler ces modestes distractions, et les craintes de la jeune fille commencent à se dissiper.

Un soir que Sabretache est revenu de son travail plus tard que de coutume, on s'est dirigé d'un autre côté.

— Pourquoi toujours prendre à gauche? dit Pétarade en sortant. Mam'zelle Cerisette ne connaîtra jamais Paris, si nous ne lui faisons voir que le bord de l'eau et le Jardin des Plantes; c'est bien plus élégant de l'autre côté.

Sabretache n'a pas pensé que cela pouvait être imprudent de tourner vers ce côté des boulevards; d'ailleurs, son intention est bien de ne point laisser descendre Cerisette jusqu'à la rue Saintonge. Quant à la jeune fille, elle se laisse conduire; elle ne connaît pas Paris.

Le temps est indécis, la nuit approche, les boulevards sont presque déserts. Nos trois promeneurs sont arrivés devant la rue Ménilmontant, et ils vont retourner sur leurs pas, lorsque Cerisette sent quelque chose se frôler contre sa robe; elle baisse les yeux, un petit chien noir est devant elle; il se frotte contre ses jambes et semble vouloir lui faire des caresses. Elle frémit; un tremblement subit la saisit : dans ce petit chien, elle vient de reconnaître Grignedent.

— Qu'avez-vous donc, mon enfant? dit Sabretache, qui sent que Cerisette s'appuie plus fortement sur son bras. Êtes-vous déjà lasse?

— Ce n'est rien, répond la jeune fille d'une voix altérée. Mais je voudrais être rentrée!... Marchons plus vite, s'il vous plaît.

A peine a-t-elle achevé ces mots, qu'elle se sent touchée à l'épaule et une voix, qu'elle a trop vite reconnue, dit d'un ton goguenard :

— Par la mordieu! je ne m'étais pas trompé!... c'est Cerisette! Ah! je suis enchanté de vous rencontrer, belle fugitive; nous avons à causer ensemble. Sans Grignedent, je passais sans vous voir, mais ce drôle-là a un nez impayable.

En même temps, M. Minos, car c'est lui qui vient d'adresser ces paroles à Cerisette, se met devant la jeune fille comme pour lui barrer le passage, et, regardant Sabretache d'un air insolent, lui dit :

— Mon cher, lâchez cette petite, j'ai le droit de l'emmener avec moi!... et je veux en user.

— Ah! je suis perdue! murmure Cerisette en se cramponnant au bras de Sabretache, tandis que Pétarade regarde M. Minos en roulant des yeux étonnés.

Le maître de Grignedent a voulu joindre l'effet à la parole et prendre le bras de Cerisette; mais Sabretache, repoussant rudement ce monsieur, a remis la jeune fille au bras de Pétarade en disant à celui-ci :

— Je te la confie, conduis-la chez nous!... Tu en réponds sur ta tête.

— Sois tranquille! répond Pétarade, j'en réponds sur deux têtes!

— Qu'est-ce? Pourquoi votre ami emmène-t-il cette petite? dit M. Minos en essayant de courir sur les traces de Cerisette. Mais Sabretache ne lui en laisse pas le temps : il le saisit par un bras, le tire en arrière, puis, le poussant contre un arbre, le tient là avec tant de force que le faux lion balbutie :

— Ne seriez donc pas si fort, mon cher. Que diable!... vous me faites des bleus! Vous pourriez vous repentir de ces manières... Je vous passerai mon épée dans le corps... ou une balle dans la tête. J'attrape une pièce de cent sous au vol avec un pistolet. Vous ne savez pas à qui vous avez affaire.

— Tu te trompes! J'ai affaire à un gredin, à une canaille à qui je vais d'abord casser les reins s'il ne se tait pas... ensuite nous verrons.

— Mais, monsieur...

— Tais-toi, encore une fois, misérable! qui as osé parler à cette pauvre enfant.

— Cette pauvre enfant... Mais vous êtes sa dupe, mon vieux; cette petite a été...

Sabretache ne laisse pas achever M. Minos; il lui applique un si violent coup de poing sur la bouche qu'il l'envoie rouler sur la chaussée en lui criant :

— Cette fois, je veux bien ne te donner que cela; mais, si jamais tu as le malheur d'accoster cette petite, je te promets de te mettre hors d'état de te relever; souviens-toi de cela.

Après avoir dit cela, Sabretache se hâte de s'éloigner, car déjà les passants approchent pour savoir le motif de ce combat. Mais l'ancien troupier a l'habitude d'allonger le pas; bientôt il est loin de son adversaire, et il arrive chez lui au moment où Cerisette et Pétarade rentraient. Cerisette est pâle, tremblante; elle n'a pas la force de parler, mais ses yeux interrogent Sabretache, qui lui fait signe de se rassurer, et dit à Pétarade :

— Nous voici arrivés chez nous; merci, camarade, nous n'avons plus besoin de ton secours. Au revoir, mon ami.

— Ah çà! mais, qu'est-ce que c'était donc que ce particulier qui se permettait de vouloir emmener mademoiselle ta nièce? Par exemple! je le trouve un peu fort de café celui-là.

— Oh! c'est un mauvais sujet qui déjà plusieurs fois a poursuivi Cerisette.

— Il est amoureux de mademoiselle, que je suppose?

— Oui, c'est cela.

— Alors on ne se présente pas d'un air de tambour-major qui veut tout casser. Jolie manière de faire sa cour!

— Oh! je te promets qu'il ne recommencera pas... Je lui ai donné une leçon dont il se souviendra.

— Tu as bien fait. Mademoiselle a eu une peur!... J'avais beau lui dire en revenant : « Soyez donc tranquille, votre oncle est un gaillard solide; et quoiqu'il n'ait pas chassé des lions comme moi, il en mangerait deux comme cet effronté qui est venu vous accoster!... » Eh bien! c'est égal, je ne pouvais pas la rassurer... et je sentais bien à son bras qu'elle tremblait comme la feuille. Je gage qu'elle tremble encore.

— Non, non... c'est passé! murmure Cerisette, dont la voix dément les paroles.

— Enfin, vous n'avez plus besoin de moi? reprend Pétarade.

— Non, mon ami, non, merci. Tu peux rentrer, nous allons nous reposer... Cerisette en a besoin.

— Au revoir, alors! Bonjour, mam'zelle; bonsoir, Sabretache! bonsoir tout le monde.

Et Pétarade se décide, quoiqu'à regret, à s'éloigner.

De retour dans leur logement, Cerisette, verse d'abondantes larmes en murmurant :

— Vous le voyez, mon ami, voilà à quoi je vous expose! Pour moi, vous avez manqué de vous battre.

— Oh! rassurez-vous, mon enfant, les gens comme ce monsieur ne sont pas dangereux : ces misérables sont presque toujours des lâches, faisant les rodomonts devant les femmes, les insolents quand ils sont quatre contre un... voilà comme ces gaillards-là sont braves. Mais j'ai corrigé celui-ci, et je vous réponds qu'il ne lui prendra plus envie de vous parler si le malheur voulait qu'il vous rencontrât encore.

— Oh! c'est fini maintenant. Vous le voyez bien... il ne faut pas que je sorte... car de telles rencontres... Si vous saviez le mal que cela me fait! Je ne sais si je pourrais encore le supporter.

— Pauvre petite! dit Sabretache en considérant Cerisette qui est encore sous l'impression nerveuse qu'elle a ressentie. C'est donc à dire que des misérables vous priveront de l'air, du soleil, de la promenade, de ce qui soutient la santé, enfin! Non pas, vraiment, cela ne sera pas... Paris est grand, nous n'aurons que le choix; je ne donnerai pas notre adresse, et ce sera bien le diable si on nous retrouve.

— Quoi, mon ami! pour moi vous quittez vos habitudes, un logement qui vous plaît... vous vous éloignez des gens qui vous emploient.

— Prrout! des habitudes, on s'en fait bien vite d'autres... Le logement, il ne me plaît pas du tout, au contraire... Je n'ai pas de chambre ici, et la portière est trop bavarde ; des pratiques, on en trouve partout. Quand on a de bons bras et qu'on n'est pas paresseux, on doit vivre n'importe dans quel quartier. Ce qu'il faut avant tout, c'est que vous soyez calme, tranquille, et que vous puissiez sortir sans craindre de faire de vilaines rencontres, et, pour cela, il est indispensable que nous déménagions. Dès demain, je m'en occuperai. Allons, remettez-vous, mon enfant; dormez, oubliez l'événement de ce soir : nous ferons en sorte que cela ne se renouvelle pas.

Sabretache quitte Cerisette, qui essaye en vain de prendre du repos; le tremblement nerveux qu'elle doit à cette fatale rencontre ne la quitte pas de la nuit.

Le surlendemain, Sabretache, qui a mis le temps à profit, arrive dans la journée avec une petite voiture à déménagement et fait lestement enlever son mobilier, en disant à Cerisette :

— Nous avons notre affaire. Faites vivement vos paquets, ma petite ; la Pigeondel est payée, nous pouvons lever nos tentes. Il y a un fiacre en bas qui nous emmènera, dès que mon commissionnaire aura fini. J'ai eu soin de prendre des voitures qui ne sont pas de ce quartier ; bien fin qui nous dépistera.

Les apprêts de Cerisette sont bientôt achevés ; les meubles étant enlevés, Sabretache descend la jeune fille à son bras.

— Et où va loger M. Sabretache avec sa nièce ? dit la portière en appuyant avec affectation sur ce dernier mot.

— Si on vous le demande, répond Sabretache, vous aurez le droit de répondre que vous n'en savez rien.

XXX

UN VÉRITABLE AMI

La voiture a roulé longtemps ; elle ne s'arrête que dans le quartier des Champs-Élysées devant une jolie maison de la rue de Ponthieu.

Sabretache fait descendre Cerisette, qui regarde avec étonnement autour d'elle; il y a une telle différence entre la tournure, la mise, les manières des habitants de ce quartier et ceux du faubourg Saint-Antoine, que la jeune fille se figure avoir quitté Paris pour aller habiter dans une autre ville.

Au lieu d'une maison vieille, sombre, mal bâtie et mal tenue, Cerisette entre dans une de ces habitations jolies, gracieuses, élégantes,

Sabretache s'arrête, repousse un peu son matelas en arrière. (P. 268.)

comme on les fait toutes maintenant; elle traverse une cour bien claire, bien propre et monte un escalier à rampe dorée, et dont les marches sont frottées et cirées comme le parquet d'un salon.

— C'est superbe ici! murmure Cerisette en posant légèrement ses pieds sur les marches. Et nous allons demeurer dans cette belle maison?

— Oui, mon enfant, nous aurons chacun une chambre, et ce n'est guère plus cher qu'où nous étions... Par exemple, c'est plus haut... Montez, montez toujours... mais un escalier gentil comme cela, ça ne fatigue pas.

Au quatrième étage, l'escalier cesse d'être ciré et devient plus étroit, mais il est toujours clair et propre; on arrive sur le palier du sixième, il n'y a pas moyen de monter plus haut. Là, il y a plusieurs portes; Sabretache en ouvre une et introduit Cerisette dans leur nouveau logement qui se compose d'une petite entrée communiquant à deux pièces qu'elle sépare. L'une de ces pièces, qui a une cheminée, sera la chambre de la jeune fille, l'autre, celle de Sabretache, qui ne sera plus obligé de se réfugier dans un grenier. L'oncle et la nièce seront chacun chez eux et ne seront séparés que par la pièce d'entrée. Cerisette est enchantée de son nouveau logement. Elle s'empresse de ranger ce que le commissionnaire monte, aidée de Sabretache, qui engage en vain la jeune fille à ne point se fatiguer. Celle-ci a hâte de se voir installée. Elle respire plus à l'aise dans cette maison qu'on lui a dit être bien loin... bien loin de celle qu'elle voulait oublier.

Le soir, tout est rangé dans le petit logement, et les nouveaux emménagés peuvent se reposer en prenant leur repas du soir. Alors Sabretache dit à la jeune fille :

— Ici, ma chère enfant, j'espère que vous retrouverez la paix et la santé... car je vois bien que cette rencontre d'avant-hier vous a toute bouleversée... Vous ne mangez pas?

— Je n'ai pas faim...

— La fatigue devrait vous donner de l'appétit; enfin, le repos, le calme, vous remettront, j'espère. Je vous le répète, nous sommes dans un tout autre quartier de Paris... à près d'une lieue de l'endroit que nous habitions.

— Oh! tant mieux!... Et les gens qui demeurent par là-bas ne viennent point par ici?

— Vous comprenez qu'au moins ils y viennent plus rarement. Nous avons tout près de nous une superbe promenade : les Champs-Élysées ; c'est comme la campagne... cela vous plaira.

— J'aimerais mieux ne pas sortir.

— Pour tomber malade! Je vous répète que par ici c'est un autre monde. Ah!... à propos... j'ai remarqué que ce... misérable qui vous a appelée par votre nom, Cerisette...

— Oui, j'avais dit mon nom lorsque j'étais allée demander à coucher dans la maison.

— Ne pensez-vous pas, ma petite, qu'il faudrait alors quitter ce nom-là?

— Oh! oui, vous avez raison... il ne faut plus que l'on m'appelle ainsi...

— Comment voulez-vous vous appeler, alors?

— Comme vous voudrez, mon ami : donnez-moi un nom qui purifie celui que j'ai porté... qui le fasse oublier surtout.

— Ma foi! je ne suis pas très fort sur les noms... Mais, attendez, je me souviens d'avoir eu une sœur, qui est morte tout enfant : elle s'appelait Agathe. Voulez-vous de ce nom-là?

— Le nom de votre sœur? Oui, sans doute!... Agathe; ce nom me plaît beaucoup.

— Tant mieux!... Alors, c'est décidé, vous vous appelez Agathe maintenant, c'est fini; et ceux qui vous nommeraient autrement, vous ne les connaissez pas... ils se trompent, ce sont des imbéciles.

— Mais, mon ami, et Pétarade... il sait que je m'appelle Cerisette?

— Ah! fichtre, vous avez raison! Mais Pétarade... je lui ferai une histoire, je lui dirai ce que je voudrai, il me croira. Au reste, je ne sais pas trop quand nous le reverrons, ce pauvre garçon; car, n'ayant pas laissé mon adresse, je ne pense pas qu'il nous retrouve facilement... Un de ces soirs... quand j'aurai le temps, j'irai lui donner de nos nouvelles à son estaminet, mais ça ne presse pas.

— Pourquoi cela, mon ami? C'est votre ancien camarade... il vous aime sincèrement, et sa société vous amusait.

— Oui, mais il m'a semblé qu'elle vous embêtait quelquefois, vous, ma petite.

— Moi!... Pourquoi pensez-vous donc cela?...

— Pourquoi?... Tenez, mon enfant, il ne faut pas finasser entre nous, il faut se dire ce qu'il en est. J'ai bien remarqué que le camarade s'allumait pour vous, qu'il roulait de l'œil, qu'il poussait des soupirs à éteindre une chaufferette... Et j'ai vu aussi que tout cela ne vous plaisait pas... Voyons, est-ce vrai, oui ou non?

— Oui, mon ami, c'est vrai. C'est-à-dire que ce pauvre Pétarade ne m'a rien dit cependant qui pût me déplaire.. Jamais un mot, jamais une parole inconvenante.

— Mille cartouches! j'aurais voulu voir qu'il vous dit des bêtises!... N'êtes-vous pas ma nièce à ses yeux?... Et, sans cela même, n'êtes-vous pas sous ma protection? Mais ce n'est pas là ce que je redoutais; seulement Pétarade aurait pu vous faire sa cour, devenir sérieusement amoureux de vous... ça en prenait le chemin, et demander à vous épouser. Auriez-vous voulu de lui?

— Non, mon ami, non; je n'aurais pas voulu... D'abord, vous savez bien que je ne puis jamais me marier... Est-ce qu'il m'est permis d'accepter la main, le nom d'un honnête homme?

— Il n'est pas question de tout cela... Si nous en étions là... ah! nom d'une pipe! il y a bigrement d'honnêtes paroissiens qui épousent des demoiselles qui n'en ont que le nom.

Mais revenons à Pétarade ; son amour vous embête et ne le mènerait à rien ; il faudra donc, s'il revient nous voir, qu'il fasse en sorte de le renfoncer. Mais c'est un bon garçon, je lui ferai comprendre la chose en douceur et il s'y soumettra sans grogner ; sinon, il ne reviendra pas. En attendant, allons nous coucher... Bonsoir, Cerisette!... Ah! qu'est-ce que je dis là... c'est Agathe que je dois vous appeler à présent. Dame! l'habitude ; cela m'échappera encore quelquefois, mais, entre nous, vous ne vous fâcherez pas?

— Me fâcher! avec vous? Ah! quel que soit le nom que vous me donniez, je serai toujours la pauvre fille que vous avez retirée de la honte, de l'infamie, à qui vous avez rendu, avec le courage, l'espérance d'être un jour digne de votre estime, de votre amitié... et qui aura pour vous une éternelle reconnaissance... qui vous aimera, qui vous chérira comme un père.

Sabretache presse Cerisette dans ses bras. Il essuie une larme qui coulait de ses yeux en murmurant :

— Assez, assez, mon enfant! Vous voyez bien que je suis récompensé... Dormez, reposez-vous, et ne vous fatiguez pas demain.

— A propos, mon ami, et de l'ouvrage pour moi? Vous savez que votre garde-robe est entièrement raccommodée?

— Oui ; oh! je sais que tout est en bon état et bien entretenu.

— Je ne puis pas rester à rien faire, cela m'ennuierait : je suis en état de faire des chemises... et bien autre chose encore.

— C'est bien, nous nous occuperons de cela... Il faut avant tout que je ne vous voie plus trembloter comme la feuille. On ne peut pas coudre quand on tremble... j'ai peur que vous n'ayez la fièvre.

— Cela se passera en dormant.

Le lendemain, malgré tous ses efforts pour paraître mieux portante, Cerisette, qui est minée par une fièvre nerveuse plus forte encore que la veille, est obligée, dans l'après-midi, de se mettre au lit. Sabretache est sorti de bonne heure, car, maintenant, il faut qu'il aille bien loin pour retrouver les entrepreneurs qui l'emploient, et il faut aussi qu'il tâche de se procurer de l'ouvrage, dans son quartier. L'ancien soldat sent qu'il doit redoubler de courage, de zèle, pour subvenir à leurs nouveaux besoins ; car il a trompé la jeune fille en lui disant que son nouveau logement n'était guère plus cher que l'ancien; mais, pour que Cerisette fût agréablement logée, pour qu'elle fût surtout bien éloignée du quartier qui lui rappelait ses malheurs, il n'a pas craint d'augmenter ses dépenses; il s'est dit seulement :

— Je me lèverai plus tôt, je rentrerai plus tard, je travaillerai davantage.

Malheureusement, les événements ne secondent pas toujours notre bonne volonté. Souvent, les paresseux, les mauvais sujets, refusent de l'ouvrage qui pourrait les faire vivre honorablement, tandis que tant de gens probes et laborieux ne peuvent point se procurer assez de travail pour faire subsister leur famille.

Le médecin qui va voir Cerisette la trouve assez malade pour garder le lit.

Mais si tout allait bien dans le monde, on y serait trop heureux, et Dieu ne nous a pas créés pour cela.

En trouvant Cerisette au lit et en proie à un mal qu'elle s'efforce en vain de dissimuler, Sabretache éprouve plus de peine que de surprise ; il avait prévu que la révolution causée à la jeune fille par la rencontre de Minos aurait des suites fatales à sa santé. Loin d'être abattu par ce nouvel incident, il console la jeune malade, il ranime son courage, il tâche même de la faire sourire en lui disant :

— Ce ne sera rien, ma petite, et d'ailleurs les médecins n'ont pas étudié pour les hommes de pain d'épice, on vous donnera ce qu'il vous faut, et on vous guérira.

— Mais cela vous coûtera de l'argent, mon ami, et je vous suis déjà bien assez à charge !

— A charge! Ah! mille bombes, ne répétez pas ce mot-là... ou je croirai que vous me prenez pour un mauvais cœur... un égoïste. J'ai de bons bras, Dieu merci ; je suis encore en âge de travailler... Il y a mieux, c'est que c'est ma vie, c'est mon bonheur, à moi, de travailler ; je tomberais malade s'il me fallait flâner toute la journée, ou me dandiner sur une chaise ; le mouvement, l'action... c'est mon élément !... Si j'avais encore mon vieux père, je travaillerais pour lui... Je ne l'ai plus... vous vous êtes trouvé là pour que je ne sois pas tout seul sur la terre, pour que j'aie toujours quelqu'un à aimer. Eh bien ! sacrebleu ! quand je deviendrai infirme, invalide, et que je ne pourrai plus rien faire, ce sera votre tour, petite, et vous travaillerez pour moi, la cause première de tout ce qui vous est arrivé de fâcheux... Car je n'ai point oublié l'hospitalité que j'ai reçue de vous chez ce mauvais farceur de Chatouillé... Mais il est inutile de revenir là-dessus. Ne vous tourmentez pas, petite, je vais vous envoyer un médecin... et un médecin qui guérisse, si c'est possible...

Le médecin qui va voir Cerisette la trouve assez malade pour garder le lit, pas assez pour que cela doive inquiéter Sabretache ; semblable à beaucoup de ses confrères qui ne sont pas bien certains des remèdes qu'ils doivent employer, parce qu'ils ne connaissent rien aux maladies qui ont leur source plutôt dans l'âme que dans le corps, il ordonne de ces choses que l'on peut prendre en tout temps, même lorsqu'on n'est pas malade.

Sabretache se multiplie pour soigner Cerisette, aller chercher les médicaments ordonnés par le médecin, et tâcher de se procurer de l'ouvrage. Il veut donner une garde à la jeune malade, et celle-ci s'y est formellement opposée, et le repos, la tranquillité, le temps étant les auxiliaires sur lesquels le docteur compte le plus pour guérir Cerisette, elle a fait entendre à son protecteur que la présence d'une étrangère lui causerait plus d'ennui qu'elle ne lui serait utile.

L'ancien troupier a consenti à ne point faire venir une garde : malheureusement, il n'est pas occupé lui-même ; il peut donc être souvent près de la jeune fille et s'assurer qu'elle ne manque de rien. Mais alors, comme Cerisette, en le voyant dans la journée, craint qu'il ne manque d'ouvrage, Sabretache trouve toujours quelque prétexte pour être revenu la voir. Tantôt, il a oublié une note, une adresse ; tantôt, c'est de l'argent qu'il n'a pas pris pour acheter de la couleur ou des brosses ; son amitié est ingénieuse pour tromper la jeune fille ; il ne veut pas qu'elle se doute qu'en changeant de quartier il a perdu ses anciennes pratiques et qu'il n'en a point encore trouvé dans ce nouveau.

Mais les modestes économies du vieux soldat sont bientôt épuisées, et, un matin, lorsque le médecin est parti après avoir ordonné une nouvelle potion, parce qu'il n'a pas trouvé de mieux dans l'état de la jeune malade, Sabretache est revenu dans sa chambre, et, après avoir fouillé dans le tiroir de sa table et dans toutes ses poches, il ne peut parvenir à réunir chez lui plus de quatorze sous.

L'ancien militaire reste debout au milieu de sa chambre, pensif, une main sur sa hanche, de l'autre caressant sa moustache, ce qui est son habitude lorsqu'il est fortement préoccupé. Son front soucieux, ses sourcils froncés, indiquent que ses réflexions n'ont pas encore amené un heureux résultat; enfin, et comme s'il était en colère contre lui-même, Sabretache frappe du pied avec force et se remet à arpenter sa petite chambre en s'écriant :

— Sacrebleu ! quand je resterai là comme un imbécile, ça ne me fera pas trouver de l'argent... et il m'en faut pourtant !... D'abord, pour acheter cette nouvelle potion commandée par le docteur et qui coûtera assurément plus de quatorze sous. Ces apothicaires sont encore plus chers depuis qu'ils s'appellent pharmaciens !... Mais il faut que ma petite malade ait sa potion... il le faut !... et elle l'aura... quand je devrais vendre mes moustaches !... Il y a longtemps que ce serait fait si on prêtait là-dessus... Et pas d'ouvrage !... rien dans ce maudit quartier... et rien dans l'ancien !... Ah ! c'est à se damner !

Sabretache s'arrête et promène encore ses regards autour de lui. Tout à coup, en les arrêtant sur son lit, sa physionomie s'éclaircit, une expression de joie ranime ses yeux; il frappe de sa main droite sur sa cuisse et s'écrie :

— Voilà mon affaire !... Eh ! oui, mille carabines !... et moi qui ne pensais pas à cela !... Voilà de quoi me procurer de l'argent... Allons, vite à la besogne !... La petite ne verra rien, elle ne vient pas dans ma chambre, puisqu'elle ne se lève pas... Ah ! on veut que j'aie un matelas ; ah ! on craint que je ne sois pas bien couché sur de la paille ; ma foi ! cela se trouve bien, et nous allons utiliser ce matelas.

En disant cela, Sabretache a couru à sa couchette : il jette de côté draps et couverture, il enlève le matelas qui est sur son lit de sangle, puis le charge sur ses épaules, marchant avec précaution et ayant soin que le matelas ne frotte point les murs pour que Cerisette ne se doute de rien. Arrivé sur son palier, il referme doucement sa porte en descendant vivement son escalier, emportant son matelas sur sa tête, et se disant :

— Sur l'argent qu'on me donnera de cet objet, je prendrai de quoi acheter une ou deux bottes de paille, ça n'est pas cher, et cela remplacera ce meuble douillet qui est du luxe pour moi.

Sabretache est arrivé sans encombre jusqu'au bas de l'escalier, car il est encore de bonne heure, et dans une maison bien habitée les locataires n'ont pas l'habitude de se montrer avant midi. Mais, au moment de franchir la cour, notre troupier est tout à coup arrêté par le portier, vieux Breton encore sec et vert, qui se met devant lui, en lui disant :

— Eh bien! où allons-nous donc comme ça, s'il vous plaît?

Sabretache s'arrête, repousse un peu son matelas en arrière afin de voir le portier, et lui répond d'un ton assez brusque :

— Nous allons où ça nous plaît, camarade; il me semble que nous n'avons pas de comptes à vous rendre et que nous sommes d'âge à marcher tout seul?...

— Certainement, reprend le portier en se tenant toujours devant son locataire pour l'empêcher de sortir. Vous pouvez aller où bon vous semble, vous êtes parfaitement le maître de vos actions... et je m'en inquiète peu... mais il n'en est pas de même de ceci... et cela ne peut sortir sans ma permission.

En disant ces mots, le vieux Breton posait une de ses mains sur le matelas.

— Comment! qu'est-ce que vous me chantez?... Mon matelas ne peut pas sortir sans votre permission?... Par exemple, voilà qui est fort!... Est-ce qu'il n'est pas à moi? N'est-ce pas ma propriété? Je veux lui faire prendre l'air, à ce matelas... Il y a longtemps qu'il n'est sorti, je sais que ça lui fera du bien... Ce ne sont pas vos affaires, vous voulez rire, mais je n'ai pas le temps... laissez-moi passer.

Eh bien! où allons-nous donc comme ça, s'il vous plaît?

— Passez tant que vous voudrez... mais sans votre matelas... Il est à vous, c'est trop juste... mais il me répond de votre loyer... Je vous ai loué, parce que vous aviez des meubles... Vous n'en avez guère, je ne peux donc pas laisser sortir ce que vous avez de meilleur.

— Que diable me demandez-vous? Est-ce que je vous dois quelque chose?

... trouve le bureau de prêt !... (P. 274.)

— Non... mais voilà bientôt deux mois que vous demeurez ici... et le terme approche.

— On vous payera votre terme. Me prenez-vous pour un voleur?...

— Dieu m'en garde!...

— Je veux faire recarder mon matelas.

— Vous en avez le droit, mais faites-le carder dans la cour, il y a de la place.

— Ah! sacrebleu! vous m'impatientez à la fin, et si je me fâche...

— Ecoutez, camarade, ne vous fâchez pas... Vous avez été militaire, et, d'un mot, je pense que vous entendrez raison. Les meubles ne peuvent sortir des petites chambres du sixième, c'est ma consigne.

— Du moment que c'est votre consigne, c'est différent, je la respecte.

Et Sabretache, faisant un demi-tour sur lui-même, regagne l'escalier et remonte chez lui avec son matelas, qu'il rejette sur son lit avec humeur, en murmurant :

— Va te coucher, toi, faiuéant, tu n'es bon à rien, tu ne peux pas même rendre service à un ami! Mais, nom d'une bombe! il me faut pourtant de l'argent! Cette petite a besoin de sa potion... Ah! quelle idée!... le camarade est à cheval sur la consigne... il a raison, c'est son devoir, et je n'ai rien à dire à cela... Mais si je trouvais une ruse de guerre, s'il n'y voit que du feu?... Dans ce matelas, ce n'est pas la toile qu'on achète, elle n'est ni belle, ni neuve; c'est donc la laine qui est dedans... c'est sur la laine que je trouverai de l'argent... Attends, attends, cher ami, je vais un peu te découdre, toi; ensuite, en me matelassant depuis le bas jusqu'en haut... Fameux! la sentinelle ne se doutera de rien; vite à la besogne!

Sabretache prend son couteau, découd lestement son matelas; puis, enlevant de la laine à poignées, commence d'abord à en fourrer dans son pantalon; il en met tant, qu'il a beaucoup de peine à le reboutonner. Le pantalon garni, il en fait autant sous son gilet, puis dans le dos et la poitrine de sa redingote, qu'il ferme ensuite depuis le bas jusqu'en haut. La moitié seulement du matelas a pu y passer, mais Sabretache se dit :

— Je préviendrai le marchand que j'en ai encore autant à vendre, et je ferai deux voyages. Décidément, j'ai eu là une excellente idée. Nous allons enfoncer la sentinelle : en avant!

L'ex-troupier sort de chez lui; mais, arrivé sur l'escalier, il éprouve beaucoup de difficulté à faire aller ses jambes; il a tant fourré de laine sous ses genoux qu'il ne peut plus les faire plier. Enfin, en se forçant, en sautant des marches à cloche-pied, en se glissant contre la rampe, il arrive en bas; mais il est en nage, la sueur coule de son visage, il étouffe dans ses vêtements; il ne s'en met pas moins en marche pour traverser la cour.

Malheureusement, le portier incorruptible est encore là, balayant sous la porte cochère; il est frappé de la démarche singulière de son locataire, qui, pour avancer, est obligé d'écarter les jambes comme quelqu'un dont la culotte recélerait un événement désastreux. En apercevant le portier, Sabretache essaye d'être ingambe; il fait même son possible pour sautiller; mais il ne peut y parvenir, et le vieux Breton, s'appuyant sur son balai, lui dit en le regardant d'un air tant soit peu moqueur :

— Tiens! camarade, est-ce que vous avez la goutte, maintenant?

— Moi, la goutte? Je ne me suis jamais si bien porté. Il fait chaud aujourd'hui... Je vais me promener.

— Mais à coup sûr vous n'êtes pas dans votre état naturel... Vous êtes enflé depuis tout à l'heure!

— Enflé? Quelle idée!... en voilà une cocasse! Après ça, j'ai mangé des moules à mon déjeuner, il y avait peut-être des crabes dedans... mais ça ne dure pas. Au revoir.

— Attendez donc, attendez donc, vous perdez quelque chose.

Et le maudit portier, se baissant devant Sabretache, se met à tirer des flocons de laine qui sortaient par-dessous le pantalon. L'ancien militaire n'avait pas pensé à cela, et comme la laine était très serrée et tenait à un gros paquet, le portier avait beau tirer, il en venait toujours et la jambe s'amincissait, quoique Sabretache criât :

— Laissez donc cela, sacredié! c'est ma jarretière... Je l'ai mal attachée, voilà tout. Je n'ai pas besoin que vous la ramassiez.

Mais le portier va toujours son train; il ne se relève que lorsqu'il a remis une jambe dans son état naturel. Il tient dans sa main la laine accusatrice, et, frappant doucement son locataire sur le dos, sur la poitrine et sur le ventre, lui dit :

— Il y en a autant là, et là, et là!... Franchement, ça doit vous étouffer. Allons, camarade, le tour n'était pas mauvais. j'en conviens, mais je suis un vieux renard et il n'est pas facile de m'attraper. Croyez-moi, allez vous débourrer, vous serez plus à votre aise.

— Nom d'un nom! murmure Sabretache en se frappant sur la cuisse, ce qui en fait sortir un nuage de poussière, vous avez donc servi sous l'ancien? Vous êtes donc un vieux de la vieille, vous?... Suffit, nous rengainons, nous jouerons un autre jeu.

Et Sabretache est remonté chez lui, et il se débarrasse de toute cette laine dont il s'était couvert; mais son front est soucieux, ses yeux expriment le découragement, car il ne sait plus comment se procurer de l'argent, lorsqu'en se tâtant de tous côtés, pour s'assurer qu'il n'est plus ouaté, sa main rencontre un objet assez volumineux que renferme sa poche de côté. Aussitôt, il y fouille et en tire un porte-cigares qui lui a été donné en Afrique par un officier qu'il avait délivré d'un parti d'Arabes.

Ce porte-cigares, fait d'un tissu de paille d'une extrême finesse, a souvent été admiré par les personnes qui l'ont vu dans les mains du soldat; quant à Sabretache, ne fumant pas de cigares, il s'est servi du cadeau qu'on lui a fait pour y mettre du tabac, quand il en avait et qu'il ne fumait pas à froid. Le joli étui de paille est donc vide depuis longtemps.

Sabretache examine le porte-cigares en murmurant :

— Ce brave lieutenant Bernard, c'est son cadeau... Ça me servait de blague... mais on m'a dit souvent que le porte-cigares était précieux, que la finesse de la paille était admirable. C'est vrai que ça se plie comme un mouchoir. Je crois même qu'un officier a dit devant moi qu'on n'aurait pas le pareil pour soixante francs. Bigre!... si je savais avoir de l'argent là-dessus! Pauvre lieutenant!... je ne voudrais pas vendre son souvenir... mais je puis bien l'engager. Quand le travail donnera, je le retirerai. Qu'est-ce que je risque? Allons, je réussirai peut-être cette fois, et la sentinelle ne m'empêchera pas de passer, sinon je la cogne.

Je portais en gage son pantalon des dimanches, couleur olive.

Sabretache prend sa casquette et dégringole vivement l'escalier. Le portier est toujours dans la cour; mais, cette fois, notre ancien troupier passe devant lui d'un air fier, et s'arrête même un moment en le fixant, comme pour lui dire :

— Vous ne m'empêcherez pas de sortir, cette fois?

Le vieux Breton se contente de faire un mouvement de tête et se range sur le côté en murmurant :

— Passez, camarade, passez.

— C'est bien heureux! répond Sabretache en sortant.

Mais lorsqu'il est dans la rue, le protecteur de Cerisette se demande de quel côté il doit porter ses pas. Jamais, jusqu'alors, il n'a eu besoin d'aller dans un mont-de-piété; il ignore donc où il pourra en trouver un; il ne s'en met pas moins en marche au hasard, en se disant :

— Il y en a, je suis sûr qu'il y en a... Je finirai donc par en trouver! A la vérité, je ne sais pas comment cela est bâti; mais sur la boutique il doit y avoir une enseigne. Regardons les enseignes.

Après avoir marché assez longtemps inutilement, en regardant les enseignes, Sabretache, qui perd patience et jure déjà entre ses dents, s'arrête :

— Décidément, je suis une fichue bête. Demandons au premier venu où il y en a. Si j'avais fait cela tout de suite, j'aurais peut-être fait moins de chemin inutilement.

Il regarde autour de lui, il est dans une belle rue où il n'y a pas de boutiques ; mais un monsieur vient alors devant lui : c'est un homme d'une cinquantaine d'années, fort bien mis et d'une tournure distinguée. Sabreche hésite un moment, puis il se dit :

— Après tout, ce n'est pas une offense que de demander un renseignement.

Et il aborde le monsieur qui va passer à son côté :

— Pardon, monsieur, si je vous arrête, mais auriez-vous la bonté de me dire où je trouverai un mont-de-piété par ici?

Nous ne pouvons pas prêter là-dessus... ce n'est pas un objet de valeur.

Le personnage auquel cette question est adressée paraît assez surpris de la demande qui lui est faite ; cependant, considérant Sabretache avec une attention qui semble devenir de l'intérêt, il répond :

— Je suis fâché de ne point pouvoir vous fournir le renseignement que vous me demandez, mais j'ignore complètement où se trouve ce que vous cherchez.

— Ah! pardon... excusez, monsieur, reprend Sabretache, qui a eu le temps d'examiner l'individu auquel il s'est adressé. J'ai fait une gaucherie .. Certainement, ce n'est pas à un homme comme vous que j'aurais dû demander cela. Vous ne devez jamais avoir eu besoin de connaître ces endroits-là... Excusez, monsieur.

Et, sans entendre ce que lui répond le monsieur qui lui parle encore, notre troupier prend ce qu'il appelle le pas gymnastique, sort de la rue et ne s'arrête que devant une petite vieille couverte d'un chapeau crasseux, enveloppée dans un mauvais châle dont on ne distingue plus les couleurs, et portant des souliers attachés avec des ficelles.

— Cette fois, je suis sûr de mon affaire, se dit Sabretache; je veux être un blanc-bec si cette vieille-là ne connaît pas les monts-de-piété. Vite à l'assaut!

— Pardon, ma petite mère, de la liberté... Je suis en quête d'un mont-de-piété... Pourriez-vous me dire si vous en connaissez un dans ce quartier?

La vieille femme s'arrête, et prend un air de dignité en répondant :

— Si j'en connais?... Mais je les connais tous, monsieur! Oui, je suis allée à tous ceux de Paris, vu que, déménageant fort souvent, j'allais de préférence à celui de mon voisinage. La première fois que je m'y rendis, c'était peu de temps après mon mariage... J'avais épousé un soûlard, mon cher monsieur, qui, après quinze jours d'hyménée, me laissa au vis-à-vis de moi-même et d'une marmite vide ; aussi je portai en gage son pantalon des dimanches, couleur olive...

— Excusez, ma chère dame, mais tout cela nous mènerait bien loin et je suis pressé. Le plus près d'ici, où est-ce?

— Mon mari me rossa quand il ne trouva plus son pantalon.

— Pour Dieu! voulez-vous me répondre? Où en trouverai-je un?

— Vous êtes bien vif. Attendez que je m'oriente. Rue Saint-Honoré... oui... je crois que c'est le plus près... Cependant en examinant les fonds de culotte...

Sabretache ne veut pas en entendre davantage; il craint qu'on ne poursuive l'histoire du pantalon. Il remercie, reprend sa course, arrive rue Saint-Honoré, trouve le bureau de prêt et y présente le porte-cigares du lieutenant Bernard, en disant :

— Combien pouvez-vous me prêter là-dessus?

Le commis du bureau, après avoir examiné quelques instants le porte cigares, le rend à son propriétaire en lui disant :

— Nous ne pouvons pas prêter là-dessus... ce n'est pas un objet de valeur... ça ne représente rien!

— Comment, ça ne représente rien! Est-ce que vous voudriez voir la bataille d'Austerlitz là-dessus?

— Vous ne me comprenez pas; je veux dire : cela ne représente aucune valeur réelle.

— Quoi! le porte-cigares que m'a donné mon lieutenant et que certainement je serais venu rechercher? Tout le monde m'a dit qu'il était superbe-

— Oui, comme travail, c'est possible... Comme objet de fantaisie, c'est très joli ; mais nous ne prêtons pas là-dessus.

— Comment... rien?

— Nous ne prenons pas ces objets-là... Ce n'est pas un vêtement, ceci.

— Eh! sacrebleu! je sais bien que ça ne peut pas servir de culotte. mais puisque c'est joli.

— Nous ne prêtons pas là-dessus.

Sabretache ne peut retenir un juron assez énergique, et il sort du bureau les poings fermés et la mort dans le cœur.

Sous la porte cochère, il se trouve face à face avec le monsieur auquel il avait demandé l'adresse d'une maison de prêt. Mais, cette fois, il va passer sans lui parler, lorsqu'à son tour l'inconnu l'arrête et lui dit d'un ton bienveillant :

— Vous avez trouvé ce que vous cherchiez?

— Oui.., mais c'est comme si je ne l'avais pas trouvé... Tiens!... vous saviez donc où c'était, vous?

Sans paraître offensé de l'air d'humeur avec lequel Sabretache vient de lui répondre, le monsieur reprend :

— On n'a pas voulu vous prêter là-haut?

— Non... ils m'ont refusé, disant que ça ne représentait rien. Les pékins! le porte-cigares de mon lieutenant, que chacun m'enviait... Cré coquin! Je ne leur aurais pas laissé, pourtant!

— Vous êtes un ancien militaire... Je l'avais deviné.

— Tiens! monsieur a servi aussi peut-être?

— Oui! j'étais officier dans le 10e hussards... Une blessure me força de quitter le service jeune encore.

Sabretache fait à l'inconnu le salut militaire.

— Revenons à ce qui vous regarde, mon brave; voulez-vous me montrer ce porte-cigares que vous désirez engager?

— Le voici, mon officier.

Le monsieur prend le porte-cigares, l'examine quelques instants, puis dit à Sabretache :

— Combien désiriez-vous qu'on vous prêtât là-dessus?

— Mon Dieu... ce qu'on aurait pu... J'ai chez moi quelqu'un de malade... Je suis sans ouvrage justement... Il semble que le diable s'en mêle!

L'inconnu tire quarante francs de sa poche et les présente à Sabretache en murmurant :

— Je n'ai que cela sur moi... Est-ce assez?

— Quarante francs!... Oh! mais c'est trop, monsieur!... c'est trois fois plus que je n'espérais! Tant de bonté... Mais, pardon, vous êtes donc de la maison là-haut... le chef sans doute?

Le monsieur sourit en répondant :

— Non, mon brave, je ne connais nullement l'endroit d'où vous sortez ; mais tout à l'heure, dans la rue, votre question m'a ému; j'ai compris votre position, je me suis senti sur-le-champ de l'intérêt pour vous, en qui j'avais deviné un ancien militaire ; je vous ai suivi... J'ai eu quelque peine d'abord, car vous allez vite, mais votre conversation avec la vieille femme m'a permis de vous rejoindre. Bref, je vous ai vu entrer dans cette maison et je vous ai attendu, désirant vous être utile si par hasard vous n'aviez pas obtenu là-haut ce dont vous aviez besoin : voilà tout le mystère. Maintenant, refuserez-vous à un ancien officier le plaisir de rendre un service à un vieux soldat?... Ah! ce serait un orgueil déplacé; mais vous ne ferez pas cela, n'est-ce pas, mon camarade?...

Et le monsieur présente sa main à Sabretache, qui la presse avec force dans les siennes en balbutiant d'une voix émue :

— Ah! vous êtes un digne homme! Non, mon officier, je ne refuserai pas le service que vous daignez me rendre, car il s'agit de sauver une pauvre jeune fille malade. Mais je n'accepte qu'à une condition cependant, c'est que vous me permettrez, quand je serai en fonds, de vous rembourser cette somme, et qu'alors vous me rendrez le porte-cigares du lieutenant Bernard?

— C'est convenu, mon brave. Vous pourriez même, dès à présent, garder votre porte-cigares, je n'en ai pas besoin.

— Non pas, mon officier, non pas! c'est votre gage, et je veux que tout se passe dans l'ordre.

— Qu'il soit fait comme vous le voudrez. Tenez, voici mon nom et mon adresse sur cette carte. Venez me voir quand vous aurez le temps, je m'occuperai de vous trouver de l'ouvrage. Quelle profession exercez-vous depuis que vous avez quitté le service?

— Peintre en bâtiment, colleur de papier, tout ce qu'on voudra, où il ne faut que de la force, des bras, de la bonne volonté.

— C'est bien ; et, maintenant, allez rejoindre votre jeune malade.

— Ah! merci! merci cent fois, mon officier.

XXXI

LE TEMPS CHANGE

Sabretache a couru chez le pharmacien faire faire la potion ordonnée par le médecin; puis il est revenu près de Cerisette. La joie qu'il ressent se peint sur sa physionomie; les caractères francs ne savent pas cacher

Sabretache était établi sous une porte cochère. (P. 279.)

ce qu'ils éprouvent. La jeune malade tend la main à son ami, en lui disant :

— Vous semblez content, mon oncle; vos yeux ne sont plus tristes, inquiets, comme ce matin... S'il vous est arrivé quelque chose d'heureux, vous allez me le dire, je pense. afin que j'aie aussi ma part de votre joie.

— Oui, mon enfant, oui; mais prenez d'abord de cette potion.

— Une bonne nouvelle vaut mieux que toutes les potions, mon ami;

je suis sûre que vous étiez sans ouvrage et que vous venez d'en trouver.

— Oui, ma petite, c'est vrai ; c'est-à-dire, je n'étais pas sans ouvrage, mais je n'étais pas sûr de...

— Oh ! ne me mentez pas, mon ami : vous étiez sans ouvrage. Vous me le cachiez pour ne point m'inquiéter, mais je l'avais deviné.

— Enfin, n'importe ! Ce qu'il y a de certain, mon enfant, c'est que je ne suis plus inquiet, je suis tranquille. Et puis, j'ai rencontré un brave homme qui a servi aussi ; il s'intéresse à moi et il m'a donné son adresse. Ça me fait penser que je ne l'ai pas encore regardée, son adresse ; mais j'étais si pressé de revenir près de vous ! Voyons un peu cette carte.

Sabretache sort de sa poche la carte que lui a remise le monsieur dont il a fait la connaissance dans la rue, et lit :

M. Dumarselle,
Rue de la Ferme-des-Mathurins, 12.

— Je ne vous ai jamais entendu parler de ce monsieur-là, dit Cerisette.

— C'est vrai, ma petite, c'est que... je l'avais perdu de vue.

— Vous l'avez connu en Afrique, ce monsieur-là?

— Oui... c'est-à-dire non... c'est en France... Enfin, ça ne fait rien ; le principal, c'est qu'il s'intéresse à moi, qu'il me veut du bien, et que j'irai le voir dans quelque temps.

Sabretache, qui n'a pas envie de dire comment il a fait la connaissance de ce monsieur, se hâte de reprendre sa casquette et sort en disant qu'on l'attend pour de l'ouvrage. La jeune fille devine qu'il lui cache quelque chose, mais elle comprend aussi que cela le contrarierait si elle lui faisait de nouvelles questions ; l'amitié la plus intime n'autorise pas l'indiscrétion, et la confiance ne veut jamais être forcée.

L'argent que Sabretache vient de recevoir était devenu bien nécessaire, car l'hiver était arrivé, et, avec lui, tous les besoins qu'il traîne à sa suite. Aussi, l'ancien troupier cherche de l'ouvrage avec une nouvelle ardeur; cependant, il ne veut pas encore profiter des offres que lui a faites son bienfaiteur inconnu, car, en allant voir ce monsieur avant de pouvoir lui rendre la somme qu'il en a reçue, il craindrait d'avoir l'air d'aller implorer un nouveau secours. Peut-être Sabretache pousse-t-il un peu loin la délicatesse, mais un cœur fier craint toujours d'être mal jugé, et la susceptibilité est pardonnable aux gens malheureux.

Sabretache n'a pu encore retrouver de l'ouvrage dans son état, mais, pour gagner de l'argent, il ne recule devant aucune besogne ; aussi accepte-t-il un jour avec joie la proposition d'un brave commissionnaire qui a un grand nombre de voies de bois à scier et cherche quelqu'un pour l'aider.

— Ça me va, et de grand cœur! dit Sabretache en serrant la main du commissionnaire; scier du bois, mille carabines! je voudrais ne faire que ça depuis le matin jusqu'au soir et être sûr que ma petite malade ne manquera de rien. Seulement, je n'ai pas les outils nécessaires.

— J'en ai en double, je vais vous en prêter.

— Alors, camarade, ça va marcher joliment; vous allez voir comme j'ai du cœur à l'ouvrage.

Un quart d'heure après, Sabretache était établi sous une porte cochère et sciait du bois avec tant d'ardeur que le commissionnaire, tout en sciant aussi, lui disait souvent :

— Reposez-vous donc un peu... vous êtes en nage!... Faut pas se tuer non plus...

— C'est rien!... c'est rien! J'ai chaud, mais je ne suis pas fatigué.

Vers la fin de la journée, Sabretache était encore très animé à sa besogne, et ne prenait même pas le temps de regarder dans la rue quoique les deux battants de la porte cochère fussent ouverts. Tout à coup un cri part, et une voix bien connue de l'ex-troupier fait entendre ces mots :

— Nom d'un lion! est-ce possible? Sabretache qui scie du bois à présent!

Sabretache lève les yeux et aperçoit Pétarade qui est resté stupéfait devant la porte cochère.

— Eh bien! oui, c'est moi!... Qu'est-ce qu'il y a donc là qui t'interloque tant? répond le vieux soldat en fixant les yeux sur son ancien camarade. Je scie du bois parce que je n'ai pas d'autre ouvrage, et qu'il faut bien gagner de l'argent pour vivre, mais le gagner honnêtement surtout. Crois-tu donc qu'il y a plus de mal à scier du bois qu'à coller du papier ou à tourner des tabatières?

— Moi, par exemple! est-ce que j'ai dit ça? Seulement, vois-tu, je trouve que c'est rude. La preuve, c'est que tu es tout en sueur, quoiqu'il fasse froid. Et te voir comme ça, là, un vieux camarade, qui n'a pas l'habitude de la chose, eh bien! tiens, je ne m'y attendais pas, et ça m'a tout remué!

En disant ces mots, Pétarade détourne la tête et passe le revers de sa main sur ses yeux. Sabretache lui frappe doucement sur l'épaule, puis lui tend la main, que son jeune camarade empoigne et serre avec force, en murmurant :

— Enfin, c'est égal, te v'là, je t'ai retrouvé, c'est le principal. Sais-tu que c'est mal de ficher son camp comme ça, sans laisser son adresse à un ami? Qu'est-ce que j'avais fait pour que vous me priviez de votre société, toi et ta nièce? Est-ce que j'avais dit des bêtises? Alors, fallait me gronder. Mais s'en aller comme des sournois, ne plus me donner de vos nouvelles, depuis deux mois et demi au moins, qu'il me semble que ça a duré dix ans! Ah! c'est pas gentil, ça... et je vous en voulais beaucoup. Mais tu scies du bois, je ne t'en veux plus; je te demande pardon de ce que je viens de te dire. Viens accepter un canon chez le marchand de vin en face pour me prouver que tu n'es plus fâché contre moi.

— Je ne quitte pas mon ouvrage que je n'aie fini.

Le brave commissionnaire qui a un grand nombre de voies de bois à scier.

— Veux-tu que je te donne un coup de main?

— Merci; il y en a encore pour un quart d'heure au plus; si tu veux aller m'attendre chez le marchand de vin, tout à l'heure j'irai t'y rejoindre.

— Je le veux bien, je t'attendrai. Mais tu vas venir, tu ne vas pas m'oublier là?

— J'irai te retrouver dès que j'aurai fini.

— Très bien, et nous parlerons de ta nièce... mamzelle Cerisette...

— Oui... oui... nous parlerons de beaucoup de choses que j'ai à te dire.

— Et elle se porte très bien, mamzelle Cerisette?

— Non, elle est malade.

— Ah! bigre!... Depuis longtemps?

— Depuis que nous sommes déménagés.

— Ah! fichtre! Et quel est le genre de maladie qui la tourmente?

— Tout à l'heure nous causerons... Va donc m'attendre là-bas.

Vingt minutes après cette conversation, Sabretache allait s'asseoir à une table devant laquelle Pétarade était placé, et il étanchait avec son mouchoir la sueur qui tombait de son front, tout en trinquant avec son camarade; et celui-ci lui disait en le regardant d'un air attendri :

— C'est égal, Sabretache, vois-tu, ça m'a attristé le cœur de te voir scier du bois... Non pas qu'il y ait à en rougir... Dieu me garde de le penser!... C'est aussi honorable que de tuer des lions. Mais puisque tu ne trouvais pas d'ouvrage dans ta partie... certainement tu devais être gêné... et au lieu de dire ça à un ami... tu scies tout de suite du bois... Et moi, de l'ouvrage, j'en ai plus que je n'en veux... et surtout plus que je n'en fais... C'est toujours comme ça!... Mais je ne suis pas si dépensier qu'on le croit; la preuve, c'est que j'ai une réserve de cent cinquante francs.... pour les mauvais jours ou pour les amis qui sont dans la peine... Cette réserve-là, je te la porterai demain... ce soir, si tu veux... Tu me rendras ça... dans n'importe quelle année, et, si tu me refuses, je dirai que tu n'as jamais été mon ami.

Sabretache presse affectueusement les mains de Pétarade, en lui disant :

— Je savais bien que tu étais un bon garçon... Ce que tu veux faire en est une nouvelle preuve...

— C'est pas tout ça... Tu acceptes?

— Peut-être... je ne dis pas non...

— Je veux un oui bien prononcé.

— Et moi je veux auparavant que tu entendes tout ce que j'ai à te dire : avec un honnête homme, je n'aime pas les mystères, c'est pour cela que je vais te parler franchement ; écoute bien.

— J'écoute de toutes mes oreilles.

— D'abord, Cerisette n'est pas ma nièce...

— Tu n'es pas son oncle?...

— Chut! laisse-moi donc parler. Cette jeune fille est bien celle dont je t'avais déjà parlé une fois, qui m'avait rendu un grand service dans une auberge près de Nemours...

— Et que nous devions aller voir?...

— Justement. Le hasard me l'a fait retrouver à Paris... Elle était bien malheureuse... oh! bien malheureuse!...

— Un amant qui l'avait abandonnée peut-être?

— Ceci est son histoire, ça ne te regarde pas. Il doit te suffire de savoir que cette jeune fille, n'ayant jamais connu ses parents, a bien voulu passer pour ma nièce parce que cela me donne le droit de la protéger. Je serai donc toujours son oncle à tes yeux.

— Tu le seras éternellement.

— Maintenant, autre chose : le nom de Cerisette lui rappelle ses malheurs, je lui ai conseillé d'en prendre un autre ; aujourd'hui, il est convenu qu'elle s'appelle Agathe, rien qu'Agathe, tu entends?

— Pardi!... Agathe-Cerisette...

— Eh! non! Agathe tout court.

— Ah! que je suis bête!... C'est juste... Agathe... voilà tout!...

— Tu t'en souviendras et ne l'appelleras plus autrement?

— Oh ! sois tranquille... d'ailleurs, Agathe, ou Virginie, ou Marie, elle n'en sera pas moins jolie.,. pas moins faite pour être aimée par un cœur qui...

— Arrête-toi donc, j'ai encore quelque chose à te dire à ce sujet

Pétarade, rougit et demeure tout interdit. Sabretache poursuit :

— Pétarade, mon garçon... il y a une chose que tu ne m'avais pas encore dite, mais que j'avais bien devinée, Tu es amoureux d'Agathe. .

— Agathe?... Où prends-tu une Agathe?

— As-tu déjà oublié que c'est le nouveau nom de Cerisette?

— Ah ! pardon... je deviens crétin !... Eh bien ! oui, Sabretache, oui, puisque tu l'as deviné, je dois t'en faire l'aveu... J'aime ta nièce... Elle n'est pas ta nièce, ça m'est égal, je l'aime tout de même ; mais je n'ai que des vues honnêtes, c'est pour le bon motif, et je te demande sa main.

— Mon garçon, je suis fâché de n'avoir pas une réponse agréable à te faire ; mais il faut chasser cet amour de ton cœur.

— Ah ! bah !... Et pourquoi donc?

— D'abord, Agathe ne veut pas se marier... Elle a des raisons... Oh ! si on lui plaisait, on triompherait peut-être de ces raisons-là. Mais tu ne lui plais pas du tout... pour amoureux, s'entend.

— Elle te l'a dit?

— Positivement.

— Elle avait donc deviné que je soupirais à son intention?

— Belle malice ! c'était pas difficile à deviner. Maintenant voici la position : si tu veux venir nous voir comme par le passé, il ne faut plus penser à faire la cour à cette jeune fille, il faut te contenter de son amitié... de la mienne. Ça te va-t-il? J'en serais enchanté, car je t'aime aussi, moi... et je serais fâché qu'une amourette, qui n'est encore qu'une escarmouche, me privât du plaisir de recevoir un ancien camarade, un véritable ami. Maintenant, consulte-toi... Je t'ai dit franchement la chose, parce que, entre militaires, il me semble qu'il faut toujours aller droit au but. Dois-je, ou non, te dire notre adresse? Cela va dépendre de ta réponse.

Pétarade est quelque temps sans répondre... Il pousse des soupirs, regarde le plafond, bat avec ses doigts la retraite sur la table ; puis, enfin, prenant un air solennel, il tend la main à son ancien camarade en disant :

— Sabretache, c'est fini... je renfonce mon amour pour ta nièce... mamzelle chose... le nom n'y fait rien ; je te remercie d'avoir eu de la franchise avec moi, j'en serai digne. Je suis fier de rester ton ami, je serai aussi celui de ta nièce Cerise... Agathe...et que ce verre me serve de poison si je lui dis jamais un mot d'amour ou de frivolité !

En achevant sa phrase, Pétarade avale d'un trait un grand verre de vin. Sabretache vide aussi son verre, et se lève en disant :

— C'est très bien, et, puisqu'il en est ainsi, si tu le veux-tu peux sur-le-champ m'accompagner chez moi, où je retourne ; ce n'est pas loin d'ici... rue de Ponthieu.

— Si je le veux ! C'est-à-dire que j'emboîte tout de suite le pas avec toi.

Au bout de quelques instants, Sabretache introduisait Pétarade près de Cerisette, en disant à la jeune malade :

— Mon enfant, je vous amène quelqu'un qui avait le plus vif désir de vous revoir... quelqu'un qui sera content d'être toujours votre ami, et qui ne vous demande pas autre chose qu'une bonne et franche amitié.

La jeune fille sourit à Pétarade et lui tend la main, que celui-ci prend et presse avec effusion en s'écriant :

— Oh ! oui, mamzelle... Je sais que vous ne vous appelez plus Cerisette. Sabretache m'a conté ça. Oui, je veux être votre ami, avec votre permission, à la vie et à la mort... et je ne demande pas autre chose. Je m'en contenterai, puisque je ne peux pas avoir plus ; et je serai encore très heureux de jouir de votre société... et... Mais, sapristi, que vous êtes changée, mamzelle ! Ah ! Dieu, êtes-vous maigrie ! C'en est effrayant ! Vous êtes donc bien malade ?

Sabretache fronce le sourcil en faisant signe à Pétarade de se taire ; mais Cerisette sourit en répondant :

— Oui ! monsieur Pétarade, j'ai été très malade... mais il me semble que cela va mieux... et avec les soins de mon bon oncle...

— Qui n'est pas votre oncle, je le sais, mais ça ne fait rien.

— Tais-toi donc, imbécile !

— Ah ! Sabretache est plus qu'un oncle pour moi, c'est un père... oui, car un père n'en ferait pas plus pour son enfant.

— Eh ! parbleu ! le beau miracle, chère petite, puisque je vous aime comme si vous étiez ma fille.

— C'est égal, vois-tu, Sabretache... mademoiselle.., j'oublie toujours l'autre nom... ça ne fait rien... mademoiselle ta jeune nièce a raison... tu es un vrai ami, toi ! Rien ne te coûte pour le prouver, et quand je t'ai vu scier du bois, comme un commissionnaire, ça m'a fait...

— Scier du bois ! s'écrie Cerisette ; comment ! vous l'avez vu scier du bois ?

Sabretache marche sur le pied de Pétarade et lui donne un grand coup de poing dans le dos pour le faire taire ; celui-ci reste interdit et balbutie :

— Comment... est-ce que j'ai dit ?... Il ne fallait pas dire ça ?

— Ah ! si, si, il fallait le dire ! s'écrie Cerisette, car il faut que je sache tout ce que je lui coûte, tout ce qu'il fait pour moi. Oh! mon ami, je ne pourrais cependant pas vous aimer davantage... mais ma reconnaissance...

La jeune fille ne peut en dire plus, des larmes coulent de ses yeux. Alors Sabretache tape du pied avec colère, en disant :

— Vois-tu, maudit bavard, tu la fais pleurer, à présent. Si c'est pour cela que tu viens ici!

— Mon Dieu! je suis une brute. Tiens, bats-moi, Sabretache, mais je ne pouvais pas prévoir... Tu m'avais dit : « Plus de mystères entre nous... » J'ai cru que mademoiselle savait l'état que tu faisais... et, après tout, tu l'as dit toi-même : c'est pas déshonorant d'être scieur de bois; les commissionnaires sont presque tous de braves gens.

Cerisette parvient à calmer Sabretache, qui pardonne à Pétarade. Celui-ci prolonge sa visite jusqu'à ce que la jeune fille ait déclaré avoir besoin de repos; mais, en partant, il dit à son ami :

L'ancien troupier trouve enfin de l'ouvrage dans sa partie.

— A demain!

Le lendemain, de grand matin, Pétarade frappe doucement à la porte de chez Sabretache, qui lui ouvre en lui disant :

— Qui t'amène de si bonne heure?

— Il n'est jamais trop tôt quand on espère obliger ses amis. Tiens, voilà le magot en question; ça t'aidera à soigner ta malade. A présent, au revoir, je vas travailler... par extraordinaire; ça m'a mis en goût de te voir piocher hier.

Et le grand garçon, après avoir posé un petit sac d'argent sur une table, se dispose à s'en aller, mais Sabretache le retient par le bras :

— Pétarade, je suis touché de ce que tu fais, mais je te jure que, pour le moment, je n'ai pas besoin de cet argent.

Cerisette se sent émue, troublée. (P. 298.)

mène à Neuilly; mais Cerisette, qui a retrouvé ses forces, préfère faire le chemin à pied. Nos deux voyageurs font gaiement la route, puis s'arrêtent devant une grille placée sur un mur à hauteur d'appui.

— Nous y voici, dit Sabretache; tournons un peu à gauche, il y a une petite porte... On n'ouvre la grande que quand le maître de la maison y est... Ah! justement, voilà le jardinier qui sort... Bonjour, père Lejoyeux.

Un vieux paysan, dont le dos fait exactement le cerceau, vient donner la main à Sabretache, en lui disant d'une voix de tête qui imite le galoubet :

— Bonjour, l'ancien! Vous venez travailler! C'est bien! J'aurais laissé la porte entr'ouverte... Vous savez où se mettent les clefs de la maison?

— Oui, oui...

— Je vas en face planter des fraises... Ah! voilà une belle demoiselle... Est-ce que c'est à vous?

— C'est ma nièce; elle a désiré venir prendre l'air de la campagne, j'ai pensé qu'il n'y avait pas d'inconvénient à l'amener avec moi.

— Pardi!... il n'y en a aucun! Allez, mam'zelle, allez voir not'jardin... Dame!... il en vaut la peine. Allez, amusez-vous... je vais planter des fraises.

Le vieux jardinier s'éloigne, et Sabretache introduit Cerisette dans la propriété de M. Dumarselle, en lui disant :

— Vous voyez, ma chère enfant, que nous sommes les maîtres de la maison; car le jardinier est un vieux pochard, et, quand il part ainsi le matin, on ne le revoit plus guère de la journée.

Cerisette éprouve une émotion dont elle ne peut se rendre compte en se trouvant dans cette charmante villa. Son cœur bat avec force; elle porte des regards craintifs sur les belles pelouses bordées de fleurs, sur les massifs de charmilles, sur les allées sablées avec soin qui s'offrent à elle; elle n'ose pas avancer, il faut que Sabretache lui prenne la main, en lui disant :

— Eh bien! mon enfant, avancez donc!... On dirait que vous tremblez.

— Oui... je ne sais ce que j'ai... si c'est de la peur ou du plaisir...

— Quel enfantillage!

— Mon Dieu! que c'est joli, ici!... Quel bonheur d'habiter un si charmant séjour!

— Venez d'abord que je vous montre la maison; ensuite, vous aurez le temps de vous promener dans le jardin pendant que je piocherai, moi.

Cerisette suit Sabretache dans un beau pavillon bâti à l'italienne, qui se trouve après une grande allée de tilleuls. On monte un perron et on entre dans un vestibule sur lequel donnent plusieurs portes.

— Ceci, c'est la salle à manger, dit Sabretache en faisant entrer la jeune fille dans une jolie pièce dont les peintures ne sont pas encore terminées. Ce sera un peu fignolé ; c'est pas encore fini... Je fais des peintures qui imitent les boiseries, c'est bon genre. Mais venez voir le salon avec les ornements, les rosaces, les filets d'or... Je crois que M. Dumarselle sera content.

Cerisette visite le salon, puis un cabinet de travail, puis une salle de billard ; ensuite, Sabretache la fait monter au premier et parcourir la maison qui n'est pas très vaste, mais renferme tout ce qu'on peut désirer à la campagne. La jeune fille admire tout et ne peut retenir un soupir en disant :

— Je voudrais passer ma vie ici.

— Ah! dame, je le crois, mon enfant, répond le vieux soldat en secouant la tête. Et moi aussi, je voudrais vous voir maîtresse d'une maison comme celle-ci, mais c'est difficile. Vous portez peut-être votre ambition un peu haut!

— Oh! mon ami... croyez bien que ce n'est pas par ambition que je dis cela. Ne suis-je pas heureuse... bien heureuse, avec vous?... Ce n'est pas parce que je voudrais être riche que je désirerais vivre dans cette maison... c'est parce qu'elle me plaît tant!... Je ne peux pas bien vous expliquer ce que j'éprouve... Jardinière dans cette maison... j'aimerais mieux cela qu'un château! Mais, avant tout, je veux toujours être avec vous.

Sabretache embrasse Cerisette, endosse la veste et le tablier de travail, puis se met à son ouvrage, tandis que la jeune fille va s'établir avec sa broderie sous un épais bosquet de lilas dont les fleurs charment les yeux et embaument l'air que l'on respire.

La journée s'est passée bien vite pour Cerisette qui est toute surprise lorsque Sabretache, qui a repris ses habits de ville, paraît devant elle, et lui dit :

— Me voilà, petite ; assez de travail pour aujourd'hui, il est temps d'aller dîner.

— Comment!... déjà, mon ami?

— Déjà!... Mais il est sept heures, et quand on est à la besogne depuis neuf, c'est assez gentil.

— Comme la journée a passé vite!... Je croyais qu'il était tout au plus quatre heures.

— Ça prouve que le temps ne vous a pas paru long ici. Tant mieux ! Mais, allons dîner ; je gage que Pétarade est déjà au rendez-vous.

Pétarade était, en effet, placé comme en sentinelle devant la porte du traiteur qu'on lui avait indiqué. Il pousse un cri de joie en voyant arriver Sabretache et Cerisette ; puis la société entre dans un petit jardinet où elle dîne au grand air, ce qui augmente l'appétit et facilite la digestion Ensuite, on reprend gaiement le chemin de Paris, et, depuis longtemps,

Cerisette ne s'était sentie si bien, n'avait goûté un bonheur aussi pur que ce jour-là. Le lendemain, le temps est aussi beau que la veille. Sabretache a fait ses apprêts pour partir ; il va dire adieu à Cerisette, qui pousse un léger soupir en murmurant :

— Ah ! vous allez à Neuilly ?

— Oui, mon enfant ; car le mois de mai tire à sa fin, et je ne quitterai plus la besogne de M. Dumarselle que je n'aie fini... Ça durera huit jours encore. Auriez-vous envie de venir avec moi ? Si le cœur vous en dit, songez qu'il ne faut pas vous gêner.

— Oh ! mon Dieu !... certainement, cela me ferait bien plaisir... mais je n'osais pas vous le dire... Ça vous ennuie, peut-être, de m'emmener ?

— M'ennuyer de vous voir prendre du plaisir !... Ah ! c'est mal ce que vous dites là, Cerisette ! Pardon !... ce nom me revient souvent sur les lèvres.

— Entre nous, ne suis-je pas toujours Cerisette pour vous ?

— Sacrebleu ! pour vous punir de ce que vous m'avez dit tout à l'heure, je vous condamne à m'accompagner à Neuilly tous les jours, jusqu'à ce que j'aie fini mon ouvrage.

— Oh ! je le veux bien !

Et la jeune fille, qui a retrouvé toute la gaieté de son âge, saute de joie en faisant à la hâte tous ses préparatifs pour aller à la campagne. En quelques minutes, elle a terminé sa toilette, mis dans un panier l'ouvrage qu'elle emporte, et bientôt elle est avec Sabretache sur la route de Neuilly. Cette journée se passe comme la veille ; le peintre travaille dans la maison, la jeune fille se promène dans le jardin, choisit une place nouvelle pour s'asseoir, et se met aussi à son ouvrage, tout en jouissant du parfum des fleurs, de la vue de ce feuillage si frais et si vif, qui est la parure du printemps, et du bien-être que l'on éprouve dans une campagne qui nous plaît. Puis, sur les sept heures, l'ancien soldat reprend le bras de la jeune fille ; ils vont modestement dîner dans le jardinet du *Lapin blanc*, et s'en reviennent gaiement à Paris.

Chaque matin, Cerisette est prête bien avant Sabretache, parce qu'elle ne veut pas le faire attendre. Celui-ci sourit de cet empressement ; il est heureux du plaisir que ces promenades font éprouver à la jeune fille, et du bien qui résulte pour sa santé.

Le vieux jardinier, qui est quelquefois à sa porte quand Cerisette s'en retourne avec son compagnon, gronde toujours la jeune fille de ce qu'elle n'emporte pas un bouquet, et veut à toute force lui donner des fleurs ; mais ce n'est pas sans peine qu'il parvient à lui faire accepter une rose ou une branche de lilas, Cerisette trouve que c'est assez de pouvoir passer la journée dans un jardin charmant ; elle ne pense pas que la liberté dont elle y jouit l'autorise à y cueillir quelque chose. Il y a six jours que Cerisette se rend chaque matin avec Sabretache dans la campagne de M. Dumarselle, et ce temps a passé vite : encore trois journées, et les travaux du peintre seront achevés. Aussi la jeune fille n'a pas manqué de l'accompagner comme de coutume, et elle s'est assise avec son ouvrage contre un massif de lilas, lorsque, sur les trois heures de l'après-midi, en levant les yeux pour admirer encore le jardin, elle aperçoit un monsieur qui s'avance lentement de son côté. Cerisette se sent émue, troublée : ce monsieur est probablement le maître de la maison. Elle éprouve un sentiment de crainte, et, ne sachant si elle doit rester là et continuer de travailler ou s'éloigner par respect, elle se lève et va se décider à quitter sa place, lorsque M. Dumarselle, car c'est lui qui s'avance, s'arrête devant elle et lui fait signe de ne point se déranger en disant :

— Restez donc, mon enfant; mon jardinier m'a dit que Sabretache amenait quelquefois sa nièce et qu'elle travaillait dans le jardin, pendant que son oncle achevait ses peintures dans la maison. Si cette campagne vous plaît, Sabretache a bien fait de vous amener, et il ne faut pas que ma présence trouble en rien vos plaisirs ou vos occupations.

Cerisette, qui a tenu ses regards baissés pendant qu'on lui parlait, les porte enfin sur la personne qu'elle veut remercier; mais, au lieu de lui parler, elle demeure muette. Un cri de surprise lui échappe, une vive rougeur lui monte au visage, car, dans M. Dumarselle, elle vient de reconnaître ce monsieur qui lui a parlé avec intérêt au bureau des voitures de Sèvres, et qu'elle a aperçu deux fois dans le parc de Saint-Cloud.

De son côté, M. Dumarselle reconnaît à son tour la jeune fille, et ne semble pas médiocrement surpris de trouver en elle la nièce de Sabretache.

En un instant, mille pensées, mille souvenirs se sont présentés à l'esprit de Cerisette ; car il y a chez elle une terreur qui renaît toujours lorsqu'elle revoit quelqu'un qui lui rappelle le passé. Mais elle se remet un peu en se rappelant que ce monsieur l'a vue seulement donnant le bras à Gaston Brumière, lorsque le jeune homme lui faisait quitter le parc de Saint-Cloud.

— Je ne m'abuse point, dit M. Dumarselle, j'ai déjà eu le plaisir de vous rencontrer, mademoiselle !

— Oui, monsieur... c'est ce qu'il me semble aussi.

— Un soir, rue de Rivoli, au bureau des voitures. Vous étiez indécise si vous prendriez celle de Sèvres ou celle de Saint-Cloud.

— C'est vrai, monsieur... mais j'ai pris celle de Sèvres, comme vous me l'aviez conseillé.

— Ensuite ... une autre fois... je crois vous avoir aperçue dans le parc de Saint-Cloud?

Cerisette ne répond rien, mais elle se sent rougir davantage. M Dumarselle, qui remarque le trouble de la jeune fille, s'empresse de reprendre :

— Et vous habitez maintenant avec votre oncle? C'est bien, mademoiselle, de vous être faite la compagne du vieux soldat. Vous devez être heureuse près de lui?

— Oh! oui, monsieur... il est... mon oncle est si bon!

— Sabretache m'a même dit que vous n'aviez pas le désir de vous marier.

Cerisette baisse les yeux en répondant :

— Non, monsieur, je ne me marierai jamais... Je resterai toujours avec... mon oncle.

— Si vous vous trouvez heureuse ainsi, vous avez raison de ne point changer... Le bonheur que l'on tient vaut toujours mieux que celui que l'on espère.

Et M. Dumarselle reste quelques instants sans rien dire ; il examine toujours la jeune fille, et, plus il la considère, plus il semble y prendre de plaisir. Tout à coup, comme s'il sortait de ses réflexions et était honteux de son indiscrétion, il salue Cerisette et s'éloigne en disant :

— Je vais voir les travaux que votre oncle a faits pour moi.

Cerisette est plus à son aise lorsque ce monsieur n'est plus là, et, pourtant, sa figure lui plaît, sa voix lui est agréable à entendre ; seulement elle se sentait comme honteuse, intimidée, en sa présence. Mais il lui semble déjà que cet embarras passerait vite et qu'elle aurait du plaisir à causer avec lui.

Sabretache ne tarde pas à quitter un moment son travail pour venir demander à Cerisette comment elle trouve le maître de la maison.

— Bien aimable, répond la jeune fille; il a l'air bon, ce monsieur-là...

— De son côté, ma petite, il paraît qu'il vous trouve charmante... Il m'a dit : « Je vous fais mon compliment de votre nièce, Sabretache ; elle est bien jolie, et, ce qui vaut mieux, elle a un air de douceur qui prévient sur-le-champ en sa faveur. » Ensuite, il m'a dit qu'il vous avait déjà rencontrée. Où donc cela, mon enfant?

— A Paris, au bureau des voitures... puis dans le parc de Saint-Cloud... Il m'a vue donnant le bras à ce jeune homme qui m'a ramenée quand je n'avais plus que dix sous dans ma poche.

— Il n'y a pas grand mal à cela... Tous les jours on peut donner le bras à un jeune homme. Vous voyez bien que M. Dumarselle ne trouve pas mauvais que je vous ai amenée; tout au contraire, il m'a dit que, puisque vous aimiez la campagne, il faudrait venir souvent nous promener ici cet été. Il a ajouté : « Cela ne me dérange pas du tout ; d'ailleurs, je voyage très souvent ; quelquefois je suis plusieurs mois absent. Cet été, il est probable que je me mettrai en route de bonne heure ; ainsi cette maison sera à votre disposition et vous me ferez grand plaisir en venant souvent y passer la journée avec votre nièce. »

— Oh ! mais il est vraiment trop bon, ce monsieur.

— J'étais bien aise de vous dire ça, petite, et je retourne à ma besogne.

Cerisette ne revoit plus M. Dumarselle pendant la journée. Mais, le soir, au moment où elle va partir avec son oncle, le maître de la maison paraît tout à coup devant elle, tenant à la main un énorme bouquet qu'il lui présente en lui disant :

— Tenez, mademoiselle Agathe, mon jardinier m'a dit que vous ne vouliez jamais accepter aucune fleur, mais j'espère être plus heureux que lui... et je vous prie de vous rappeler que toutes celles de ce jardin sont à votre disposition... Les jeunes filles et les fleurs, cela va si bien ensemble! Au revoir, mademoiselle.

Cerisette reçoit le bouquet d'une main tremblante. Elle est si émue, qu'elle a à peine la force de remercier M. Dumarselle. Lorsqu'ils ont quitté la jolie villa, Sabretache s'écrie en regardant la jeune fille :

— Eh bien!... qu'est-ce que cela veut dire?... Vos yeux sont pleins de larmes!

— Ah ! mon ami, celles-ci sont des larmes de bonheur ! murmure Cerisette. Je me suis sentie si heureuse!... Des paroles si douces... un hommage si flatteur... à moi !... Ah ! tenez, laissez-moi pleurer encore... Je sens que cela me fait du bien.

XXXIII

UN CAVALIER

Le lendemain, Cerisette se demande s'il ne serait pas plus discret de ne point accompagner encore Sabretache à Neuilly ; mais son protecteur met fin à son indécision en lui disant :

— Comment! vous ne viendriez pas, lorsque M. Dumarselle vous a témoigné tant d'intérêt... fait tant de politesses, donné un bouquet?... Et, de sa part, il paraît que c'est une chose remarquable, car le jardinier m'a dit à l'oreille : « Il est venu quelquefois des dames faire visite à monsieur ; mais voilà la première fois que je lui vois offrir un bouquet à quelqu'un ; il faut que votre nièce ait fait sa conquête... » Et, pour remercîment

Elle s'appuie fièrement au bras de Sabretache. (P. 292.)

— Et, moi, je te jure que si tu ne le gardes pas, je ne remets plus les pieds ici, et prendrai cela comme un congé définitif que tu me donnes. Ah ! mais, c'est que je suis entêté aussi, moi !

— Tu le veux ? Soit... j'accepte.

— A la bonne heure ! je retrouve un ami. Au revoir, Sabretache ; à ce soir probablement... et nous tâcherons par des récits intéressants de distraire mam'zelle... Agathe. Ah! fameux... Agathe! Je sais son nom à présent! Elle doit dormir encore? Faut pas la réveiller.

Et Pétarade descend l'escalier en marchant sur la pointe des pieds pour faire moins de bruit, tandis que Sabretache serre dans sa table l'argent de son ami en disant :

— Allons, nous avons de quoi nous retourner à présent.

Un vieux proverbe dit : *Un bonheur n'arrive jamais sans l'autre.* Et les proverbes, comme les cartes, disent quelquefois la vérité. L'argent apporté par Pétarade avait rendu du courage, de la confiance à Sabretache. Peu de temps après, les événements réalisèrent son espérance : l'ancien troupier trouve enfin de l'ouvrage dans sa partie; les commandes, les pratiques lui arrivent de tous côtés; puis, un mieux sensible se déclare dans l'état de Cerisette, qui peut quitter son lit et s'occuper des soins du ménage. Alors, la joie, le bonheur, reviennent habiter le sixième étage de la rue de Ponthieu. Quand on n'a point d'ambition, il faut souvent si peu pour être heureux! Déjà Cerisette a prié son protecteur de lui chercher de l'ouvrage; car elle aussi veut être utile et contribuer au bien-être de la maison; mais Sabretache lui fait comprendre qu'elle n'est pas assez forte pour travailler, qu'il faut qu'elle se ménage pour ne point retomber malade. En attendant pour charmer les longues soirées de l'hiver, comme la jeune fille aime beaucoup la lecture, Sabretache, qui a justement des peintures à faire chez un libraire, demande et rapporte à Cerisette des livres que celle-ci dévore et dont elle fait la lecture aux deux anciens militaires qui, le soir, lui tiennent fidèle compagnie.

Pétarade est tout oreilles et retient son haleine lorsque la jeune fille lit un roman dans lequel le héros se trouve enchevêtré dans des aventures romanesques bien extraordinaires. Sabretache porte plus d'intérêt à des descriptions de batailles, à des portraits militaires. Quant à la lectrice, ce qui l'émeut le plus, c'est une scène d'amour... *Trahit sua quemque voluptas!...* Le goût de la lecture acquiert chaque jour plus de force chez Cerisette; elle frémit de joie chaque fois que Sabretache lui apporte des livres nouveaux, et celui-ci, qui s'aperçoit du plaisir que cela lui procure, n'a garde de l'en laisser manquer. Il semble aussi que chez la jeune fille la lecture développe des idées, des pensées nouvelles. Elle a un tact exquis pour bien juger ce qu'elle lit; son langage s'épure et acquiert de l'élégance Retenant avec une facilité étonnante les pensées vraies, les mots spirituels, elle aime à les rappeler à Sabretache, qui, tout surpris de la mémoire de Cerisette, secoue la tête en disant :

— Mon enfant, vous étiez née pour savoir bien des choses... vous êtes de l'étoffe dont on fait les grandes dames. C'est étonnant comme ces lectures ont changé votre langage. Il est toujours naturel... oh! sans ça, il ne me plairait plus! Mais, malgré cela... c'est mieux tourné... Enfin, c'est toujours vous... et c'est plus vous... je ne sais pas si vous me comprenez...

— Ah! mon bon Sabretache, si je pouvais aussi être changée au physique, afin que personne ne pût me reconnaître... c'est cela qui assurerait mon repos!

— Au physique? Ma foi! ce serait dommage si vous changiez... et, pourtant, il y a bien aussi de la différence : d'abord, cette longue maladie vous a tant effilé les traits... ensuite, vous avez grandi, pas mal même... ensuite, votre démarche a pris de l'aplomb... vous ne sautillez plus comme autrefois. Allons, croyez-en mon expérience, ma petite... vos mauvais jours sont passés... il faut les oublier. Vous avez recouvré la santé, j'ai de l'ouvrage assuré pour longtemps... vous voyez bien que pour nous le temps n'est plus à l'orage! Eh bien! sacrebleu, il ne faut pas que votre imagination ait du sombre quand le ciel est redevenu beau.

Un matin, Sabretache, après avoir soigné sa toilette, et mis son chapeau au lieu de sa casquette, compte quarante francs qu'il fourre dans son gousset, en se disant :

— A présent, on peut aller voir ce monsieur qui a été si obligeant, si serviable pour un pauvre diable qu'il ne connaissait pas. Je vais pouvoir retirer de ses mains le porte-cigares du lieutenant Bernard... et, de cette façon, j'oserai lui demander sa pratique, et sa protection près de ses connaissances. J'ai l'adresse dans ma poche; il n'est que neuf heures du matin; ce M. Dumarselle doit être chez lui : en avant!

Sabretache a bientôt trouvé la demeure indiquée sur l'adresse; le concierge lui a dit que M. Dumarselle était chez lui. Il monte au second étage; un domestique lui ouvre.

— Je désirerais avoir l'honneur de parler à M. Dumarselle.

— Votre nom, s'il vous plaît?

— Mon nom?... Ça ne servira pas à grand'chose, ce monsieur ne le connaît pas. Mais veuillez lui dire que c'est l'homme au porte-cigares, et votre maître saura ce que cela veut dire.

Le domestique semble un peu surpris de cette façon de s'annoncer, mais il va faire la commission, et revient bientôt dire à Sabretache qu'il peut entrer. M. Dumarselle était dans son cabinet, enveloppé dans sa robe de chambre et assis devant son feu. Près de lui était une table-bureau couverte de livres et de papiers. La physionomie de M. Dumarselle était habituellement sérieuse, mélancolique même; mais elle s'éclaircit à la vue du vieux soldat, qu'il accueille avec un sourire, et auquel il tend la main en lui disant :

— Bonjour, mon brave, je suis bien aise de vous revoir... mais j'avais espéré que vous ne seriez pas si longtemps sans vous rappeler que je vous avais fait des offres de service.

— Monsieur... mon officier... est trop bon cent fois! répond Sabretache en touchant avec respect la main qu'on vient de lui tendre.

— Asseyez-vous d'abord...

Un domestique lui ouvre.

— Oh! mon officier... je cause bien debout, et devant un supérieur...

— Il n'y a plus de supérieur ici; vous et moi, nous avons quitté le service; asseyez-vous, je vous en prie.

— Alors, c'est pour vous obéir.

Sabretache s'assied; puis, fouillant à sa poche, il en sort quarante francs qu'il a enveloppés dans un papier et les présente avec un peu d'embarras à M. Dumarselle en murmurant :

— Pardon, excuse, mon officier, voulez-vous me permettre de vous rendre... ce que vous avez été assez bon pour me prêter... sans me connaître, sans même savoir ni mon nom, ni mon adresse ?

M. Dumarselle sourit, reçoit l'argent que le vieux soldat lui présente, ouvre un tiroir de son bureau, en tire le porte-cigares et le rend à Sabretache en disant :

— Voici votre gage... mais je suis fâché que, pour venir me voir, vous ayez cru devoir attendre que vous puissiez me remettre cette légère somme.

— Pardon! mon officier; c'était peut-être une susceptibilité de ma part, mais, que voulez-vous? chacun a ses idées. Si j'avais été connu de vous depuis longtemps, probablement je serais revenu plus tôt.

— Enfin, cette affaire est terminée. Ce n'est plus de cela qu'il doit être question entre nous.

— Mais j'en conserverai toujours une éternelle reconnaissance... A présent, permettez-moi de vous dire que je m'appelle Sabretache, né à Bagnolet, que j'ai servi vingt-huit ans et que j'ai quitté la carrière militaire depuis l'été dernier.

— Sabretache! Je n'oublierai pas votre nom... Êtes-vous marié? Avez-vous des enfants?

— Non, mon officier, je mourrai garçon, c'est ma vocation.

— Et cette jeune fille malade dont vous étiez si inquiet?

— Ah! cette jeune fille... c'est... c'est ma nièce, ma nièce Agathe... une charmante fille que j'aime comme si j'étais son père... et qui ne me quittera jamais!

— Excepté quand vous la marierez pourtant.

— Oh! elle est comme moi... elle veut rester garçon... je veux dire demoiselle.

— Elle se porte mieux?

— Oui, mon officier. Tenez, il me semble que votre argent nous a porté bonheur... J'ai trouvé de l'ouvrage, elle est revenue à la santé... nous sommes heureux maintenant.

C'est un homme d'une cinquantaine d'années.

— Tant mieux, mon brave! C'est un plaisir de voir le bonheur entrer chez les honnêtes gens... il fréquente quelquefois si mauvaise compagnie!

— C'est bien vrai, cela, mon officier. Mais je me recommande tout de même à vous et à vos connaissances. Voici mon adresse; on pourrait m'écrire... je connais la lecture... et ma nièce donc!... elle nous en fait tous les soirs, des lectures... à moi et à Pétarade, un ancien camarade qui vient souvent nous voir.

— Vous êtes peintre... décorateur?

— Oui, mon officier; on trouve même que j'ai assez de goût dans mon état. Vous auriez un logement, une maison à faire repeindre à neuf... je vous fignolerais ça.

— Eh bien! je vais vous donner de l'ouvrage, que vous ferez, du reste, quand vous aurez le temps. Je possède une petite maison de campagne à Neuilly : elle a besoin d'être remise à neuf entièrement... Je vais vous donner l'adresse... mon jardinier sera prévenu ; vous irez voir cela, et vous vous y mettrez quand vous aurez le temps. Que ce soit fini au mois de mai, c'est tout ce qu'il me faut.

— Fort bien, mon officier. Faut-il revoir chaque étage?

— Vous verrez tout; je veux que tout soit frais, propre, élégant partout; vous m'avez dit que vous aviez du goût, je m'en rapporte à vous. Quant à la dépense, que cela ne vous arrête pas non plus... je puis satisfaire mes fantaisies, car... j'ai de la fortune... et je ne possède pas même une nièce à qui je puisse espérer qu'elle reviendra un jour.

— J'entends, vous n'avez pas d'enfant, mon officier; mais, si vous vouliez... il me semble que vous êtes encore d'âge à vous marier et à en avoir?

M. Dumarselle secoue tristement la tête en murmurant :

— Non, mon brave... Comme vous, je veux rester garçon, quoique ce soit assurément par d'autres motifs que vous... Mais les événements maîtrisent nos volontés... et notre avenir est rarement tel que nous l'avions rêvé!

M. Dumarselle reste un moment pensif, et Sabretache demeure muet et immobile, de crainte de troubler les réflexions dans lesquelles ce monsieur semble plongé. Enfin, celui-ci se rapproche de son bureau, écrit une adresse et quelques mots sur un papier qu'il donne à l'ancien soldat.

— Voici l'adresse de ma maison de Neuilly, avec un mot pour le jardinier; vous irez quand vous aurez le temps. Si d'autres travaux se présentent, croyez que je ne vous oublierai pas ; j'ai votre adresse, je vous écrirai. Au revoir, mon brave Sabretache.

— Votre serviteur... et une foule de remercîments, mon officier.

Et Sabretache sort de chez M. Dumarselle en sifflant une marche et en se disant :

— Décidément, le temps est au beau.

XXXII

UNE CAMPAGNE A NEUILLY

L'hiver a passé, tristement pour les uns, joyeusement pour les autres. Chez Sabretache, il a été doux et bienfaisant. Le travail n'a pas manqué ; Cerisette même en a obtenu par des gens du voisinage, par des pratiques du peintre. La jeune fille, qui s'attache maintenant à faire bien tout ce qu'elle entreprend, est parvenue à coudre, à broder avec tant de perfection, que c'est à qui lui offrira de l'ouvrage. Avec l'occupation, Cerisette a retrouvé le calme et même une partie de sa gaieté d'autrefois; car le travail est la meilleure des distractions. Elle a consenti à sortir accompagnée de Sabretache et quelquefois de Pétarade; mais, en hiver, les sorties ont toujours été courtes et se bornaient à des promenades de santé.

Avec le retour de la belle saison, on se promet de plus longues promenades : d'abord, on a les Champs-Élysées pour voisinage, ensuite on se propose de dépasser quelquefois la barrière, d'aller visiter le bois de Boulogne et toutes les jolies campagnes qui sont de ce côté de la Seine.

Depuis longtemps, Sabretache s'est acquitté avec Pétarade, les travaux du peintre en bâtiment ont pris assez d'importance pour que quelquefois il soit obligé de prendre lui-même des ouvriers sous ses ordres. Dans ces travaux, ceux de la maison de campagne de M. Dumarselle n'ont pas été négligés; on doit penser, au contraire, que Sabretache s'est piqué d'honneur pour que le propriétaire fût content. Chaque fois qu'il revient de Neuilly, Sabretache se frotte les mains en se disant :

— Ce sera gentil ! M. Dumarselle sera content, je l'espère.

— Qu'est-ce que c'est donc que ce M. Dumarselle? demande un jour Pétarade à son camarade.

— Un bien brave homme... qui m'a rendu un grand service... qui m'a aidé quand j'étais dans la peine... comme toi, mon pauvre Pétarade.

— Chut!... belle affaire! A quoi que ça servirait d'être amis si on ne s'obligeait pas?

— C'est vrai, mais je n'avais pas l'honneur d'être ami de ce monsieur... Il ne me connaissait pas du tout, quand il m'a obligé.

— Alors, c'est tout à fait beau, ça!

— Comment est-il, ce monsieur? demande à son tour Cerisette; a-t-il l'air aimable... gai?

— Ma foi! ma petite, c'est pas trop facile à dire. C'est un homme d'une cinquantaine d'années, à ce que je suppose; grand, mince, taille bien prise... il a dû porter joliment l'habit militaire. Sa figure est belle, mais pas mal sévère... Quand on ne le connaît pas, on le croirait même un peu fier; mais, quand il vous parle, ses yeux et sa voix ont quelque chose qui vous donne de la confiance. Au total, je ne le crois pas très causeur, et ses discours n'annoncent pas un grand fonds de gaieté. Je croirais assez que c'est un homme qui a eu de vifs chagrins et qui en a conservé toujours un petit restant dans le fond de son cœur.

— Le voyez-vous souvent à sa campagne de Neuilly?

— Je ne l'ai rencontré qu'une fois dans le commencement que j'y allais. Il a voulu absolument me donner un billet de cinq cents francs d'avance sur les travaux que j'entreprends, parce qu'il a dit que j'aurais beaucoup d'avances à faire. Ça, c'était vrai; j'ai dû accepter.

— Cinq cents francs! s'écrie Pétarade, c'est donc un millionnaire que ce particulier?

— Nigaud! on n'est pas millionnaire parce qu'on dépense une douzaine de cents francs en peinture dans sa maison. Du reste, il paraît que M. Dumarselle est riche, à en juger par sa maison de campagne. Oh! dame, mes enfants, c'est bigrement joli... des salons avec de superbes tableaux, des statues... de beaux meubles, et puis un jardin charmant... des fleurs rares, une serre, une pièce d'eau... un petit paradis, quoi!

— Oh! que je voudrais voir cela! s'écrie Cerisette.

— Eh bien! ma petite, c'est facile... Je suis toujours tout seul dans la maison; le jardinier va je ne sais où; et puis, quand même, j'ai la permission d'amener qui je veux avec moi. C'est le moment de venir, les lilas sont en fleur, et il y en a des masses! D'ailleurs, dans une douzaine de jours j'aurai fini, il faut profiter du temps où j'y vais encore. Demain, si vous voulez, je vous emmène avec moi à Neuilly. Vous emporterez de l'ouvrage, nous y passerons la journée; ensuite, nous dînerons par là... il y a un petit traiteur sur la route où on est bien et pas cher... au *Lapin blanc*.

— Mais, si M. Dumarselle venait justement demain à sa campagne, cela n'aurait qu'à le contrarier de me trouver chez lui?

— D'abord, M. Dumarselle n'y viendra certainement que lorsque j'aurai fini; ensuite, il y viendrait, que je suis persuadé qu'il ne trouverait pas mauvais que je vous aie emmenée... Après tout, où est donc le crime de se promener dans un jardin où il n'y a personne?... Vous viendrez demain à Neuilly avec moi; cette promenade vous fera du bien.

— Et moi, dit Pétarade, si vous le permettez, j'irai vous retrouver pour dîner avec vous au *Lapin blanc*.

— Soit, viens nous y rejoindre à sept heures.

Le lendemain, de grand matin, par un temps doux, par un ciel pur, Sabretache et Cerisette se mettent en route pour Neuilly. La jeune fille, vêtue d'une modeste robe blanche semée de petits bouquets bleus, ayant sur les épaules un châle léger, sur la tête un grand chapeau de paille surmonté d'un simple ruban, est gracieuse comme les anciennes bergères de Watteau, distinguée comme les délicieux portraits de Court. Elle s'appuie fièrement au bras de Sabretache qui sourit en la regardant, parce que sur les joues fraîches, dans les yeux brillants de Cerisette, il voit qu'avec la santé elle a retrouvé aussi le calme et le bonheur.

L'ancien troupier a proposé à sa compagne de prendre la voiture qui

Ce cavalier, qui paraît avoir vingt-six ou vingt sept ans. (P. 302.)

de tout cela, vous ne viendrez plus à sa campagne! il me semble, ma petite, que ce ne serait pas gentil, ça.

— Oh! mon ami, si vous pensez cela, je ne demande pas mieux que d'y aller, moi. Ce que j'en faisais, c'était de crainte d'être trop hardie. Du moment que vous pensez autrement, je vais avec vous... et je vous assure que cela me fait grand plaisir!

— A la bonne heure! les plaisirs qui ne font de mal à personne doivent toujours être permis.

Cerisette est donc retournée avec Sabretache à la maison de campagne de M. Dumarselle. Cette fois, ce monsieur n'y vient pas. La jeune fille se sent plus libre en se sachant seule dans le jardin, et pourtant elle éprouve comme un regret : elle avait cru que M. Dumarselle serait revenu... et, dans le fond de son âme, il y a comme de la tristesse de s'être trompée dans son espoir.

En revenant à Paris, il n'est pas encore tout à fait nuit; et il y a un jeune cavalier fort élégant qui se promenait au petit trot sur la route de Neuilly, mais qui met son cheval au pas dès qu'il aperçoit la jeune fille donnant le bras à l'ancien troupier.

Ce cavalier, qui paraît avoir vingt-six à vingt-sept ans, est fort bien de figure. Sous son chapeau gris, on aperçoit des yeux bleus fort beaux, des sourcils bien arqués, un nez bien dessiné et une bouche pleine d'expression; des cheveux bruns encadrent tout cela, et lorsque, par moments, ce jeune homme ôte son chapeau de dessus sa tête pour sentir un instant la fraîcheur du soir, on est frappé de la noblesse de son front, sur lequel ses cheveux arrangés sans symétrie voltigent au gré du vent.

La mise de ce cavalier annonce un jeune homme à la mode, mais sans avoir rien d'excentrique ni d'exagéré; enfin, il dirige avec infiniment de grâce un charmant cheval andalou qui n'a rien qui sente le louage.

En apercevant de loin le jeune homme que nous venons de décrire, Cerisette s'est sentie rougir, et, tout en affectant de ne point regarder de son côté, elle voit très bien cependant qu'il a ralenti le pas de son cheval, afin de se trouver bientôt sur la même ligne qu'elle.

Pourquoi Cerisette a-t-elle rougi?... Pourquoi jette-t-elle involontairement des regards furtifs du côté de ce cavalier?... C'est que le second jour de sa promenade à Neuilly, en marchant le matin à côté de Sabretache, la jeune fille a été effrayée par un cavalier qui venait au grand galop de son côté, au moment où elle traversait le chemin devant l'Arc-de-Triomphe. Elle a eu peur, elle a craint de n'avoir pas le temps de traverser. Mais le jeune homme, témoin de l'effroi de la jeune fille, a su arrêter tout à coup son coursier, en s'excusant de la frayeur qu'il avait causée.

Cet incident se serait terminé là, si l'élégant cavalier n'avait pas eu alors le loisir de considérer Cerisette; et, sans doute, cet examen lui avait donné le désir de la revoir, car, le lendemain, soit hasard, soit préméditation, le jeune homme se promenait encore à cheval dans les Champs-Elysées lorsque Cerisette y passait avec son fidèle compagnon. Mais, cette fois, le cavalier s'est bien gardé d'effrayer la jeune fille; il a même fait aller son cheval assez doucement pour suivre de loin, jusqu'à la maison de M. Dumarselle, la personne qui, la veille, lui a semblé si jolie.

Depuis ce temps, chaque jour, en allant ou en revenant de Neuilly, Cerisette a revu le jeune homme inconnu, tantôt, le matin, en partant de Paris, et, une autre fois, en y revenant. Depuis quelques jours même, le beau jeune homme s'est trouvé sur le chemin le matin et le soir, souvent à cheval, quelquefois à pied. Après cela, est-il étonnant que Cerisette l'ait remarqué? Et n'est-il pas bien visible que c'est pour elle, que c'est dans l'espérance de la rencontrer, que cet inconnu se trouve chaque jour sur son chemin?

On sera peut-être surpris que Sabretache n'ait point aussi remarqué ce jeune homme qui se trouve constamment sur sa route. Mais, d'abord, il faut dire que le beau cavalier agissait avec infiniment de discrétion. Bien loin de caracoler et de faire manœuvrer son cheval devant les deux piétons, ce que beaucoup d'autres n'eussent pas manqué de faire à sa place, afin de montrer à la jeune fille avec quelle grâce, quelle sûreté il conduisait son coursier, le jeune homme, au contraire, dès qu'il apercevait Cerisette et son compagnon, s'empressait de prendre le côté opposé de la route, et laissait aller son cheval au pas, se tenant plutôt en arrière qu'en avant des deux piétons. De cette façon, il pouvait tout à son aise examiner la démarche de Cerisette, sa taille élégante, sa tournure gracieuse ; il est vrai qu'il ne voyait pas son visage, à moins que la jolie fille ne tournât la tête de son côté, ce qui arrivait quelquefois, par hasard sans doute ; mais le jeune homme profitait avec bonheur de ces hasards-là.

Lorsqu'il était à pied dans les Champs-Élysées, l'admirateur de Cerisette était encore moins en vue : il passe tant de monde par là ; puis, on est à chaque instant masqué par des arbres, et lorsqu'on y met un peu d'adresse, on peut facilement suivre quelqu'un sans que cela se remarque. Le beau jeune homme se tenait toujours à une grande distance, et de façon à ne pas se trouver du côté de Sabretache.

Enfin, ce qui est encore au-dessus de toutes les précautions possibles, c'est qu'un homme qui n'est point jaloux porte fort peu d'attention sur les personnes qui se trouvent sur sa route, tandis que, sans être coquette, sans désirer faire des conquêtes, la femme la plus honnête voit fort bien lorsqu'elle en a fait une, et même sans regarder en arrière, sans paraître détourner la tête, sait toujours où se tient celui qui la suit. Ce qui a fait dire à je ne sais quel poète que les femmes avaient une double vue pour les amoureux, et ce qui me semble tout naturel : pourquoi l'amour ne serait-il pas aussi devin que le magnétisme?... Quant à moi, je crois beaucoup plus à la seconde vue du cœur qu'à celle de l'estomac.

Mais d'où vient que Cerisette, qui n'a pas de secrets pour le vieux soldat, ne lui ait point parlé de l'assiduité de ce jeune inconnu? Et comment se fait-il que cette jeune fille, que le malheur et le passé ont rendue si craintive, n'éprouve aucune frayeur en se voyant constamment suivie par un inconnu? A cela, nous répondrons encore qu'il y a dans le fond de notre âme quelque chose qui nous fait éprouver comme de la sympathie pour certaines personnes, et, alors, on n'a jamais peur de ces personnes-là. Il ne suffit pas toujours d'être un joli garçon pour inspirer de la sympathie à une femme, quoique cela doive pourtant y contribuer; mais celui que Cerisette voyait depuis quelque temps sur son chemin avait un air si doux, si honnête, lorsqu'il la regardait, ses yeux avaient une expression à la fois si tendre et si respectueuse, qu'il était impossible de s'offenser de ces regards-là; et voilà pourquoi elle n'avait pas jugé nécessaire de parler à Sabretache du jeune cavalier. D'ailleurs, la promenade des Champs-Élysées à Neuilly était libre pour tout le monde, et, après tout, ce n'était peut-être pas pour la rencontrer que ce beau monsieur se trouvait toujours où elle passait. Cerisette se disait aussi cela, mais elle n'en croyait pas un mot.

Le lendemain, on retourne encore à Neuilly. Cette fois, M. Dumarselle y vient aussi dans le milieu de la journée, et, après avoir jeté un coup d'œil dans la maison, il va dans le jardin dire bonjour à Cerisette.

La jeune fille salue gracieusement le maître de la maison : elle ne se sent déjà plus de crainte, ni d'embarras près de lui; elle n'y éprouve que du plaisir.

— Vous savez, mademoiselle, ce que j'ai recommandé à monsieur votre oncle? dit M. Dumarselle en regardant attentivement Cerisette.

— Oui, monsieur... c'est-à-dire... je crois...

— Je lui ai recommandé de vous amener souvent cet été dans cette maison de campagne qui vous plaît tant. Et, comme je devine très bien que, par discrétion, vous n'oseriez pas y venir si j'y étais... cela me ferait grand plaisir pourtant... je vous préviens que je me mettrai en voyage vers le 20 juin, et que je serai au moins trois mois absent!..

— Comment, monsieur, vous vous absentez si longtemps!... Vous abandonnerez dans la belle saison cette maison qui est si jolie!...

— Oui, mademoiselle...

— Est-ce que vous ne vous plaisez pas ici?...

— Je m'y plairais beaucoup si j'avais... tout ce que mon cœur désire! Ah! mademoiselle, la fortune ne procure pas toujours le bonheur, et je donnerais avec joie tout ce que je possède... contre quelque chose que le destin m'a ravi!

Cerisette soupire et n'ose se permettre aucune question sur ce qui cause le chagrin de M. Dumarselle ; celui-ci, dont le front est devenu soucieux, reprend au bout d'un moment :

— Oui... je voyage... je parcours le monde... espérant encore quelquefois... mais toujours déçu dans mon espoir... Pardon... je vous parle de mes peines, et, à votre âge, il vaut mieux ne songer qu'aux plaisirs... On a assez de temps pour les regretter !...

— Ah ! monsieur, je ne suis pas aussi frivole que vous pourriez le croire... et si je pouvais adoucir vos souffrances en les partageant, je vous en demanderais sur-le-champ la moitié.

— Aimable fille, je vous remercie... Au revoir, je ne vous dis pas encore adieu.

Le surlendemain, Sabretache a entièrement fini ses travaux, et M. Dumarselle, qui se trouve à sa campagne, solde sur-le-champ le mémoire du peintre, sans vouloir le faire vérifier, quoique celui-ci prétende que c'est un usage auquel il ne demande pas mieux que de se soumettre ; mais M. Dumarselle l'oblige à recevoir sur le-champ le total de sa facture.

Cerisette remercie de nouveau M. Dumarselle, qui lui donne encore un beau bouquet.

— Et si je vous ai pris trop cher, mon officier? dit l'ancien soldat en souriant.

— D'abord, je n'en crois rien, mon brave ; ensuite, si vous avez fait quelque légère erreur, je vous prierai d'en dépenser le montant en un cadeau pour votre charmante nièce. Adieu, mademoiselle ! N'oubliez pas surtout la recommandation que je vous ai faite... Cette maison est à votre disposition tout l'été... et j'espère que vous viendrez la visiter, quand ce ne serait que pour voir si mon jardinier a bien soin de mes fleurs.

Cerisette remercie de nouveau M. Dumarselle, qui lui donne encore un beau bouquet et serre la main de Sabretache, en lui disant :

— Je vous reverrai à mon retour ; de plus, j'ai donné votre adresse et vous ai recommandé à quelques connaissances qui, j'en suis certain, vous procureront de l'ouvrage.

— Vous êtes mille fois trop bon, mon officier. En vérité, je ne sais comment j'ai mérité tout ce que vous daignez faire pour moi !

— Vous le méritez par vous-même. Mais, depuis que je connais votre aimable nièce... je me félicite doublement de ce que j'aie pu vous être bon à quelque chose.

Sabretache et la jeune fille ont quitté la maison de Neuilly ; c'est pour quelque temps, cette fois, qu'ils lui disent adieu. Cerisette a le cœur serré ; elle avait si bien pris l'habitude d'aller à cette campagne, que maintenant il lui semble qu'il lui manquera quelque chose en ne s'y rendant plus dès le matin ; ensuite, M. Dumarselle a été si aimable, si poli avec elle, qu'elle se sent déjà de l'affection pour lui ; elle s'habituait très bien aussi à le voir.

Peut-être y a-t-il encore quelque raison qui lui fait regretter ces charmantes promenades à Neuilly et jeter les yeux de côté et d'autres sur la route comme pour y dire adieu à l'élégant cavalier que l'on y rencontrait matin et soir. Mais justement, ce jour-là, le jeune inconnu n'a pas paru ; on ne l'a aperçu ni en allant ni en revenant, et on a l'air très sérieux en arrivant dans la rue de Ponthieu.

Quant à Sabretache, tout le long du chemin il n'a pas cessé de faire l'éloge de M. Dumarselle, dont la connaissance et l'amitié semblent avoir été le commencement de son changement de fortune.

En rentrant dans leur demeure, Sabretache et Cerisette aperçoivent Pétarade, de planton devant leur porte ; il s'écrie :

— C'est pas malheureux qu'on vous rencontre ! Vous n'y êtes plus jamais à c't'heure !... J'aurais eu le temps de pourfendre plusieurs lions depuis que je ne vous ai vus !

— Tu sais bien, camarade, que j'avais affaire à Neuilly, et, comme Agathe... s'y plaisait, elle y venait tous les jours avec moi.

— Oh ! oui ! il paraît que mamzelle Agathe... Cerise... non, je veux dire Cerise... Agathe... non... je deviens idiot, ne faites pas attention !... Mamzelle, dis-je, s'y plaît beaucoup?

— Oh ! oui ! et si vous saviez combien le maître de la maison est aimable.

— Vous l'avez donc vu?

— Certainement, je l'ai vu plusieurs fois... et il a été si bon ; il m'a dit que j'avais très bien fait d'accompagner mon oncle. Ensuite, il nous a fait promettre d'aller souvent à sa campagne cet été : il sera absent.

— Ah ! il vous a engagés à l'aller voir quand il n'y sera pas?...

— Tu ne comprends donc pas, camarade, que c'est pour nous mettre à notre aise? S'il y était, il sait bien que nous craindrions d'être importuns... Mais il voyagera tout l'été.

— Tiens! tiens! mais c'est agréable, ceci... Ça fait que vous avez comme une maison de campagne à vous!... Si ce monsieur m'avait rencontré, il m'aurait peut-être aussi invité à aller la voir pendant son absence!...

— Mais les travaux sont finis, ainsi que nos courses à Neuilly, pour quelque temps du moins.

— Ma foi! les promenades ont fait du bien à mam'zelle; je la trouve parfaitement bien portante à présent.

— C'est vrai... votre santé est tout à fait rétablie, mon enfant. Mais puisque l'exercice vous fait du bien, il faudra en faire encore, et, si nous n'allons plus à Neuilly, cela ne nous empêchera pas d'aller nous promener.

— Oh! certainement... je le veux bien!...

Cerisette a répondu avec une vivacité dont elle se blâme elle-même. Pourquoi cette envie de promenade, maintenant qu'elle n'a plus le but qui lui plaît tant? Est-ce donc le désir de savoir si elle rencontrera encore ce jeune cavalier qui la contemplait d'un air si respectueux et si doux? Mais à quoi bon! Elle ne veut plus, elle ne doit plus aimer personne, ni écouter aucun propos galant; son cœur doit désormais être fermé à tout sentiment d'amour, et les motifs qui la forcent à ne plus aimer sont trop graves pour qu'elle manque jamais à sa résolution. Et, sans doute, c'est pour mieux la tenir que quelques jours s'écoulent, pendant lesquels la jeune fille a voulu garder la maison. Mais le temps est superbe, les soirées longues et chaudes, et Sabretache dit une après-dînée à Cerisette :

— Ma petite, vous aviez pris l'habitude de marcher, et cela vous faisait du bien ; il ne faut pas maintenant faire tout le contraire... Je trouve déjà que vous n'avez plus le teint si rose, l'air si joyeux que quand vous veniez à Neuilly. D'ailleurs, il faut profiter des beaux jours... quand on les tient. Sortons... allons aux Champs-Élysées.

Cerisette accepte la proposition de son protecteur ; elle prend un petit châle, attache sur sa tête un simple chapeau de paille et donne à peine un coup d'œil à son miroir ; mais les femmes les plus jolies sont ordinairement celles qui mettent le moins de temps à leur toilette.

A la sortie de leur demeure, nos promeneurs rencontrent Pétarade qui venait les voir et, naturellement, les accompagne à la promenade.

Il est à peine huit heures du soir; la nuit n'est pas encore venue. Les Champs-Élysées sont remplis de monde ; il semble qu'une partie des habitants de Paris s'y soient donné rendez-vous. Mais comme Cerisette n'aime point la foule, on prend des allées qui ne sont pas au centre de la promenade, et où l'on peut, du moins, marcher sans être coudoyé à chaque pas. Cerisette donne le bras gauche à Sabretache; à sa droite, Pétarade se tient bien roide, emboîtant son pas sur celui de la jeune fille de manière à ne jamais se trouver d'un pouce ni en avant, ni en arrière. Quoique si bien entourée, Cerisette voit fort bien et de côté et même parfois derrière elle; il lui suffit pour cela de tourner un peu la tête comme pour rattacher son châle ou ramener sur son épaule le ruban de son chapeau. Ce ne sont pas les moyens qui manquent aux femmes pour savoir s'il y a sur leur pas celui qu'elles désirent ou qu'elles redoutent. Mais on se promène depuis quelque temps, et les regards furtifs de la jolie fille n'ont point aperçu celui qu'elle croyait rencontrer.

Pétarade est enchanté de l'occasion, et tout fier d'être le cavalier de Cerisette.

Tout à coup, Sabretache aperçoit un monsieur pour lequel il travaille; ayant besoin de lui parler, il quitte le bras de Cerisette en disant à Pétarade:

— Donne ton bras à ma nièce... il faut que je dise un mot à ce particulier; allez toujours tout droit et je vous rejoins

Pétarade est enchanté de l'occasion, et tout fier d'être le cavalier de Cerisette. Celle-ci a pris son bras, et ils s'avancent lentement, le ci-devant soldat cherchant dans sa tête une jolie phrase en forme de compliment pour l'adresser à la jeune fille, et celle-ci regardant toujours au loin et dans tous les sens. Probablement, la phrase que cherchait Pétarade avait de la peine à s'arrondir, car il n'avait pas encore dit un mot lorsqu'il sent tressaillir le bras qui s'est passé sous le sien.

— Qu'avez-vous, mamzelle?... Est-ce que le pied vous a tourné ou que vous avez rencontré un petit moellon? demande Pétarade à sa compagne.

Celle-ci répondit d'une voix émue

C'est le cavalier si gentil; elle l'a bien vite reconnu. (P. 315.)

— Ce n'est rien, monsieur Pétarade... c'est que j'ai en effet rencontré... quelque chose qui m'a fait mal...

— Voulez-vous ôter votre soulier?

— Oh! non, ce n'est pas la peine.

Et Cerisette regardait à sa droite; car elle venait d'apercevoir le jeune inconnu. Il était à pied, cette fois; il marchait lentement dans une des contre-allées... Mais lui aussi venait d'apercevoir Cerisette; cependant elle ne donnait pas le bras à la personne avec laquelle il l'avait toujours vue; aussi se rapprocha-t-il doucement pour être bien certain de ne point se tromper.

Pétarade, ne pouvant parvenir à tourner un compliment, s'était décidé à raconter une de ses prouesses, et commençait son récit :

— Pour lors, mamz'elle, c'était un jour que j'avais rencontré deux lions... dont une lionne, mais je ne sus que c'était une lionne que par suite des événements... Ça ne saute pas aux yeux. Faut vous dire que je m'étais aventuré à la promenade, n'ayant pour toute arme qu'un petit eustache dont le manche était cassé... Je cherchais des dattes... Aimez-vous les dattes?

— Oui, oui... Ce doit être bien effrayant!

— Les dattes? Mais, non, c'est sucré. J'en raffolais, j'en mangeais deux boisseaux par jour... si bien que mes camarades me disaient: « Tu n'oublierais jamais le moindre fait, toi, Pétarade, tu es un recueil de dattes. » C'est un calembour... Les aimez-vous?

— Non... c'est trop sucré.

— Les calembours?

— Non... les lions...

— Vous avez connu des lions sucrés?

— Mais je croyais que vous disiez autre chose...

Cerisette est fort peu à la conversation; elle a remarqué que le jeune inconnu est plus pâle que d'habitude et que c'est avec un sentiment de tristesse qu'il la regarde. Elle songe qu'elle est au bras de Pétarade et que cela peut donner lieu à bien des conjectures. Aussi, tout à coup, elle s'arrête en disant bien haut :

— Mais mon oncle ne revient pas, monsieur Pétarade, si nous l'attendions?

— Mam'zelle, il avait la crinière qui lui tombait jusqu'à terre... le mâle, et il roulait des yeux comme des becs de gaz.

— Si nous marchons toujours, il ne nous retrouvera plus.

— Je vous assure que je n'avais pas envie de l'attendre, n'ayant sur moi que mon eustache sans manche. Et alors... et alors...

— Eh bien! monsieur Pétarade, vous n'achevez pas?

— Pardon, mam'zelle, c'est que je remarque que depuis quelques instants il y a là un particulier qui a l'air de nous espionner... et de vous regarder d'une façon... Je vais aller lui demander ce qu'il nous veut, ce farceur-là.

C'est le jeune inconnu, que Pétarade a remarqué, et vers lequel il marche déjà, lorsque Cerisette le force à s'arrêter en lui disant d'un air fâché:

— Eh bien! monsieur Pétarade, que faites-vous donc? Mon oncle m'a confiée à vous, et vous voulez me quitter? Pourquoi vous figurez-vous que ce monsieur s'occupe de nous? Est-ce que la promenade n'est pas à tout le monde? Je vous défends d'aller lui parler.

— Si vous me le défendez, mam'zelle... c'est fini, je dois me soumettre à votre volonté.

— Mais voilà mon oncle.

Cerisette court prendre le bras à Sabretache. Pétarade a l'air vexé; il a les joues pourpres et il lance de temps à autre des regards sur le jeune inconnu qui se tient un peu éloigné, mais marche toujours derrière eux.

— Qu'est-ce que tu as donc, Pétarade? On dirait que tu es en colère? dit Sabretache au bout d'un moment.

— Moi, par exemple! au contraire.

— C'est que M. Pétarade me contait une histoire de lions et je l'écoutais mal... Voilà ce qui l'aura fâché.

— Moi?... Oh! du tout, mam'zelle. La chose, c'est que j'avais remarqué un muscadin qui lorgnait par trop ta nièce... et je voulais le rappeler à l'ordre, ce pékin... mais elle n'a pas voulu.

— Vous vous êtes trompé, monsieur Pétarade : pourquoi chercher querelle à quelqu'un qui ne nous dit rien?

— Oh! que non, je ne m'étais pas trompé... et la preuve, c'est que le particulier nous suit toujours sans en avoir l'air.

— Bah!... montre-le-moi donc.

— Par file à droite... droite. . suis toujours! Y es-tu?

Sabretache s'est retourné, et il aperçoit le jeune homme; mais la nuit tombait, et il était difficile de distinguer d'un peu loin. L'ancien troupier dit tout bas à l'oreille de Cerisette :

— Est-ce que vous connaissez ce monsieur, ma petite?

— Moi? Pas du tout, mon ami.

— Alors, Pétarade est un serin. Après tout, vous êtes gentille; on vous lorgne, c'est tout naturel; nous ne pouvons pas obliger les passants à se boucher les yeux quand vous sortez.

La promenade se termine; Cerisette n'a plus osé retourner la tête, mais quelque chose lui dit que le jeune inconnu ne les perd pas de vue.

De retour chez eux, Sabretache dit encore :

— Cet imbécile de Pétarade, qui voulait chercher querelle à un monsieur que vous ne connaissez pas.

Cerisette, dont le cœur est serré, court se jeter dans les bras de son vieil ami en murmurant :

— Ah! ce serait bien mal si j'avais un secret pour vous!... Tenez, mon ami, je vais tout vous dire.

— Comment!... il y a donc quelque chose?...

— Ce jeune homme... je vous ai dit que je ne le connaissais pas... j'ai eu tort... Il ne m'a jamais parlé, oh! pour cela, c'est bien vrai, mais, quand j'étais à Neuilly... il se trouvait toujours sur notre chemin... souvent à cheval... quelquefois à pied.

C'était un jour que j'avais rencontré deux lions... dont une lionne.

—Ah! diable; et depuis quand?

— Depuis ce jour où j'ai eu peur d'un cavalier qui traversait la chaussée au grand galop... qui a arrêté son cheval si à propos... C'était ce même jeune homme.

—Ah! oui... je me rappelle à présent... Et depuis ce temps vous le rencontriez sans cesse?

— Oui, mon ami.

— Et il vous regardait?

— Oui, mon ami.

— Et vous le regardiez bien un peu pour voir cela?

— Un petit peu, mon ami.

— Et moi, je n'ai rien vu de tout cela!... Oh! invalide que je suis!

Sabretache prend un air plus sérieux en disant :

— C'est un jeune homme du grand monde?

— Je le crois... il a l'air fort distingué... et fort honnête surtout.

— Quand il aurait tous ces airs-là, voyons, ma petite, vous ne comptez pas épouser ce monsieur? Et je présume que vous ne voulez pas être sa maîtresse?

— Sa maîtresse! Oh! mon ami... pourriez-vous le penser? Ah! la leçon que j'ai reçue n'est-elle pas assez terrible?... Et quand vous m'avez retirée de l'abîme où le malheur m'avait précipitée... je retomberais dans de nouvelles fautes! Alors, je serais donc indigne de ce que vous avez fait pour moi? Ah! vous ne croyez pas cela, mon ami; n'est-ce pas, que vous ne le croyez point?

Cerisette porte son mouchoir sur ses yeux, et Sabretache court à elle et l'embrasse à plusieurs reprises en s'écriant :

— Eh non! mille carabines, eh non! mille caronades, je ne le crois pas!... Je n'ai jamais voulu vous faire de la peine, mon enfant... Mais ce jeune homme... s'il vous suit encore... faudra-t-il le rosser?

— Pendant quelque temps je ne sortirai pas... Cela ne me privera pas, et d'ailleurs vous savez que j'ai beaucoup d'ouvrage; ensuite, quand nous irons promener... eh bien! nous prendrons d'un autre côté... et, ne me rencontrant plus, ce jeune homme m'aura bien vite oubliée.

— C'est cela, ma petite; vous raisonnez comme un ange... Je vous apporterai beaucoup de livres pour vous distraire... Allons, plus de chagrin; ceci est un léger incident qui ne doit pas vous attrister... Bonne nuit, mon enfant!

— Bonne nuit, mon ami!

Et Cerisette sourit en tendant la main à Sabretache; mais, lorsqu'elle est seule, ses yeux se remplissent encore de larmes et elle sanglote en disant :

— Oh! non, je ne dois plus aimer personne... et personne ne peut plus m'aimer!

XXXIV

UN VÉRITABLE AMOUR

Plusieurs semaines se sont écoulées; Cerisette n'est sortie que pour faire dans le voisinage les achats nécessaires aux soins du ménage; mais elle n'a plus été se promener. Elle travaille, elle lit beaucoup; elle ne cesse point de répéter qu'elle n'a pas un moment d'ennui; mais ses yeux n'ont plus leur gaieté, leur vivacité d'autrefois, et, quoiqu'elle tâche souvent de sourire, il y a dans ce sourire même quelque chose qui laisse percer un secret chagrin. Sabretache, qui ne se trompe pas aux sentiments de la jeune fille, se dit en caressant sa moustache :

— Pauvre enfant!... il paraît que ce jeune homme lui avait visé juste au cœur! Dame! ces choses-là ne se commandent pas. Avec tout cela, je ne veux pas que cette petite passe tout son été enfermée comme une marmotte... elle retomberait malade... Que le diable emporte les amoureux!... Il est vrai qu'elle est bien gentille!

Enfin, un matin, Sabretache dit à Cerisette :

— Ma petite, le temps est superbe... Le 20 juin est passé, puisque nous sommes en juillet, par conséquent M. Dumarselle est en voyage ; il me semble que nous pourrions aller passer une journée à sa campagne... Cela vous fera du bien ; moi, je regarderai si mes peintures n'ont pas souffert. Ce ne serait pas joli si nous ne profitions pas quelquefois de l'offre si aimable de ce monsieur... Voulez-vous venir à Neuilly ? Nous prendrons la voiture... comme cela, on fait moins de rencontres.

Cerisette accepte cette proposition. Elle est bien émue en sortant avec son protecteur ; mais elle tâche de ne regarder ni à droite ni à gauche. Ils vont rejoindre la voiture de Neuilly, se placent dedans, et font la route sans pouvoir être aperçus par les piétons ou les cavaliers.

La campagne de M. Dumarselle est encore plus jolie qu'au printemps, car tous les arbres ont revêtu leur feuillage ; les allées sont plus touffues, les ombrages plus épais. Les fleurs émaillent les bordures et les parterres, et une odeur suave se répand de tous côtés.

Sabretache pousse un cri d'admiration ; puis il laisse la jeune fille dans le jardin pour aller examiner ses peintures. Cerisette va s'asseoir à cette même place où, deux mois avant, elle éprouvait tant de bonheur de se trouver dans cette campagne. Maintenant, tout ce qui l'entoure est plus beau, plus vert, plus gracieux encore ; la nature, dans toute sa force, semble répandre la vie sur les plus petites plantes, comme elle l'a rendue aux arbres les plus vieux.

Et, pourtant, Cerisette n'éprouve plus là le même plaisir qu'autrefois ; car, nous l'avons dit déjà, c'est l'âme, c'est le cœur, qui embellissent aussi ce qui frappe nos yeux ; et quand ils sont tristes, c'est comme un verre de couleur sombre qui se place devant les objets que nous regardons.

— Il n'était pas sur la route ! se dit la jeune fille en laissant sa tête retomber sur sa poitrine. J'ai à peine regardé... mais je l'aurais vu. Oh ! il doit m'avoir oubliée, maintenant. Tant mieux ! tant mieux ! c'est ce que je voulais !

Ces tant mieux-là sont cependant prononcés bien tristement. On passe près de trois heures chez M. Dumarselle. Le jardinier supplie Cerisette de se cueillir un bouquet, en lui disant que c'est l'ordre de son maître, et qu'il sera grondé si elle n'emporte point de fleurs. La jeune fille cède à ses instances ; elle fait un bouquet, puis on dit adieu au père Lejoyeux

— Reprenons-nous la voiture ? demanda Sabretache à Cerisette.

— J'aimerais autant aller à pied... Il y a si longtemps que je n'ai marché !

— C'est juste, ma petite, cela vous fera du bien. Et puis, au fait, en allant à pied, nous verrons mieux si... si... enfin, vous me comprenez, vous serez sûre de votre fait.

On se remet donc en route pédestrement. De temps à autre, Sabretache porte ses regards sur les cavaliers qui passent près d'eux, et, lorsqu'il y en a qui trottinent quelque temps à leur côté, il presse le bras de la jeune fille en lui disant à l'oreille :

— Est-ce celui-là?

Mais Cerisette secoue la tête en murmurant :

— Oh! non... d'un ton qui ressemble beaucoup à un regret.

Un peu plus loin, si un piéton marche quelque temps près d'eux, Sabretache renouvelle sa question, à laquelle la jeune fille fait la même réponse. Ils regagnent ainsi leur demeure, et le vieux soldat s'écrie :

— D'après cela, nous ne l'avons pas rencontré, petite?

— Non, mon ami.

— Alors, c'est qu'il ne vous guette plus, ne vous attend plus. Parbleu! c'est tout simple, vous avez été plus d'un mois sans sortir, c'est plus de temps qu'il n'en faut à un jeune homme pour oublier dix jolies femmes. Voilà donc une aventure terminée, et cela ne doit plus vous causer de soucis ni vous empêcher de sortir.

Oh! bien certainement, ce jeune homme ne songe plus à moi, se dit Cerisette. Après tout... c'était un caprice... cela ne pouvait pas être sérieux. Et, pourtant, ses regards avaient une expression!... Je ne voulais pas le regarder, et, malgré moi, je ne pouvais pas m'empêcher de porter mes yeux de son côté... C'est bien singulier... ce que j'éprouvais ne ressemblait pas à ce que j'ai cru jadis être de l'amour. Mais, à quoi bon penser à tout cela, puisque cela ne m'avancerait à rien d'être aimée? Oh! c'est égal... être aimée véritablement par quelqu'un que l'on aime aussi, ce doit être un bien grand bonheur!

Cerisette tâchait d'éloigner ces idées de sa pensée, mais elle n'y parvenait pas facilement : son âge et son cœur étaient plus forts que sa raison.

Quelques jours se passent encore. Elle est sortie de nouveau avec Sabretache et n'a fait aucune rencontre.

— C'est une affaire arrangée, dit l'ex-troupier, vous n'êtes plus guettée par ce beau monsieur... il ne pense plus à vous.

— Oh! non, assurément.

Un matin, Cerisette est sortie seule pour faire des achats d'aiguilles, de coton, de fil; et, après avoir fait ses emplettes, comme le temps est superbe, elle fait un détour pour revenir par le bas des Champs-Élysées. Il n'y a pas trois minutes qu'elle était sous les arbres, savourant le plaisir de la promenade presque déserte alors, quand tout à coup un jeune homme qu'un arbre lui masquait paraît et s'arrête devant elle.

C'est le cavalier si gentil; elle l'a bien vite reconnu. Elle s'arrête toute troublée, puis va s'éloigner en prenant un autre chemin, lorsqu'une voix pleine de charme, une voix douce et suppliante lui dit :

— Par pitié, mademoiselle, daignez m'entendre un moment !... Ne me refusez pas cette grâce... Vous devez être bien certaine que je ne vous adresserai pas une parole qui puisse vous offenser !...

Cerisette s'arrête... Elle ne sent plus la force de marcher ; elle balbutie en tremblant :

— Qu'avez-vous à me dire, monsieur?

— Ce que j'ai à vous dire?... Ah ! vous le savez déjà, mademoiselle ; il est impossible que vous n'ayez pas lu dans mes yeux le sentiment que vous m avez inspiré... En vous disant que je vous aime... que je vous adore... je n'exprimerai pas encore bien tout ce que j'éprouve pour vous...

— Monsieur... je ne puis entendre...

Et pourtant Cerisette n'éprouve plus le même plaisir qu'autrefois.

— Oh ! écoutez-moi, par grâce !... Que je puisse au moins une fois vous dire ce que je ressens... Je vous ai suivie longtemps... Vous alliez à une maison de campagne, à Neuilly... Oh ! que j'étais heureux de vous rencontrer chaque matin et chaque soir ! Mais, tout à coup, vous avez cessé vos promenades ; pendant plusieurs jours, qui me semblaient des siècles, je ne vous ai plus revue. Enfin, un soir, vous avez reparu... vous donniez le bras à un jeune homme... Je me suis approché pour goûter le plaisir de vous voir... mais il m'a semblé qu'on me regardait avec impatience... Vous-même, j'ai cru que cela vous contrariait de me rencontrer toujours... Oh ! j'en ai eu la certitude quand j'ai vu que, pendant près d'un mois, vous ne quittiez plus votre chambre.

— Comment, monsieur, vous savez?

— Oui... je sais où vous demeurez... je sais que vous vous nommez

Je vais écrire... Dictez, petite. (P. 324.

Agathe, que vous êtes avec votre oncle, un ancien militaire qui s'appelle Sabretache.

— Qui vous a dit tout cela?

— Je vous avais suivie de loin... Quand on aime quelqu'un, mademoiselle, on brûle de savoir tout ce qui le concerne... Ah! jugez si je vous aime!... Devinant que j'étais cause de votre longue retraite, quand vous êtes sortie enfin, je me suis tenu à l'écart, bien loin, afin que vous ne puissiez pas m'apercevoir... « En ne me voyant plus suivre ses pas, me disais-je, elle ne craindra plus de sortir. » C'est pourquoi vous avez été longtemps sans me revoir... Mais j'étais là... toujours là... et de loin je vous voyais, moi...

— Il se pourrait!...

Cerisette a dit ces mots avec une expression de joie involontaire. Mais elle s'efforce de cacher son émotion et murmure :

— Pourquoi donc alors me parlez-vous aujourd'hui?

— Vous étiez seule... l'occasion était si belle!... je désirais tant vous parler! J'ai été si malheureux de votre longue retraite... j'ai tant souffert!... Ne me pardonnez-vous pas ce court moment de bonheur?

La jeune fille lève alors les yeux sur celui qui lui parle; elle voit qu'en effet il est pâle, changé, qu'il a l'air souffrant et malheureux, et, en réfléchissant que c'est elle qui est cause de tout cela, elle ne peut s'empêcher de soupirer, de plaindre ce jeune homme et de lui dire :

— Monsieur, je suis bien fâchée que vous ayez eu du chagrin pour moi. En vérité, vous avez tort, et je n'en vaux pas la peine.

— Oh! mademoiselle, ma plus grande affliction était de vous avoir déplu en me trouvant toujours sur vos pas, en cherchant sans cesse à vous rencontrer.

— Mais cela ne me déplaisait pas du tout...

— Il se pourrait, mademoiselle!...

Un éclair de joie illumine les traits du jeune homme, tandis que Cerisette, qui s'aperçoit que c'est presque un encouragement qu'elle a laissé échapper, reprend avec embarras :

— Je veux dire, monsieur, que... vous étiez bien libre... Enfin, je n'ai jamais eu sujet de me plaindre, et...

— Ah! mademoiselle, je vous en prie, ne rétractez pas ces paroles qui vous sont échappées. Si vous saviez tout le bien qu'elles m'ont fait! Elles me rendent à la vie, car elles me rendent l'espérance. Ne pas vous déplaire, je serais si heureux; c'est le bonheur que vous me faites entrevoir.

— Non, monsieur, vous vous trompez. Avec moi, il n'y a pas de bonheur possible, il n'y a pas d'espérance qui puisse jamais se réaliser; et quand même je ne serais pas insensible à votre amour, mon Dieu, monsieur, cela ne vous avancerait pas davantage. Ainsi, vous le voyez, il vaut mieux ne point penser à moi et ne plus chercher à me revoir. C'est un bon conseil que je vous donne, monsieur, et, d'ailleurs, cela vous sera facile de m'oublier.

— Oh! ne croyez pas cela! Le sentiment que je ressens pour vous n'est pas de ceux qu'un caprice fait naître, et qu'un autre caprice remplace. Renoncer à vous voir me serait impossible maintenant; aussi, je ne veux pas même y arrêter ma pensée. Je sais bien, mademoiselle, que vous ne me connaissez pas, que vous avez parfaitement le droit de ne point ajouter foi à mes paroles, de me croire, comme la plupart des jeunes gens, étourdi, avantageux, et disposé à me passionner pour la première jolie femme que j'aperçois; mais, aussi, je désire cesser d'être un étranger pour vous. Ayez la bonté de prendre cette carte sur laquelle il y a mon nom et mon adresse; vous verrez, mademoiselle, que je ne suis point indigne de votre intérêt.

— Je n'en doute pas, monsieur; mais, je vous le répète, à quoi tout cela vous avancera-t-il? A quoi bon chercher à faire connaissance avec moi?

— Je vous comprends, mademoiselle; vous êtes honnête, je le sais, mais c'est un titre de plus à mon amour. Votre oncle est un ancien militaire dont chacun vante le caractère et la probité. Vous voyez que je me suis informé, moi. Je ne vous tiendrai jamais un langage qui vous blesserait. Je pourrais vous offrir une voiture, des diamants, des cachemires, pour que vous soyez ma maîtresse, ce qui réussit près de bien des femmes.

— Cela ne réussirait pas avec moi, monsieur.

— Je le sais, mademoiselle; aussi je vous aime encore davantage.

— Il ne faut pas m'aimer, monsieur, ce serait un malheur pour vous et pour moi, peut-être. Adieu, monsieur.

— Ah! mademoiselle, par grâce, ne refusez pas de prendre cette carte. Vous me méprisez donc bien, que vous ne voulez pas même me connaître?

— Oh! non, monsieur, ce n'est pas cela. Eh bien! donnez, puisque cela vous fait plaisir.

— Que vous êtes bonne!

— Et maintenant, adieu, monsieur; je ne puis rester davantage. Oubliez-moi, monsieur, oubliez-moi.

Cerisette s'éloigne vivement, le cœur gros, émue, tremblante. Le jeune homme n'osait la suivre, il se contente de la regarder tant qu'il peut l'apercevoir.

La jeune fille grille du désir de lire cette carte qu'on lui a remise, mais elle attend qu'elle soit un peu éloignée; enfin, elle n'y tient plus, elle regarde et lit :

Léon Dalbonne,
rue Tronchet, 6.

Et elle murmure en marchant :

— Léon Dalbonne... Léon... c'est un joli nom... Oh ! j'aime beaucoup ce nom-là !...

Toute la journée, Cerisette pense à cette rencontre ; vingt fois en un quart d'heure elle se dit :

Mais j'étais là... toujours là... et de loin je vous voyais, moi.

— Il ne faut plus songer à tout cela.

Mais, la minute suivante, elle se répète tout ce que le jeune homme lui a dit. Elle n'a point oublié un mot de leur conversation ; puis, elle a toujours devant les yeux l'air pâle et souffrant de cette charmante figure ; elle croit entendre sa voix suppliante, et elle s'écrie :

— Mon Dieu ! il m'aime donc réellement ? Oui parce qu'il me croit honnête, lui-même me l'a dit. C'est un titre de plus à son amour, et s'il savait... Ah ! son amour serait bien vite guéri. Oh ! c'est affreux, cela ! Que je suis malheureuse ! Et pas d'espoir que cela change ! Pourquoi ai-je passé par les Champs-Élysées aujourd'hui ? Oh ! c'est égal, je suis contente de savoir qu'il me suivait toujours. Que cela me fait plaisir d'être aimée !

Et la jeune femme verse des larmes ; puis, elle rit, saute dans la chambre, puis, elle se laisse tomber sur une chaise pour pleurer encore. Elle essaye de travailler, de lire, mais elle ne voit pas ce qu'elle fait, elle ne sait pas ce qu'elle lit.

Enfin, Sabretache rentre ; Cerisette court aussitôt à lui en s'écriant :

— Je vous attendais impatiemment, mon ami ; vous allez tout savoir : Vous ne me gronderez pas, ce n'est pas ma faute. Voilà sa carte, il a voulu que je la prenne. Si vous saviez tout ce qu'il m'a dit !... Vous allez le savoir. Oh ! je n'aurai jamais de secret pour vous.

Sabretache regarde Cerisette et la conduit près d'un siège en lui disant :

— Calmez-vous d'abord, ma petite, car vous êtes diablement émue. Voyons, je vous écoute... Que s'est-il donc passé qui vous a ainsi bouleversée?

Cerisette raconte à Sabretache sa rencontre et toute sa conversation avec Léon Dalbonne ; elle n'en oublie pas une phrase. Son vieil ami l'écoute en caressant ses moustaches, ce qu'il fait quand il a de sérieuses pensées.

La jeune fille a terminé son récit; elle se tait et attend, les yeux fixés avec anxiété sur Sabretache, qui reste pensif. Alors elle reprend d'un air craintif :

— Est-ce que vous trouvez que j'ai bien répondu à ce jeune homme, mon ami?

— Si fait, vous avez dit tout ce que vous deviez, tout ce que vous pouviez dire. Voyons cette carte : Léon Dalbonne, *rue Tronchet*... C'est bien, j'irai prendre demain des informations sur ce monsieur...

M. Léon Dalbonne a un cabriolet, deux chevaux et deux domestiques.

— Si vous y alliez ce soir, mon ami, nous les aurions plus tôt...

— C'est juste ; j'irai ce soir, quoique je ne voie pas trop à quoi cela nous avancera... Enfin, il est toujours bon de savoir à qui l'on a affaire. Mais, calmez-vous, sapristi! Puisque vous savez, petite, que rien ne peut résulter de cette connaissance, il faut prendre tout cela comme une petite guerre : exercice à feu, sans cartouches!

Après avoir dîné, Sabretache sort pour savoir ce que c'est que M. Léon Dalbonne. Cerisette attend avec impatience le retour de son protecteur. Tout en se répétant qu'il ne résultera rien de cette connaissance, elle ne peut s'empêcher d'y prendre un vif intérêt.

Sabretache revient enfin; il va s'asseoir près de Cerisette, et va au but sans préambule.

— M. Léon Dalbonne demeure dans une fort belle maison, où il occupe tout le second; logement superbe, dit-on. M. Léon Dalbonne a un cabriolet, deux chevaux et deux domestiques... Il paraît que c'est un jeune homme qui possède une fortune de quarante mille francs de rente au moins... Il a une terre... une campagne... que sais-je? Il peut avoir vingt-sept ans. Depuis plusieurs années déjà, il est orphelin et son maître absolu. Il a quelques parents qu'il voit peu... entre autres, une tante que l'on dit mauvaise comme une gale. Depuis que ce jeune homme est maître de ses actions et de sa fortune, il paraît qu'il s'est fort bien conduit. Il s'est amusé, c'est tout simple, mais sans désordre, sans se livrer à de ridicules folies ; de plus, il paraît qu'il est humain, bienfaisant, que les malheureux ne l'implorent jamais en vain. Voilà le rapport ; je suis obligé de convenir qu'il est tout à l'avantage de ce M. Léon, mais, je le répète derechef : A quoi cela nous avance-t-il?...

— Humain, bienfaisant ! murmure Cerisette. Ah ! je l'aurais parié; cela se devine sur ses traits. Mais quarante mille livres de rente ! J'aurais préféré qu'il fût pauvre. Et, pourtant, ce serait toujours la même chose pour moi !

— Eh bien ! chère petite, puisque vous savez que l'amour de ce monsieur ne peut vous mener à rien, qu'il vous rendrait, au contraire, malheureuse, en vous faisant perdre le repos que vous commenciez à goûter, il n'y faut plus penser, il faut le bannir de votre souvenir.

— J'y tâcherai, mon ami. Mais je dois vous avouer que j'aurai quelque peine, car l'amour de ce jeune homme m'a touché le cœur.

— Fichtre ! je le vois bien, qu'il vous a touchée, et bigrement bien touchée même ! Mais, vous êtes raisonnable, vous avez désormais le vice en horreur, je suis tranquille : vous vous conduirez comme vous devez le faire.

— Merci de votre confiance, j'en serai digne.

Quelques jours se passent. Cerisette ne sort ou ne quitte sa demeure que pour aller faire un tour au bras de Sabretache. Elle n'aperçoit pas Léon Dalbonne, mais quelque chose lui dit qu'il la voit, qu'il suit ses pas, et ses traits ont une expression de mélancolie remplie de charme.

Un soir cependant, pendant que Cerisette et son fidèle compagnon se promènent aux Tuileries, sur la terrasse du bord de l'eau, Léon Dalbonne vient devant eux ; il regarde tristement la jeune fille, puis lui fait un profond salut, ainsi qu'à Sabretache, et passe son chemin.

L'ancien troupier a rendu le salut au jeune homme en murmurant :

— C'est M. Léon, sans doute ?

— Oui, mon ami.

— Il est fort bien... belle tournure, belle tenue. Eh bien ! sacrebleu, voilà que vous pâlissez maintenant. Est-ce que vous allez vous trouver mal?

— Ce n'est rien .. cela va se passer... mais l'émotion... Je ne m'attendais pas...

— Allons, bon! voilà qu'elle pleure, à présent!.... Hum! maudite connaissance!... maudit amour!

— Pardon... pardon, mon ami, ce n'est pas ma faute, ne me grondez pas...

— Mais je ne vous gronde pas, pauvre enfant! C'est le sort... ce sont les événements que je maudis... Allons, du courage, morbleu! Songez que maintenant vous êtes la nièce d'un vieux de la vieille... Il faut avoir le cœur coriace, on s'en porte mieux.

Cerisette fait tout son possible pour cacher la peine qu'elle porte au fond de son cœur; mais elle aimait véritablement pour la première fois, et ce sentiment-là était si différent de ceux qu'elle avait connus!

Tout en éprouvant dans le fond de son cœur le plus ardent désir de revoir Léon Dalbonne, elle ne sort plus, parce qu'elle sent qu'il ne faut donner aucune espérance aux sentiments de ce jeune homme.

Mais, quinze jours après la rencontre aux Tuileries, Sabretache reçoit une lettre; l'écriture de l'adresse lui est tout à fait inconnue.

— C'est probablement quelque nouvelle pratique pour de l'ouvrage, dit-il à Cerisette.

Et il brise le cachet. Mais presque aussitôt une vive émotion se peint sur sa figure ; il s'arrête et semble interdit.

— Qui donc vous écrit? demande la jeune fille.

— Qui?... M. Léon Dalbonne.

— Lui! Oh! mon Dieu!... Lisez, mon ami, lisez... J'aurai du courage.

Sabretache tâche de se remettre, et lit avec un intérêt que chaque mot accroît :

« Monsieur,

« Je ne vous écris qu'après avoir longtemps médité, étudié mes sentiments; soyez donc persuadé que ma lettre est sérieuse et que mon bonheur est attaché à la réponse que j'attends de vous. J'aime Mlle votre nièce, je l'aime d'un amour aussi pur, aussi vrai qu'il sera constant. Je ne changerai pas, monsieur, car j'ai déjà connu toutes les jouissances de la vie; mais celle que je prise le plus, un amour honnête, il était réservé à la charmante Agathe de me l'inspirer. Je sais qu'elle est sage autant que belle; je sais qu'elle repousserait toute tentative de séduction; aussi, monsieur, c'est à vous, son oncle, que je m'adresse : c'est vous dire que je n'ai que des vues légitimes, et si Mlle Agathe daigne répondre à mon amour, c'est le nom de mon épouse que je lui offre. Je suis riche et entièrement maître de mes actions. Au reste, monsieur, entre gens d'honneur comme nous le sommes, vous et moi, je ne vois point de distance : ce n'est pas la fortune, ce sont les vertus seules qui peuvent en établir.

« J'attends votre réponse, monsieur, pour savoir si je puis me présenter chez vous ; je n'ai pas besoin de vous dire avec quelle impatience je l'attends.

« Léon Dalbonne. »

Sabretache est tellement ému que la lettre s'échappe de ses mains.

— Son épouse!... J'aurais été sa femme! s'écrie Cerisette.

Puis elle sanglote et cache son visage dans ses mains en murmurant :

— O mon Dieu! comme vous me punissez !... Mais gardons sa lettre... la seule que j'aurai de lui... Ah! elle ne me quittera jamais!

Cerisette a ramassé le billet, elle le porte à ses lèvres et le cache sur son cœur. Sabretache retrousse tout à coup sa moustache en s'écriant :

— Allons, par mon bancal! ce ne sont pas des larmes qu'il faut ici... Ce jeune homme attend avec impatience une réponse, il ne faut pas le faire languir. Ça lui fera du mal... c'est justement pour cela qu'il faut en finir tout de suite... Je vais écrire... Dictez, petite, dites vous-même ce qu'il faut répondre à ce pauvre jeune homme... j'attends.

Cerisette passe la main sur son front, et, s'efforçant de rappeler son courage, dicte à Sabretache :

« Monsieur,

« Ma nièce sent tout ce qu'il y a de loyal dans l'offre que vous lui faites ; elle est... vivement touchée de votre amour qui l'honore... mais, ne pouvant accepter le nom de votre épouse, il ne nous est pas possible de vous recevoir. Oubliez Agathe, monsieur, soyez heureux avec une autre ; quant à elle, ne pouvant être votre femme, elle ne sera jamais à personne. »

Sabretache a signé, cacheté la lettre, et il se lève pour aller la porter lui-même chez Léon Dalbonne. Alors, Cerisette retombe accablée sur sa chaise, en s'écriant avec un accent déchirant :

— Maintenant, mon ami, oh! je vous en prie, laissez-moi pleurer!...

Le vieux soldat ne répond rien ; mais, en sortant, il porte aussi sa main sur ses yeux.

XXXV

UN RAT

Depuis la lettre écrite par Léon Dalbonne pour demander la main de Cerisette, celle-ci était tombée dans une profonde mélancolie qu'elle

Léon s'approche d'elle, en ayant soin de regarder si personne ne vient. (P. 329.)

essayait en vain de surmonter. Quant à Sabretache, comprenant la douleur de la jeune fille, il se disait :

— Le temps seul peut adoucir sa souffrance... car le temps est un grand médecin qui guérit bien des maux. Attendons... espérons en lui... C'est égal, c'est bigrement vexant d'être obligée de refuser un beau garçon, qui a quarante mille francs de rente... et que nous aimons par-dessus le marché !... Car elle l'aime, cette pauvre petite, c'est bien facile à voir... et c'est même la seule cause de son chagrin. Je suis bien sûr que ce n'est pas la fortune qu'elle regrette.

Cerisette ne sort presque plus. Lorsque, par hasard, elle va faire quelques emplettes dans le voisinage, elle marche les yeux baissés sans regarder autour d'elle ; malgré cela, il est bien probable qu'elle verrait si Léon Dalbonne suivait encore ses pas. Mais elle ne l'aperçoit plus. Elle rentre chez elle plus triste encore, et verse de nouvelles larmes en se disant :

Oh ! je puis sortir... me promener bien loin... c'est fini, maintenant, il ne pense plus à moi... Il a raison, il le doit. Sans doute, il aura été bien irrité, bien mortifié en voyant que je refusais cette position si belle, si heureuse, qu'il me proposait... Il croit que je ne l'aime pas... que je le déteste peut-être... tandis que son amour était pour moi la plus grande félicité... car je l'aime aussi, moi !... je l'aime de toutes les forces de mon âme !... Pourtant j'ai mis, dans la lettre que j'ai dictée, que je ne serais jamais à un autre... cela devrait lui faire deviner que je l'aime. Ah ! s'il connaissait les motifs qui m'obligent à le refuser !... Il me croit sage... honnête... S'il savait... Alors, il cesserait tout de suite de m'aimer... Il eût été plus généreux à moi de lui dire la vérité... Mais être méprisable à ses yeux ?... Non... ce serait trop cruel !... Il m'oubliera bien sans cela.

— Ma chère enfant, dit un jour Sabretache à Cerisette, nous ne profitons guère des politesses de M. Dumarselle ; nous n'avons été qu'une seule fois à Neuilly depuis son absence, et nous voici déjà à la fin d'août... Il me semble pourtant que les sentiments nouveaux ne devraient pas faire négliger les anciens amis... et M. Dumarselle en est un pour moi, il me l'a prouvé.

— Vous avez raison, mon ami, répond Cerisette en essayant de sourire ; oui, c'est un homme bien aimable que ce M. Dumarselle... il a été si bon pour moi... En vérité, il semble que je doive toujours mal reconnaître le bien que l'on m'a fait !... Allons à Neuilly, je le veux bien.

— Mais, maintenant... je réfléchis... cette route vous rappellera... comment vous avez fait connaissance de... ce jeune homme ?...

— Croyez-vous, mon ami, que j'ai besoin de revoir une promenade pour me souvenir de lui ?... Ah ! son image est gravée dans mon cœur... c'est pour toujours !

— Vous l'aimez donc bien, pauvre petite ?

— Oui, pourquoi vous le cacherais-je à vous, mon père... car vous m'en tenez lieu ?... J'aime Léon Dalbonne... Ah ! je sens bien qu'avant lui je n'avais pas aimé.

— Le temps vous guérira.

— Jamais ! Et, d'ailleurs, mon ami, je ne désire pas guérir : ce n'est pas cet amour qui me rend malheureuse, c'est la pensée qu'il croit que j'ai dédaigné son cœur et sa main.

L'arrivée de Pétarade met fin à cette conversation. Sabretache, qui pense que la présence de son ancien camarade distraira Cerisette, propose à celui-ci de venir avec eux voir la campagne de M. Dumarselle. Le grand garçon accepte avec ravissement; il veut retourner chez lui faire de la toilette ; ce n'est pas sans peine qu'on lui fait comprendre que la campagne de M. Dumarselle n'est habitée que par le jardinier.

On fait la route à pied; mais Cerisette a grand soin de prendre le bras de Sabretache; elle ne voudrait pas pour beaucoup être vue à celui d'un autre.

De temps à autre, la jeune fille a jeté quelques regards autour d'elle; lorsque le galop d'un cheval se fait entendre, elle chancelle, pâlit et serre avec force le bras de Sabretache. Mais le cavalier passe, et ce n'est pas lui. On arrive chez M. Dumarselle. Pétarade s'extasie devant les jardins, les bosquets, les statues; mais il pousse un cri d'admiration en apercevant le groupe qui représente Hercule terrassant le lion de Némée.

— Ah! nom d'un nom! voilà qui est magnifique! s'écrie l'ancien soldat. Oh! je me reconnais là... seulement, ce n'est pas mon costume quand je chassais les lions... celui-ci est plus léger... Mais, ça ne fait rien, voilà comme j'aurais voulu être moulé... et j'en ai tué de plus gros que ça, des lions! Par exemple, je m'y prenais autrement; mais c'était encore plus dangereux... Ce particulier-là a une massue, et je n'avais pas de massue...

— Viens voir mes peintures dans la maison, dit Sabretache, tu as assez regardé ce lion...

— Hum! je voudrais qu'il fût vivant pour lui donner son compte... j'éprouve le besoin de pourfendre quelque animal féroce!...

— Pardieu! monsieur, dit le jardinier qui passe en ce moment et a entendu Pétarade, puisque vous êtes en si bonne disposition, vous devriez bien me débarrasser d'un rat qui gruge tout dans ma maisonnette là-bas et que je ne peux pas parvenir à attraper.

— Un rat! dit Pétarade en fronçant le sourcil, vous avez un rat... et vous ne pouvez pas le tuer... *soi-même?*

— Oh! mais, figurez-vous que c'est un énorme rat! Il est gros comme un chat... il est effrayant!... Ensuite, je dis un, ils sont peut-être plusieurs, car c'est un train... et, dans ce moment, ils sont dans le petit grenier au-dessus de ma chambre, on les entend courir.

— Nous allons voir cela, père Lejoyeux, dit Sabretache; je suis un finaud, moi, je vous réponds que votre rat va la danser... Viens, Pétarade, allons tuer les rats du jardinier.

Pétarade fait une singulière grimace, et reste à sa place en répondant :

— Ah! par exemple, en voilà une occupation agréable!... Et puis, laisser mamzelle Agathe toute seule, ça ne serait pas galant ; je vais lui tenir compagnie.

— Ne vous gênez pas pour moi, monsieur Pétarade; je vais cueillir un bouquet... je n'ai pas besoin de compagnie.

— Viens donc, Pétarade ; ma nièce aime autant être seule... Tu sais bien que tu l'embêtes avec ta galanterie. D'ailleurs, nous ne serons pas trop de deux pour bloquer les rats...

Vous avez un rat et vous ne pouvez le tuer... *soi-même.*

— Bloquer les rats! bloquer les rats!... je n'étais pas venu à la campagne dans cette intention...

— Allons, sacrebleu! viens donc!... Tu roules les yeux... on croirait que tu as peur...

— Ah! que c'est joli!... Elle est bonne, celle-là!

— Avance donc, alors.

Ce n'est pas sans peine que Sabretache parvient à entraîner Pétarade qui a l'air extrêmement contrarié d'aller faire la guerre aux rats. Enfin, Cerisette est restée seule : elle se dirige vers une belle pelouse entourée de fleurs et de massifs ; elle se rappelle le bonheur qu'elle a éprouvé la première fois qu'elle s'est trouvée dans ce jardin, et elle regrette ce temps qui a duré si peu.

Il n'y a pas longtemps que la jeune fille est seule devant des fleurs, lorsqu'un jeune homme sort d'un bosquet et paraît brusquement à deux pas d'elle. C'est Léon Dalbonne; il est si pâle, il semble avoir tant souffert, qu'il est presque méconnaissable. Mais Cerisette ne saurait s'y tromper : elle pousse un cri et s'appuie contre une caisse d'oranger pour ne point tomber. Léon s'approche d'elle, en ayant soin de regarder si personne ne vient.

— Vous ici, monsieur? balbutie Cerisette.

— Oui, mademoiselle!... Ne suis-je pas partout où vous êtes?... Vous êtes entrée ici... je vous y ai suivie; vous ne me voyez plus; mais, moi, je vous vois toujours.

— Ah! monsieur Léon, je vous en prie... ayez pitié de moi!...

— Ah! vous n'en avez pas eu pour moi, vous, de cette pitié que vous me demandez!...

— Si vous saviez, monsieur...

— Eh bien! oui, voilà ce que je veux, mademoiselle, savoir quelles raisons, quels motifs vous ont fait repousser une proposition franche, honorable?... Vous me le direz, mademoiselle; car je ne puis vivre ainsi... ma vie n'est plus qu'un tourment continuel... Vous me direz vos secrets... Oh! je vous en supplie!

— Monsieur... par grâce!...

— Ici, je ne puis causer avec vous, on va revenir... Je ne puis rester dans ce jardin où je suis entré pendant que le jardinier vous parlait. Mais, demain, venez aux Champs-Élysées, à l'endroit où je vous ai rencontrée une fois; ah! venez-y, je vous en supplie!... Ne me refusez pas cette faveur... j'y serai demain, je vous y attendrai toujours... toujours... Je mourrai, si vous repoussez ma prière.

— Eh bien! j'irai, monsieur... Mais, partez, éloignez-vous!... Si l'on vous trouvait ici!...

— Je vous obéis, je pars... A demain... à demain!

Léon Dalbonne s'est éloigné. Cerisette reste à la même place, absorbée dans ses pensées; combien de temps, elle l'ignore elle-même; mais elle est tirée de ses réflexions par la voix de Sabretache, qui crie :

— Victoire!... Il est pris, il est tué!

— Oui, victoire! nous l'avons détruit! dit Pétarade qui vient après et dont la figure est encore toute pâle.

— Je te conseille de te vanter!... S'il n'y avait eu que toi pour tuer le rat, il serait encore bien vivant! Figurez-vous, ma chère amie, qu'à peine entrés dans le grenier, nous apercevons le rat... il était vraiment d'une grosseur prodigieuse...

— Un sanglier! murmure Pétarade.

— Oh! un sanglier! c'est trop fort; mais un chat, la grosseur d'un chat de trois mois. Je dis à Pétarade qui était près de lui : « Tombe dessus à grands coups de talon; s'il se sauve, je l'attends au passage. » Au lieu de cela, voilà mon gaillard qui grimpe sur une échelle et ne veut plus en redescendre.

— Parce que je voulais m'emparer d'un râteau que l'on avait attaché au mur en haut... Je ne pouvais pas y atteindre; tuer ce rat à coups de soulier, cela aurait gâté ma chaussure.

— Heureusement, j'en suis venu à bout sans toi. C'est égal, Pétarade, pour un destructeur de lions, tu n'es pas de première force contre les rats.

— Parce que c'est trop petit. Je suis habitué à avoir affaire à un adversaire colossal. Quand c'est si petit, ça me glisse entre les yeux, et je n'y suis plus du tout.

— Oui, j'ai bien vu que tu n'y étais plus du tout... Et vous, chère enfant, avez-vous cueilli un beau bouquet?

— Oui, mon ami.

— Où donc est-il? Je ne vous en vois pas!

— Ah! je veux dire... j'étais en train... je vais en cueillir un.

— Pauvre petite! murmure Sabretache, elle a beau faire... elle ne peut pas surmonter son chagrin.

— Ta nièce supposée a quelque chose qui la chiffonne, dit Pétarade à l'oreille de son camarade.

— Je sais ce que c'est; mais ça ne te regarde pas.

La société quitte la propriété de M. Dumarselle, et va dîner chez le même traiteur où elle a été jadis, au *Lapin blanc*. Pétarade fait son possible pour égayer Cerisette; il conte des aventures dignes des *Mille et une Nuits*, et dont il atteste la véracité. Cerisette tâche d'en rire, de parler, d'être gaie; mais sa tête et son esprit ne sont point à la conversation: elle ne pense qu'à son rendez-vous pour le lendemain. Tout en redoutant cette entrevue, elle voudrait déjà y être, et c'est avec joie qu'elle voit arriver le moment de rentrer à Paris.

XXXVI

MADAME DE SAINTE-TUBÉREUSE ET SA MÈRE

Ce lendemain est arrivé, et, bien avant l'heure de sortir, la jeune fille est prête. Est-il besoin de dire qu'elle a soigné davantage sa toilette? Il est si naturel de désirer plaire à ceux qu'on aime! Méfiez-vous de la tendresse de votre maîtresse, lorsqu'elle ne prendra plus cette peine-là avec vous.

Enfin le moment est venu; Cerisette se rend aux Champs-Élysées, en se disant:

Ce que je fais ne saurait être une faute. Ce jeune homme est honnête, il m'a prouvé qu'il me croyait digne de son amour. C'eût été mal à moi de lui refuser cette entrevue à laquelle il attache tant de prix; mais qu'en résultera-t-il, mon Dieu?...

Léon Dalbonne est depuis longtemps à se promener dans l'allée où il avait eu déjà un entretien avec Cerisette. En apercevant la jeune fille, une expression de bonheur se peint dans ses yeux; il court au-devant d'elle et lui présente sa main.

— Voulez-vous me permettre de presser votre main?... Entre amis, cela se fait... et j'aime à croire que nous ne sommes pas ennemis?

Pour toute réponse, Cerisette lui tend sa main tremblante, qu'il presse avec ivresse dans la sienne. Une émotion remplie de charme s'empare alors de ces deux jeunes cœurs : les sensations causées par l'amour ont la promptitude de l'électricité; elles se communiquent en un instant par tout notre être.

Les deux jeunes gens sont restés quelque temps ainsi sans parler, mais se tenant par la main; ils étaient si heureux qu'ils craignaient même de rompre le silence.

L'approche de quelques promeneurs les rappelle à eux-mêmes. Léon dit à Cerisette :

— Je ne veux point vous proposer d'entrer dans aucun de ces cafés ou restaurants, cela ne serait pas convenable; mais voulez-vous venir vous asseoir sur ces chaises placées là-bas contre cet arbre?... Nous pourrons y causer tout à notre aise, et sans que cela attire l'attention de personne.

— Je le veux bien, monsieur.

Cerisette s'est laissée conduire; bientôt elle est assise, et Léon est près d'elle. Ils se sentent tous deux si contents d'être là, ensemble, rien qu'ensemble, que le bonheur brille dans leurs regards, et la jeune fille ne baisse les yeux que bien lentement et après avoir laissé au jeune homme le loisir d'y confondre les siens.

— Je n'ai pas besoin de vous dire combien je vous aime, balbutie enfin Léon. Je vous ai offert ma main, ma fortune; si j'avais plus à vous offrir, je le mettrais sur-le-champ à vos pieds... Il m'avait semblé que mon amour ne vous déplaisait pas... Vous-même... lors de notre première entrevue, vous avez daigné me le laisser entrevoir.

— Cela est vrai, monsieur, et je suis trop franche pour vous cacher le fond de ma pensée. Oui, j'ai éprouvé de l'orgueil, de la joie, de vos sentiments pour moi.

— Vous ne me haïssez donc pas, alors?

— Ai-je dit jamais que je vous haïssais?... Oh!... vous voyez bien le contraire... Si je vous haïssais, serais-je en ce moment ici avec vous?

— Agathe!... chère Agathe!... s'écrie Léon en s'emparant de la main de la jeune fille, vous m'aimeriez?... Mais, alors, pourquoi refuser de faire mon bonheur? Pourquoi ne point accepter mon nom, le titre de ma femme?... Est-ce votre oncle qui s'oppose à ce mariage? Aurait-il déjà promis votre main à un autre?... Mais tous ces obstacles peuvent se lever.

Les deux jeunes gens sont restés ainsi sans se parler, mais se tenant par la main.

— Non, monsieur Léon, mon... oncle... il serait si content de me voir heureuse... Il m'aime tant!... Promettre ma main à un autre!... Mais rappelez-vous donc que dans la réponse que je vous ai faite... car c'est moi qui ai dicté la lettre... je vous ai dit que, ne pouvant être à vous, je ne serais jamais à un autre.

— Alors, je ne comprends rien à vos refus... Je ne vous suis point indifférent, et vous repoussez des offres honorables!...

— Cette union est impossible, monsieur! elle est trop disproportionnée!... Épouser une pauvre fille comme moi!... Vous êtes riche... vous êtes habitué à la grande société... Moi... ah! quelle différence!... Plus tard, vous regretteriez de m'avoir fait tant d'honneur... vous vous repentiriez de votre choix!...

— Sont-ce là vraiment les raisons de votre refus?... Oh! alors, je puis facilement en triompher. Je suis fils d'un respectable magistrat, mademoiselle, mais mon père fut toujours le soutien du pauvre, l'appui du faible, l'ennemi des préjugés; il m'a répété cent fois que la vertu devait passer avant la noblesse; que l'honneur, que la probité étaient ce qu'il fallait avant tout considérer. Il méprisait le sot enrichi; il flétrissait le vice, fût-il caché sous des titres et des armoiries. Quel meilleur usage puis-je faire de ses leçons que d'enrichir une jeune personne honnête..

Je ne me trompe pas, c'est bien elle... (P. 337.)

la nièce d'un brave militaire? Car le nom de Sabretache est honorable, je le sais, mademoiselle... Vous voyez donc bien que notre union ne serait pas disproportionnée... Mais, qu'avez-vous donc?... Vous pâlissez!...

— Ce n'est rien, monsieur.

— Vous souffrez, j'en suis sûr!

— Oh! oui... je souffre beaucoup, je souffrirai toujours maintenant.

— Ce que je viens de vous dire ne saurait vous avoir blessée. Vous voyez bien qu'il n'y a point d'obstacles sérieux à notre union. Vous n'êtes pas habituée au grand monde, dites-vous? Je vous certifie, moi, qu'il vous faudrait peu de temps pour y briller, pour en faire le charme; votre figure, vos grâces, vous feront plaire partout. Ah! permettez-moi d'espérer que votre refus n'est pas irrévocable, que vous ne me condamnerez pas à un malheur éternel?

— Non, monsieur, et c'est pour cela que je ne serai pas votre femme.

— Je ne puis comprendre vos paroles; il y a là-dessous un mystère. Mais, au moins, confiez-le-moi, mademoiselle; dites-moi ce qui vous oblige à repousser mon amour.

— Je n'en ai pas la force, monsieur; cependant, je sens bien que je le devrais, car, si je parlais, votre amour pour moi s'évanouirait sur-le-champ.

— Je cesserais de vous aimer, dites-vous? Oh! jamais!... Telle chose que vous puissiez me dire, je vous défie de me faire changer de sentiments.

— Monsieur... par pitié, ne me pressez pas davantage... Si vous l'exigez, je parlerai; mais, alors, oh! je serai bien malheureuse!

Cerisette cache un instant sa figure dans ses mains. Léon, effrayé de sa douleur, n'ose plus renouveler ses intances, et tous deux gardent alors le silence. Mais bientôt un bruit de voix arrive à leurs oreilles.

L'endroit où les jeunes gens étaient assis était peu distant d'un chemin qui coupait la promenade; dans ce chemin, un équipage était arrêté. C'était une calèche élégante, à laquelle étaient attelés deux fringants chevaux aux harnais brillants. Dans cette calèche, sur le siège du fond, était assise une vieille femme en robe de damas rose tendre avec volants en dentelle, puis sur les épaules un crêpe de Chine, puis deux ou trois foulards au cou; sur la tête un chapeau de paille à jour, surchargé de plumes, follettes, nœuds de rubans; et, sous le chapeau, de gros bouquets de fleurs, se mêlant à des tire-bouchons noirs et à des anglaises. Tout cela formait un assemblage grotesque et qui ne manquait pas de provoquer le sourire, surtout lorsqu'on apercevait la figure de la personne qui portait tout cela.

En face de cette dame était assis un gros homme en livrée orange, avec larges galons d'argent, et qu'à sa perruque poudrée et à son tricorne on reconnaissait sur-le-champ pour le cocher de la voiture.

La vieille dame et le cocher jouaient aux cartes dans la calèche, mais, probablement, une contestation venait de s'élever entre eux, et les voix, s'étant élevées en même temps, apportaient dans le voisinage les paroles suivantes :

— Je te dis, Saint-Thomas, que j'ai gagné : quatorze de vestales, trois *groumes*, dix-sept, et une tierce majeure : vingt... Je joue vingt et un, vingt-deux, vingt-trois, vingt-quatre; tu es fumé, ça fait mon compte.

— Ça ne peut pas faire votre compte, vous n'en aviez pas soixante-seize?

— Est-il embêtant, cet être-là! La preuve, c'est qu'ils sont marqués, voilà la marque! Qu'est-ce que tu as à dire à cela, Saint-Thomas? Il est incrédule comme son patron, ce cornichon-là!

— J'ai à dire que vous avez une manière de marquer qui vous en fait tout de suite de trop.

— Est-ce que tu voudrais insinuer que je triche, par hasard? Ce serait du propre! C'est trente sous que tu me dois.

— Comment! trente sous?

— Trois parties à dix sous, il me semble que c'est facile à compter. Dieu! que tu es bouché, ce matin! Voyons, ça m'est égal, je te les joue en une sèche de cent cinquante, nous avons le temps. Il paraît que Mme de Sainte-Tubéreuse, ma fille, bavarde beaucoup avec ce jeune Écossais, M. Mac... Mac... Micmac... Ah! ces Écossais ont des noms que je ne peux jamais retenir... Je suis fâchée qu'il ne soit pas venu rejoindre ici ma fille dans son costume national. J'adore leur costume, aux Écossais; c'est ça qui a du chic. Eh ben! voyons, ça va-t-il, quitte ou double en une?

— J'accepte, mais à condition que ce sera le petit jockey qui marquera nos points.

— Saint-Joseph? Ah! mon Dieu, je le veux bien, je ne suis pas dure, moi. Voyons, où est-il, ce petit jockey ? Je gage qu'il est allé jouer au bouchon avec de la marmaille. Quelle idée aussi ma fille a-t-elle de prendre un jockey qui ne me va qu'aux mollets! J'aime bien mieux les chasseurs, ça se voit de loin. Ohé! Saint-Joseph!...

Une dame très élégante, et dont la tournure rappelait certain pas de la cachucha, sortait alors de chez un traiteur-limonadier qui se trouvait à peu de distance, et, après avoir reçu les adieux d'un jeune petit-maître, se dirigeait vers la calèche.

En apercevant cette dame approcher de la voiture, le cocher en est bien vite descendu, en disant :

— Ah! bigre! voilà madame... A une autre fois, la revanche... Pourvu qu'elle ne m'ait pas vu là?...

— Ma fille, déjà! Ah! qué!... on n'a pas le temps de jaser en paix un moment.

En approchant de la voiture, la belle dame s'écrie :

— Mon Dieu, ma mère, à qui en avez-vous donc de crier ainsi?... C'est très mauvais genre; je déteste ça! Ah! vous jouez encore au piquet dans ma calèche!... C'est inouï qu'on ne veuille jamais respecter mes ordres! Saint-Thomas, je vous avais défendu de monter dans ma voiture.

— Mme Grattenboule m'a tant pressé : elle m'a dit que nous allions croquer le marmot deux heures, je n'ai pu refuser une partie.

— En vérité, ma mère, vous êtes incorrigible! Vous ne voulez pas comprendre que, si le prince voyait cela, il serait mortifié.

— Dis donc, et s'il te voyait aller avec M. Micmac, ton prince, je crois que cela le mortifierait bien autrement!

— Chut! silence! Ce jeune Écossais est charmant, d'une illustre race; c'est un chef de flan.

— Un chef de flan?

— Il m'a fait présent de ce flacon... Regardez comme il est joli!...

— Le bouchon est-il en or?

— Il doit en être?... Voyons, je vais remonter ; où est donc Saint-Joseph pour me donner la main?

— On ne sait pas où il est passé; c'est lui que j'appelais quand tu es arrivée.

— Mais il faut qu'on le retrouve; nous ne pouvons pas repartir sans que mon jockey soit derrière ma calèche. Saint-Thomas, cherchez donc ce petit drôle. Ah! quel malheur d'avoir des gens pour être si mal servie!

Le cocher est parti pour chercher le jockey. Pendant ce temps, la dame, au lieu de monter dans la calèche où est sa mère, se promène un moment sous les arbres, et, se trouvant bientôt près des deux jeunes gens assis là, pousse un cri de surprise en apercevant Cerisette, et court lui prendre la main en disant :

— Je ne me trompe pas, c'est bien elle, c'est bien toi, ma petite Cerisette! Oh! comme tu es bien, chère amie, tu es encore embellie, parole d'honneur! Eh bien! tu ne me dis rien? Est-ce que tu ne reconnais pas ton ancienne camarade de théâtre, Albertine, aujourd'hui Mme de Sainte-Tubéreuse, ayant voiture, laquais, calèche? Ah! comme j'ai bien fait de lâcher les autres! Te rappelles-tu ma fugue à Nemours? Et toi, j'aime à croire que tu as lâché ce mauvais sujet d'Angely? Il ne t'aurait jamais fait que du tort. Mais, tu ne dits rien? Est-ce parce que j'ai une voiture? Je n'en suis pas plus fière pour cela, chère amie!

En reconnaissant Albertine dans cette dame qui venait à elle, Cerisette s'est sentie frappée au cœur, car elle a sur-le-champ deviné quelles seraient les conséquences de cette rencontre. Mais, au lieu de chercher à fuir, ou de feindre d'être prise pour une autre, Cerisette est demeurée préparée à tout; elle s'efforce de cacher son émotion en répondant :

— Pardon, madame, mais, dans le premier moment... j'étais si loin de penser à vous... Et votre mère se porte bien?

— Comme les tours de Notre-Dame ; elle est dans ma voiture, là-bas. Je viens de lui donner une danse parce qu'elle jouait encore au piquet avec mon cocher; c'est dégoûtant!... Cette pauvre petite Cerisette! Que je suis contente de t'avoir rencontrée! Es-tu encore au théâtre?

— Non, madame.

— Ma foi! entre nous, tu as bien fait, tu ne mordais pas aux planches. Mais on a retrouvé mon jockey, je remonte en calèche. Adieu, Cerisette! Viens donc me voir, chère amie, d'Antin-*street*, 19; je te ferai voir un service en vraie vaisselle plate que mon prince m'a donné; ma mère reste six heures à table quand elle mange dedans. Adieu, ma bonne, je compte sur ta visite!

Et Albertine de Sainte-Tubéreuse serre la main à Cerisette, fait un salut de tête à Léon Dalbonne, et rejoint sa voiture, qui s'éloigne bientôt au grand trot des chevaux.

Pendant qu'Albertine a parlé à Cerisette, le jeune homme est demeuré d'abord tout étonné; bientôt, cet étonnement est devenu de la stupéfaction, et, après que la dame élégante est éloignée, Léon Dalbonne est encore immobile, muet, et comme anéanti par ce qu'il vient d'entendre.

Cerisette se tourne vers lui, et murmure, en s'armant de courage :

— Maintenant, monsieur, vous connaissez ce mystère que j'avais eu le tort de ne point vous confier... maintenant, vous savez pourquoi j'ai refusé l'offre honorable de votre main. Oui, monsieur, j'ai été actrice. Là ne serait point le crime... Dans toutes les classes de la société, on peut être honnête, sage... mais, moi, je ne l'ai pas été. Non, monsieur, non, celle que vous honoriez de votre choix n'en était pas digne. Mon véritable nom est Cerisette!... Je ne suis pas la nièce de Sabretache, je suis une pauvre fille sans parents. Sabretache a eu pitié de moi; il m'a vu si malheureuse qu'il m'a recueillie, m'a prise avec lui, m'a donné le nom de sa nièce, et, depuis ce temps, j'ai su par ma conduite être digne de sa protection!... Mais tout cela ne saurait racheter mes fautes passées! Vous voyez bien, monsieur, que j'avais raison de dire que je ne pourrais jamais être votre femme, et qu'en vous suppliant sans cesse de m'oublier c'était un bon conseil que je vous donnais. Je sais bien que j'aurais dû plus tôt vous dire tout cela, mais je n'en avais pas le courage !... Ah ! c'est si cruel de ne plus avoir que mépris des personnes qui nous ont aimée !...

Adieu ! monsieur Léon, adieu ! Je n'ai plus besoin de vous dire : Oubliez-moi !

Cerisette s'est levée, et, après avoir jeté un dernier regard sur Léon Dalbonne, qui l'a écoutée sans prononcer un mot, elle s'éloigne précipitamment des Champs-Élysées.

Le jeune homme, accablé par ce qu'il vient d'entendre, est demeuré à sa place et n'a pas fait un mouvement pour retenir Cerisette.

Lorsque, le soir, Sabretache revient de son travail, lorsqu'il aperçoit celle qu'il regarde comme son enfant, pâle, tout en larmes et en proie à un sombre désespoir, il court s'asseoir près de la jeune fille, il lui prend les mains, et lui dit avec cet accent qui va au cœur :

— Qu'est-il encore arrivé, chère enfant? Voyons, contez-moi tout; vous savez bien que vos peines doivent être aussi les miennes.

Cerisette fait à son vieil ami le récit de tout ce qui lui est arrivé.

— Ainsi, murmure Sabretache, M. Léon Dalbonne vous connaît maintenant, il sait tout ce qui vous est arrivé?

— Oui, mon ami, tout !... excepté, cependant !... Oh ! il y a une chose que je n'aurais pas eu la force de lui dire; je serais morte mille fois de honte avant. Mais, c'était inutile, il en sait bien assez pour comprendre que je ne puis pas être sa femme, que je suis indigne de porter son nom !... Ah ! il l'a senti tout de suite, car, lorsque je lui ai dit adieu, il n'a pas cherché à me retenir, il n'a pas même daigné jeter sur moi un dernier regard.

Sabretache réfléchit longtemps, puis il prend la main de Cerisette, qu'il presse dans les siennes, en disant :

— Ma pauvre petite, je comprends que vous avez dû bien souffrir, et, pourtant, s'il faut vous l'avouer, il me semble qu'il vaut mieux que les choses soient ainsi. Voyez-vous, il y a des breuvages qui sont bien amers, bien mauvais à boire ; mais ces breuvages-là guérissent. Tant que ce jeune homme n'aurait pas connu le motif de votre refus, il vous aurait poursuivie de son amour, et cela n'aurait pas pu durer toujours ainsi. Maintenant qu'il sait ce qu'il en est, eh bien ! sacrebleu ! il vous laissera en repos, et vous ne le rencontrerez plus sans cesse sur vos pas !... Oh ! je sais bien que tout cela est douloureux, parce que vous aimiez M. Léon, parce que vous n'étiez pas trop fâchée de le rencontrer !... Mais, enfin, si vous éprouvez quelque chose pour ce jeune homme, ne sentez-vous pas qu'il vaut mieux qu'il ne souffre plus, lui, qu'il ne se berce plus de vaines espérances?

— Vous avez raison, mon ami!... Oui!... il vaut bien mieux qu'il en soit ainsi et que je souffre seule. Tout est pour le mieux.

— Et maintenant, comme il ne faut pas faire les choses à demi, nous allons encore changer de logement, de quartier. La promenade des Champs-Élysées ne vous convient plus; elle vous rappellerait vos entrevues avec M. Léon; vous croiriez toujours le voir passer à cheval... ou se glisser derrière les arbres. Il faut nous en aller, il faut changer notre voisinage.

— Je veux bien, mon ami; mais cela va vous faire perdre des pratiques peut-être?

— Oh! il n'y a pas de danger! Maintenant que je suis entrepreneur, j'ai déjà six mois de besogne devant moi, et, franchement, je ne suis pas fâché que l'occasion se présente de prendre un logement plus gentil et plus grand. Dès demain, je vais chercher cela.

Trois jours après cet entretien, Sabretache avait loué, déménagé, et était installé avec Cerisette dans un joli petit appartement aux Batignolles,

Mais, cette fois, il avait eu soin de donner son adresse à Pétarade.

XXXVII

AUX BATIGNOLLES

Une année s'est écoulée depuis que Sabretache est allé, avec Cerisette, demeurer aux Batignolles, dans une jolie petite maison de la rue des Dames, où il y a un grand jardin divisé en petites parties pour chaque locataire.

Pendant toute cette année, l'ouvrage n'a point manqué à l'ancien militaire, dont les affaires continuent à prospérer, car, lorsque l'ordre se joint au travail, c'est le véritable chemin de la fortune.

Cerisette a voulu seconder son bienfaiteur; elle s'y est livrée avec ardeur, espérant, dans les distractions que procure le travail, retrouver enfin le calme et le repos de l'âme. Y est-elle parvenue? Les soupirs qui lui échappent parfois, l'expression vague et souvent triste de ses beaux yeux, feraient croire le contraire. Mais, si le souvenir de Léon Dalbonne vit toujours au fond de son cœur, du moins le nom de ce jeune homme ne sort plus de ses lèvres; depuis qu'elle habite aux Batignolles, elle s'est promis de ne plus parler de lui... peut-être aussi s'est-elle promis de n'y plus penser... et se le promet-elle tous les jours.

Cerisette aperçoit quelqu'un à une fenêtre... (P. 345.)

Une année de plus a fait de celle qui n'était encore qu'une jeune fille une femme grande, bien proportionnée, élégante et gracieuse dans sa tournure, quoique ayant toujours une mise modeste; enfin, Cerisette a un maintien plus posé, plus convenable : ce n'est plus la petite servante d'auberge, ni la jeune grisette qui se risquait sur un théâtre, c'est une demoiselle bien élevée que l'on suivra moins, mais que l'on respectera davantage. »

Son langage a pris aussi de l'élégance ; il s'est épuré par la lecture ; car, on a beau dire, des ouvrages les plus frivoles il reste toujours quelque chose ; les esprits justes retiennent ce qui est bon et oublient ce qui ne vaut rien.

En quittant le voisinage des Champs-Élysées, on a aussi renoncé aux promenades à Neuilly. Sabretache a bien senti que mener Cerisette à la campagne de M. Dumarselle, ce serait faire saigner les blessures de son cœur, blessures qui semblent à peine cicatrisées ; car c'est sur la route de Neuilly qu'elle a pour la première fois rencontré Léon Dalbonne, c'est là qu'il a commencé à la suivre. Et lorsque Pétarade s'est avisé une fois de proposer d'aller voir s'il y avait encore des fleurs à la jolie maison de campagne, Sabretache lui a répondu fort brusquement :

— Nous ne voulons plus aller promener de ce côté. Et cela doit te faire plaisir, car il pourrait y avoir encore des rats par là, et tu ne brillais pas devant eux.

Au commencement de l'hiver, Sabretache a été saluer M. Dumarselle, qu'il a trouvé plus triste, plus abattu qu'avant son voyage.

— Vous avez peu profité de la campagne que j'avais mise à votre disposition, dit M. Dumarselle à l'ancien soldat. Mon jardinier m'a dit ne vous avoir vu que deux ou trois fois.

— C'est vrai, mon officier, bien des circonstances ont mis obstacle à nos projets : on ne fait pas toujours ce que l'on espérait!... Ensuite, ayant changé de logement... Je ne suis plus auprès de la route de Neuilly. Je demeure maintenant aux Batignolles, rue des Dames.

— Vous préférez ce pays à Paris?

— J'ai là un logement bien plus gentil. Ah! c'est que je me suis agrandi, j'ai embelli mon intérieur... Mes affaires vont bien, grâce à vous, mon officier, dont la pratique m'a porté bonheur.

— Tant mieux!... Et votre nièce, est-elle toujours avec vous?

— Si elle est avec moi!... Oh! nous ne nous quitterons jamais, mon officier!...

— Ainsi, elle ne désire pas se marier?

— Cela ne se peut pas, mon officier.

— Cela ne se peut pas?... Mais, jeune et jolie comme elle l'est, je suis persuadé que ce ne sont pas les partis qui lui manqueraient.

— Oh! non, certainement!... Elle en a déjà refusé.

— Alors, c'est donc quelque sentiment qu'elle conserve au fond de son cœur?

— Pardon!... mais je ne peux pas vous dire cela, mon officier?...

— Oh! je ne vous demande pas vos secrets, mon brave; chacun a les sions, et il en est qui ne doivent jamais quitter le fond de notre cœur. Seulement, vous ne pouvez pas m'en vouloir de vous demander des nouvelles de votre nièce, pour laquelle j'ai éprouvé sur-le-champ un intérêt... une affection même !.. qui peut paraître surprenante ayant eu si peu occasion de la voir.

— Cela ne me surprend pas du tout, mon officier. Agathe a quelque chose qui lui gagne bien vite les cœurs !... et, moi aussi, j'ai été tout de suite à l'aimer...

— Vous avez dû la voir grandir ?

Sabretache sent qu'il a dit une bêtise ; il tâche de raccommoder cela en racontant que la jeune fille a été élevée loin de lui, et qu'il avait été très longtemps sans la revoir. Puis, il prend congé de M. Dumarselle, auquel il donne sa nouvelle adresse, et qui lui promet de nouvelles pratiques.

Cerisette s'est informée du résultat de cette visite ; elle est vivement touchée de l'intérêt que lui témoigne M. Dumarselle, et elle s'écrie :

— Je ne suis point ingrate, car, moi aussi, je voudrais savoir ce monsieur bien heureux.

— Malheureusement, je ne crois pas qu'il en soit ainsi, répond Sabretache. J'ai trouvé cet homme généreux changé, et plus triste encore qu'autrefois. Probablement, il n'a pas été satisfait du résultat de son voyage ; cependant, il m'a dit qu'il comptait encore s'absenter dans quelque temps.

— Qui peut donc causer la peine de ce monsieur ?

— Ah ! dame, ma chère petite, c'est son secret !... Et, dans ce monde, vous voyez qu'il y a bien des personnes qui ont le leur.

Par une chaude soirée de l'été, Pétarade, après avoir passé la soirée chez ses amis aux Batignolles et fait sa partie de piquet avec Sabretache, se disposait à regagner son logis, lorsqu'il s'écrie en prenant sa casquette :

— Ah ! mais, à propos !... dites donc, vous avez des malades ou des particuliers bien frileux dans votre maison.

— Qui te fait dire cela ?

— C'est que voilà deux fois qu'en m'en allant de chez vous je me rencontre avec un individu qui monte... Ça me fait l'effet d'un quelqu'un qui travaille dans... n'importe quoi. Sa tenue est modeste... mais propre... Or, ce particulier a toujours le collet de sa veste relevé jusqu'aux oreilles et sa cravate montée jusqu'à son nez... Ajoutez à cela que la visière de sa casquette lui dissimule entièrement les yeux : jugez ce qui reste à l'air ! C'est pourquoi je me suis dit : « Voilà quelqu'un qui est malade ou qui a froid. » Et ça m'a surpris, vu que nous sommes au mois d'août, et que l'école de natation est pleine tous les jours.

— Je ne sais pas de qui tu veux parler, dit Sabretache; dans nos voisins, je n'ai vu personne d'affublé comme ça... Et vous, Agathe?

— Ni moi non plus, mon ami.

— Est-ce un homme jeune ou vieux?

— Si je ne voyais d'un lion que la queue, je pourrais encore te dire l'âge qu'il a ; mais, d'un homme, quand je n'aperçois absolument que le bout de son nez, il m'est très difficile de deviner là-dessus la qualité de ses chevrons, vu que le nez se ride rarement.

Ajoutez à cela que la visière de sa casquette lui dissimule entièrement les yeux.

— Ma foi! peu nous importe, après tout, que ce voisin soit jeune ou vieux! Ce qu'il y a de certain, c'est que, s'il loge au-dessus de nous, il ne nous incommode pas par le bruit qu'il fait, n'est-ce pas, petite?

— Jamais je n'entends rien, dit Cerisette ; on croirait qu'il n'y a personne au-dessus de nous.

Pétarade prend congé sans qu'il soit plus question du personnage qui s'enveloppe avec tant de soin. Cerisette a bien vite oublié cette circonstance; cependant, le lendemain, tout en dînant, Sabretache dit à la jeune fille :

— A propos, je me suis informé auprès du portier... sans avoir l'air de rien... parce qu'enfin on aime assez à savoir par qui on est entouré, et les gens qui cachent leur figure, ça me semble un peu louche!... j'ai dit au portier :

« — Y a-t-il beaucoup de locataires au cinquième, au-dessus de moi?

La maison ne montant pas plus haut, je me disais : « Je vais savoir ce que c'est que ce personnage frileux. » Le portier m'a répondu :

« — Il y avait au-dessus de vous deux petits logements de garçon; mais ils ont été loués tous les deux, il y a six semaines, par le même individu.

— C'est donc un homme marié? repris-je.

« — Non, c'est un jeune homme qui est seul... un ouvrier en bijouterie ; du moins, il s'est donné pour tel. Il a mis dans ce logement un très joli mobilier, mais il ne reçoit jamais personne, et il ne vient pas un chat le demander. M. Julien va à son ouvrage et vit bien sagement, si ce n'est pourtant que, quelquefois, il ne rentre pas coucher, ce qui est rare.

« — Mais, dis-je encore, il est donc bien frileux, votre ouvrier en bijoux? On assure qu'il est toujours calfeutré jusqu'au bout du nez.

« — Oh! reprit le portier, c'est pas ça, mais c'est qu'il a très fréquemment mal aux dents ; et voilà pourquoi, en sortant ou en rentrant, M. Julien tient souvent son mouchoir sur sa figure. »

Voilà, mon enfant, ce que j'ai appris sur ce voisin qui a si fort interloqué Pétarade.

— Je vous avoue, mon ami, que j'avais oublié tout cela. D'ailleurs, vous connaissez Pétarade, vous savez qu'il aime faire quelque chose de rien. Cet ouvrier avait mal aux dents, et il en fait un personnage mystérieux. S'il me voyait mettre un voile sur ma tête, il dirait sans doute que je viens d'avoir la petite vérole.

Sabretache rit de la réflexion de Cerisette, et il n'est plus question de l'ouvrier qui loge au-dessus.

Quelques jours plus tard, en se promenant dans la petite portion du jardin qui leur est dévolue, Cerisette aperçoit quelqu'un à une fenêtre du cinquième étage qui donne sur le jardin. Ce doit être le voisin qui a si souvent mal aux dents, puisque lui seul occupe le dernier étage. Elle cherche à distinguer la figure de ce personnage ; mais sa tête est couverte d'une casquette à longue visière sur son front, et il tient un foulard devant sa bouche. Enfin il quitte la fenêtre lorsqu'il voit la jeune fille lever les yeux de son côté.

— Décidément, se dit Cerisette, Pétarade avait raison : cet homme-là ne veut pas être vu ; car, enfin, parce qu'on a mal aux dents, ce n'est pas une raison pour s'enfoncer une casquette sur les yeux.

Cette fois, l'apparition de ce personnage, qui semble, en effet, avoir quelque chose de mystérieux, préoccupe et inquiète Cerisette ; elle a tant de choses à redouter, qu'il suffit encore d'une circonstance comme celle-là pour renouveler toutes ses terreurs, que le temps a calmées, mais n'a point entièrement bannies de son âme.

La jeune fille frémit en songeant que, près d'elle, il y a peut-être une personne qui l'a connue, alors qu'elle était descendue au dernier degré de l'abaissement. Cette pensée, en lui rappelant une époque de sa vie qu'elle voudrait pouvoir oublier, est déjà pour elle un tourment, et elle quitte le jardin pour se dérober aux regards de cette personne qui a disparu si vivement de la fenêtre en voyant qu'on l'avait aperçue.

Cependant, Cerisette ne juge point nécessaire de faire part à son protecteur de ses alarmes ; elle connaît Sabretache, elle sait qu'il déménagerait de nouveau ; et, comme leur logement est fort gentil et plaît beaucoup à l'ancien militaire, elle ne veut pas lui causer encore cette contrariété. Huit jours s'écoulent. Cerisette n'a point aperçu le voisin. Pétarade dit un jour :

— Je ne rencontre plus ce monsieur dont on ne voit que le nez.

— Il paraît qu'il est à la campagne, répond Sabretache, car, depuis huit jours, il n'est pas rentré chez lui.

— Vous vous êtes donc informé de ce monsieur, mon ami? dit Cerisette.

— Non, mais c'est le concierge qui de lui-même m'a dit ce matin :

« — Je ne sais ce qu'est devenu mon locataire du cinquième, M. Julien ; il n'est pas rentré chez lui depuis huit jours. Après ça, comme il fait beau, il prend sans doute du bon temps à la campagne. »

Cerisette ne dit plus rien, mais elle respire plus à l'aise en sachant que la personne du cinquième ne la guette plus.

En montant, le lendemain, voir ses amis, Pétarade tient à la main une lettre qu'il présente à son ancien camarade en lui disant :

— Voilà ce que ton portier m'a chargé de te monter, si ça ne me dérangeait pas. « Et quand même ça me dérangerait, lui ai-je dit, je m'en chargerais tout de même. » Il paraît que ça venait d'arriver... Bigre! c'est une belle lettre, avec un grand cachet... Ça me rappelle les ordonnances que je portais quelquefois.

Sabretache a pris la lettre. En examinant l'écriture, une vive émotion s'empare de lui. Cerisette, qui le regardait, devient à son tour tremblante et balbutie :

— De qui donc est cette lettre, mon ami?

Sabretache ne répond pas, mais il brise le cachet ; sous l'enveloppe, il trouve deux lettres, l'une pour lui, l'autre adressée à Cerisette, et toutes deux sont de l'écriture de Léon Dalbonne. Il en présente une à la jeune fille, qui pousse un cri de joie et murmure :

— De lui? C'est de lui!... Il ne m'a pas encore oubliée.

Pétarade, qui a compris que sa présence pouvait gêner, est allé fumer à une fenêtre dans une pièce voisine.

— Voyons d'abord ce qu'il m'écrit, dit Sabretache.

« Monsieur,

« Je sais que vous n'êtes pas l'oncle d'Agathe, mais vous êtes son protecteur, vous lui tenez lieu de parents, vous ne devez vouloir que son bonheur. Au nom de cet intérêt que vous lui portez, je vous en supplie, monsieur, intercédez pour moi et faites qu'elle ne rejette pas l'offre que je lui renouvelle. Je sais maintenant pourquoi elle avait refusé ma main : elle m'a avoué ses fautes passées; mais cela n'a point éteint mon amour; une année d'épreuve m'a fait voir que sans elle il m'était impossible d'être heureux; et, d'ailleurs, pourquoi ne pardonnerait-on pas quelques erreurs à celle qui, par son repentir et sa bonne conduite, a prouvé que son cœur n'était point vicieux? Je me permets de lui écrire aussi quelques lignes... Vous lui donnerez ma lettre, et vous appuierez ma demande, n'est-ce pas monsieur? Car vous devez être persuadé que mon seul désir est de faire son bonheur. »

— Brave jeune homme! dit Sabretache. Sacrebleu! il vous aime tout de bon, celui-là... Maintenant, petite, voyez ce qu'il vous écrit.

Cerisette essuie les larmes qui coulent de ses yeux, et, d'une voix entrecoupée par les sanglots, lit à son tour :

« Une année vient de s'écouler depuis notre dernière entrevue; depuis j'ai appris pourquoi vous refusiez de vous unir à moi. Je n'ai jamais pensé qu'il serait en mon pouvoir de vous oublier; maintenant, je sens que vivre sans vous est impossible. Chère Agathe, car ce nom est le seul dont je veuille me souvenir, ne refusez plus de faire mon bonheur. Ai-je besoin de dire que le passé sera entièrement effacé de ma mémoire? Ah! vous devez être certaine qu'en devenant ma femme vous serez à jamais entourée d'amour et de respect. Je n'attends qu'un mot de vous pour aller me jeter à vos pieds.

« Léon Dalbonne. »

— Tant d'amour!... tant d'amour! et ne pouvoir être à lui!... dit Cerisette. Cette épreuve est trop forte... elle épuise mon courage!...

En disant cela, la jeune fille laisse tomber sa tête en arrière, ses yeux se ferment, ses lèvres blanchissent...

— Ah! mon Dieu! elle se trouve mal! s'écrie Sabretache. Holà! hé! du secours!... Pétarade! viens ici!... viens m'aider!

Pétarade accourt aux cris de son camarade; en voyant Cerisette évanouie, il pâlit, s'appuie contre un meuble, et murmure :

— Ah! cré nom d'une pipe... qu'est-ce qu'elle a, ta demoiselle?... De la voir comme ça... ça me fait un effet, ça me tourne... il me semble que je m'en vas.

— Allons, imbécile, ne vas-tu pas te trouver mal aussi?... Vite, de l'eau!... du vinaigre!

— Voilà! voilà! Ah! fichtre! j'aimerais mieux me trouver entre deux lions furibonds que devant une femme qui se pâme.

Mais la syncope de Cerisette n'avait été causée que par l'excès de son émotion ; elle est déjà revenue à elle lorsque Pétarade accourt avec un huilier qu'il veut lui mettre sous le nez.

— Va-t'en avec ton huile... nous n'avons plus besoin de toi.. Retourne fumer à la fenêtre, dit Sabretache.

— Mam'zelle est donc guérie ?

— Eh ! oui ! c'est passé... ce n'était rien ! Laisse-nous tranquilles

Et le vieux soldat pousse son camarade dans l'autre pièce et referme la porte sur lui. Puis, il revient près de Cerisette, qui pleure, et lui dit :

— Qu'avez-vous résolu, mon enfant?

— Oh ! mon ami... si je pouvais céder à ses prières... si je pouvais être à lui... ce serait un bonheur si grand !... Mais vous savez aussi bien que moi que cette union est impossible... que je ne puis pas être sa femme !

Et le vieux soldat pousse son camarade dans l'autre pièce.

— Puisque vous lui avez dit... votre passé... puisque, malgré cela, il persiste à vous offrir sa main?

— Non... je ne lui ai pas tout dit... Il y a quelque chose que je ne lui ai pas avoué... car je mourrais de honte, de douleur, si jamais il savait cela...

— Mais... cela... il ne le saura jamais, si ni vous ni moi ne le lui disons... Alors, c'est donc pour lui comme si cela n'avait pas existé.

— Oh ! ne me dites pas cela, mon ami, ne cherchez pas à affaiblir mon courage !... Et si, par quelque circonstance imprévue, il venait un jour à découvrir cette infamie... n'aurait-il pas le droit de me maudire, de me chasser?...

— Sans doute ; aussi je vous dis seulement que cela pourrait être toujours ignoré ; mais je ne vous conseillerai jamais de faire une action

Il reconnaît Cerisette... (P. 354.)

qui puisse vous causer des remords... C'est égal... ce pauvre jeune homme... répondez-lui vous-même cette fois; ce serait toujours moins sec que si c'était moi.

Cerisette se met devant une table; mais, lorsqu'il s'agit de répondre à Léon, elle ne sait comment s'y prendre. Elle commence dix lettres, puis, elle les déchire pour en écrire une autre; car dans chacune elle laissait trop parler son cœur, elle montrait trop d'amour ; elle s'arrête à ce billet :

« Vous m'aimez encore... moi, qui le mérite si peu ! Si vous saviez combien je suis touchée de votre amour, vous me plaindriez d'être forcée de repousser ce bonheur que vous m'offrez et qui surpasse toutes les félicités que j'ai pu rêver. Mais, plus vous me montrez d'amour, plus je dois m'efforcer d'en être moins indigne ; c'est pour cela que je vous répète encore : Non, je ne puis pas être votre femme... Non, je ne puis pas porter votre nom... Mon passé me le défend !... Je ne veux pas vous exposer à rougir... Adieu, plaignez-moi !... »

Cerisette, signe cette lettre, puis la passe à Sabretache, qui la lit et se contente de faire un signe d'approbation ; ensuite, le billet est cacheté, et l'ancien soldat prend son képi et se hâte d'aller encore s'acquitter de cette commission.

Sabretache rentre assez tard, car, après avoir porté la lettre, il a été se promener pour se distraire. Il retrouve Cerisette triste, mais résignée, et peut-être moins désolée dans le fond de son cœur ; car maintenant elle sait que Léon l'aime toujours, et cette pensée est moins triste que l'idée d'être oubliée.

Sabretache presse la main à Cerisette et rentre dans sa chambre pour se livrer au repos ; en ouvrant sa porte, il aperçoit Pétarade qui est toujours à la fenêtre avec son huilier à la main, et qu'il avait totalement oublié en sortant.

— Comment, tu es encore là, toi ? dit le vieux soldat en regardant son camarade.

— Certainement que je suis là... Tu m'as dit : « Va te planter à la fenêtre ! » Je suis resté... Je n'ai pas l'habitude de déserter mon poste ; et, comme tu n'es pas venu me relever...

— Pauvre Pétarade !... Voyons, débarrasse-toi donc de cet huilier.

— Mam'zelle Agathe n'en a donc plus besoin ?

— Non, non, c'est passé... et tu peux aller te coucher, camarade.

— Qu'est-ce que cette grosse lettre vous a donc appris qui vous a chiffonnés comme ça ?... Si tu avais besoin d'argent... j'ai toujours mes cent cinquante francs de côté... la somme est là... elle n'augmente pas, mais elle est intacte.

— Merci, mon bon Pétarade... merci... Ah ! ce n'est pas l'argent qui nous manque maintenant.

— Si c'est quelque chose qu'il faille chercher à mille lieues d'ici... je vais y aller tout de suite.

— Oh ! je sais que tu es dévoué... mais tu n'y peux rien, ni moi non plus, malheureusement. Va te coucher, Pétarade.

XXXVIII

L'OUVRIER EN BIJOUX

Le message de Léon Dalbonne avait de nouveau banni la tranquillité de la demeure de Sabretache ; car, malgré ses efforts pour feindre une parfaite soumission à sa destinée, il avait été facile de voir que Cerisette était continuellement préoccupée de cet amour si vrai, si pur, qu'on lui avait offert, auquel son cœur répondait si bien en secret, et que, pourtant, il lui fallait repousser.

Sabretache ne parlait jamais de Léon ; mais il était triste parce qu'il devinait la peine de Cerisette.

Enfin Pétarade, n'osant se permettre aucune question, se bornait à observer la jeune fille, et, quand il la voyait changer de couleur, ou porter la main à son front, il courait chercher l'huilier, croyant qu'elle se trouvait mal.

Un soir que tout le monde était réuni, on entend un bruit assez fort dans le logement du cinquième.

— Il paraît que le voisin est revenu, dit Sabretache.

— Quel voisin? demande Pétarade.

— Celui que tu rencontrais quelquefois dans l'escalier et dont tu ne voyais que le bout du nez.

— Ah ! le frileux ! Je ne le rencontre plus maintenant.

— Je crois qu'il a été absent assez longtemps ; mais le bruit que nous venons d'entendre ici dessus nous annonce qu'il est revenu, à moins que son logement ne soit loué à d'autres ; il faudra que je m'en informe au portier.

Cerisette avait entièrement oublié le voisin mystérieux du cinquième ; la nouvelle lettre de Léon Dalbonne avait chassé de son cœur tout autre souvenir, et, en ce moment même, elle entend parler avec indifférence de ce personnage qui, pendant quelque temps, a renouvelé ses anciennes terreurs ; maintenant, que peut-elle encore craindre, puisqu'il lui faut refuser le bonheur qui venait la trouver !

Le lendemain, Sabretache dit à Cerisette :

— Le jeune ouvrier en bijouterie est en effet revenu là-haut.

— Il a donc été absent?

— Oui, pendant six semaines environ, il était allé à la campagne ; mais il paraît que le grand air ne lui est pas bon, car notre portier assure que M. Julien est revenu tout pâle, tout changé, tout malade enfin, et qu'il ne quitte presque plus sa chambre.

— Ah! ce pauvre jeune homme! Et a-t-il quelqu'un avec lui, au moins?

— Non, il est seul; mais, s'il ne prend personne, c'est que cela lui convient, car le portier dit encore qu'il est facile de voir que c'est un garçon à son aise.

— Alors, pourquoi ne pas prendre une personne pour le soigner?

— Si c'est son idée. Après cela, le portier exagère sans doute. Le voisin est peut-être enrhumé, et voilà tout.

Mais, huit jours plus tard, Sabretache dit en rentrant :

— Décidément, le voisin est malade, il ne quitte presque plus son lit; j'ai rencontré le portier qui lui montait de la tisane.

— Oh! mon Dieu! s'écrie Cerisette; et il est toujours seul chez lui?

— Il paraît qu'il ne veut voir personne, pas même de médecin : il a positivement défendu qu'on lui en amenât.

Ma foi, mademoiselle, je suis bien en peine.

— C'est bien singulier, cela. Si je savais pouvoir lui être utile, à ce jeune homme, je monterais lui offrir mes services. Ce ne serait pas mal, n'est-ce pas, mon ami?

— Non, sans doute, entre voisins, il est tout naturel de s'entr'aider; mais puisque celui-là ne veut ni médecin, ni personne auprès de lui, nous ne pouvons pas cependant forcer la consigne.

— C'est vrai, et surtout n'étant pas connus de ce jeune homme; mais, au moins, mon ami, vous pouvez tous les jours vous informer au portier de son état!

— C'est, parbleu! bien ce que je compte faire, car je suis comme vous, mon enfant, ça me fait mal de savoir qu'il y a près de moi quelqu'un qui souffre... et de ne point aller lui dire : « Me voilà, disposez de moi. »

Quatre jours s'écoulent encore, et Cerisette descend elle-même, matin et soir, s'informer au portier de l'état du voisin. Le cinquième jour, elle trouve le portier très inquiet; en l'apercevant, il s'écrie :

— Ma foi, mademoiselle, je suis bien en peine... M. Julien est beaucoup plus mal : il parle à peine, il ne veut rien prendre, pas même la tisane que je lui porte... Si ce jeune homme allait mourir, il me semble qu'on me blâmerait de ne pas avoir été chercher un médecin; je vous en prie, mademoiselle, montez avec moi voir ce jeune homme; vous me direz ce que vous pensez de son état, et il vous écoutera peut-être mieux que moi : les femmes, ça sait s'y prendre.

Faut-il aller chercher le médecin, mam'zelle?

Cerisette ne balance pas, elle suit le portier. On monte les cinq étages.

Le concierge entre le premier dans l'appartement. La jeune fille se sent tremblante, émue; elle dit à son conducteur;

— Je vais attendre un peu dans cette pièce, pendant que vous irez voir comment se trouve le malade, et s'il veut bien me permettre de le voir.

Le portier entre dans une autre pièce et revient bientôt, marchant sur la pointe des pieds, dire :

— Il est, je crois, assoupi en ce moment... je n'ai pas osé le réveiller.

— Oh! vous avez bien fait...

— Si vous pouviez attendre un peu... c'est que, moi, il faut que je redescende; il n'y a personne en bas.

— Allez, ne vous gênez pas; moi, je puis rester, et quand j'entendrai remuer, j'offrirai mes services.

— Et vous verrez s'il faut que j'aille chercher le médecin?

— Oui... oui, je vous le dirai, allez.

Le portier est parti. Cerisette est seule chez le jeune malade; elle regarde avec curiosité autour d'elle. Dans la pièce où elle est, il y a peu de meubles, mais ils sont plus élégants qu'on ne les a d'ordinaire chez les ouvriers, et Cerisette se dit :

— C'est ici le logement d'un jeune homme du monde et non pas celui d'un artisan... C'est bien singulier!... tout en ces lieux annonce l'aisance ; mais cet appartement dans les mansardes... et ne pas vouloir de garde... C'est donc encore quelqu'un qui a des chagrins, et qui ne veut pas guérir? C'est peut-être aussi l'amour qui cause le mal de ce jeune homme... et, alors, il a raison... A quoi servirait un médecin?

La jeune fille se laisse aller à ses rêveries : une douce mélancolie s'empare de son âme, elle pense à Léon Dalbonne; elle se dit que lui aussi souffre pour elle, et cette pensée fait couler des larmes de ses yeux... Elle a oublié le malade, lorsque tout à coup un léger bruit se fait entendre dans la pièce voisine ; il rappelle Cerisette à elle-même. Se levant aussitôt, elle se décide à entrer dans la chambre du malade.

Elle s'avance avec précaution; il fait très sombre dans cette pièce; elle marche doucement vers le lit qui est au fond. La personne qui est couchée est tournée de son côté : elle a les yeux fermés et paraît respirer péniblement.

Cerisette regarde cette figure pâle et amaigrie... Elle éprouve un saisissement subit; elle avance encore... elle ne peut plus douter, un cri lui échappe et elle tombe à genoux devant le lit en murmurant :

— Léon ! cher Léon ! Est-ce bien vous que je revois ainsi?

Léon Dalbonne, car c'était bien lui, en effet, qui, sous le nom de Julien, avait loué le logement au-dessus de celui de Sabretache, ouvre les yeux, et, frappé par le son de cette voix qui a retentir jusqu'au fond de son cœur, il porte ses regards autour de lui et voit à ses pieds celle qui tend les bras comme pour implorer son pardon. Il reconnaît Cerisette; une légère rougeur vient colorer son visage, et il murmure d'une voix éteinte :

— Oui, c'est moi. Après votre dernier refus... je suis revenu ici... pour mourir au moins près de vous...

— Mourir !... Oh ! non... non... vous ne mourrez pas !... Mon amour vous rendra à la vie !

— Je vous ai dit que je ne pouvais exister sans vous... cela ne vous a pas touchée ! Vous voyez bien qu'il faut me laisser mourir.

— Oh ! ne dites pas cela, Léon; ne croyez plus cela... Désormais, je suis à vous... je ne vous quitterai plus... Moi, vous laisser mourir !... Non... disposez de mon sort... maintenant, ordonnez... je vous appartiens... mais, vivez !... ah ! vivez pour moi !

— Est-il vrai?... Vous consentez... vous serez ma femme?

— Oui... je consens à tout... mais vivez... Oh! que je ne vous perde pas !...

Et Cerisette entoure le malade de ses bras, et elle pose sur son front ses lèvres brûlantes. Léon est si heureux qu'il ne peut supporter son bonheur; ses yeux se ferment de nouveau, mais cette faiblesse n'avait rien de dangereux. La jeune fille lui fait respirer des sels, et prendre d'une potion fortifiante. Il ne refuse plus maintenant ce qu'on lui offre pour le guérir, et déjà la joie dont il est enivré a ranimé les yeux qui semblaient éteints quelques instants auparavant.

Il y a près d'une heure que la jeune fille est près du malade, et il leur semble à tous deux qu'il n'y a qu'un moment qu'ils sont ensemble, lorsque le portier remonte et passe doucement sa tête à l'entrée de la chambre en disant :

— Faut-il aller chercher le médecin, mam'zelle?

— Non, non, mais du bouillon consommé... Il va prendre un potage.

— Comment... vous êtes parvenue à le décider à prendre quelque chose, mam'zelle? Quand je disais que les femmes savaient s'y prendre mieux que nous !

Cerisette a voulu descendre chez elle chercher ce qu'il faut pour le malade, mais celui-ci l'a suppliée de ne point le quitter; il lui semble que son bonheur est un rêve, et, si Cerisette n'était pas là, il ne croirait plus à sa réalité.

C'est le portier qui fait les commissions, et qui apporte le consommé et du vieux vin. Léon accepte tout ce que celle qu'il aime lui présente, et bientôt il se sent mieux; son mal ne venait que des souffrances de son âme : en guérissant les peines de son cœur, on a déjà chassé la fièvre qui le minait. En revenant le soir chez lui, Sabretache est tout surpris lorsque le portier lui dit :

— Vous trouverez mam'zelle votre nièce chez le voisin au-dessus.

— Ah! diable! est-ce qu'il est plus malade, ce pauvre jeune homme?

— Non, il va beaucoup mieux au contraire. Il s'est opéré aujourd'hui un changement inespéré dans son état, mais c'est à mam'zelle votre nièce qu'il le doit... Je ne conçois pas ce qu'elle a pu lui faire qui l'a si vite remis; c'est miraculeux!

Sabretache enjambe doubles les marches de l'escalier. Sans deviner la vérité, il pressent dans tout cela quelque chose d'extraordinaire. Il entre, il n'aperçoit personne, mais un rayon de lumière part d'une pièce voisine; il va frapper à la porte, et la voix de Cerisette lui crie d'entrer.

A peine l'ancien militaire a-t-il fait quelques pas dans la chambre, que Cerisette court au-devant de lui et se jette dans ses bras, en lui disant :

— Mon ami... ce malade... ce jeune homme... c'était lui!... M. Léon; oh! non, Léon... il ne veut plus que je l'appelle monsieur... Il se laissait mourir ici de chagrin... de désespoir, parce que j'avais encore refusé d'être sa femme !... Oh! mais j'ai accepté maintenant... j'ai consenti à tout ce qu'il voulait, et j'ai bien fait, n'est-ce pas ?... car je ne devais pas le laisser mourir...

Cerisette a dit tout cela en riant, en pleurant, en embrassant son vieil ami. Celui-ci, tout ému, a peine à croire ce qu'il entend. Enfin il approche du lit et reconnaît Léon Dalbonne, qui lui tend la main en lui disant d'une voix faible :

— Oui, monsieur, j'avais pris un logement dans votre maison pour la revoir, pour m'assurer aussi qu'elle n'avait pas un autre amour; qu'un autre ne lui faisait pas la cour. Quand j'en eus la certitude, je vous écrivis de nouveau ; cette fois, j'espérais être plus heureux. La réponse d'Agathe me désespéra. Je sentis que je ne supporterais pas longtemps ce nouveau coup. Je revins dans ce logement, résolu d'y mourir, mais vous n'auriez su qu'après ma mort que j'étais si près de vous, car je craignais, si vous l'appreniez, que cela ne vous fît encore changer de logement, et je n'aurais peut-être plus eu la force de vous suivre.

— Oh! mon ami... entendez-vous? Il croyait que nous l'aurions abandonné ici... souffrant... désolé!

— Je croyais que vous ne m'aimiez pas... Monsieur, Agathe m'a dit que maintenant elle ne mettait plus d'obstacles à mes vœux... puis-je espérer que vous ratifierez ses paroles?

— Je n'ai jamais voulu que le bonheur de cette enfant, répond Sabretache en pressant la main de Léon. En repoussant votre amour, j'ai vu combien la pauvre petite était malheureuse; aujourd'hui, il s'agissait de vous conserver la vie, je comprends qu'elle n'écoute plus que son cœur. Guérissez bien vite, monsieur, et j'espère qu'enfin nous serons tous heureux; car je ne pouvais pas l'être non plus, moi, en entendant les soupirs qu'Agathe essayait en vain de me cacher.

Rien ne guérit plus vite le corps que la joie du cœur, que la tranquillité de l'esprit. Huit jours après cette soirée, Léon Dalbonne est en état de quitter sa chambre, et c'est lui maintenant qui descend près de Cerisette.

Le jeune homme, en recouvrant la santé, s'occupe déjà de son prochain mariage; c'est de cela qu'il parle sans cesse à celle qu'il aime, et lorsqu'en l'écoutant Cerisette devient muette et sérieuse il lui dit :

— Est-ce que la pensée de me rendre heureux vous ferait de la peine? Est-ce que vous voyez avec regret approcher le moment qui doit nous unir?

Les nouveaux époux sont arrivés à la terre des « Grands-Chênes ». (P. 364.)

— Avec regret?... Oh! non!... avec crainte, peut-être... car si je ne vous rendais pas heureux?...

— C'est impossible.

— Enfin, si... vous rappelant un jour mes fautes passées... ?

— Ah! vous me jugez donc bien mal, si vous redoutez cela!

— Non... non... je vous crois bon, généreux... Mais si vous saviez...

— Pas un mot de plus sur ce sujet, ou je croirai que vous ne m'aimez pas.

C'est toujours ainsi que se termine l'entretien, lorsque Cerisette veut parler à Léon de ce qui lui faisait refuser sa main.

XXXIX

MARIAGE

Cependant, le jour de l'hymen est fixé; déjà, de ravissantes parures ont été envoyées chez Cerisette, quoiqu'elle ait témoigné à son amant le désir de rester simple et modeste. Mais Léon Dalbonne est riche et galant; il faut bien faire honneur à ses présents, et la femme la moins coquette se laisse facilement fléchir quand on la supplie de se parer.

Un jour, Pétarade est arrivé au moment où la jeune fille vient d'essayer la toilette qu'elle doit mettre pour son mariage. Il reste comme ébloui en voyant Cerisette, qui, sous ce nouveau costume, a quelque chose de ces nymphes légères que notre imagination se crée quelquefois.

Pétarade demeure stupéfait, tandis que Cerisette sourit en lui disant :

— Me trouvez-vous bien ainsi, monsieur Pétarade?

— Si je vous trouve bien, mam'zelle! si je vous trouve...? C'est-à-dire que vous êtes plus que bien, vous êtes... je ne peux pas rencontrer le mot qui exprime ma pensée. Mais pourquoi donc êtes-vous parée de la sorte? Est-ce que vous allez jouer la comédie, mamzelle?

— Elle va se marier, dit Sabretache en frappant sur l'épaule de son ancien camarade.

Celui-ci change un peu de couleur, mais il se mordille les lèvres et s'efforce de sourire en répondant :

— Se marier?... Ah! bah... vraiment. Je croyais que ce n'était pas dans les habitudes, je veux dire dans les goûts de mam'zelle.

— Mon ami, il survient parfois des événements qui changent toutes nos résolutions, bouleversent tous nos projets. Ce qui arrive à cette chère enfant tient de la féerie, du miracle; car, après l'avoir laissée tomber au fond d'un abîme, il semble que maintenant le destin veuille l'élever au plus haut rang de la société. Aurions-nous pu le croire, si on nous avait prédit, il y a quelque temps, que celle qui passait pour ma nièce aurait un jour une grande fortune, un château, des propriétés à la campagne, une voiture et de nombreux valets?

— Qu'est-ce que vous dites donc?... Mam'zelle épouserait tout ça!

— Elle épouse un charmant garçon qui porte un nom honorable et qui donne à sa femme tout ce que je viens de te dire.

— Il serait possible! Ah! s'il en est ainsi... bigre! je conçois, oh! oui, je conçois que mam'zelle se soit laissé attendrir... Certainement, moi, je n'aurais jamais pu offrir à ma conjointe une position analogue. A présent, ça me fait plaisir d'apprendre que mamzelle sera si heureuse; seulement, ça me fera de la peine, parce que je n'oserai plus la saluer quand je la rencontrerai.

— Que dites-vous là, monsieur Pétarade? Ne plus me dire bonjour, parce que je vais être riche?... Ah! c'est mal, ce que vous dites là : vous, l'ancien camarade de mon bienfaiteur, vous qui l'avez obligé si noblement quand il était dans la peine!

— Moi, mam'zelle? Par exemple!...

— Oh! ne le niez pas; Sabretache m'a tout conté depuis que les mauvais jours sont passés.

— Je ne croyais pas Sabretache si bavard!

— Où est donc le mal de se rappeler le bien qu'on nous a fait? Vous serez toujours mon ami, monsieur Pétarade, et je suis sûre que mon mari voudra être le vôtre, car il n'est pas fier, Léon, et il suffit que l'on s'intéresse à mon bonheur pour avoir des droits à son affection.

— Qu'est-ce que c'est que Léon? murmure Pétarade en se tournant du côté de Sabretache.

— C'est le jeune homme si riche qui va épouser Agathe; Léon Dalbonne... un très joli garçon, par parenthèse.

— Est-ce qu'il est plus beau que moi?

— Fichtre! s'il n'était que comme toi, il n'y aurait pas de quoi le vanter.

— Tu es bien dégoûté! Mais c'est drôle, je ne l'ai jamais vu, cet amoureux-là... Où donc se cachait-il?

— Ici dessus... sous le nom d'un garçon bijoutier : c'est celui-là que tu rencontrais dans l'escalier si bien entortillé.

— Ah! tu vois bien que j'avais raison de penser qu'il y avait du mystère?... Un homme qui ne montre que son nez... cela annonce toujours des projets.

— Reste ici ce soir. M. Léon ne va pas tarder à venir, tu verras son visage maintenant.

— Est-ce que tu crois que je peux rester sans inconvénient?

— Parbleu! puisque je t'y engage.

— Alors, je veux bien.

Léon ne tarde point à arriver. Sabretache lui présente Pétarade, en disant :

— C'est un ancien camarade, un véritable ami.

— Et le mien aussi, dit Cerisette en souriant; je vous en ai parlé quelquefois.

— J'espère qu'il sera aussi le mien, dit Léon en présentant sa main à Pétarade, qui se tient comme un piquet et semble craindre d'avancer. Oui, monsieur, je vous demande un peu de cette amitié que vous avez pour ceux qui me sont si chers, et vous prie d'être avec votre ancien camarade le second témoin de ma chère Agathe. Y consentez-vous?

Ayez jamais quelques différends avec des lions, des tigres, et vous verrez comme je les traite, ces gaillards-là!

— Si j'y consens! être le témoin de Mlle Cerise... Agathe!... Oh! avec grand plaisir! C'est un honneur, je suis flatté... Touchez là, monsieur Léon, je suis si sensible à votre procédé! Nom d'une bombe! ayez jamais quelques différends avec des lions ou des tigres, et vous verrez comme je les traite, ces gaillards-là!

Léon presse la main de Pétarade, qui est consolé de savoir que Cerisette se marie depuis qu'on l'a choisi pour être un des témoins.

— Et quels seront vos témoins à vous, mon ami? demande timidement Cerisette à son futur époux.

— Vous m'avez dit, ma chère Agathe, que le monde vous faisait peur; vous m'avez laissé comprendre que votre désir, pendant les premières années de notre mariage, serait de vivre loin de cette société que je fréquente et où j'aurais pu présenter ma femme; comme vos moindres désirs seront toujours des ordres pour moi, je n'ai annoncé mon mariage à personne. On l'apprendra quand il sera conclu. C'est pourquoi, au lieu de prendre pour témoins des gens du monde qui sont toujours indiscrets, j'ai choisi mon vieux professeur de langues : ce brave homme m'a vu enfant, il m'aime beaucoup; mon second témoin sera mon maître de musique, excellent homme... et qui m'est tout dévoué. Approuvez-vous ces arrangements?

— Oh! oui... je vous remercie de tout ce que vous faites pour moi.

— Pour vous! mais, alors, c'est aussi pour moi que j'agis; songez donc que vous et moi ne faisons plus qu'un : faire votre bonheur, c'est assurer le mien.

Tant d'amour remplit d'ivresse le cœur de Cerisette, et, pourtant, plus l'instant approche où elle va s'unir à Léon, et plus ses anciennes terreurs reviennent troubler son bonheur. Vingt fois, elle a voulu de nouveau parler à celui qui va lui donner son nom de ce passé qu'elle voudrait pouvoir effacer de sa vie; mais Léon, qui devine tout ce qu'elle doit souffrir à s'humilier devant lui, ne veut plus qu'elle revienne sur ce sujet. Cerisette comprend toute la délicatesse de son amant; elle pense alors à Sabretache, et, la veille du jour fixé pour son mariage, quelques moments avant l'heure à laquelle Léon Dalbonne se rend près d'elle, la jeune fille dit à son vieil ami :

Il court à elle, la presse tendrement dans ses bras.

— C'est demain que je dois devenir l'épouse d'un homme qui porte un nom honorable. A la veille de contracter ces nœuds sacrés, j'éprouve encore des remords. Cependant, mon ami, vous savez que j'ai résisté longtemps aux prières de Léon; vous savez qu'il m'a fallu le voir mourant de sa douleur pour que j'oublie toutes mes résolutions, pour que je cède à ses vœux...

— Je sais tout cela, chère enfant : résister encore lorsque ce jeune homme était la-haut, où il allait se laisser miner, emporter par le chagrin, c'eût été au-dessus des forces humaines. Je comprends une résolution sévère, un dévouement entier à ses amis; je ne comprends pas, je l'avoue, ce qui est au-dessus de la faible raison que la nature nous a donnée. Cependant, vous craignez encore que, devenu votre époux, M. Léon Dalbonne ne s'en repente un jour, qu'il ne vous accuse de l'avoir trompé. Moi, je juge mieux ce jeune homme, et, si vous le voulez, aujourd'hui même je vais avoir avec lui un entretien. Vous resterez dans votre chambre, je dirai que votre toilette n'est pas terminée. Dans cet entretien, petite, je conterai à M. Léon toute votre vie : votre liaison avec l'artiste Angely, votre connaissance si courte... avec ce jeune homme qui vous ramena de Saint-Cloud ; je dirai tout, enfin...

— Tout ! s'écrie Cerisette en pâlissant. Oh ! non, mon ami, c'est impossible ; car... si je pensais... qu'il fût instruit... qu'il sût que j'ai été... quelques jours dans cette horrible maison, je n'aurais plus le courage de me présenter devant ses yeux, je fuirais de nouveau sa présence, j'irais cacher ma honte loin de lui... il ne me reverrait plus !

— Calmez-vous, mon enfant, répond Sabretache en regardant la jeune fille avec des yeux pleins de larmes. Allons, mille carabines ! me prenez-vous pour un conscrit ? Je sais bien qu'il y a des choses... enfin, il y a de ces aveux... qui affligent ceux qui les reçoivent et dont ils ne nous savent pas toujours gré. Calmez-vous, encore une fois. Mais, après cet entretien, si M. Léon est toujours le même près de vous, j'espère que vous serez tranquille, que vous ne vous ferez plus de reproches.

— Je l'espère aussi, mon ami.

— J'entends monter l'escalier. C'est M. Léon ; rentrez vite dans votre chambre, moi, je vais l'emmener dans la mienne.

— Oh ! mon Dieu !... déjà !... tout de suite ?...

— C'est comme une affaire d'honneur, ceci, ma petite ; ça ne doit pas se reculer.

— Eh bien ! je rentre. Vous m'appellerez quand vous aurez fini, quand vous croirez que je puis revenir. Ah ! s'il allait ne plus m'aimer ! Pourtant, il sait déjà...

— Le voici ! Vite dans votre chambre !

Cerisette se hâte de rentrer dans sa chambre, dont elle ferme la porte sur elle. Il lui en coûte beaucoup pour éviter la présence de celui qu'elle aime, mais elle se dit que cette épreuve est la dernière qu'elle aura à s'imposer ; pour occuper le temps, qui lui semble bien long, elle va regarder les derniers présents que son amant lui a faits. Le matin encore, Léon lui a envoyé une corbeille dans laquelle sont des cachemires, des dentelles, des bijoux, et une foule de ces riens charmants que le luxe invente pour qu'un homme puisse galamment employer sa fortune.

— Tout cela pour moi!... se dit Cerisette; pour moi... qui n'ai point de parents, point de nom... qui n'ai plus même à offrir à mon époux cette parure de l'innocence... la seule dot de la pauvreté!

Mais c'est en vain que Cerisette cherche à se distraire; les plus jolis bijoux de la corbeille ne sauraient captiver son attention; à chaque instant elle se lève, elle écoute si on ne l'appelle pas. Il lui semble qu'il y a déjà bien longtemps que Sabretache cause avec Léon, et chaque minute qui s'écoule ajoute à ses craintes et diminue son courage. Une demi-heure se passe; elle a été éternelle pour Cerisette, dont l'imagination enfante les plus grands malheurs. Déjà, elle se persuade que Léon a changé de sentiments, qu'il ne veut plus la revoir!... Enfin, la voix de Sabretache se fait entendre, et l'appelle. La jeune fille frémit; elle se dirige en tremblant vers la porte; elle se soutient à peine, et, lorsqu'elle paraît devant Léon, c'est comme une coupable qui attend son arrêt.

Sabretache est plus pâle que de coutume; Léon Dalbonne est vivement ému, mais, dès qu'il aperçoit Cerisette, il court à elle, la presse tendrement dans ses bras, et lui dit, avec un accent qui part du cœur :

— Pauvre fille!... Ah! c'est le ciel qui m'a envoyé sur votre chemin pour cicatriser toutes les blessures de votre âme!

Cerisette ne peut répondre; elle verse d'abondantes larmes en cachant sa figure sur la poitrine de son amant. Sabretache se retourne pour essuyer ses yeux. Le lendemain, sur les onze heures du matin, deux équipages s'arrêtent devant la porte de Sabretache. De l'un descend Léon Dalbonne, tout en noir et brillant de bonheur; il va chercher Cerisette, qui est dans cette toilette ravissante dont Pétarade a déjà été ébloui; et, en effet, sous ce costume, Cerisette est plus ravissante encore; l'élégance ne nuit jamais à la beauté. Sabretache et Pétarade sont là, en tenue soignée. Le vieux troupier a cet air martial et probe qui fait que l'on n'est déplacé nulle part. Pétarade est vêtu tout de neuf depuis ses souliers jusqu'à son chapeau; il n'ose point tourner la tête de peur de chiffonner son col, et paraît très gêné dans ses entournures; mais il se croit superbe, et, quand on a de soi cette opinion, on peut bien se résoudre à être gêné dans ses vêtements.

De la seconde voiture sont descendus les deux témoins de Léon, son vieux maître de langues et son professeur de musique; ils attendent en bas la mariée que Léon leur présente et à laquelle ils adressent non pas des fadeurs ou de ces propos qui embarrassent une fiancée, mais un compliment simple et des vœux sincères pour sa félicité, vœux que Cerisette reçoit en rougissant et en reportant sur Léon des regards qui peignent tout son bonheur. On part : les deux professeurs et Pétarade dans une voiture; les futurs époux et Sabretache dans l'autre. Dans celle-ci, on parle peu; mais on échange des regards pleins d'amour. Dans l'autre, les deux professeurs font ce qu'ils peuvent pour mettre Pétarade à son aise, mais il se contente de sourire sans remuer la tête, ni les bras. On se rend à la mairie, de là à l'église. Le mariage est conclu, le *oui* prononcé. Cerisette est Mme Dalbonne; elle est si heureuse que sa bouche ne trouve point de paroles pour exprimer ce qu'elle ressent; mais sa main presse celle de Léon, ses yeux se confondent dans les siens : ils s'entendent sans se parler.

En sortant de l'église, on se rend chez un des meilleurs traiteurs de Paris, où un excellent déjeuner attend les mariés et les témoins. Cette partie de la cérémonie ne semble pas déplaire à Pétarade, qui retrouve sa langue devant des vins exquis, et qui, avant qu'on soit au dessert, a déjà raconté plusieurs combats soutenus par lui contre des lions.

Vers la fin du repas et pendant que Pétarade émerveille les deux professeurs par le récit de ses prouesses, Léon dit tout bas à sa femme :

— Quand vous voudrez partir, la chaise de voyage est en bas qui nous attend.

— Et où allons-nous, mon ami?

— Dans une jolie propriété que je possède en Bretagne, tout près de Rennes. Pensez-vous que vous vous y plairez?

— Oh! partout... partout avec vous... mais surtout loin du monde. Et nous y resterons?

— Tant que tu y seras heureuse.

— Que vous êtes bon! Mais Sabretache?...

— Il sait qu'il sera toujours le bienvenu... que notre plus grand bonheur serait qu'il restât sans cesse avec nous. Il m'a promis de venir bientôt passer quelque temps à ma terre.

— Et je tiendrai parole, dit Sabretache, en pressant la main de Cerisette dans les siennes. Allez, chère enfant, allez!... Je vous remets entre les mains d'un homme qui vous chérit; vous serez heureuse... Cette idée me donnera la force de supporter votre absence... et, plus tard, quand je serai tout à fait invalide... eh bien! peut-être irai-je me fixer tout à fait près de vous.

Et le vieux soldat dépose un baiser sur le front de Cerisette; puis il va se remettre à table, tandis que les jeunes époux sortent de chez le traiteur et montent dans la chaise de poste qui les attend

XL

BONHEUR INTIME

Les nouveaux époux sont arrivés à la terre des *Grands-Chênes*, c'est le nom de la propriété que Léon possède à une lieue de Rennes ; ce n'est

Oh! mon ami! que je suis heureuse! (P. 366.)

point un château, ce n'est point une simple maison bourgeoise, c'est une habitation ravissante, qui a été bâtie avec soin, avec élégance, où l'on a réuni tout ce confortable que l'on aime à la ville et qui plaît encore plus à la campagne.

De jolis appartements décorés avec un goût exquis, un jardin immense, un bois, une pièce d'eau, des fleurs rares, des fruits savoureux font de cette propriété un séjour délicieux pour les personnes qui aiment la campagne. Pour ceux qui viennent en visiter le propriétaire, on a réuni une foule de jeux, de délassements, de distractions, et même d'occupations. Il y a bibliothèque, salons de musique, de peinture, billard, bateaux avec instruments de pêche, fusils et chiens de chasse, enfin, tout ce que l'on peut désirer pour passer le temps lorsqu'on n'a pas par soi-même de quoi l'employer.

Cerisette a tout vu, tout admiré : elle s'étonne que l'on puisse chez soi rassembler tant d'éléments de plaisir, mais elle n'a pas encore besoin d'avoir recours aux distractions : l'amour de son mari lui suffit. Lorsqu'elle se promène, pendue à son bras, dans les sinueuses allées du jardin ; lorsqu'elle rencontre ses yeux attachés sur les siens, qu'elle voit sa bouche lui sourire, qu'elle sent sa main presser la sienne, elle ne peut que balbutier :

— Oh ! mon ami ! que je suis heureuse !...

Et Léon qui partage cette ivresse, Léon qui est doublement heureux, puisqu'en faisant le bonheur de Cerisette il a fait aussi le sien, Léon dépose un baiser brûlant sur les lèvres de sa femme, et la presse doucement sur son cœur en lui disant :

— Ainsi, tu te plais ici ?

— Je me plairai partout avec toi ; mais je suis surtout bien contente d'être ici... D'abord, ce séjour est délicieux... Ensuite, nous y sommes loin du monde... des importuns, des ennuyeux... Ma seule crainte, mon ami, c'est que toi, habitué à la société, tu ne t'ennuies à la longue d'en être privé.

— Rassure-toi, je n'ai jamais aimé beaucoup le monde. Quelques amis vrais, cela vaut bien mieux que ces simples connaissances avec lesquelles on paraîtrait ridicule si l'on épanchait son cœur. Mais les amis sont rares... J'en avais un... un jeune homme de mon âge à peu près... Il y avait entre nous une grande conformité de goûts, quoiqu'il fût cependant d'une humeur plus gaie, plus folle que moi... mais il est parti... il a quitté la France....

— Et tu le regrettes ?

— Auprès de toi, je ne regrette rien.

— Nous resterons bien longtemps ici, n'est-ce pas, mon ami ?

— Je ne demande pas mieux.

— Tu n'auras jamais besoin de me quitter pour aller à Paris ?

— Ce sera fort rare.

— Alors tu m'emmèneras... Si tu me laissais, j'aurais peur que tu ne revinsses pas.

— Enfant! je t'emmènerai; je ne veux jamais me séparer de mon Agathe.

— Oh! c'est bien, ce que tu dis là... Et tu n'engageras personne à venir te voir ici, n'est-ce pas?

— Jamais, sans que tu le veuilles... Ah! mais, il faut que je te demande une permission.

— Déjà! Et pour qui?

— Pour M. Guichardet, mon professeur de musique... C'est un excellent homme, et je t'avoue, ma chère Agathe, que, si cela ne te déplaît pas, je serais charmé de faire de toi une musicienne.

— Et, moi, pour être digne de ton amour, j'apprendrai ce que tu voudras : la musique avec M. Guichardet, le dessin avec toi, dont j'ai vu de si jolis tableaux, et vous verrez, monsieur, comme j'apprendrai avec zèle... Mes talents seront ton ouvrage, comme mon bonheur...

— Oh! c'est cela! je t'apprendrai la peinture et Guichardet le piano.

— Et puis, mon ami... si tu voulais... je ne suis pas forte sur la langue française, l'écriture... et l'orthographe; je ne voudrais pas que tu eusses jamais à rougir en m'entendant parler... Tu feras venir aussi ce vieux monsieur, l'autre professeur.

— Tu es un ange! C'est convenu. Mon vieux Desprès viendra avec Guichardet. Mais, pas tout de suite, nous avons le temps!... Et se parler d'amour donc!... Est-ce que ce n'est pas une occupation importante aussi?

— Oh! oui, mon ami, et qu'il ne faut jamais négliger!...

Six semaines se sont écoulées sans que Léon ait trouvé le temps d'écrire aux maîtres de musique et de langues.

Quelquefois, Cerisette dit en souriant à son mari :

— Et mes leçons de piano et de français, monsieur? et mon dessin? Quand me faites-vous commencer?

— Bientôt, répond Léon. Est-ce que tu t'ennuies?

— Oh! par exemple!... Les jours passent si vite ici! Il me semble que nous ne faisons que de nous y installer.

Un beau matin, les jeunes époux sont tout surpris quand on leur annonce un voyageur qui vient d'arriver aux Grands-Chênes; mais ils poussent un cri de joie, lorsque dans ce voyageur ils reconnaissent Sabretache.

— Oui, mes enfants, c'est moi, dit l'ancien militaire, en se présentant avec son sac sur le dos, comme s'il faisait encore une étape. Je me suis dit : « Il y a trois mois que je n'ai embrassé ma petite Agathe : c'est assez long, il faut aller voir comment on se porte là-bas. » Là-dessus, j'ai fait mon sac, je me suis mis en route, et me voilà.

— Oh! que vous avez bien fait! s'écrie Cerisette en embrassant Sabretache, tandis que Léon lui presse la main. Mais est-ce que vous croyez qu'il y a trois mois que nous sommes ici, mon ami? Il me semble que vous vous trompez!

— Ma chère petite, il y a bien cela. Au reste, je suis enchanté que le temps vous ait paru court; cela me dit tout de suite que vous êtes heureux... que vous vous aimez bien... que vous étiez nés l'un pour l'autre... et que ce brave M. Léon ne se repent pas de ce qu'il a fait.

— Vous m'avez donné un ange, dit Léon; auprès d'elle, le temps a des ailes: nous ne trouvons pas même un moment pour nous occuper d'études.

— Tant mieux, sacrebleu! tant mieux! Et, puisque me voilà, j'espère bien que les études seront encore reculées.

— Comment êtes-vous venu, mon ami?

— Comment? Avec mes jambes, vraiment! Elles vont très bien maintenant, et je ne connais pas de meilleure manière de voyager.

— Vous devez être bien fatigué?

— Je n'y pense plus en vous voyant. J'ai faim et soif, par exemple... Quatre-vingts lieues en se promenant, ça ouvre joliment l'appétit.

Les jeunes gens mènent sur-le-champ Sabretache à la salle à manger, et, tout en déjeunant, il leur donne des nouvelles de Paris.

— Pétarade m'a chargé de mille compliments pour Mme Dalbonne, et de ses respectueux hommages à son mari.

— Brave garçon!

— Il fallait l'amener avec vous! dit Léon.

— Oh! vous êtes trop bon, monsieur Léon, je ne me serais pas permis cela; d'autant plus que le camarade se laisse un peu trop aller à table sur le chapitre des lions; et il arrose beaucoup ses histoires. Le jour de votre mariage... après que vous avez été partis tous deux, il nous a tenus à table jusqu'au soir... Il a grisé vos deux professeurs... pas avec du vin, mais avec des chasses aux lions. Ah! à propos de ces deux messieurs, ils m'ont chargé de mille choses pour vous, monsieur Léon.

— Quand vous retournerez à Paris, mon cher Sabretache, vous voudrez bien emporter deux lettres pour eux?

— Volontiers.

— Mais ce ne sera pas de sitôt, j'espère; vous nous resterez longtemps...

— Huit jours, est-ce assez?

— Vous plaisantez! On n'a pas le temps de voir le pays!

— Quinze jours, alors?

— Vous n'aimez donc ni la chasse ni la pêche?

— Trois semaines, en ce cas?

— Ce serait encore trop peu pour nous.

— Va donc pour un mois. Par exemple, c'est arrêté là... Il faut user, mais ne pas abuser.

— C'est bon, dit Cerisette, nous verrons bien si vous vous amusez avec nous.

Sabretache est installé dans une jolie chambre d'où l'on découvre un paysage magnifique. Ensuite, lorsqu'il s'est reposé quelque temps, Cerisette monte le chercher. Elle passe son bras sous celui de son ancien protecteur et l'emmène visiter la maison, les jardins, la pièce d'eau; elle jouit de la surprise, de la satisfaction de Sabretache, qui s'écrie à chaque instant :

— Cré nom d'une pipe!... c'est bigrement chouette ici! C'est un petit palais de pacha que cette demeure! Et tout cela est à vous, chère petite, et vous êtes la maîtresse de ce domaine! Ah! voilà ce qui remplit mon cœur de joie!

Dix jours après le départ de Sabretache, MM. Guichardet et Desprès arrivent aux Grands-Chênes.

— Oh! mon ami... ce qui est bien au-dessus de toutes ces belles choses, c'est l'amour de Léon, qui ne s'est pas démenti un seul instant... Aussi je suis si heureuse... c'est à ne pas y croire!... Il me semble quelquefois que c'est un rêve!...

— Le bonheur fait souvent cet effet-là, mon enfant, tandis que les chagrins ne nous étonnent pas! Apparemment qu'en venant au monde il y a un instinct naturel qui nous dit : « Tu souffriras souvent, et tu ne riras guère. » Raison de plus pour bien fêter les jours heureux. J'aime à croire que, désormais, vous n'en connaîtrez plus d'autres... Vous avez assez payé votre dette au malheur. Mais j'ai encore à vous donner des nouvelles de quelqu'un qui a pris un vif intérêt à votre changement de fortune.

— M. Dumarselle?

— Justement.

— J'allais vous demander de ses nouvelles. Vous l'avez vu, mon ami?

— Il y a huit jours, pas davantage. J'étais allé plusieurs fois chez lui pour lui annoncer votre mariage, bien persuadé qu'il prendrait part à votre bonheur; mais il était toujours absent de Paris. Enfin, dernièrement, je l'ai trouvé. Son premier mot, en me voyant, fut pour me demander de vos nouvelles. Jugez de sa surprise lorsque je lui ai appris votre mariage... la position de votre époux! Si vous aviez vu quelle joie a éclaté dans ses yeux!...

— Il n'a pas blâmé celui qui a daigné me donner son nom?

— Blâmé? Bien loin de là! « C'est un mariage d'amour! s'est-il écrié; ah! ce ne sont que ceux-là que je comprends, et je suis bien sûr que votre charmante nièce fera le bonheur de son époux. »

— Il me croit toujours votre nièce?

— Oui; je n'ai pas pensé devoir le détromper à ce sujet. Ceci est un secret dont votre mari est maintenant le maître; il peut lui convenir que l'on vous croie toujours ma nièce.

— Vous avez raison, mon ami, et moi je serai toujours fière de passer pour telle.

— Mais ce n'est pas tout, M. Dumarselle m'ayant ensuite demandé le nom de votre époux, quand je lui eus dit : « M. Léon Dalbonne, » il a poussé une exclamation de surprise, et s'est écrié :

« — Léon Dalbonne!... le fils de l'ancien président Dalbonne, le neveu de Mme de Fierville? »

— Oui, oui, c'est le nom de la tante de mon mari.

« — Oh! mais, je le connais beaucoup... c'est-à-dire pas lui particulièrement, je l'ai seulement rencontré dans le monde; mais j'ai eu l'occasion d'entendre parler de lui chez sa tante, où je vais quelquefois. C'est un charmant garçon, dont chacun fait l'éloge; il est, dit-on, aussi sensible que franc et loyal. »

— Ah! que c'est bien à M. Dumarselle d'avoir dit tout cela de mon mari!

« — Par exemple... » a-t-il ajouté en secouant la tête.

— Par exemple!... Achevez, mon ami.

« — Il y a une personne qui n'approuvera pas ce mariage... et cette personne est sa tante, Mme de Fierville..., femme hautaine et esclave de préjugés. Mais M. Dalbonne a une fortune indépendante; il est son maître, il a très bien fait de ne point consulter sa tante dans une circonstance où l'on ne doit prendre conseil que de son cœur. »

— Voilà, ma chère petite, ce que M. Dumarselle a dit ; vous voyez que votre hymen ne sera pas blâmé par tout le monde.

— Ah! mon ami... le monde est bien loin de reconnaître toute la générosité de Léon.

Sabretache passe près des jeunes époux un mois qui s'écoule aussi vite pour lui que pour eux. Lorsque ce temps est expiré, il veut prendre congé et retourner à Paris; mais Cerisette le prie avec tant d'instance, Léon lui répète si affectueusement que sa présence augmente leur bonheur, que l'ancien militaire reste encore quinze jours avec les jeunes gens. Il ne veut pas en accorder plus. Peut-être craint-il de devenir importun; en amitié comme en amour, il est toujours prudent de rester sur son appétit.

Sabretache est parti en promettant de revenir au printemps suivant, et en emportant les invitations pour les deux professeurs.

Dix jours après le départ de Sabretache, MM. Guichardet et Desprès arrivent aux Grands-Chênes.

Les deux jeunes époux se regardent et étouffent avec peine un soupir en voyant arriver ceux qui vont faire cesser leur solitude. Mais Cerisette s'écrie la première :

— Il faut être raisonnables... et surtout il faut que je devienne instruite, que j'acquière quelques talents pour être moins déplacée dans les beaux salons que j'occupe.

On se met donc à l'étude : le désir d'être agréable à quelqu'un que l'on aime est toujours le meilleur maître en pareil cas. Il n'est point d'âge où l'on ne puisse apprendre quand on a la ferme volonté; seulement, il y a des époques où cela devient plus ou moins facile. Cerisette n'avait pas encore vingt ans : elle brûlait du désir d'acquérir des talents; elle s'applique avec ardeur à profiter des leçons qu'on lui donne. L'étude de la langue française, de l'histoire, du chant, du piano et du dessein emploie presque tous ses instants; Léon est obligé de supplier pour obtenir de temps à autre que l'on quitte l'étude. Mais aussi l'hiver a passé bien vite au domaine des Grands-Chênes; et lorsque les beaux jours reviennent la jeune femme ne craint plus, en causant, de laisser échapper de ces locutions qui amènent un sourire imperceptible sur les lèvres des personnes qui les entendent; de plus, elle commence à accompagner une romance au piano, et à dessiner une des jolies vues que l'on peut prendre dans ses jardins. Elle est heureuse de ses progrès, parce qu'elle voit que Léon en est charmé, et, lorsqu'il la prie de ne point trop se fatiguer à étudier, elle le regarde tendrement en disant :

— Pourrai-je jamais en faire assez pour mériter le bonheur que tu m'as donné?

L'année qui s'est écoulée a donc été constamment, pour les nouveaux époux, cette lune de miel qui, d'ordinaire, ne dure qu'un mois et encore!...

Celle qui recommence s'annonce sous d'aussi heureux présages, et les talents acquis par Cerisette ne pourront que l'embellir encore.

Il a poussé un gros juron admiratif quand elle lui a montré un de ses dessins.

Sabretache est revenu voir ceux qu'il regarde comme ses enfants, et il est resté comme émerveillé en entendant Cerisette s'accompagner au piano en chantant; il a poussé un gros juron admiratif quand elle lui a montré un de ses dessins; puis il l'a baisée sur le front en lui disant:

— J'ai toujours pensé que vous étiez née pour savoir tout cela.

Léon Dalbonne se trouve si bien, si heureux aux Grands-Chênes, près de sa femme, qu'il n'a pu encore se décider à aller à Paris régler quelques affaires d'intérêt; c'est Sabretache qu'il charge de ce soin, et celui-ci, fier de la confiance du jeune homme, fait de son mieux pour s'acquitter des commissions qu'on lui donne.

Mais une félicité parfaite n'est jamais durable, dit-on; il y a même des personnes qui prétendent qu'elle n'habite pas sur la terre; ce qu'il y a de certain, c'est que, si elle y réside, elle change bien souvent de domicile.

Par une journée orageuse de l'été, le piéton apporte une lettre au domaine des Grands-Chênes; elle est pour Léon, qui fait une légère grimace en reconnaissant l'écriture, et une bien plus prononcée après avoir lu la lettre.

— Tu viens d'apprendre quelque chose qui te contrarie? dit Cerisette en regardant son mari.

On arrive au salon où était Cerisette. (P. 378.)

Celui-ci froisse avec humeur dans ses mains le billet qu'il vient de lire, et murmure :

— Il n'y a donc pas moyen de vivre tranquille, heureux, chez soi!...

— Que va-t-il donc nous arriver, mon ami? Tu me fais trembler!

— Il ne faut pas trembler... Ce n'est pas un malheur qui nous arrive... mais c'est bien contrariant.

— Est-ce que tu ne veux pas me dire ce qu'il y a dans cette lettre?

— Si fait!... D'ailleurs, il faut toujours que tu le saches... Cette lettre est de ma tante...

— Ta tante...Mme de Fierville? Oh! mon Dieu! Et que te marque-t-elle?

— Je t'ai dit, chère Agathe, que Mme de Fierville, sœur de mon père... auquel elle n'a jamais ressemblé par le caractère, n'approuverait pas mon mariage, mais que cela m'était parfaitement indifférent, car il me semble que l'on doit d'abord se marier pour soi. Quelques jours après notre hymen, je lui écrivis donc pour lui annoncer que je venais d'épouser la nièce d'un brave militaire sans fortune, mais que ma femme était charmante, et que cette union me rendait parfaitement heureux. Je reçus bientôt une réponse de ma tante. Mme de Fierville était furieuse : d'abord de ce que je m'étais permis de me marier sans la consulter, et lorsqu'elle avait déjà en vue pour moi un parti superbe... puis de ce que j'épousais une personne sans fortune, une fille sans naissance, sans titre... la nièce d'un obscur soldat. Je te cite les propres termes de sa lettre. Il paraît qu'elle avait été aux informations; enfin, elle finissait en me prévenant qu'elle ne ferait jamais sa société d'une nièce qui ne devait avoir aucun usage du monde, et qu'elle me défendait de la lui présenter.

— Oh! que je suis fâchée!... Je t'ai brouillé avec ta famille!

— Ma chère Agathe, comme ta société m'est infiniment plus précieuse que celle de ma tante, je ne perdais pas au change. Je jetai la lettre au feu; elle ne méritait point de réponse, et, du reste, je t'avoue que je n'étais seulement pas fâché de ne plus voir Mme de Fierville. « Au moins, me disais-je, je serai bien tranquille dans mon ménage. » Depuis ce temps, je n'avais jamais écrit à ma tante et je croyais ne plus entendre parler d'elle. Mais elle s'est ravisée... Elle aura appris que nous étions heureux ici... et que je me passais fort bien de la voir! Tiens, voici ce qu'elle m'écrit :

« Mon neveu,

« J'apprends que depuis votre beau mariage vous ne quittez pas votre propriété en Bretagne, où vous vivez comme un loup sans recevoir âme qui vive. Je conçois que vous craigniez de présenter votre femme dans le monde. Voilà ce que je vous avais prédit; vous ne méritez guère que je vous aime encore, et je devrais vous garder rancune; mais je n'oublie pas que vous êtes le fils de mon frère, le président Dalbonne; je veux donc bien ne plus vous défendre ma porte; et, comme il faut pourtant que je connaisse cette nièce que vous m'avez donnée, et que vous n'osez montrer nulle part, je me décide à aller passer quelque temps chez vous, aux Grands-Chênes; faites-y préparer mon appartement, et tâchez que votre femme sache au moins me faire la révérence. J'arriverai trois jours après cette lettre.

« CLOTILDE DE FIERVILLE, née DALBONNE. »

— Ah! quel style hautain! dit Cerisette en essuyant furtivement une larme qui tombe de ses yeux.

— Tu pourrais bien dire impertinent! répond Léon en se promenant avec humeur dans la chambre. Ainsi, elle va venir s'intaller ici... où nous étions si bien, si heureux! Elle va troubler la paix de ce séjour!... Oh! si je pouvais ne pas la recevoir!

— Mon ami, dit Cerisette en allant enlacer son mari de ses bras, n'oublie pas que c'est la sœur de ton père. Au lieu d'être encore fâché contre elle, accueille-la le mieux possible; moi, de mon côté, je ferai tout pour lui plaire, et, qui sait? à force de petits soins, d'égards, de prévenances, j'y parviendrai peut-être, et elle me pardonnera d'être sa nièce en voyant à quel point je t'aime et combien nous sommes heureux!

— Tu es un ange! dit Léon en entendant sa femme. Soit... nous ferons comme tu le veux. C'est égal! ma tante aurait bien dû ne pas nous honorer de sa visite.

Cerisette ne répond rien; mais, au fond du cœur, elle pense comme son mari.

XLI

LA TANTE DE LÉON

Trois jours seulement, et Mme de Fierville doit arriver aux Grands-Chênes; ces trois jours-là passent comme un éclair pour Léon et sa femme, qui prévoient que leur bonheur intime touche à sa fin. Léon a fait préparer pour sa tante un des plus beaux corps de logis de la maison, avec cabinet de toilette, petit salon particulier; enfin, tout ce qu'il faut pour que l'on soit chez soi et que, tout en étant chez les autres, on puisse, si on en a le désir, vivre à part et recevoir sa société. Il fait des vœux pour que cette envie prenne à sa tante. Léon a eu soin que le corps de logis de sa tante fût très éloigné de celui qu'il habite avec sa femme.

Pendant que son mari s'occupe de ces préparatifs, Cerisette étudie ses livres, repasse ses leçons de langue, et travaille son piano avec une nouvelle ardeur; elle rend grâces au ciel, qui lui a donné la patience, le courage de se livrer si tard à toutes ces études; elle aurait encore plus redouté la présence de la tante de Léon, si elle était restée ignorante comme autrefois. Le jour fatal est arrivé; sur les deux heures de l'après-midi, une chaise de voyage entre dans l'avenue qui est devant la maison et ne s'arrête que dans la cour.

Une dame descend de cette voiture avec sa femme de chambre; puis on déballe une foule de cartons, de malles, de paquets, et Léon, qui regarde derrière une croisée dont il a un peu soulevé le rideau, s'écrie :

— Ah! mon Dieu!... quel bagage!... Elle vient donc s'installer ici pour longtemps! Allons!... il faut que j'aille la recevoir à l'entrée du vestibule.

— Je vais t'accompagner, mon ami.

— Non, reste au salon... Plus tard, je te présenterai à ma tante... Il ne faut pas que tu montres trop d'empressement à quelqu'un qui t'a traitée si mal!... Sois avec elle polie, aimable, prévenante... hospitalière... mais si jamais elle se permettait un mot offensant, ne le souffre pas, et rappelle-toi que tu es Mme Dalbonne... Du reste, je ne pense pas que ceci arrive jamais; Mme de Fierville a trop d'éducation, de savoir-vivre, pour oublier qu'elle est chez moi.

Mme de Fierville est une femme qui atteint à peine sa quarantième année; à cet âge, nous voyons des dames, surtout dans le grand monde, qui sont encore belles et paraissent à peine trente-cinq ans. Il n'en est pas ainsi de la tante de Léon : elle paraît au contraire plus âgée qu'elle ne l'est réellement; et, cependant, c'est une fort belle femme, dont les traits sont réguliers et bien dessinés. Ses yeux sont grands, noirs et bien fendus; son nez aquilin est irréprochable; sa bouche, assez petite, est encore bien garnie, et son front haut et fier est ombragé de cheveux qui ne grisonnent pas. Pourquoi donc Mme de Fierville n'a-t-elle pas avec tout cela conservé, dans son âge mûr, un peu des charmes, des grâces de la jeunesse qui lui survivent assez longtemps?

Sans doute, c'est parce que ses beaux yeux, très cerclés de noir, ont habituellement une expression de dédain, de hauteur ou de persiflage; parce que ses lèvres minces et serrées semblent ne devoir laisser échapper que des paroles méchantes; parce que tous ses traits pâles, fatigués, dédaigneux, annoncent l'ennui de soi-même, que trop souvent on porte chez les autres; enfin, parce que la physionomie spirituelle de cette dame ne promet rien de bienveillant et n'a rien de sympathique, rien qui doive attirer à elle. Mme de Fierville a une toilette de voyage simple, mais de bon goût. Elle a sauté légèrement hors de la voiture, et, apercevant son neveu qui vient au-devant d'elle, elle lui tend la main, en lui disant d'un air moitié ironique et moitié gracieux :

— Bonjour, Léon! Vous avez reçu ma lettre et vous m'attendiez avec impatience, n'est-ce pas?

— Sans doute, ma tante, votre visite me flatte beaucoup; car elle me prouve que votre humeur est totalement passée, que vous ne me gardez plus rancune de ce que je me suis marié sans vous en prévenir, et que vous désirez partager mon bonheur.

— Ah!... vous croyez que ma visite prouve cela?

En disant ces mots, Mme de Fierville jetait les yeux autour d'elle et semblait surprise de ne point apercevoir la femme de son neveu. Celui-ci présente son bras à sa tante, qui le prend, et, tout en entrant dans la maison, lui dit :

— Il paraît que votre femme n'a pas jugé à propos de venir au-devant de moi!... Mais je dois lui pardonner de ne point connaître les usages... Je présume que j'aurai souvent à lui pardonner à ce sujet!

— Ma tante, c'est moi qui n'ai pas voulu que ma femme vînt au-devant de vous, ainsi qu'elle en avait le dessein.

— Vous, mon neveu!... Et pourquoi donc, s'il vous plaît?... Craignez-vous que je ne la trouve trop bien élevée?... Oh! ce ne saurait être là votre motif!

— Je craignais, madame, que vous ne fussiez pas sensible à cette attention... Vous êtes tellement prévenue contre ma femme!... Vous auriez peut-être trouvé qu'elle ne faisait pas assez bien la révérence, et j'en aurais été vraiment désolé.

La manière un peu caustique dont Léon vient de dire ces mots fait comprendre à sa tante qu'il n'entend pas souffrir de railleries sur sa femme. Mme de Fierville pince ses lèvres en fronçant légèrement le sourcil et ne répond rien. On arrive au salon où était Cerisette, qui se lève, salue la tante de Léon avec beaucoup de grâce, puis lui dit :

— Je suis bien heureuse, madame, de faire la connaissance d'une parente de mon mari, et dont Léon m'a toujours parlé avec autant d'éloges que de respect.

Mme de Fierville est demeurée toute surprise en regardant, en écoutant sa nouvelle nièce. La beauté, les grâces, les manières aisées de la jeune femme dérangent toutes ses idées; ce n'est pas ainsi qu'elle s'était figurée l'épouse de son neveu; cependant, elle se remet bien vite, et répond en saluant froidement :

— Il faut bien que l'on vienne vous voir, madame, car, depuis que mon neveu... vous a épousée, il s'est retiré du monde... il vit comme un loup!... C'est peut-être un vœu qu'il a fait en se mariant... mais c'est fâcheux pour ses amis et connaissances.

— Ma tante, dit Léon, depuis que je suis marié, j'ai pris l'habitude d'être heureux en restant près de ma femme. Nous trouvions tant de charmes dans cette campagne, que nous n'avions aucune envie de la quitter. Je ne sais pas si les loups vivent comme nous, mais alors ce sont des animaux qui entendent parfaitement l'existence. Quant à mes amis et connaissances, franchement, je n'ai pas le moindre désir de me gêner pour eux... Ils ne m'en sauraient pas gré, car, vous le savez aussi bien que moi, ma tante, le monde se dépite quand nous sommes heureux sans lui, et se moque de nous quand nous lui avons sacrifié notre bonheur.

— Vous devenez frondeur, mon neveu.

— Je tâche seulement de vous répondre, ma chère tante.

— Mais madame doit être fatiguée! dit Cerisette; si elle désire que je la conduise à son appartement?

— Volontiers, madame... je changerai de toilette. Recevez-vous quelques voisins ici?

— Personne.

— C'est une Chartreuse que cette maison!

— Nous avons cependant un hôte, M. Guichardet, mon ancien professeur de musique... et qui enseigne le piano à Agathe.

— M. Guichardet?... C'est magnifique!... Quand vous voudrez, madame.

Cerisette conduit Mme de Fierville à son appartement, et revient trouver son mari, qui lui dit :

— Eh bien! comment la trouves-tu?

— Mais elle est jeune encore, cette dame-là, et je me l'étais figurée vieille!

— Quarante ans tout au plus.

— Elle a dû être fort belle.

— Oui; mais je doute qu'elle ait jamais été agréable.

— Peut-être, mon ami; si elle voulait quitter son air hautain... sardonique, je t'assure qu'il y a dans sa personne quelque chose qui ne me déplairait pas. Si elle daignait me voir avec un peu de bienveillance... ne point me garder rancune de ce que je suis ta femme, eh bien! je sens que je serais tout disposée à l'aimer.

— Parce que tu es bonne, toi; parce que tu ne comprends pas le bonheur que certaines gens éprouvent à railler, à fronder, à mortifier sans cesse... ces conversations dans lesquelles, sous le couvert de la plus exquise politesse, on cherche à piquer, à blesser, à irriter ceux auxquels on s'adresse; où, pour le plaisir de dire un mot plaisant, un trait satirique, on ridiculiserait son plus intime ami, et quelquefois on perdrait une femme de réputation.

— Ah! mon ami!... mais c'est affreux, cela!... Est-ce que cela se voit fréquemment dans le monde?

— Ah! c'est-à-dire, ma chère amie, que la société ne vit en général que de médisance!... C'est très heureux quand cela ne va pas jusqu'à la calomnie. Les femmes surtout, oh! les femmes sont entre elles infiniment plus méchantes que les hommes; ceci est un fait reconnu, et, dans une réunion, quand deux femmes s'en veulent, écoutez leur conversation : c'est un feu roulant de mots piquants, de sarcasmes, de railleries; la répartie est presque toujours aussi prompte que l'attaque... Car j'ai remarqué que les femmes les plus sottes ne restaient jamais à court pour dire des méchancetés. Ce qui prouve qu'il y a loin, bien loin, de la méchanceté à l'esprit. J'ai entendu souvent des rieurs s'écrier en parlant d'une dame qui venait de tourner en ridicule plusieurs personnages : « Comme cette dame est spirituelle! Comme elle emporte la pièce!... » Et puis, il m'arrivait de faire connaissance avec la dame; je reconnaissais au bout de quelque temps que, sous cet esprit moqueur et médisant, il n'y avait rien, ni bon sens, ni jugement, ni cœur, ni affection.

— Est-ce que ta tante serait ainsi?

— Je ne dis pas... mais c'est une femme qui n'a jamais dû aimer... pas même son mari probablement.

— Elle est veuve?

— Oui; elle s'est mariée à vingt et un ans à M. de Fierville... un noble... un homme d'une grande famille... Cela a dû flatter sa vanité.

— Et elle n'a pas d'enfants?

— Non, elle n'en a jamais eu.

— Ah! mon ami, voilà peut-être d'où vient son humeur acariâtre et morose. Si elle avait eu des enfants, elle aurait aimé, elle aurait retrouvé son cœur.

Mme de Fierville est redescendue au salon un peu avant l'heure du dîner. Cerisette lui propose une promenade au jardin; elle accepte. Léon reste, sous prétexte de comptes à vérifier, mais, dans le fait, parce qu'il veut sur-le-champ que sa femme et sa tante fassent plus ample connaissance; il pense que Cerisette ne pourra que gagner dans l'esprit de Mme de Fierville. Mais, tout en parcourant les allées sinueuses des jardins, Mme de Fierville conserve avec Cerisette une froideur qui semble défendre

Sabretache s'avance et fait à Mme de Fierville un salut militaire. (P. 386.)

toute tentative d'intimité. Lorsque la jeune femme lui fait apercevoir la beauté d'un site, ou lui dit l'emploi d'une fabrique, d'un bâtiment, elle l'écoute avec la plus stricte attention ; on dirait qu'elle épilogue chaque mot, chaque expression employés par Cerisette ; mais lorsque celle-ci a fini, elle ne lui répond rien, ou se borne à pousser un : « *ah!* » qui pourrait s'interpréter de bien des manières.

Le son de la cloche qui annonce le dîner cause donc un vif plaisir à Cerisette, qui a eu peu d'agrément dans sa promenade avec Mme de Fierville. La présence de M. Guichardet égaye heureusement le repas; le professeur de musique est mélomane pur sang : pour lui sans musique on ne peut vivre, et il fait une exclamation de surprise lorsque Mme de Fierville lui dit qu'elle n'est pas musicienne.

— Quoi! madame ne touche pas de piano?...

— Je ne touche à rien, monsieur.

— Ne pince point de harpe ou tout au moins de guitare?

— Je vous répète que je ne joue d'aucun instrument.

— Mais madame chante et vocalise, alors?

— Aucunement, monsieur; jamais il ne m'a pris l'envie de chanter!...

— C'est, d'honneur surprenant! Madame est une rareté!

— Comment l'entendez-vous, monsieur?

— Je veux dire que madame fait exception à la loi commune.

— C'est à-dire, monsieur, que parce que vous êtes professeur de musique, vous vous figurez que tout le monde doit l'aimer?...

— Vous ne l'aimez donc pas, vous, madame?

— Eh! mon Dieu, je ne l'aime ni ne la hais; je l'entends avec indifférence, comme la plupart des choses que l'on est forcé de subir dans nos salons.

— Et vous, mon cher Guichardet, dit Léon, je suis sûr que, dès votre enfance, vous aimiez la musique?

— Oui, monsieur; à six ans, j'improvisais des variations à l'air : *Au clair de la lune*... sur le mirliton... et certes, plus tard, je n'aurais pas quitté le théâtre, si je n'avais pas voulu me vouer entièrement à la musique.

— Vous avez été acteur, mon cher professeur?

— Oui, vraiment... pendant un an... je jouais les *Elleviou*... Mais je m'enrouais tous les soirs, ce qui me décida à renoncer au théâtre.

— Comment, monsieur, vous avez été sur les planches... dit Mme de Fierville en affectant un air de dédain. En vérité, quand on a fait de ces choses-là, il me semble que l'on devrait au moins avoir soin de le cacher.

— Et pourquoi donc cela, madame? répond le professeur en relevant la tête. Quel mal voyez-vous à ce que l'on soit au théâtre?... N'est-ce pas là où brillent les grands talents que l'Europe se dispute? Le préjugé qui frappait autrefois les acteurs n'existe plus, madame; est-ce que vous auriez l'intention de le faire revivre!

— Monsieur, je trouve, moi, que tous les préjugés sont respectables... Mais je conçois qu'ici, on ne me donnera pas gain de cause.

Et Mme de Fierville regarde Cerisette, qui, pendant cette conversation, a peine à cacher son émotion. Léon se hâte d'y mettre fin en quittant la table, et, le soir, il conduit sa femme au piano, en lui disant :

— Ma chère amie, nous allons faire de la musique.

— Ta tante ne l'aime pas, dit tout bas Cerisette.

— Raison de plus. Ah! je serai trop content si elle ne se plaît pas ici.

Mme de Fierville écoute la musique sans dire un mot et en faisant de la tapisserie. Au bout de quelque temps, Léon propose à sa tante une partie de whist avec sa femme et M. Guichardet, mais elle répond sèchement :

— Merci, je n'aime pas les cartes.

— Qu'est-ce que cette femme-là aime donc? dit tout bas le professeur.

— Rien.

— Au fait, elle a raison ; elle ne serait pas payée de retour.

La journée du lendemain s'écoule à peu près comme la veille; seulement, Cerisette a dit à son mari :

— Mon ami, si ta tante veut se promener, je t'en prie, ne me laisse pas aller seule avec elle... car, lorsque je lui parle, elle ne me répond pas un mot... elle se contente de me regarder... mais, par exemple, elle me regarde comme si elle voulait lire dans ma pensée... Mon Dieu! elle n'y verrait que de l'amour pour toi, et pour elle du respect et le regret de ne point lui plaire.

— Tu plais à ton mari, est-ce que cela ne vaut pas mieux?...

— Oh! oui... et ton amour me fera, sans murmure, supporter les dédains de ta tante... car je vois bien l'expression de ses yeux, quand elle les arrête sur moi.

— T'aurait-elle dit quelque chose de blessant?

— Non, mon ami... puisqu'elle ne me dit rien du tout...

— Un peu de patience : le séjour de cette maison, le calme que l'on y goûte, ne sauraient lui plaire, à elle habituée au tourbillon du monde, au caquetage de la société; j'aime à croire qu'elle ne fera pas un long séjour avec nous.

— C'est dommage, pourtant, qu'elle n'ait pas voulu m'aimer un peu!

Mais l'espérance des jeunes époux est trompée; et, bien que Mme de Fierville ait toujours l'air aussi froid, aussi ennuyé, quoiqu'elle ne prenne part à aucun jeu et passe quelquefois des journées entières près de Cerisette sans lui dire quatre mots, elle ne parle pas de quitter les *Grands-Chênes*. Il y a des gens capables de rester longtemps dans une maison où ils s'ennuient; il leur suffit, pour cela, de penser que leur présence y cause de la contrariété.

XLII

L'EFFET D'UN NOM

Il y a un mois que Mme de Fierville est chez son neveu, lorsqu'un matin, avant le déjeuner, la voix de Sabretache retentit sous le vestibule.

— Ah! mon Dieu! Sabretache! s'écrie Cerisette en regardant son mari d'un air effrayé.

— Oui, vraiment, c'est lui! Ma foi! Il ne pouvait arriver plus à propos pour ramener ici un peu de gaieté.

— Mais, Léon... et ta tante?... Que va-t-elle dire des manières, des expressions, souvent un peu militaires, de mon vieil ami?

— Elle dira ce qu'elle voudra; il faudra bien qu'elle s'en accommode. Sabretache passe pour ton oncle, je veux qu'on le respecte comme tel. Après tout, il n'y a rien d'étonnant à ce qu'un ancien militaire ait conservé le ton un peu rude des camps. Si cela déplaît trop à Mme de Fierville, eh bien! elle nous quittera, et je te jure que je ne la regretterai pas.

Pendant que les jeunes gens causaient, Sabretache avait déjà grimpé les escaliers. Il connaît les êtres de la maison, et il entre chez Cerisette en disant :

— C'est moi, pas besoin d'annoncer! Mes enfants, ne vous dérangez pas!... Ah! sacrebleu! vous ne m'attendiez pas... C'est une surprise que je vous fais là.

— Quand on ne vous attend pas, au moins on vous désire toujours, dit Léon en pressant la main du vieux militaire.

— Merci, mon brave monsieur Léon!... Et cette enfant-là... est-ce qu'elle ne m'embrasse pas?

Cerisette court se jeter dans les bras de Sabretache, qui l'embrasse à plusieurs reprises, et la considère avec joie en disant :

— Chère enfant! quand je suis longtemps sans la voir, je n'y tiens plus, j'ai des inquiétudes dans les jambes... Si bien que je m'embêtais là-bas, et j'ai vite fait mon sac, en deux temps, pour venir goûter de votre bonheur, de votre soleil.

Notre soleil est un peu caché en ce moment, dit Léon en souriant; mais ce n'est qu'un léger nuage qui passera.

— Comment!... est-ce qu'il y aurait une petite brouille dans le ménage?...

— Jamais, oh! jamais de brouille entre nous deux! dit Cerisette en appuyant sa tête sur l'épaule de son mari.

— Alors, d'où sort votre nuage?

— C'est une personne qui est venue s'installer ici, où sa présence nous réjouit fort peu!

— Et vous n'osez pas la mettre à la porte? Ah bien! laissez-moi vider cette affaire-là ; je vous réponds que ce ne sera pas long, je trouverai un moyen.

— Non, mon brave, cela ne se peut pas, dit Léon en riant; car cette personne est ma tante.

— Oh! c'est différent, respect aux parents. Et elle n'est donc pas bonne enfant, cette tante-là? En effet, je me rappelle, vous nous en avez déjà touché quelques mots.

— Elle est très fière, très cérémonieuse, dit Cerisette en soupirant.

— Écoutez, mes enfants, si ma présence vous chiffonne à cause de cette tante, pas de façons avec moi, je reprends mon sac et je pars. Je reviendrai quand elle n'y sera plus, cette dame.

Au moment où l'on va se mettre à table, la tante de Léon entre dans la salle à manger.

— Que dites-vous là? s'écrie Léon en saisissant le bras du vieux soldat qui faisait déjà un pas vers la porte. Vous, fuir devant ma tante! Oubliez-vous que vous êtes ici l'oncle d'Agathe? Un homme d'honneur n'est déplacé nulle part. Qu'il ne soit plus question de départ! Montez déposer votre bagage à votre chambre, et ne tardez pas à descendre déjeuner, nous vous attendons.

— Soit... Oh! quant à moi, vous auriez quinze tantes que ça ne me ferait pas peur.

Sabretache va reprendre possession de sa chambre habituelle; puis après avoir épousseté ses souliers, rajusté son col et brossé ses vêtements, il descend dans la salle à manger, où il renouvelle connaissance avec

M. Guichardet. Mme de Fierville descendait fort rarement pour le déjeuner; elle se levait tard et prenait ordinairement du thé chez elle; mais ce jour-là, au moment où l'on va se mettre à table, la tante de Léon entre dans la salle à manger; car elle avait su, par sa femme de chambre, qu'un étranger était arrivé aux *Grands-Chênes*, et que c'était l'oncle de Mme Dalbonne! Curieuse de connaître ce nouveau personnage, elle avait dérogé à ses habitudes.

— Ah! voilà ma chère tante, dit Léon en allant offrir sa main à Mme de Fierville pour la conduire à table. C'est bien aimable à vous de venir ce matin déjeuner avec nous; vous ferez plus tôt connaissance avec l'oncle de ma femme, que j'ai l'honneur de vous présenter.

Sabretache s'avance et fait à Mme de Fierville un salut militaire. Celle-ci toise l'ancien soldat avec son impertinence habituelle; mais la vieille moustache soutient l'inspection avec un air déterminé qui étonne la grande dame. On se met à table. Les deux hommes causent. Sabretache fait honneur au déjeuner : la présence de la tante ne lui ôte pas l'appétit. Celle-ci, après avoir souvent examiné Sabretache, lui dit enfin :

— Monsieur a été militaire?

— Oui, madame; j'ai servi vingt-cinq ans, rien que ça.

— Quel grade avait monsieur?

— Quel grade? J'étais soldat, madame.

— Soldat! Ce n'est point un grade, cela?

— On n'en est pas moins utile à son pays. Et, d'ailleurs, s'il n'y avait pas de soldats, à quoi serviraient les officiers?

— Mme de Fierville fait un léger mouvement d'épaules accompagné d'un sourire ironique. Léon s'empresse de prendre la parole :

— Vous avez raison, mon cher oncle; les soldats ont leur part de gloire et plus de fatigues que les autres, voilà tout.

— Ah! je crois bien, mille carabines! s'écrie Sabretache qui a rougi de plaisir en entendant Léon l'appeler son oncle. Mais, après cela, je dois convenir que si je n'ai pas obtenu de grades, c'est un peu ma faute... Étant jeune, j'étais pas mal mauvaise tête! je me battais pour un mot! et j'étais trop souvent à la salle de police, cela m'a fait du tort... Ah! nom d'une pipe! c'est que je prenais feu bigrement vite!...

— Monsieur, de grâce, ménagez un peu nos oreilles! dit Mme de Fierville; vous vous croyez sans doute encore au corps de garde?

— Comment!... de quoi!... qu'est-ce que j'ai donc dit! murmure Sabretache tout surpris.

— Mon ami, dit Cerisette avec embarras, madame n'a pas l'habitude d'entendre parler aussi... énergiquement que vous le faites... et...

— Eh! mon Dieu! s'écrie Léon, où est donc le grand mal... parce que ton oncle jure par-ci par-là en causant? Sois certaine, ma chère amie, que, s'il était général, on ne se formaliserait pas du tout de ses expressions; on trouverait, au contraire, que cela donne plus de piquant à sa conversation.

— Ah! vous pensez, mon neveu, que cela me serait agréable d'entendre jurer monsieur s'il était général? Je vous remercie d'avoir de moi cette opinion.

— Je pense, ma tante, que l'indulgence n'est pas votre vertu favorite, et que sans doute votre intention n'est pas de faire l'éducation de M. Sabretache... A son âge, il y a des habitudes que l'on ne perd plus.

— Sabretache!... Monsieur se nomme Sabretache?

— Pourquoi pas, madame?

— Je croyais que c'était le nom d'une espèce de giberne volante que portaient les hussards.

— En effet, madame, mais c'est aussi le mien. Après ça, vous avez bien dans le monde des gens qui s'appellent Lelièvre, Lechat, Lecerf, et qui n'en sont pas plus bêtes pour ça; je ne vois pas pourquoi on ne s'appellerait point Sabretache, quoiqu'on ne soit pas attaché au ceinturon d'un hussard.

Mme de Fierville ne répond plus. On quitte la table, et Sabretache dit à M. Guichardet en l'emmenant au billard :

— Voilà une femme qui ne me botte guère!... Cré coquin! si elle était venue au camp, comme on vous l'aurait fait soigner la gamelle pour la dégourdir?

— Mon cher monsieur Sabretache, que voulez-vous espérer d'une femme qui n'aime pas la musique? Il n'y a rien là, voyez-vous, il n'y a rien là.

Et le vieux professeur posait sa main sur son cœur.

— Mais comme c'est la tante de M. Léon, reprend Sabretache, on la respectera et l'on tâchera même de ne point jurer devant elle; ça me gênera peut-être un peu, mais je me dédommagerai en son absence.

L'arrivée du vieux militaire a ranimé le séjour des *Grands-Chênes*, que la présence de Mme de Fierville avait considérablement attristé.

Les hommes vont à la chasse, à la pêche, jouent au billard, et, le soir, Sabretache est toujours prêt à faire une partie de piquet, de dames ou de dominos.

Mme de Fierville agit avec le vieux soldat comme avec Cerisette : elle ne lui parle pas, ou, quand par hasard elle lui adresse la parole, c'est pour lui dire quelque méchanceté. Alors, Sabretache passe ses doigts dans sa moustache; on voit qu'il a sur le bord des lèvres une réplique toute prête, mais un regard de Cerisette l'empêche de répondre, et il se tait en fronçant le sourcil. Quant à Léon, il ne supporte pas patiemment les mots piquants que sa tante adresse à Sabretache, et c'est lui qui se charge d'y répondre, mais toujours sur le ton de la plaisanterie.

Mon cher monsieur Sabretache, que voulez-vous espérer d'une femme qui n'aime pas la musique?

La principale occupation de Mme de Fierville semble être d'observer Cerisette et le vieux troupier.

Une après-dînée, elle dit à M. Guichardet :

— Ne trouvez-vous pas, monsieur, que cet ancien militaire... non gradé... ce M. Sabretache, a un air bien peu familier avec sa nièce? Il ne la tutoie pas... De la part de telles gens, cela m'étonne. Ordinairement, dans le peuple, un oncle traite sa nièce en petite fille.

— Mais, madame, permettez, la nièce de M. Sabretache n'est plus une petite fille, puisqu'elle est Mme Dalbonne.

— Je le sais, monsieur... oui, je sais que mon neveu a fait la folie d'épouser la nièce d'un soldat... qui, je l'ai remarqué aussi, n'appelle jamais ce monsieur son oncle. Ne trouvez-vous pas cela singulier?

— Je n'y ai pas fait attention, madame.

— Je voudrais bien savoir ce que faisaient le père et la mère de Mlle Agathe... mais on n'en parle jamais ! Ce devaient être pour le moins une fruitière et un tonnelier.

— Nous avons eu des tonneliers qui sont devenus d'excellents musiciens, madame; et Mme Dalbonne est parfaitement douée de ce côté, elle a appris la musique en fort peu de temps, et les progrès qu'elle a faits sur le piano sont miraculeux!

Mme de Fierville se pince les lèvres et ne dit plus rien ; ses méchancetés ne trouvent point d'écho près de M. Guichardet.

Ceci, madame, c'est autre chose, c'est mon secret à moi. (P. 391.)

Déjà, plusieurs fois, Sabretache, lassé des mots piquants que lui lance cette dame, devant laquelle il est toujours obligé de s'observer, a voulu retourner à Paris; mais chaque fois qu'il parle de départ. Léon lui dit :

— Mon ami, vous me feriez de la peine en nous quittant. D'abord, votre présence, en nous égayant, dissipe l'ennui que nous avait apporté ma tante; ensuite, je ne veux pas que Mme de Fierville pense que l'accueil peu aimable qu'elle fera aux parents de ma femme obligera ceux-ci à battre en retraite; il ne faut pas lui donner ce plaisir-là.

Sabretache n'insiste plus, et Cerisette fait tout son possible, par des petits soins, par des prévenances, pour captiver la bienveillance de Mme de Fierville. Il y a des moments où elle croit y avoir réussi. Lorsqu'elle travaille dans le salon et que la tante de Léon vient s'y établir aussi, Cerisette, tout en essayant d'échanger quelques paroles, la regarde à la dérobée ; plus d'une fois, elle a surpris les yeux de Mme de Fierville attachés sur elle avec une expression vague, qui n'a plus rien du dédain ni de la raillerie; mais si la jeune femme se hasarde alors à lever la tête et à sourire à la tante de son mari, celle-ci reprend aussitôt son air fier et sévère comme si elle sortait d'un rêve dont elle ne voudrait pas se souvenir.

Un soir, en sortant de table, où Mme de Fierville, plus railleuse, plus hautaine que de coutume, semble avoir pris à tâche de mettre à l'épreuve la patience de Sabretache, celui-ci, tout en se promenant dans le salon et mordant sa moustache, ce qu'il fait toujours quand il est contrarié, dit en s'arrêtant tout à coup devant Cerisette :

— A propos, ma chère Agathe, depuis que je suis ici, je n'ai pas encore pensé à vous donner des nouvelles de M. Dumarselle, qui m'a cependant chargé de mille compliments pour vous.

— Ah! merci, mon ami; et, moi, je suis bien blâmable de ne vous avoir pas parlé de lui! Pardonnez-moi, ici, je n'ai plus qu'une pensée.

En disant ces mots, Cerisette regarde tendrement son mari.

Mais, en entendant prononcer le nom de M. Dumarselle, Mme de Fierville n'a pas été maîtresse d'un mouvement dans lequel il y a presque de l'effroi, et, levant lentement la tête, elle dit à Sabretache avec un accent où perce une secrète émotion :

— Vous avez nommé M. Dumarselle, je crois?

— Oui, madame.

— Ce n'est pas sans doute celui qui a été officier de hussards...

— Pardonnez-moi, madame, et qui demeure à Paris, rue de la Ferme-des-Mathurins. Au reste, ce doit bien être celui que vous connaissez, car ce monsieur m'a dit aussi que vous étiez de sa connaissance.

Une légère rougeur monte au visage de Mme de Fierville, qui murmure :

— Ah ! M. Dumarselle vous a parlé de moi... et à quel propos?

— C'est tout simple. Je lui faisais part du mariage de ma chère Agathe avec M. Léon Dalbonne. Alors, il m'a dit qu'il connaissait M. Léon, qu'il l'avait vu quelquefois chez sa tante, Mme de Fierville.

— C'est la vérité, dit Léon ; je me rappelle ce monsieur... Il est fort aimable et me plaisait beaucoup ; mais il me semble, ma tante, que depuis quelque temps il ne venait plus que fort rarement chez vous.

— Peut-être... c'est possible... Dans la nombreuse société que je reçois, je ne remarque pas le nombre des visites.

— Moi, je compterais toujours les visites agréables... d'autant plus qu'elles sont rares.

— Mais comment... où donc... avez-vous fait la connaissance de M. Dumarselle ? reprend Mme de Fierville en s'adressant à Sabretache avec l'expression d'une vive curiosité.

Le vieux militaire se remet à friser sa moustache, et répond en pesant sur chacune de ses paroles :

— Ceci, madame, c'est autre chose, c'est mon secret à moi... et, mes secrets, je ne les confie qu'aux personnes qui m'ont prouvé de l'amitié, de l'intérêt... C'est pourquoi vous ne trouverez pas étonnant, madame, que je ne juge pas à propos de vous le dire.

A cette réponse, faite d'un ton fort sec, Cerisette et son mari croient que Mme de Fierville va répliquer par quelques-uns de ces mots piquants qui ne lui font jamais défaut ; c'est donc avec la plus extrême surprise qu'ils la voient baisser les yeux et garder le silence. Pendant le restant de la soirée, elle ne prend plus part à la conversation, et se retire de bonne heure chez elle.

Mais, à partir de ce moment, on remarque que ses manières sont moins hautaines, son parler moins dédaigneux ; lorsque Cerisette lui dit quelque chose, elle lui répond presque d'un air affable ; enfin, avec Sabretache même, elle est devenue polie : les mots piquants, les railleries ont disparu, et elle ne se montre plus offensée lorsqu'il échappe encore au vieux soldat quelque juron dans le feu de la conversation.

Les jeunes gens sont émerveillés de ce changement. Sabretache en est enchanté, et il s'écrie :

— C'est pourtant le nom de M. Dumarselle qui a produit ce miracle. C'est depuis qu'on sait que nous le connaissons, qu'on s'est adouci à notre égard. Cela ne m'étonne pas, cet homme-là nous a toujours porté bonheur... Quoique ça... c'est drôle tout de même !

Charmée de ce que Mme de Fierville lui montre un visage moins sévère, Cerisette, dont le cœur aimant ne cherche qu'à s'épancher, se flatte déjà d'obtenir un jour l'amitié de la tante de son mari, et l'avenir redevient pour elle doux et riant, lorsqu'un matin Léon accourt près de sa femme d'un air tout joyeux, et tenant une lettre décachetée à la main :

— Ma chère amie, je t'annonce une nouvelle visite qui va nous arriver.

— Encore !

— Oh! rassure-toi, celle-ci ne sera pas fâcheuse... et, loin de nous être désagréable, je t'assure qu'elle ne nous procurera que du plaisir. Tu sais que je t'ai parlé une fois d'un ami intime, d'un camarade de jeunesse... lorsque je menais la vie de garçon?...

— Ah! oui, quelqu'un que tu aimes beaucoup... et qui t'aime sincèrement aussi, m'as-tu dit.

Tiens! voilà ce qu'il m'écrit, écoute.

— Oh! quant à cela, j'en suis sûr!... C'est un étourdi... mais un cœur excellent, généreux.

— Et cet ami va venir nous voir?

— Justement. Depuis trois ans, il avait quitté la France, il était allé à Constantinople, comme secrétaire d'ambassade... Tiens! voilà ce qu'il m'écrit, écoute: son style est aussi amusant que sa conversation.

Mon cher Léon,

« Après trois années passées en Turquie, me voici enfin de retour dans cette chère France, dans ce cher Paris... Ah! mon ami, j'ai dit comme Tancrède :

A tous les cœurs bien nés que la patrie est chère!...

« Va, décidément, le proverbe a raison : *les amis ne sont pas des Turcs.* Me voilà bien guéri de mon goût pour les sérails, les harems, les esclaves et toute cette kyrielle d'usages orientaux qui vous séduisent lorsque vous lisez les *Mille et une Nuits.* Vu de près, tout cela est fort triste, fort monotone. Ces pauvres femmes, parquées comme des huîtres, ont le don de s'ennuyer et de ne point amuser ceux qui les approchent; l'habitude de la servitude, de l'obéissance, leur a ôté cet air décidé, mutin, fripon, qui ajoute tant à leurs attraits. Ah! mon pauvre Léon, au milieu du sérail le mieux fourni, on regrette une soirée de lorettes au quartier

Bréda; et, en fumant le narguilé de mon hôte je soupirais après mon passage de l'Opéra, mon boulevard des Italiens, où l'on goûte tant de plaisir à fumer son cigare, même lorsqu'il ne serait pas de la Havane.

« Mais, enfin, me voilà revenu près de toi, et pour longtemps, je l'espère.

« Quand je dis près de toi, je me trompe, puisqu'on m'apprend que depuis vingt mois tu es allé t'enfouir dans ton domaine des *Grands-Chênes*, en Bretagne, et, de plus que tu es marié. Je m'attendais à cette dernière nouvelle... Tu es né pour le mariage, toi, sage, rangé, constant, et je gagerais que tu adores ta femme, et qu'elle te le rend bien. Tant mieux! le tableau de ton bonheur domestique me donnera peut-être l'idée de t'imiter; mais j'ai hâte de faire connaissance avec ta femme, qui doit être bonne et aimable (elle ne t'aurait pas plu sans cela). Enfin, je suis pressé de t'embrasser. Je fais jeter cette lettre à la poste, puis, après quelques courses indispensables dans Paris, je pars pour les *Grands-Chênes*. A bientôt donc, et je compte rester longtemps près de toi, si tu ne me chasses pas.

« Ton ami sincère,

« GASTON BRUMIÈRE »

Léon a terminé la lecture de la lettre et il ne s'est point aperçu qu'une pâleur mortelle a couvert le visage de sa femme, lorsqu'elle a entendu le nom de l'ami de son mari.

— Ainsi, ce cher Gaston va arriver, peut-être dans deux ou trois jours, peut-être demain... En tout cas, je suis certain qu'il ne tardera pas, et qu'il a autant le désir de me revoir que j'éprouve celui de le presser dans mes bras. Tu verras comme il est gai, spirituel... et point de prétention, point de pédantisme... Enfin, c'est un esprit vrai, ce qui veut dire un esprit bien rare par le temps qui court, où tant de gens s'appliquent à gâter celui qu'ils ont. Tu aimeras un peu Gaston, n'est-ce pas, ma bonne amie? D'abord, pour moi, et, ensuite, parce qu'il le mérite. Mais, mon Dieu... qu'est-ce donc?... Je n'avais pas remarqué... Comme tu es pâle!.. Te sentirais-tu indisposée?...

— Oui, mon ami, je ne me sens pas bien.. il m'a pris un malaise... un frisson...

— C'est donc à l'instant?... Car tu ne t'en plaignais pas quand je suis entré...

— Oui, c'est à l'instant... cela vient de me prendre... Oh! mais, ce ne sera rien...

— Tu trembles, tes mains sont glacées... je vais envoyer à la ville chercher le médecin...

— Non... je t'en prie, n'envoie pas chercher le médecin, cela se passera... je vais me jeter sur mon lit... le repos suffira... Ne t'inquiète pas, mon ami; je te répète que ce ne sera rien.

— Allons... je veux bien attendre; mais si tu étais encore souffrante tantôt, j'irais moi-même chercher le docteur. Repose-toi... Moi, je vais donner des ordres pour l'arrivée de mon ami; je vais lui faire préparer une jolie chambre... et je ne l'enverrai pas à l'autre bout de la maison, comme ma tante, je le logerai près de nous... Repose-toi.

Léon a quitté sa femme. Cerisette est restée anéantie, la tête penchée sur sa poitrine; elle se dit :

— Gaston Brumière !... c'est lui !... oh ! ce doit être lui !... Et il est l'ami de mon mari ! et il va venir ici !...

La jeune femme est tirée de ses pensées par l'arrivée de Sabretache qui entre dans sa chambre en s'écriant :

— Qu'est-ce qu'il y a?... Je viens de rencontrer ce brave Léon qui m'a appris que sa petite Agathe se sentait malade? .. « Ah ! sacrebleu ! ai-je dit ! il faut aller reconnaître l'ennemi... » Eh ! mais, mon Dieu... cette figure bouleversée... c'est donc sérieux?... Qu'avez-vous, mon enfant?

Cerisette se lève et se jette dans les bras du vieux soldat en murmurant d'une voix étouffée par les sanglots :

— Ah ! mon ami... je suis perdue !...

— Perdue !... Qu'est-ce à dire?... Allons, c'est impossible !... Revenez à vous, chère enfant !... Qui peut causer votre terreur?

— Mon mari attend ici d'un moment à l'autre... aujourd'hui peut-être, un de ses amis... qu'il aime comme un frère...

— Oui, il me l'a annoncé tout à l'heure. Eh bien !...

— Eh bien !... cet ami... c'est... ce jeune homme... que j'ai rencontré un jour dans le parc de Saint-Cloud... et qui m'a ramenée à Paris...

— Qui vous fait penser que ce soit celui-là ?

— Il se nomme Gaston.

— Tout le monde se nomme Gaston... Ce n'est pas aussi commun que Jean, mais enfin il y en a beaucoup.

— Gaston Brumière... c'est le nom que Léon vient de lire au bas de la lettre de son ami. Et il me semble bien aussi que c'est le nom de famille que j'avais vu sur la carte que m'avait donnée ce jeune homme.

— Vous pouvez vous tromper. Puis, il y a tant de noms qui se ressemblent !...

— Non, non. Oh ! je ne me trompe pas, c'est lui... c'est le même... il revient de Constantinople ! Je me souviens à présent que l'autre m'avait parlé de ce pays où il devait aller.

— Enfant! admettons que ce soit lui; quatre années se sont écoulées depuis que ce jeune homme vous a vue... et vous n'êtes plus la même... Alors, toute jeune fille... mince, maigre... aujourd'hui, une femme, plus forte... plus formée... ensuite, une autre tournure, des manières, un langage différents... Ce jeune homme ne vous reconnaîtra pas!

— Oh!... si.., si... il me reconnaîtra.

— Non! vous dis-je. Si c'est un homme d'honneur, il ne peut... il ne doit pas vous reconnaître; surtout, dans la position où il va vous retrouver.

— Mais il est l'ami intime de mon mari!

— Raison de plus! Après tout... s'il était assez sot et assez lâche pour parler... qu'apprendrait-il à votre mari que nous ne lui ayons dit déjà?

— Oui... je le sais... il ne lui apprendra rien... mais le chagrin... mais la honte qui couvrirait le front de Léon... Oh! c'est alors qu'il se repentirait de m'avoir épousée! .. Il serait peut-être assez généreux pour me cacher ses tourments, ses regrets... mais, croyez-vous donc que je ne les devinerais pas?... Ah! vous voyez bien que j'aurai fait son malheur et que j'ai raison d'être au désespoir.

— Eh! non, mille bombes! on n'a jamais raison de désespérer, d'abord, parce que cela ne remédie à rien. Il faut attendre les événements avec fermeté, tranquille à son poste, d'où jamais l'on ne doit déserter. Du courage, donc! Ce jeune homme qu'on attend n'est peut-être pas celui que vous croyez, et, si c'est lui... eh bien! sacrebleu ! nous verrons... je suis là, moi!... et je ne boude pas.

XLIII

RETOUR D'UN VOYAGEUR

Soutenue par les exhortations de Sabretache, Cerisette s'est efforcée de rappeler son courage. Lorsque son mari revient s'informer de son état, elle lui assure qu'elle est mieux. Elle descend avec lui au salon! mais la pâleur de son visage, la langueur de son regard trahissent les souffrances muettes qu'elle éprouve.

Mme de Fierville elle-même remarque l'état maladif de Cerisette, et daigne lui demander ce qu'elle a. La jeune femme fait comme tous ceux qui ne veulent pas dire ou qui ne devinent point la cause de leur mal; elle met sur le compte du temps le dérangement de sa santé. Pauvre temps! combien de fois n'as-tu pas couvert de ta responsabilité les bévues des médecins! Il est si facile d'accuser ceux qui ne peuvent pas se défendre.

— Comme c'est contrariant que tu sois indisposée, dit Léon, justement le jour où mon cher Gaston va arriver... où je vais te le présenter!...

Je comptais que nous arrangerions quelque partie de promenade avec lui...

Cerisette essaye de sourire en disant :

— Vous vous promènerez sans moi.

— Sans toi? Non pas, vraiment! Je n'irai pas courir pendant que tu serais souffrante! Nous te tiendrons compagnie.

Mme de Fierville elle-même remarque l'état maladif de Cerisette.

— Cela n'aurait rien d'amusant pour ton ami.

— Pourquoi donc? il nous contera ses voyages, ses aventures, et il doit en avoir eu de piquantes; car c'est l'homme aux aventures. A Paris, il en avait beaucoup. Je me souviens que, quelque temps avant de quitter Paris, je le rencontrai, et il me dit qu'il était éperdument amoureux d'une femme qu'il avait égarée et qu'il ne pouvait pas retrouver.

Cerisette se sent prête à perdre connaissance; elle jette un regard sur Sabretache, qui s'empresse de prendre la parole :

— Hum!... les jeunes gens ont toujours des aventures de toutes les couleurs! Au régiment, on s'en contait de pas mal crânes... Et en Afrique, donc, c'est bien pis!... Ah! bigre!... pardon madame... Cela finissait tragiquement quelquefois... les Bédouins ne rient pas souvent!

— J'ai vu deux ou trois fois votre M. Gaston Brumière dans le monde, dit Mme de Fierville à Léon. Il m'a semblé fort étourdi, fort léger dans ses propos, et passablement mauvais sujet!

— Oh! ma tante, vous le jugez sévèrement. Gaston est très franc, et n'a jamais caché ses défauts. Pour moi, c'est une qualité; mais, dans le monde, je sais qu'il y a beaucoup de gens qui préfèrent l'hypocrisie, avec le masque de la sagesse! Chacun son goût; moi, je n'aime pas les masques.

Mme de Fierville fait un pincement de lèvres qui lui plisse tout le front

Léon a enlevé sa femme sur ses bras. (P. 399.)

et ne dit plus un mot de la soirée. La journée du lendemain s'écoule sans amener personne aux *Grands-Chênes* et Cerisette se dit :

— S'il pouvait avoir changé d'idée! si quelque obstacle pouvait l'empêcher de venir! Mais, ce ne serait qu'un répit; tôt ou tard, il faut qu'il me connaisse! Oh! mon Dieu! rendez-moi méconnaissable, vieillissez-moi de dix ans... Mais Léon ne m'aimerait plus alors; ce serait acheter ma tranquillité.

Le jour suivant, la compagnie est réunie pour le dîner, lorsque tout à coup un grand bruit de chevaux, de coups de fouet, retentit dans la cour. C'est une chaise de poste qui vient d'arriver. Léon quitte la table et court à une croisée en disant :

— C'est Gaston, j'en suis sûr !... Oui... oui, le voilà qui saute à bas de la voiture ! Je cours au-devant de lui et je vous l'amène... Vite, un couvert de plus !

Léon a quitté la salle à manger. Cerisette, tremblante et pouvant à peine se soutenir sur sa chaise, regarde Sabretache, qui, par ses regards, tâche de lui donner du courage.

Des pas précipités se font entendre dans l'escalier... On entre : c'est Léon qui amène son ami, en s'écriant :

— Le voilà, le voilà, ce monsieur qu'on désirait tant !

Cerisette a baissé les yeux ; elle n'ose pas regarder le nouveau venu.

— Mesdames, dit Gaston, pardonnez-moi de me présenter devant vous en tenue de voyage... Mais Léon l'a exigé... je ne pouvais rien refuser à un ami, après une si longue séparation ; il m'a dit que vous m'excuseriez..

— Oui, oui, on t'excuse... A la campagne, est-ce qu'on fait tant de cérémonies ? Viens donc que je te présente à ma femme !... Elle est un peu souffrante en ce moment... mais elle n'en sera pas moins contente de te connaître.

Cerisette avait parfaitement reconnu la voix de Gaston ; elle n'avait plus besoin de le regarder, elle ne doutait plus.

— Ma chère Agathe, voici mon meilleur ami... Gaston Brumière, dit Léon en s'approchant de sa femme avec son ami.

Il fallait lever les yeux, autrement c'eût été se trahir ; c'eût été avouer que l'on n'osait pas envisager cette personne qu'on lui présentait. Cerisette a fait un effort sur elle-même et porté ses regards sur Gaston, dont elle rencontre les yeux. Puis, elle balbutie quelques mots de politesse, elle essaye encore de parler... mais sa vue se voile, elle se laisse aller sur le dos de sa chaise, elle perd connaissance.

Cet événement a empêché Léon de s'apercevoir du trouble, de l'émotion qui viennent de se manifester sur la physionomie de Gaston, en regardant la dame à laquelle on le présente. Léon ne s'occupe que de sa femme, il court à elle, éperdu, en s'écriant :

— Agathe !... chère Agathe !... Oh ! mon Dieu !... elle ne nous entend plus !... Vite ! du secours !... Ma tante, que faut-il donc faire ?...

— Je pense, dit Mme de Fierville, que le plus pressé maintenant est de la transporter dans le salon à côté... de la coucher sur le divan.

— Calmez-vous, dit Sabretache à Léon, ce n'est qu'une faiblesse...

ce ne sera rien. Mais ceci ne doit pas vous étonner, vous savez combien elle est souffrante depuis quelques jours...

— Oh! oui... pauvre Agathe... Mon cher Gaston, tu m'excuses, n'est-ce pas?

Et, sans attendre la réponse de son ami, Léon a enlevé sa femme sur ses bras et la transporte dans le salon voisin, où on l'étend sur un divan. Mme de Fierville n'a pu faire autrement que de suivre la malade. Les femmes de chambre apportent des sels, des flacons. Le professeur Guichardet tient deux carafes pleines d'eau qu'il a prises sur la table. On ne tarde pas à voir une légère rougeur revenir sur les joues de Cerisette, qui entr'ouvre les yeux et dit à son mari :

— Oh! pardon! Mon Dieu, que de peine je te donne!...

— Voilà ce que c'est que de n'avoir pas voulu voir le médecin... il y a deux jours. Aujourd'hui tu n'y penserais plus, au lieu d'être encore malade... Mais je ne vous écouterai plus maintenant, madame... Tu vas retourner dans ta chambre et te mettre au lit, n'est-ce pas?

— Je le veux bien... si cela ne te contrarie pas trop.

— Me contrarier!... et pourquoi? A cause de Gaston?... Mais penses-tu donc que l'on se gêne avec son ami? Et puis, d'ailleurs, toi, d'abord, toi, avant tout. Je vais te porter dans ta chambre.

— Je pourrai marcher, mon ami.

— Je ne t'écoute plus.

Léon a repris Cerisette dans ses bras et l'emporte dans son appartement, suivi par les deux femmes de chambre et M. Guichardet, qui tient toujours une carafe d'eau de chaque main. Mme de Fierville retourne à la salle à manger.

Sabretache y était resté pour observer celui dont l'arrivée venait de provoquer cet incident.

Gaston est demeuré à la même place, immobile, pensif. De riante qu'elle était en arrivant dans cette salle, sa physionomie est devenue sérieuse, sombre même; une idée fixe semble occuper son esprit.

— Cré nom d'une bombe! se dit Sabretache, j'ai bien peur qu'il ne l'ait reconnue!

— Monsieur, dit Mme de Fierville en rentrant dans la salle à manger, mon neveu vous prie de l'excuser... Il transporte sa femme chez elle... il va revenir dans un instant.

— J'espère bien, madame, que Léon ne se gênera nullement avec moi. Et comment se trouve Mme Dalbonne?

— Mieux; elle a repris ses sens... mais elle a besoin de repos...

— Oui, dit Sabretache en appuyant sur ces paroles, *ma nièce* était malade depuis quelques jours... Elle a voulu lutter... mais, cré coquin! quand le mal y est, faut le soigner... et Agathe ne s'écoute pas assez.

Gaston se retourne vers Sabretache, auquel jusqu'alors il n'avait point fait attention ; il l'examine avec curiosité et lui dit enfin en le saluant :

— Monsieur est... l'oncle de Mme Dalbonne?

Le professeur Guichardet tient deux carafes pleines d'eau qu'il a prises sur la table.

— Oui, monsieur, si vous voulez bien le permettre... Sabretache, qui a servi vingt-cinq ans son pays... un vieux de la vieille, comme on aurait dit dans le temps, et qui est encore bon là...

Gaston a paru assez surpris du ton un peu soldatesque de l'oncle de Mme Dalbonne; mais il ne dit plus rien et semble retomber dans ses réflexions. Mme de Fierville fait un léger mouvement d'épaules, peu flatteur, pendant que Sabretache parlait; mais elle ne dit plus un mot. Ces trois personnages restent donc à s'examiner en silence, situation qui avait quelque chose d'embarrassant pour chacun d'eux.

Gaston se demandait s'il avait été le jouet d'une illusion en regardant la femme de son ami.

Sabretache cherchait à deviner dans la physionomie du jeune homme ce qu'il ferait s'il avait reconnu Cerisette.

Mme de Fierville trouvait quelque chose de singulier dans le subit évanouissement de Cerisette, dans l'embarras qui s'était manifesté depuis chez Gaston Brumière ; elle soupçonnait quelque mystère là-dessous, et se promettait de le découvrir.

Le retour de Léon et de M. Guichardet vient heureusement mettre un terme à cette situation.

— Comment, ma tante, vous ne vous êtes point mise à table! dit

Léon en courant presser la main de Gaston. Il faut réparer le temps perdu... ma femme ne veut pas que nous nous laissions mourir de faim... elle va mieux, beaucoup mieux.

— Ce n'était qu'une syncope, dit le maître de musique en replaçant les deux carafes sur la table ; une petite pause sur son lit lui fera du bien.

— Ma nièce a tout à fait repris ses sens?

— Tout à fait... Agathe se sent seulement d'une extrême faiblesse, je ne pense pas qu'elle puisse redescendre aujourd'hui. Tu l'excuseras, n'est-ce pas, Gaston? Elle est vivement contrariée de cet incident, justement à ton arrivée... Et moi aussi, cela a jeté de la tristesse sur notre bonheur.

— Mon cher Léon, j'espère bien que tu ne me regardes pas comme un étranger?... Le plus important, en ce moment, c'est la santé de ta femme ; peut-être aurais-tu désiré rester auprès d'elle?

Ensuite Léon passe son bras sous celui de Gaston et se dirige avec lui vers le jardin.

— Mais non... non... puisque c'est passé ; elle va reposer un peu. Allons, à table... et plus d'airs chagrins !... Fêtons l'arrivée de Gaston ; demain, Agathe la fêtera avec nous.

On se met à table ; mais, malgré les efforts du maître de la maison pour ramener la gaieté parmi ses convives, il ne peut y parvenir. Mme de Fierville est encore plus silencieuse que d'ordinaire ; Sabretache est inquiet ; le bon M. Guichardet, attristé de l'absence de son élève, qui, le soir, ne pourra pas faire de la musique avec lui ; enfin, Gaston est distrait et ne répond pas toujours juste aux questions de son ami, qui lui dit en riant :

— Sais-tu bien, mon cher Gaston, que ton voyage en Turquie me semble avoir beaucoup mûri ta raison !... Au lieu de cette étourderie d'autrefois, je te trouve un air grave, pensif.

— Que veux-tu?... on rapporte toujours quelque chose des pays où l'on séjourne. La taciturnité des Turcs m'a un peu gagné... mais j'espère qu'en France cela se dissipera.

— Ah çà, mon cher ami, je me flatte que tu es pour longtemps ici?... D'ailleurs, tu me l'as promis dans ta lettre; tu ne dois t'en aller que lorsque je te chasserai... Prends garde!... tu pourrais bien vieillir aux *Grands-Chênes*.

Gaston est embarrassé; il répond enfin :

— Mon ami... je sais bien que tu ne me renverrais jamais... aussi, je resterai... tant que cela me sera possible. Cela dépendra des nouvelles que je recevrai de Paris.

— Ah! bon... très bien! voilà déjà monsieur qui se réserve le prétexte des affaires pour me quitter; parce qu'en arrivant ici il y a trouvé quelqu'un de malade... des figures inquiètes, et qu'il pense que le séjour de cette maison doit être fort peu amusant!

— Ah! Léon, c'est mal ce que tu me dis là... Je pensais que tu me connaissais mieux!... Si je te croyais des chagrins, si je supposais que ma présence pût les adoucir, c'est alors qu'il faudrait me chasser pour que je m'éloigne de chez toi!

— Allons, tu prends au sérieux... une plaisanterie. Est-ce que je doute de ton amitié?... Mais, aussi, que diable vas-tu déjà parler de nouvelles que tu attends de Paris?... Messieurs, un toast à l'entier rétablissement de ma femme!

Les hommes portent tous cette santé. Mme de Fierville ne boit pas. Léon remonte au bout d'un moment près d'Agathe pour savoir comment elle va.

— Voilà un bon mari, dit M. Guichardet, pendant l'absence de Léon.

— Oh! oui, s'écrie Sabretache, mille carabines! Il adore sa femme, mais il est vrai que *ma nièce* le lui rend bien.

— Alors, c'est un excellent ménage! dit Gaston.

— Oui, monsieur, un ménage qui, depuis près de deux ans, n'a pas été troublé par le plus petit nuage.

Mme de Fierville affecte de regarder dans la campagne et de ne pas être à la conversation.

Léon est redescendu très content : sa femme va bien, mais, par prudence, elle ne viendra pas au salon le soir. On prend le café. Ensuite, Léon passe son bras sous celui de Gaston et se dirige avec lui vers le jardin. Après une si longue absence, deux amis intimes doivent avoir bien des choses à se dire : on devine cela, et on laisse aller les jeunes gens.

Lorsqu'il se trouve seul avec Gaston dans une des allées du jardin, Léon dit à son ami :

— Si tu étais venu ici il y a trois mois, Gaston, tu aurais été témoin du bonheur le plus parfait, le plus intime... tu aurais vu le ménage le plus heureux de la terre!...

— Est-ce qu'il n'en est plus ainsi, maintenant?

— Nous nous aimons toujours autant, Agathe et moi!... mais, alors, il ne nous était pas tombé ici, comme une grêle sur des fleurs, cette tante que tu viens de voir... Mme de Fierville... Tu la connaissais, tu sais que c'est une femme hautaine, caustique, une âme sèche et froide... rien de sympathique avec mon Agathe, que, d'ailleurs, elle détestait déjà avant de la connaître.

— Et pourquoi donc la détestait-elle?

— Parce que je me suis marié sans la consulter, parce que j'ai épousé une fille sans nom... sans fortune... qu'autrefois on aurait appelée une grisette... Oui, mon cher Gaston; oh! je puis te dire tout cela à toi, dont le cœur comprend le mien... Oui, j'ai fait un mariage d'amour, j'ai fait ce que bien des gens nomment une folie... une sottise même... car, pour ces gens-là, la richesse passe avant tout. Mais j'ai pour compagne une femme charmante, dont l'amour répond au mien, une femme qui met tous ses soins à me rendre heureux... qui n'a d'autre pensée que la mienne, d'autres désirs que les miens. Me blâmes-tu d'avoir fait ce mariage?

— S'il a fait ton bonheur... si, depuis qu'il est contracté, tu n'as jamais eu un moment de repentir...

— Moi! me repentir d'avoir épousé Agathe!... Ah! mon ami, quand tu la connaîtras, tu envieras mon sort!...

— Mais... où donc as-tu fait la connaissance... de... ta femme?

— Ceci est tout un roman!... Viens nous asseoir sous ce bosquet, que je te conte tout cela...

— Mon cher Léon, ma question a peut-être été indiscrète... et tu aurais bien le droit de ne point y répondre?

— Ah çà,... qu'as-tu donc maintenant?... Est-ce que tu es devenu Turc avec moi? Si tu avais des peines, des amours, est-ce que tu ne me les confierais pas? N'es-tu plus, comme jadis, un autre moi-même? Si quelqu'un m'insultait en mon absence, est-ce que tu ne te battrais pas pour moi? Si l'on m'outrageait dans mon honneur, est-ce que ce ne serait pas t'outrager toi-même? Faut-il que je te rappelle notre jeunesse... qui n'est pas si loin, pourtant. Quand tu venais me dire : « Léon, tu te bats en duel aujourd'hui à midi, au pistolet, à tel endroit, » je ne te demandais pas même le sujet de ce duel; si tu l'avais décidé ainsi, j'étais persuadé que cela était nécessaire, et j'allais me battre, comme tu l'aurais fait toi-même si je t'avais dit aussi : « Tu as un duel. » Quand on en est là avec son ami, on ne se confie plus un secret, on pense tout haut, voilà tout.

Gaston, qui a soupiré plus d'une fois pendant que Léon lui rappelle ces preuves de leur amitié, répond en maîtrisant son émotion :

— Je suis toujours le même... Voyons... comment as-tu connu ta femme?

— En me promenant à cheval aux Champs-Élysées ; elle allait souvent à Neuilly avec ce brave Sabretache qui a dîné avec nous.

— Son oncle?

— Ce n'est pas son oncle. Ma pauvre Agathe est une enfant perdue dans une auberge... où sa nourrice était entrée avec elle en se rendant à Paris... La nourrice est morte là subitement : on n'a trouvé sur elle aucun renseignement concernant l'enfant, qui resta dans l'auberge jusqu'à dix-sept ans... Pauvre petite! quelle destinée! Elle est peut-être la fille de gens très fortunés, qui auront en vain cherché à la retrouver...

— En effet, balbutie Gaston, c'est une destinée bien singulière!

Et le jeune homme détourne la tête pour que son ami ne voie point son trouble ; car, en écoutant Léon, il vient d'acquérir la certitude qu'il ne s'est point trompé, et que, dans Mme Dalbonne, il vient de retrouver cette jeune fille dont il avait fait connaissance dans le parc de Saint-Cloud.

Léon reprend :

— Ce que ma pauvre Agathe a fait depuis qu'elle quitta son auberge jusqu'au moment où je la rencontrai... je ne dois pas te le dire, Gaston, car c'est sa vie à elle et non pas la mienne ; mais, ce que je puis te dire, c'est qu'elle n'a pas voulu me tromper, c'est que, lorsque je lui offris ma main, elle la refusa en me déclarant qu'elle ne se trouvait pas digne de moi, de moi dont, pourtant, elle partageait l'amour... c'est qu'enfin elle se confessa à moi, comme à un ministre de Dieu, pour qu'ensuite je l'oubliasse, pour que je bannisse son image de mon cœur...

— Ah! c'est bien!... c'est bien, cela! s'écrie Gaston en pressant la main de son ami. Quiconque ne veut pas tromper mérite d'être pardonné... Après... continue!...

— Eh bien! mon ami, j'essayai d'être ce qu'on appelle raisonnable... je fis ce que je pus pour oublier cette pauvre fille qui me suppliait en pleurant de ne plus penser à elle. Vains efforts! son image ne me quittait pas. Je louai un logement dans la maison qu'elle habitait avec Sabretache : j'ai oublié de te dire que cet ancien soldat fut son appui, son protecteur, son père ; que, sans lui, elle était perdue pour jamais ; que cet homme est un modèle d'honneur, de probité... et que cela doit faire oublier les termes

Vous vous promenez seul? (P. 412.)

un peu soldatesques qu'il sème dans sa conversation. Enfin, j'offris encore et ma main et ma fortune; on me refusa de nouveau. Désespéré, j'allais mourir de mon chagrin et de mon amour dans la mansarde où je m'étais caché pour être près d'elle. Le hasard, la pitié la conduisirent près du malade : elle me reconnut, elle vit que mon existence était entre ses mains... Elle n'hésita plus et devint ma femme. Depuis ce moment, notre amour semble croître au lieu de s'éteindre. Agathe n'aime pas le monde, nous sommes venus habiter cette terre, et l'arrivée de ma tante est le seul nuage qui ait assombri nos beaux jours. Mais, te voilà, il me semble maintenant que je n'ai plus de vœux à former.

La figure de Gaston est devenue plus riante en écoutant la fin du récit de son ami. Il le regarde avec affection, et répond :

— Tout est pour le mieux, cher Léon ; tu seras heureux dans ton ménage... beaucoup plus, je gage, que ces hommes qui épousent des demoiselles élevées dans les grands pensionnats... et qui, avec de la fortune, vous apportent de la coquetterie et des goûts de luxe, de plaisirs, qui vous ruinent. Tu as fait le sort de ta femme, elle le sait, et, puisqu'elle t'aime, elle tâchera de te rendre en bonheur ce que tu lui as donné en richesse et en condition.

— Maintenant, c'est à ton tour, Gaston ; voyons, tu dois avoir quelque confidence à me faire...

— Ma foi ! non... En Turquie, les aventures étaient vives et courtes ; je ne pense pas y avoir laissé aucun regret, je n'en ai pas emporté de longs souvenirs.

— Mais, à Paris... avant de partir... il y a trois ans et demi, ma foi !... tu m'avais parlé d'une fille que tu cherchais. C'était une aventure originale que tu devais toujours me conter, et tu es parti sans me la dire.

— Mon Dieu ! cela ressemblait à toutes les aventures galantes... Oui, je me rappelle maintenant, c'était une... brodeuse... je l'avais rencontrée au spectacle, elle m'avait donné un rendez-vous et n'y était pas venue... mais je l'ai retrouvée et oubliée depuis.

— Et maintenant, ton cœur est libre ?... Tant mieux, rien ne te rappellera à Paris.

— Oh ! libre... pas tout à fait. J'ai en train quelque chose de fort intéressant... une dame... une veuve... Je ne puis pas t'en dire plus.

— Comment, mauvais sujet ! Et tu n'es de retour que depuis huit jours à peine !

— Oui... mais j'ai fait sa connaissance le jour de mon arrivée... C'est pour cela que je ne puis pas te promettre de rester ici aussi longtemps que je l'aurais voulu.

— Pourquoi m'avoir écrit le contraire, alors ?

— Ah !... c'est que... quand je t'ai écrit ma lettre, nous étions fâchés... mais, avant que je parte, nous nous sommes raccommodés.

— C'est très bien, monsieur Gaston. Ah ! je vois alors que nous ne te posséderons pas longtemps... libertin ! Mais rentrons au salon, car ma respectable tante se formaliserait d'une plus longue absence... En voilà une qui devrait bien me faire le plaisir de retourner à Paris! Mais, non, elle n'en parle pas. Il n'est pas possible qu'elle s'amuse ici; mais elle y reste pour nous contrarier, Agathe et moi.

Gaston suit son ami en se disant :

— Pauvre jeune femme!... C'est ma présence qui cause son mal... elle ne pourra jamais s'habituer à me voir... mais, du moins, j'ai trouvé un prétexte pour ne point prolonger mon séjour en ces lieux.

Lorsque les deux amis rentrent au salon, Sabretache examine la figure de Léon; il la voit calme et riante; son cœur respire alors plus librement.

Mme de Fierville en a fait autant que le vieux soldat; mais elle est désappointée en ne remarquant rien qui prête à des commentaires. Bientôt, on annonce le médecin que Léon Dalbonne a envoyé chercher à la ville et qu'il s'empresse de conduire près de sa femme en disant à ses amis :

— Ceci est pure précaution, mais il vaut mieux voir le docteur trop tôt que trop tard.

— Excellent mari! dit M. Guichardet.

— Oui, répond Gaston, mais il paraît aussi qu'il a une excellente femme!...

— Oh! oui, s'écrie Sabretache, qui se sent le désir d'embrasser Gaston. Agathe mérite bien d'être aimée. Cet éloge peut paraître suspect dans la bouche d'un oncle, mais, plus tard, j'espère, vous verrez qu'il n'est que juste.

— J'en suis persuadé, monsieur.

Mme de Fierville, que cette conversation amuse peu, probablement, a pris une bougie et a quitté le salon.

Léon redescend très content : le médecin a déclaré que le malaise de Mme Dalbonne n'avait rien d'inquiétant, qu'il ne fallait que du repos.

Les hommes passent une soirée plus gaie que le dîner ne le promettait. On apporte du punch. Gaston raconte quelques-unes de ses aventures en Turquie, Sabretache quelque *razzia* en Afrique, et l'on est étonné d'entendre sonner onze heures avant d'avoir pensé à se séparer. Il est vrai que la tante n'était plus là; Gaston avait pu conter des anecdotes un peu gaies, et Sabretache assaisonner tout à son aise ses récits de termes techniques.

Le lendemain, le vieux soldat guette le moment où il pourra trouver Cerisette seule; dès qu'il voit Léon descendre au jardin, il se hâte de courir chez la jeune femme, qui est encore au lit, et lui dit :

— Point de craintes, chère enfant; ne redoutez pas la présence de M. Gaston, je suis sûr de lui, maintenant. Il vous a reconnue... quant à cela, je n'en doute pas, mais il ne dira pas un mot qui puisse le laisser deviner.

Cerisette descend dans le salon quelque temps après le déjeuner. Elle sait qu'alors Mme de Fierville est ordinairement chez elle. Il lui semble qu'elle se sentira moins embarrassée si cette dame n'est pas là quand elle reverra Gaston. Dès que Léon a installé sa femme au salon, il court chercher son ami qui est au billard avec Sabretache et M. Guichardet.

— Ma femme est là, au salon, dit Léon à son ami; viens donc faire connaissance avec elle, car votre entrevue d'hier ne peut pas compter.

Gaston s'empresse de suivre Léon, en faisant tout son possible pour dissimuler ce qui se passe au fond de son âme.

Tiens, ma chère Agathe, voici Gaston qui vient faire connaissance avec toi.

Cerisette, à demi couchée sur un divan, est pâle et tremblante, quoiqu'elle se répète à chaque instant :

— Du courage !... il faut, dans le monde, apprendre à cacher ce que l'on éprouve.

Et elle adresse un gracieux sourire à la personne que son mari lui amène. Léon lui dit :

— Tiens, ma chère Agathe, voici Gaston qui vient faire connaissance avec toi, et qui espère bien que, cette fois, tu ne le recevras pas comme hier.

Gaston s'approche, il salue la jeune femme avec une expression si respectueuse, que celle-ci se sent déjà moins alarmée, et il lui dit :

— J'ai été bien désolé, madame, de ce mal... de cet évanouissement qui vous a pris au moment de mon arrivée...

— Mais ce n'est nullement ta faute, dit Léon ; ne crois-tu pas que ma femme va te rendre responsable des faiblesses qui lui prennent?

— J'espère bien que non. Si je savais que ma présence pût causer le moindre trouble... la moindre contrariété quelque part... je n'hésiterais point à m'éloigner, même de mes meilleurs amis.

Ces paroles et la manière dont elles étaient dites devaient achever de dissiper les craintes de Cerisette, qui répond à Gaston :

— Monsieur... un ami de mon mari doit être certain d'être le bienvenu ici. Le bonheur de Léon est et sera toujours ma seule pensée. Il est heureux de vous voir... Je partage tous ses sentiments.

— Ah çà, mais, savez-vous que vous avez l'air de deux ambassadeurs qui ont un traité important à conclure? s'écrie Léon en riant. Quel ton cérémonieux!... Quel parfum de diplomatie dans vos discours! Tenez, je vous laisse, car vous êtes trop spirituels pour moi... Lorsque vous vous connaîtrez, j'aime à croire que vous n'emploierez plus ce beau langage.

Léon a quitté le salon, et Cerisette se trouve seule avec Gaston Brumière. Ce moment avait quelque chose de terrible pour la jeune femme, car il allait lui faire connaître comment celui qui l'avait connue si malheureuse voulait maintenant se conduire avec elle.

Après un moment de silence qui paraît bien long à Cerisette, et que pourtant elle n'ose pas trompre, Gaston prend enfin la parole : il vante la beauté du pays, des points de vue que l'on aperçoit des *Grands-Chênes;* puis, par une transition toute naturelle, il décrit ce qu'il a remarqué dans ses voyages : la singularité des usages de la Turquie, la manière de vivre des Français à Constantinople, et, dans tout cela, pas un fait, pas un mot qui puisse rappeler à la jeune femme la rencontre au parc de Saint-Cloud. Aussi, elle écoute le jeune voyageur avec un plaisir, une satisfaction que chaque instant augmente; sa sérénité devient complète, et, pour la rendre plus parfaite encore, tout en causant, Gaston évite de fixer ses regards sur ceux de Cerisette, qui, de son côté, baisse les yeux lorsqu'elle voit Gaston lever les siens.

Il court chercher son ami qui est au billard avec Sabretache et Guichardet.

Léon revient avec Sabretache. Celui-ci a regardé Cerisette en entrant; elle lui tend la main en souriant : ils se sont compris... La joie revient animer la physionomie du vieux soldat, et, lorsque Mme de Fierville arrive au salon, elle semble toute surprise de n'y voir que des figures riantes.

— Il me paraît, dit-elle en composant sa figure, que l'indisposition de... madame n'a pas eu de suites?

— Non, ma chère tante, dit Léon; ma femme est guérie... et vous en êtes enchantée comme nous, je n'en doute pas.

Mme de Fierville fait un léger signe de tête en murmurant :

— J'ai toujours été persuadée que ce n'était pas sérieux !

— Voilà une tante qui cherchera à troubler son bonheur, se dit Gaston en examinant Mme de Fierville. Pauvre Cerisette!... ce serait vraiment dommage!... Elle doit se trouver si heureuse... et si étonnée de sa position, où, cependant, elle ne semble nullement déplacée. Ah! ce ne sera pas moi qui troublerai sa félicité... Honte à jamais à l'homme qui révèle les faiblesses d'une femme!... Et, d'ailleurs, j'avais triomphé par surprise, mais elle ne s'était pas donnée à moi.

Vers le soir, avant de remonter chez elle, Cerisette saisit un moment pour se rapprocher de Sabretache et lui dit tout bas :

— Vous l'aviez bien jugé, mon ami, c'est un cœur bon et généreux, je n'ai rien à craindre de lui.

— Après ça, répond Sabretache, je m'étais peut-être trompé, il est encore possible qu'il ne vous ai point reconnue.

— Oh! pardonnez-moi, mon ami, car il ne me regarde jamais fixement... et, s'il ne m'avait pas reconnue, il ne craindrait pas de me faire rougir en rencontrant mes yeux.

XLIV.

LE TEMPS SE COUVRE

Quinze jours s'écoulent. Gaston est toujours aux *Grands-Chênes*, mais il cherche un prétexte, un motif pour retourner à Paris; car, malgré tout le respect qu'il témoigne à la femme de son ami, malgré l'attention qu'il apporte à éviter de se trouver seul avec elle, il sent bien que sa présence doit troubler le bonheur, la tranquillité de Cerisette ; et, en effet, devant Gaston, elle a beau faire pour dissimuler son embarras, il y a toujours dans ses manières une secrète contrainte qui lui est impossible à surmonter. Aussi, Gaston serait reparti, s'il n'avait pas craint qu'un départ subit ne parût extraordinaire à Léon. De son côté, Sabretache prolongeait son séjour beaucoup plus que d'ordinaire; mais Cerisette lui avait dit :

— Mon bon ami, je vous en prie, ne partez pas tant que M. Gaston sera ici... Je n'ai rien à redouter de lui personnellement, je le sais; cependant votre présence m'est nécessaire... elle me tranquillise. Ce désir, témoigné par Cerisette, avait suffi pour que la vieille moustache ne parlât point de s'en aller. Quant à Mme de Fierville, dont la présence aux *Grands-Chênes* était la plus ancienne de toutes, elle semblait y avoir pris racine et vouloir mettre la patience des jeunes époux à l'épreuve.

Enfin, un matin, Gaston a reçu une lettre fort insignifiante d'une de ses connaissances qui lui propose une occasion pour acheter d'excellents cigares de la Havane; mais le principal, pour Gaston, était d'avoir reçu une missive de la capitale, et, en se rendant au salon où la société était réunie, il tient à la main la lettre qu'il vient de recevoir.

— Qu'est cela? demande Léon à son ami.

— Une lettre de Paris qui vient de m'arriver.

— Ah! bon!... Je prévois ce que tu vas nous annoncer, alors. Tu vas nous quitter, n'est-ce pas? Je devine cela à ta figure boudeuse!

— Eh! mon Dieu, mon cher ami, ce n'est pas ma faute... mais une affaire importante... qui exige impérieusement ma présence à Paris...

— Oui, oui, je sais, dit Léon en se rapprochant de Gaston, et lui parlant à l'oreille, ta nouvelle passion! On trouve que tu es trop longtemps absent!... Tu seras toujours le même!... Les femmes avant tout!... Enfin, je ne puis pas avoir la prétention de te corriger.

Gaston se contente de sourire, pour laisser croire à Léon qu'il a, en effet, deviné le motif de son départ, et il répond tout haut :

— Je te répète, mon ami, qu'il s'agit d'une démarche très importante pour... mon avenir...

— C'est bien, mon Dieu! tu es maître, après tout... Mais, au bout de dix-huit jours... car il y a dix-huit jours et pas plus que tu es arrivé ici... Voilà ce monsieur qui devait rester jusqu'à la chasse... tu m'avais écrit cela... et j'ai eu la bonté de compter là-dessus... Je crois toujours à ce que l'on me fait espérer.

— Vous devez avoir bien souvent des déceptions, mon neveu! dit Mme de Fierville en faisant un sourire railleur.

Cerisette ne disait rien; mais, aux premiers mots de départ prononcés par Gaston, elle avait senti comme un bien-être parcourir tout son corps. Et Sabretache considérait Gaston en se disant à lui-même :

— Brave jeune homme!... C'est bien, ce qu'il fait là... Ça me fait de la peine de le voir partir, mais j'en suis très content... La petite reprendra sa figure joyeuse... c'est le principal. Le reste, je m'en fiche.

— Madame, dit Gaston en se retournant vers Mme de Fierville, si Léon a espéré dans mon amitié, dans le sincère attachement que je lui porte, je ne veux pas qu'il soit exposé à voir jamais son espoir déçu de ce côté. Il est mille manières de prouver son amitié... comme il en est de prouver sa méchanceté ou sa haine. Celles qui ne sont pas ostensibles sont ordinairement les meilleures.

— Eh! mon Dieu, mon ami, s'écrie Léon, crois-tu donc que je t'appliquerai la réflexion de ma tante... qui n'a pas pour habitude de voir tout le monde du bon côté?

— C'est que, moi, je le vois comme il est, mon neveu.

— Mais tout cela ne m'empêchera pas d'espérer que Gaston reviendra près de nous, dès qu'il aura quelques instants à donner à l'amitié... Et toi, Agathe, tu penses de même, n'est-ce pas?

— Oui, mon ami, murmure la jeune femme, je ne mets pas en doute l'attachement que M. Gaston te porte.

— J'espère, madame, répond Gaston en s'inclinant, que vous voulez bien en prendre aussi votre part?

Cerisette rougit et baisse les yeux. Mme de Fierville fait entendre une petite toux sèche qui ressemble à un ricanement.

— Nom d'une pipe! se dit Sabretache en caressant sa moustache, je voudrais bien lui faire avaler un bâton de sucre d'orge d'un mètre, à cette toux-là!

Le lendemain, de grand matin, Gaston embrassait son ami, et lui faisait ses adieux en lui disant :

— Tu as une femme qui mérite ton amour, car elle ne songe qu'à faire ton bonheur; mais tu as une tante qui cherchera à le troubler. Tâche de te débarrasser de cette tante-là, c'est le meilleur avis que je puisse te donner.

— Et tu reviendras près de nous?

— Le plus tôt que je pourrai.

Cerisette redouble de soins, de tendresse près de son mari, pour que le départ de son ami lui soit moins sensible. Elle redevient gaie, aimable, enjouée; elle retrouve sa santé et sa fraîcheur. Mme de Fierville observe tout cela, mais elle ne fait pas semblant : elle amasse ses observations et attend le moment de les lancer toutes en masse. Huit jours après Gaston, Sabretache prend aussi congé de ses enfants. Il avait réellement, lui, des affaires qui le rappelaient à Paris. Mme de Fierville attendait avec impatience ce moment; car la présence du vieux soldat lui imposait toujours, et, devant lui, elle n'osait point donner carrière à sa médisance.

Le lendemain du départ de Sabretache, Mme de Fierville, qui guettait le moment où elle pourrait se trouver seule avec son neveu, rencontre enfin Léon dans le jardin. Elle l'aborde d'un air plus aimable que de coutume.

— Vous vous promenez seul, Léon; est-ce que votre femme vous abandonnerait aussi?

M. Dumarselle demande s'il peut voir madame. (P. 418.)

— Non, ma tante, non, ma femme ne m'abandonne pas mais elle étudie son piano, car elle sait que cela me fait plaisir de la voir devenir forte sur cet instrument.

— En effet... elle doit être fière de savoir quelque chose... et elle veut vous faire de la musique pour vous dédommager de l'ennui que vous cause le départ de votre ami Gaston; c'est bien le moins qu'elle puisse faire.

— Je regrette que Gaston ait été obligé de nous quitter si vite, mais je n'ai point d'ennui, je n'en aurai jamais près d'Agathe, et je ne vois pas pourquoi elle se croirait obligée de me montrer plus de tendresse dans cette circonstance; car, enfin, ce n'est pas sa faute si Gaston nous a quittés si vite.

— Ah! vous croyez cela, Léon?

— Sans doute. Est-ce que vous pensez différemment, ma tante?

— Mais, oui... je pense tout autrement.

— Cela ne me surprend pas. Je n'ai point l'habitude de me rencontrer avec vous d'opinion et de sentiment

— Oh! non... car vous êtes encore d'une naïveté pour certaines choses... qui m'étonne dans un jeune homme qui a vu le monde.

— Je ne sais où vous en voulez venir, madame, mais je ne chercherai point à le deviner. Quant à Gaston, il est parti, parce qu'une affaire importante le rappelait à Paris. En quoi cela regarde-t-il ma femme?

— Une affaire importante! Et vous avez cru cela Léon?... Quand je disais que vous étiez encore candide!

— J'ai cru... Eh! mon Dieu, ma tante, vous me ferez vous dire des choses... que vous ne devez pas chercher à connaître... mais, après tout, puisque cela vous intéresse si fort, je veux bien vous dire que Gaston est amoureux... très amoureux... que sa nouvelle conquête est à Paris... qu'elle s'ennuyait de son absence, et que c'est elle qui lui a écrit pour le prier de revenir... Il a cédé, c'est tout simple... Qu'est-ce que des amis près de la femme qu'on aime?... Eh bien! ma tante, êtes-vous contente, à présent?

Mme de Fierville se met à rire avec cet accent moqueur qui lui est habituel, puis elle tire de sa poche une lettre chiffonnée, toute fripée, elle la déploie et la parcourt en disant :

— Voyez, pourtant, comme il ne faut croire à rien. Ah! c'est une maîtresse qui a écrit cela à M. Gaston... et elle déguise ses sentiments sous prétexte de cigares de la Havane! et, pour plus de prudence, elle signe un nom d'homme... Jules Desmoniers!

— Comment! que voulez-vous dire, ma tante? Quelle est cette lettre?

— C'est celle que votre ami a reçue la veille de son départ. Il l'avait laissée tomber dans le jardin... En effet, ce n'était pas précieux... Je l'ai ramassée par hasard... et j'ai découvert le mystère de ce départ précipité... de cette affaire si importante!... Il s'agit de cigares!... Tenez... voulez-vous voir?

Et Mme de Fierville passe la lettre à Léon, qui la lit et semble un moment tout surpris, puis déchire la lettre et en jette les morceaux au vent, en disant :

— Après tout, Gaston est libre de ses actions!... Il voulait partir, il a pris un prétexte ; cela ne nous regarde pas.

— Vous croyez? Cela vous regarde, peut-être, beaucoup au contraire... ou du moins votre femme.

— Mon Dieu! ma tante, vous avez toujours une manière de parler!... Je n'aime pas les réticences : où voulez-vous en venir? Que peut-il y avoir de commun entre Agathe et Gaston, qu'elle ne connaissait pas!

— Qu'elle ne connaissait pas.... Ah! mon pauvre Léon, que vous êtes bon mari!... Il y a des choses qui sautent aux yeux de tout le monde, mais qu'un mari ne voit pas!... En apprenant que M. Gaston Brumière allait venir ici, cela a tant fait d'impression sur votre femme, qu'elle est devenue malade, souffrante. Pour un rien, on la voyait tressaillir; quand vous parliez de votre ami, elle changeait de couleur dix fois dans une minute. Enfin, M. Gaston arrive... alors, cela tourne au tragique, on s'évanouit ; de son côté, votre ami se trouble, sa physionomie change, sa gaieté est remplacée par de la tristesse. Enfin, lorsqu'ils se retrouvent en face l'un de l'autre, c'est à peine si ce monsieur et cette dame osent se parler... lever les yeux... L'un est tremblant et embarrassé, l'autre pâle et craintive... Vous n'avez pas vu tout cela, mon cher neveu, c'est juste!

Les maris ne voient rien... et vous êtes bien complètement mari!... C'est, cependant, fort amusant à observer.

Léon a écouté sa tante sans l'interrompre; il fait son possible pour dissimuler l'impression que produit sur son cœur ce qu'elle vient de lui dire ; mais les cœurs francs et sensibles savent mal cacher leurs sensations. Enfin, il balbutie :

— Si ma femme avait connu Gaston, elle me l'aurait dit... car ce n'était point un crime!...

— Qu'en savez-vous?

— Madame... vous oseriez accuser ma femme?

— Mon Dieu! je n'accuse personne... Je vous fais part de mes observations, voilà tout. Je vous dis : Qu'en savez-vous! parce qu'enfin vous ne savez rien.

— Je sais, madame, que mon Agathe m'aime... je sais que Gaston est mon ami le plus dévoué, et cela me suffit pour être certain que ni l'un, ni l'autre ne sauraient vouloir me tromper.

— Mais qui vous dit cela?... Je vous prouve qu'ils se connaissaient, voilà tout. Vous n'avez sans doute pas la prétention d'être entièrement instruit du passé?

Léon fait un léger mouvement qui n'échappe point à Mme de Fierville; elle reprend :

— Certes, je suis bien loin de croire que votre femme désire se trouver avec votre bon ami Gaston, bien loin de là. Voyez comme elle est redevenue gaie depuis son départ! Cela me prouve seulement que sa présence lui rappelait des choses... qu'elle veut tâcher d'oublier.

Léon se promène quelque temps dans le jardin sans rien dire, mais, à sa pâleur, à la contraction de ses traits, il est facile de voir que la médisance a atteint son but, et, tout en se promenant à côté de son neveu, et en gardant aussi le silence, Mme de Fierville jouit déjà du résultat de ses méchancetés; elle s'attend même à ce que Léon va l'interroger encore et lui demander si elle n'a pas fait d'autres remarques, lorsque son neveu s'arrête devant elle en lui disant d'un ton poli, mais fort peu affectueux :

— A propos, madame, j'avais aussi quelque chose à vous dire ce matin.

— Vous, mon neveu? Parlez, je serai toujours charmée de vous entendre.

— Ma femme et moi, nous allons voyager... voir un peu la Suisse, peut-être l'Italie... J'ai dû vous en prévenir, car je ne présume pas que votre intention soit de rester seule aux *Grands-Chênes?*

— Ah! vous allez... voyager? Mais voilà une résolution que vous avez prise bien subitement!... Et quand comptez-vous réaliser ce beau projet de voyage?

— Après-demain nous partirons d'ici, ma femme et moi.

— Fort bien! Je vous comprends, monsieur... C'est une manière de me renvoyer... de me donner mon congé.

— Nullement, madame; mais vous n'avez sans doute pas l'intention de nous empêcher de voyager, ma femme et moi?

— Oh! non, monsieur, je serais bien désolée de troubler en rien les joies, les plaisirs d'un ménage si uni... si exemplaire. Vous pourrez partir après-demain. Moi, mon neveu, je quitterai dès ce soir votre maison; je vous débarrasserai de ma présence. Je conçois que je suis de trop ici

Et Mme de Fierville s'éloigne, furieuse du résultat que viennent d'obtenir ses méchancetés.

Quant à Léon, il court rejoindre Cerisette, et lui dit :

— Ma chère amie, nous allons un peu voyager, courir le monde. Mme de Fierville ne voulait pas nous laisser nos maîtres, ce moyen était le seul pour l'obliger à partir; es-tu fâchée que je l'aie employé?

— Mon ami, pourvu que je sois avec toi, je me trouverai heureuse partout.

Léon embrasse sa femme avec tendresse, et se dit :

— Oh! que c'est mal à ma tante de vouloir troubler mon bonheur! Décidément, j'ai pris le bon parti.

Le même soir, Mme de Fierville quittait les *Grands-Chênes* en disant :

— Ah! on m'oblige à partir... Je me vengerai!

Le lendemain, Léon partait pour l'Italie avec sa femme.

XLV

CONVERSATION RÉTROSPECTIVE.

Dans un bel appartement de la rue Saint-Dominique, meublé avec cette élégance sévère qui vous donne sur-le-champ une idée des personnes qui l'habitent, une dame, enveloppée dans une robe de chambre de velours doublée en fourrure, était assise dans une vaste bergère, placée devant une cheminée dans laquelle pétillait un feu bien nourri.

Cette dame, coiffée d'un bonnet de dentelle fort coquet, avait les pieds avancés contre la cheminée. On était au milieu du mois de janvier; le froid était très vif, mais on ne pouvait guère le sentir dans l'appartement bien clos, bien tapissé et bien chauffé de Mme de Fierville, et c'est chez cette dame que nous sommes en ce moment.

La tante de Léon avait près d'elle un joli guéridon sur lequel était des livres et un buvard. Mais cette dame n'écrivait pas, et ne regardait point le volume qu'elle tenait machinalement dans sa main; elle semblait plongée dans ses réflexions, lorsqu'un domestique vint lui dire :

— M. Dumarselle demande s'il peut voir madame.

Mme de Fierville n'est pas maîtresse d'une certaine émotion qu'elle comprime aussitôt, en disant :

— Faites entrer M. Dumarselle.

Il y a quelque temps que nous n'avons vu ce personnage qui se montra si généreux, si obligeant pour Sabretache, et qui, en lui donnant lui-même de l'ouvrage, parvint à le remettre dans le chemin de l'aisance et du bien-être.

Aujourd'hui, nous le retrouvons à peu près le même qu'alors. C'est toujours l'homme comme il faut, distingué, sérieux; mais ses traits sont plus attristés, et sa physionomie exprime une sorte de découragement contre lequel il semble lutter avec moins de force.

M. Dumarselle entre, salue et va s'asseoir comme on agit seulement chez les connaissances intimes.

— Bonjour, mon cher Armand, dit Mme de Fierville en accueillant M. Dumarselle avec un sourire contraint; vous voilà donc de retour à Paris?

— Oui, madame, je suis revenu avant-hier... vous avez ma première visite.

— Je vous remercie... Vous avez été longtemps absent cette fois?

— Cinq mois à peu près.

— Et... votre voyage?

— Comme à l'ordinaire! toujours sans résultats!... toujours infructueux!

— Mon Dieu! depuis tant d'années! Comment pouvez-vous encore conserver de l'espérance! Si vous aviez dû... découvrir quelque chose... obtenir des renseignements sur... ce que vous cherchez... il me semble que cela serait arrivé. Mais, après tant de voyages, de courses... de recherches inutiles... vous voyez bien qu'il faut prendre votre parti.

— Mon parti? Non, madame, je n'ai pas votre stoïcité, votre courage, je n'ai pas votre cœur, surtout. L'espoir de retrouver ma fille, voilà toute ma vie... voilà mon unique pensée... Pourquoi donc y renoncerais-je? Est-ce que des circonstances doivent me faire présumer qu'elle a été victime de quelque accident? Non... je ne sais rien! Ma fille et sa nourrice ont disparu sans que l'on ait pu retrouver leurs traces, voilà tout ce que je sais. Est-ce suffisant pour que je doive me dire : « ma fille est morte, il est inutile de conserver aucun espoir? » Non, madame, non; quelque chose, au contraire, me dit à moi que ma fille, que ma petite Clotilde, existe encore. J'aime mieux écouter cette voix secrète, dût-elle m'abuser, que celle d'une froide raison qui ne me laisse que le découragement et les regrets.

— Mon Dieu! monsieur, je ne veux pas augmenter votre chagrin... Je dis seulement qu'après tant d'années, si on avait dû avoir des nouvelles, on en aurait eu. Si cette nourrice existe encore, pourquoi donc n'en avez-vous plus entendu parler?

— Cette nourrice n'existe plus, voilà ce qui est probable: car elle savait mon nom, mon adresse, et elle m'aurait écrit ou fait écrire, je ne mets pas cela en doute ; mais la femme Pierrette Gérard peut fort bien être morte sans que pour cela l'enfant que je lui avais confiée soit morte aussi. Ah! Adèle, si vous aviez été moins inquiète pour votre réputation...

si vous aviez eu plus d'amour pour cette pauvre petite, tout cela ne serait pas arrivé.

— En vérité, monsieur, vous êtes cruel avec vos reproches! Il semblerait que c'est moi qui suis cause que cette nourrice a disparu avec l'enfant que vous lui aviez confiée. Après m'avoir... fait commettre une faute... dont je rougis encore... monsieur trouve mauvais que j'aie cherché à sauver mon honneur... à ne point encourir la colère de mon père... qui était d'une sévérité excessive... et qui ne m'aurait jamais pardonné!

— Qu'en savez-vous? Vous n'avez pas même essayé d'obtenir qu'il approuvât notre amour. Oh! je vous connais maintenant, madame... mais, alors, nous étions jeunes tous deux; moi, je vous aimais avec passion. Seule, dans une campagne où le hasard nous avait réunis... vous avez succombé dans un moment de faiblesse. Je ne désirais qu'une chose, devenir votre époux... Je voulais aller vous demander à votre père.

— En lui avouant notre faute? Il vous eût bien reçu!

— Eh! madame, quand un père a affaire à un homme d'honneur, il finit toujours par pardonner... Alors, je n'avais pas de fortune, cela est vrai, mais je portais déjà un nom honorable. Vous m'avez supplié d'attendre... je vous ai obéi... Ah! si j'avais su alors que vous étiez sur le point d'être mère, je n'aurais écouté que mon devoir, j'aurais tout déclaré à votre père.

— Oui, et il m'aurait fait enfermer dans un couvent.

— Madame, non... on n'enferme plus les demoiselles dans des cloîtres... Enfin, vous m'apprenez que notre faute a des suites, j'obtiens que vous me confierez notre enfant...

— Et j'ai tenu parole, monsieur, cette petite-fille vous a été remise.

— Oh! sans nulle difficulté... Vous étiez si pressée de vous en séparer!...

— Ne fallait-il pas qu'elle fût élevée chez mon père?... Joli résultat, après toutes les précautions que j'avais été forcée de prendre pour cacher ma honte!

— Votre honte! Ah! oui, vous étiez honteuse d'être mère! Ce titre si noble, si beau, si doux... après lequel tant de femmes soupirent, qui leur fait souvent oublier des journées de privations et de larmes, pour vous, ce n'était qu'une honte!...

— Monsieur! je n'étais pas mariée!...

— Eh! madame, la nature parle avant la société!... Coupable aux yeux du monde... vous ne deviez pas moins en aimer votre fille... vous ne deviez pas moins la couvrir de vos embrassements et de vos caresses... car cette enfant n'était pas coupable, elle, et un enfant, qu'il soit le fruit

Pierrette avait eu la funeste idée d'aller en se promenant sur la route. (P. 423.)

d'une faiblesse ou issu d'une union légale, n'en a pas moins de droits à notre amour.

— Et qui vous a jamais dit, monsieur, que je n'avais pas aimé... cette enfant?...

— Oh! sans doute! et c'est pour cela que vous avez exigé que notre fille...

— Monsieur, parlez plus bas, je vous en prie...

— En effet, madame, je ne devrais dire que ma fille ; vous avez exigé, dis-je, qu'elle fût mise en nourrice bien loin de Paris... Vous aviez si peur de la rencontrer sur votre chemin !...

— La précaution était nécessaire... vous l'avez compris alors.

— C'est-à-dire que j'avais la faiblesse de céder à vos désirs ; j'avais eu occasion, étant à Montpellier, de faire connaissance avec de bons villageois qui habitaient dans un petit hameau, à une demi-lieue de la ville .. Dans mes promenades, je m'arrêtais souvent chez le laboureur Gérard, pour me rafraîchir et manger des gâteaux préparés par sa femme. Pierrette avait un enfant, et ces bonnes gens, n'étant pas riches, cherchaient un nourrisson. J'allai au hameau des Oliviers, je proposai à la paysanne de se charger de ma fille ; elle accepta avec joie, vint avec moi à Paris la chercher, et repartit aussitôt avec l'enfant. Deux années s'écoulèrent... j'allais souvent voir ma Clotilde... elle était charmante... Pauvre enfant !... elle me connaissait, elle m'aimait déjà... Quant à vous, madame, au lieu de me demander des nouvelles de votre fille, vous me fuyiez... vous évitiez ma présence !. .

— Monsieur, la prudence, le soin de ma réputation...

— Dites donc aussi que vous aviez cessé de m'aimer, et que ma vue vous rappelait un passé que vous auriez voulu effacer de votre vie... Enfin !... madame se maria... elle épousa M. de Fierville !...

— Mon père exigea mon consentement à cette union, je n'avais aucun motif à donner... pour refuser...

— Aucun motif?... Il me semble, à moi, que vous en auriez eu de très graves, de très valables, si vous aviez voulu les faire connaître.

— En me déshonorant... en couvrant de honte la vieillesse de mon père !

— Brisons là, madame !... Vous ne teniez plus à moi... et, lorsque j'appris votre mariage, je dois vous avouer aussi que j'éprouvai peu de regrets de votre inconstance ; car je commençais à vous apprécier, à vous connaître. Je ne pouvais pas me dire que ma fille perdait sa mère... la pauvre petite n'en avait jamais eu...

— Monsieur... vous êtes aujourd'hui d'une barbarie... vous me traitez avec une sévérité !...

— C'est que, depuis longtemps, j'ai besoin de vous dire tout le fond de ma pensée... Oui, vous vous êtes mariée sans regrets, sans remords... et pourtant, alors, ma pauvre Clotilde n'était pas encore perdue !... Oh ! lorsque j'appris votre hymen, je ne voulais pas, moi, être plus longtemps privé de la présence, des caresses de ma fille. Je me hâtai d'écrire à la nourrice; cette brave femme était devenue veuve et avait aussi perdu son enfant; rien ne la retenait plus dans son hameau. J'avais loué pour elle une petite campagne tout près de Paris... je comptais l'établir là... elle en avait accepté avec joie la proposition... Tous les jours, j'aurais été voir ma fille... Hélas! ces projets de bonheur ne devaient pas se réaliser... Pierrette Gérard vendit sa chaumière, en réalisa le produit et partit un jour pour Paris, où je l'attendais avec impatience, mais en vain; elle n'y arriva pas.

— Voilà ce que je n'ai jamais pu concevoir. Elle n'avait donc pas pris les voitures publiques?

— Non, malheureusement! Vous pensez bien que, depuis, je suis allé au hameau des Oliviers; je me suis informé : tout ce que l'on a pu me dire, c'est que Pierrette, qui était en fort bonne santé, ainsi que l'enfant, était partie avec ma fille pour Montpellier, à pied... ce n'était qu'à un quart de lieue, et elle comptait y prendre la voiture... Je suis allé m'informer à Montpellier; là, on s'est souvenu, au bureau des voitures, qu'une paysanne et un enfant étaient en effet venus pour prendre la voiture de Paris; malheureusement, la diligence venait de partir. Alors, Pierrette avait eu la funeste idée d'aller en se promenant sur la route, espérant trouver une occasion dans quelque autre voiture... et, en effet, il passe assez souvent des marchands qui vont aux foires et aux fêtes voisines, et qui, pour une faible rétribution, donnent une place près d'eux au voyageur qui la leur demande. Pierrette aura trouvé une de ces occasions, cela n'est pas douteux. Mais, ensuite, qu'est-elle devenue? Où cette carriole de marchand forain l'a-t-elle descendue? Voilà ce qu'il m'a été impossible de découvrir depuis. La nourrice a-t-elle été volée, attaquée? A-t-elle été en route victime de quelque accident imprévu? Voilà ce que je n'ai pu savoir... Après de vaines recherches, le chagrin me décida à embrasser la carrière militaire : j'espérais y rencontrer la mort, mais elle fuit ceux qui ne la craignent pas.

— Et la mort d'un de vos cousins vous a rendu fort riche?

— Oui, madame. Mais que me fait ma fortune? Je n'ai plus personne à rendre heureux!

— Vous êtes encore jeune, vous auriez pu vous marier.

— Me marier? Oh! non, madame, car si ma fille existe encore, je ne veux pas qu'elle ait de rivale dans mon cœur.

— Mon cher Armand, je vous le répète, vous n'êtes pas raisonnable. Il se peut fort bien que ce soit... cette petite qui soit morte en faisant le voyage de Paris; l'enfance est sujette à tant d'accidents! Et la nourrice, craignant d'être accusée de négligence, se sera sauvée dans un autre pays sans vous instruire de ce malheur.

— Oui... oh ! je sais bien que cela peut s'être passé ainsi !

— Et puis, admettons que Clotilde existe encore, il y a longtemps de cela, elle aurait à présent...

— Vingt-deux ans et demi, madame.

— Eh bien!... à quoi donc pourriez-vous la reconnaître?

— A cela, madame.

M. Dumarselle sort de son sein un petit médaillon en verre, dans lequel des cheveux forment des chiffres, une fleur et des caractères bizarres.

— J'avais fait faire deux médaillons exactement semblables. En voici un; j'avais attaché l'autre à une chaine en cheveux que j'avais passée au cou de ma fille, en ordonnant à la nourrice de ne jamais lui ôter ce médaillon.

Pierrette avait un enfant, et ces bonnes gens n'étant pas riches, cherchaient un nourrisson.

— Et vous pensez que, devenue grande, cette pauvre Clotilde aura continué de porter sur elle ce médaillon ?

— Je n'en doute pas, madame; quand un objet quelconque peut vous rendre des parents, un nom, une famille, si modeste qu'il soit, je crois qu'il doit être à nos yeux d'un prix inestimable.

Mme de Fierville ne dit plus rien. Pendant quelque temps, ces deux personnes gardent le silence. Enfin, la tante de Léon murmure d'un air indifférent :

— Moi, je suis restée veuve... après quelques années de mariage... et je n'ai pas eu la consolation d'avoir des enfants?...

— Des enfants! s'écrie M. Dumarselle en jetant sur Mme de Fierville un regard sévère. Ah! le ciel a été juste ! Il ne devait plus accorder d'enfants à celle qui a repoussé sa fille de ses bras !

Mme de Fierville fait un mouvement d'impatience, de colère ; mais elle s'efforce de se contenir, et reprend :

— Il paraît, monsieur, que vous êtes venu me voir aujourd'hui avec la résolution bien arrêtée de me dire des choses... désagréables... Très bien... donnez carrière à votre humeur... je suis trop bien élevée pour vous répondre.

— Non, madame, j'étais venu pour vous parler de ma fille .. de mes recherches, qui ont encore été vaines... je me figure toujours que ce sujet doit vous intéresser... J'ai tort, je le vois bien... A l'avenir, je m'abstiendrai de vous entretenir de faits que vous préférez oublier.

La tante de Léon ne répond point, et un silence assez long succède à cette conversation. Enfin, c'est encore Mme de Fierville qui le rompt.

— Monsieur... je vous demande pardon si j'interromps les réflexions dans lesquelles vous paraissez plongé... J'avais aussi quelques questions à vous adresser...

— Parlez, madame, je suis à vos ordres.

— Vous avez probablement appris que mon neveu, Léon Dalbonne, jeune homme fait pour aller à tout, qui possède une belle fortune et pouvait faire un mariage aussi brillant qu'honorable..., s'est marié avec une grisette?

M. Dumarselle sourit et répond :

— Oui, madame, j'ai appris que votre neveu, M. Dalbonne, avait fait un mariage d'amour... ce qui a dû vous sembler fort ridicule, à vous madame, qui ne comprenez pas ces unions-là!

— Ce que je ne comprends pas, monsieur, c'est qu'un homme dans la position de mon neveu s'allie à des gens qui sortent de je ne sais où.. Un M. Sabretache... un ancien soldat... tel est l'oncle de sa femme .. Comme c'est flatteur de se trouver dans la société de ce monsieur qui jure comme un charretier!... Mais ce terrible Sabretache... car il a l'air d'un brise-tout, cet homme! cet ancien soldat s'est vanté d'être de votre connaissance, lui et sa nièce. Est-ce qu'il serait vrai, monsieur? Quant à moi, je vous avoue que cela m'a semblé tellement extraordinaire, que je ne pouvais le croire.

— Vous aviez tort, madame... Je connais, en effet, cet ancien militaire et sa nièce Agathe... charmante jeune fille, car elle l'était encore quand je la vis pour la dernière fois, dont l'aspect me frappa, me plut sur-le-champ... dont la voix me sembla si douce, si agréable à entendre... dont toute la personne m'inspira le plus vif intérêt!...

— Mon Dieu, monsieur! vous en parlez avec un feu.., qui me ferait craindre pour mon neveu...

— J'en parle comme je sens, madame ; les sentiments honnêtes n'ont pas besoin de se cacher, ni de se contraindre ; et celui que j'éprouve pour cette jeune femme est de ceux que l'on peut déclarer tout haut sans rougir.

Mme de Fierville ne peut dissimuler son dépit ; elle froisse avec violence les papiers qui se rencontrent sous sa main.

— Ce qu'il y a de certain, c'est que mon neveu lui-même sent fort bien qu'il ne peut présenter sa femme nulle part, qu'elle serait déplacée dans le monde. Aussi, le jour même de son mariage, il partait avec madame pour sa terre des *Grands-Chênes*, en Bretagne, ils vivaient là comme de vrais loups, ne voyant personne des environs.

— N'avez-vous pas été les trouver dans leur retraite, madame ?

— Oui, monsieur. Je n'ai pu résister à ma curiosité ; je suis allée voir cette merveille que l'on cachait avec tant de soin à tous les yeux.

— Et vous n'avez pas trouvé, madame, qu'il y a dans cette jeune femme un charme qui séduit, qui attire vers elle ?..

— Non... Elle est jolie, je ne le nie point... mais il y a cent femmes qui sont mieux. Ils ont passé près de deux ans en Bretagne, puis, un beau matin, ils sont partis pour l'Italie.

— Mais ils sont de retour à Paris depuis quelques jours.

— Ah ! vous savez cela, monsieur ?

— Oui, madame, car j'ai vu hier le brave Sabretache, et il m'a appris le retour de sa nièce... retour dont il est enchanté.

— Enfin, monsieur, est-il indiscret de vous demander comment vous avez connu ces... gens-là ?

— Ces gens-là ?... Mon Dieu, madame, le hasard forme presque toujours les connaissances... Sabretache était malheureux, sa nièce fort malade, fort souffrante... J'eus l'occasion d'être utile à un vieux soldat, je la saisis avec empressement.

— C'est-à-dire que vous lui avez donné de l'ouvrage ?

— Justement, madame.

— Quel état exerce-t-il, ce monsieur ? Il fait des bottes, je crois ?

— Non, madame, il est peintre en bâtiment.

— C'est superbe !... Et dire que mon neveu a été prendre une épouse dans la famille de M. Sabretache !

— Où donc est le mal ? Sabretache est un homme d'honneur ; après avoir défendu son pays, il travaille pour soutenir sa famille... C'est un homme dont je suis fier de presser la main... Malheureusement, les gens honorables... les gens dont la conduite fut toujours pure et sans tache ne sont pas communs dans le monde ! Quand on en rencontre, madame, il ne faut pas les dédaigner... n'importe dans quel rang ils se trouvent.

— L'oncle peut être un phénix d'honneur... c'est possible!... Quant à sa nièce, je répondrais que c'est autre chose.

— Ah! madame, que dites-vous là!... C'est de la femme de votre neveu que vous parlez?

— Oui, monsieur, c'est d'une femme qui ne devrait pas être l'épouse de mon neveu... qui l'a abusé, j'en suis sûre... qui s'est fait passer pour une vertu... tandis qu'elle était tout autre chose.

— Madame, de tels soupçons... Ah! c'est mal!... Que vous a donc fait Mme Dalbonne pour que vous la traitiez ainsi?

— Je vous répète, monsieur, que je ne suis pas sa dupe, que son air doucereux... que cet amour qu'elle témoigne à son mari ne me feront pas prendre le change, et que j'ai déjà aperçu, surpris des choses... qui m'ont fait voir que j'avais raison de suspecter la vertu de cette dame.

M. Dumarselle se lève, prend son chapeau et salue Mme de Fierville en lui disant :

— Je ne veux pas entendre plus longtemps médire d'une personne à qui je porte intérêt... Adieu, madame.

— Comment, monsieur, vous me quittez parce que je ne partage pas votre engouement pour Mme Dalbonne?... En vérité, c'est trop fort!

— Que voulez-vous, madame? Je ne puis pas entendre dire du mal des personnes que j'aime...

— Mais quand ces personnes le méritent?

— Madame, quand on accuse quelqu'un, il faut prouver ce que l'on avance, sans quoi ce n'est que de la calomnie.

— Eh bien! monsieur, je prouverai ce que j'ai dit sur cette femme; oui... je connaîtrai son passé... j'y parviendrai... et, alors, je m'empresserai de vous en faire part... Nous verrons encore si je l'ai calomniée!

— En attendant, madame, permettez-moi de vous faire mes adieux.

M. Dumarselle sort après avoir fait un profond salut à Mme de Fierville, qui, lorsqu'il est parti, frappe avec violence de sa main sur son guéridon en s'écriant :

— Mais elle leur a donc tourné la tête à tous, cette Agathe?... Oh! que je serai contente si je puis jamais leur prouver que je ne m'étais pas trompée et que j'avais mieux jugé qu'eux!

XLVI

LES ÉPOUX CHALUPEAUX

Après un voyage de quatre mois environ, pendant lesquels les jeunes époux avaient visité avec soin la Suisse et une partie de l'Italie, Léon et sa femme étaient revenus à Paris, toujours heureux, toujours s'aimant comme au premier jour de leur union. Les soupçons que Mme de Fierville avait voulu faire naître dans l'esprit de son neveu n'avaient point germé dans son cœur. Cerisette lui avait montré trop de franchise avant leur mariage pour qu'il pût maintenant croire qu'elle voudrait jamais le tromper. On était revenu à Paris, parce que Léon y avait affaire, et qu'il aimait beaucoup mieux avoir sa femme avec lui que de la laisser seule aux *Grands-Chênes*. Les jeunes gens comptaient passer l'hiver dans la capitale et retourner en Bretagne au commencement des beaux jours.

A Paris, Cerisette désirait vivre presque aussi retirée qu'à la campagne; mais, pour les gens riches, la solitude est difficile. La jeune femme ne voulait pas aller dans le monde, mais elle pressait souvent son mari d'accepter les invitations qui lui arrivaient de toutes parts. Léon refusait; il préférait la compagnie de sa femme; seulement, comme il aimait beaucoup le spectacle, il y menait souvent Cerisette, qui d'abord se tenait au fond de la loge, et n'osait presque pas regarder dans la salle; mais, petit à petit, elle s'était aguerrie, et elle commençait à se laisser voir un peu plus, car elle remarquait que son mari était plus content quand elle ne paraissait pas honteuse et craintive.

Comme il aimait beaucoup le spectacle, il y menait souvent Cerisette.

Gaston Brumière était venu voir à Paris les jeunes époux; toujours plein de dévouement pour son ami, il témoignait à Cerisette l'attachement le plus respectueux; mais ses visites étaient courtes, et il avait bien soin de ne jamais se présenter quand Léon était absent. Celui-ci remarquait tout cela, mais de quoi aurait-il pu se plaindre? De ce que son ami ne cherchait pas à faire la cour à sa femme?... Il n'en était pas arrivé à faire partie de ces maris-là.

Les deux époux prennent congé de Mme de Fierville. (P. 436.)

Peu de jours après leur arrivée à Paris, Léon dit à sa femme :

— Ma bonne amie, nous avons une corvée à faire... C'est fort pénible, mais il y a dans le monde des devoirs qu'il faut remplir.

— Je te devine, mon ami, il faut que nous allions faire une visite à ta tante?

— C'est cela même ; elle est venue chez nous aux *Grands-Chênes*;

maintenant que nous sommes à Paris, si nous n'allions pas lui faire visite, ce serait manquer à toutes les convenances.

— Nous irons, mon ami... Mais est-ce qu'elle viendra ensuite s'installer chez nous à Paris, comme à la campagne?

— Oh! non, sois tranquille! A Paris, on demeure chez soi et on ne va pas loger chez les autres. Ensuite, comme ma tante nous a quittés un peu fâchée, il est très possible qu'elle ne veuille pas nous recevoir et nous fasse dire qu'elle n'est pas visible; mais notre visite sera faite, et cela suffira.

— Oh! quel bonheur, si elle ne voulait pas nous recevoir!... Car je me sens toujours si tremblante devant elle!... Et, pourtant je ne la déteste pas du tout.

— Quand veux-tu y aller?

— Le plus tôt possible... Il faut nous débarrasser de cette visite.

— Tu as raison, nous irons demain. Tu feras une grande toilette pour deux heures.

— Une grande toilette?

— Certainement. Si on nous reçoit, il faut qu'on voie que c'est une visite de cérémonie.

Le lendemain, à deux heures, Cerisette s'est parée pour satisfaire aux désirs de son mari; elle est habillée de soie et de velours; elle a des diamants et un superbe cachemire. Tout cela ne la rendrait pas charmante si elle ne l'était déjà; mais, comme ses traits sont fins et gracieux, elle porte sa grande toilette avec l'aisance d'une personne qui en a toujours eu l'habitude. A deux heures un quart, le coupé de Léon s'arrête rue Saint-Dominique, devant la demeure de Mme de Fierville. Le domestique va demander au concierge, et revient dire que cette dame est chez elle et que c'est justement le jour où elle reçoit le matin.

— Diable! nous sommes bien tombés, dit Léon en regardant sa femme. Mais, enfin, puisque nous y voici, du courage, montons!

Mme de Fierville était dans son salon avec un monsieur et une dame qui venaient de lui arriver.

Le monsieur, qui se nommait Chalupeaux, avait cinquante ans sonnés, était petit, gros, laid de visage; avec le teint et les oreilles, sans compter un air sot et libertin, de ces personnages comme on en rencontre beaucoup dans le monde, qui se croient de l'esprit parce qu'ils ont de l'argent, et n'accordent du mérite qu'à la fortune, ce qui leur donne alors l'espoir qu'on leur en trouvera beaucoup.

L'épouse de ce monsieur jouit au moins de l'âge de son mari : elle est grande, sèche, osseuse, possède une grande figure en lame de couteau, accompagnée d'un air revêche qu'elle croit très distingué. Elle est fort jalouse de son mari, qu'elle nomme souvent *mauvais sujet*, épithète que M. Chalupeaux reçoit en souriant et comme quelqu'un qui se flatte de la mériter.

Ce couple intéressant entretenait avec Mme de Fierville de ces relations que, dans le monde, on appelle de l'amitié, mais qui pourraient, à plus juste titre, s'appeler commerce de médisance.

On causait du dernier bal de Mme X***, de la soirée de Mme B***, de l'effet produit par la toilette de celle-ci, de la façon ridicule dont dansait celle-là ; enfin, chacun accommodait son monde du mieux possible, lorsque le domestique annonça :

— Monsieur et madame Dalbonne.

Mme de Fierville fait un sourire dédaigneux en murmurant :

— Ah ! vraiment... c'est fort heureux que l'on se rende à son devoir !... Faites entrer.

Puis, elle se tourne vers les époux Chalupeaux, en ajoutant :

— Vous allez voir mon neveu et sa femme. Vous jouez de bonheur, car il ne la montre ordinairement à personne.

Léon entre avec sa femme qui salue la compagnie avec tant de grâce et d'aisance que Mme de Fierville en demeure elle-même interdite ; elle accueille son neveu et Cerisette avec cette politesse roide et cérémonieuse qui est presque de l'impertinence.

M. Chalupeaux a paru saisi d'admiration en apercevant Cerisette, de laquelle il ne détache ses regards que lorsque sa femme se tourne de son côté.

Mme Chalupeaux prend un air encore plus revêche ; c'est son habitude chaque fois qu'elle se trouve devant une jolie femme : elle tient à faire opposition.

Cerisette a salué en entrant les personnes qui sont chez Mme de Fierville, mais sans les remarquer.

Léon fait semblant de ne point voir l'air railleur de sa tante.

— Vous voilà donc revenu de vos voyages, mon neveu ? dit Mme de Fierville en s'adressant à Léon.

— Oui, ma tante, *nous* voilà revenus... Nous avons vu la Suisse, l'Italie... Nous nous sommes beaucoup amusés, surtout à Naples, qui est une ville ravissante !

— Oh ! oui, dit Cerisette, il faut avoir vu ce pays-là pour s'en faire une idée.

— Vous deviez toujours me mener en Italie, monsieur Chalupeaux, dit la grande femme en se tournant vers son mari qui regardait Cerisette et devenait de plus en plus rouge.

— Oui, oui, en effet, chère amie, nous avons parlé souvent... de faire ce voyage... nous le ferons... certainement ce n'est pas ce que cela coûte qui m'arrête. Ça m'est bien égal de dépenser de l'argent... quand on s'amuse... et qu'on en a les moyens.

— Quant à la Suisse, reprend Léon, c'est fort beau, fort majestueux, mais ce n'est pas gai... Que l'on admire tant que l'on voudra des montagnes couvertes de neige et qui semblent vouloir servir d'escalier pour arriver aux nues, moi, je préfère la verdure à la neige, et l'odeur des orangers à celle que l'on respire dans les chalets.

Cette dame est jolie, certainement, mais c'est un genre de beauté qui ne me plaît pas.

— Oh! oui, murmura M. Chalupeaux d'un air distrait, les chalets... où l'on fromage du gruyère surtout! ça ne doit pas sentir la fleur d'oranger.

— Et venez-vous vous fixer pour longtemps à Paris, mon neveu? Je croyais que vous aviez renoncé au séjour de la capitale?

— J'y resterai tant que ma femme s'y plaira? cela dépend absolument de sa volonté. Mais, comme nous n'en avons presque jamais qu'une, elle décidera!

— Mon Dieu, mon ami... je ferai ce que tu voudras.

— Quel ménage de tourtereaux! dit Mme de Fierville en riant d'un ton moqueur. Vraiment! vous êtes à empailler...! Ah! pardon... je voulais dire à encadrer tous deux!

— Il est possible, ma tante, qu'aux yeux de certaines personnes, un ménage bien uni soit une chose ridicule; mais, ma femme et moi, nous avons la faiblesse de préférer notre bonheur à l'opinion des autres. N'est-il pas vrai, Agathe?

— Mon ami, je pense absolument comme toi.

Mme de Fierville coupe vivement cette conversation en disant à M. Chalupeaux :

— Comment trouvez-vous le nouvel opéra, monsieur? Je vous y ai aperçu vendredi dernier.

Au lieu de répondre, M. Chalupeaux continue de regarder Cerisette, et ses yeux prennent une expression effarée.

— Eh bien! monsieur, vous n'entendez pas que Mme de Fierville vous adresse la parole? s'écrie la grande femme en lançant un regard de colère à son mari.

— Ah! pardon... oui... si fait... j'écoutais... je n'ai pas entendu.

— Je vous demandais, monsieur, si la musique du dernier opéra est de votre goût?

— La musique? Oui... je ne sais pas... je crois que je n'ai pas entendu!...

— Ah çà! monsieur, s'écrie Mme Chalupeaux, où donc avez-vous la tête en ce moment? Vous êtes d'une distraction que je ne vous connaissais pas! Comment, vous avez été à l'Opéra vendredi dernier, et vous n'avez pas entendu la musique?

Le monsieur, qui se nommait Chalupeaux, avait cinquante ans sonnés.

M. Chalupeaux essaye de se remettre, il feint de rire, se mouche, fait semblant d'éternuer, mais il est facile de voir que tout cela n'est que pour dissimuler quelque chose qui le préoccupe vivement. Mme de Fierville, à qui rien n'échappe, a remarqué l'émotion, le trouble qui se manifestaient chez M. Chalupeaux à mesure qu'il considérait la femme de son neveu; elle ne fait semblant de rien et s'empresse au contraire de le tirer d'embarras.

— Mon Dieu! ma chère madame Chalupeaux, n'allez-vous pas chercher querelle à votre mari parce qu'il aura pris peu de plaisir à la musique d'un opéra... et qu'il aura préféré regarder dans la salle! Quelquefois on retrouve là des personnes que l'on n'avait pas vues depuis longtemps... Le hasard amène souvent des reconnaissances si bizarres !...

— En effet, madame, le hasard... Et puis il y a des ressemblances qui vous frappent... qui vous trompent!

— Est-ce que vous avez retrouvé quelqu'un de connaissance à l'Opéra, Némorin? Vous ne m'en avez rien dit.

— Moi, chère amie, j'étais à l'orchestre... j'ai été bien satisfait de la musique.

— Et tout à l'heure vous prétendiez ne l'avoir pas entendue!... Ah! monsieur Chalupeaux... tout ceci est bien singulier!

Léon et sa femme, que cette conservation intéresse fort peu, échangent encore quelques phrases; puis Léon fait un signe à Cerisette, et se lève en prenant congé de sa tante.

— Comment, vous partez déjà! s'écrie Mme de Fierville, que ce brusque départ semble contrarier. Mais à peine si vous arrivez..; vous me traitez tout à fait, en cérémonie!

— Madame, répond Léon avec une froide politesse, nous avons beaucoup de courses à faire, et peu de temps à nous. Recevez nos hommages.

— Les jeunes époux saluent et partent. Cerisette respire plus librement lorsqu'elle est sortie de chez Mme de Fierville, et Léon lui dit en lui prenant la main :

— Rassure-toi, chère amie, en voilà pour bien longtemps. Si ma tante nous avait reçus d'une manière franche, si elle t'avait adressé quelques paroles aimables, je t'aurais dit : « Il faut la voir quelquefois. » Mais, au lieu de cela, toujours de l'ironie, de la méchanceté, de la moquerie... Oh! restez chez vous, ma superbe tante, nous n'irons plus vous y troubler.

Après le départ des jeunes gens, M. et Mme Chalupeaux ont aussi voulu prendre congé; mais Mme de Fierville s'y oppose; elle redouble d'amabilité avec les époux, fait rasseoir la grande dame près d'elle en lui tenant la main et s'écrie :

— Oh! vous n'allez pas aussi me quitter... vous me donnerez encore un petit moment! D'ailleurs, je suis bien aise d'avoir votre opinion sur... la femme de mon neveu. Voyons, ma toute belle, comment la trouvez-vous?

— Moi!... Mon Dieu... vous savez, je n'observe pas beaucoup les personnes. Après cela... chacun a son goût... Cette dame est jolie... certainement... mais c'est un genre de beauté qui ne me plaît pas... Il n'y a aucune régularité dans les lignes de son visage... ce n'est ni grec, ni romain... on ne sait pas ce que c'est...

— Je suis assez de votre avis... On ne sait pas ce que c'est...

J'aime cette définition !... Et vous, monsieur Chalupeaux... quel est votre avis?

M. Chalupeaux était retombé dans ses rêveries ; sa femme lui pince fortement le bras en lui disant :

— Comment encore ! A quoi pensez-vous, Némorin ? Voyons ! à quoi pensez-vous ? dites-le tout de suite !

Némorin relève vivement la tête, en essayant de se donner un air candide, et répond :

— A rien du tout, ma bonne, je te jure que je ne pensais pas...

— Hum !... quel monstre vous faites ! Quelque nouvelle conquête qui vous occupe? Si vous saviez, ma chère madame de Fierville, quel Joconde j'ai pour mari !...

— Vraiment !... Ah ! M. Chalupeaux est un séducteur?

— Ne croyez pas cela, madame ; mon épouse plaisante !

— Non, monsieur, je ne plaisante pas !... D'ailleurs, vous êtes assez connu dans le monde pour vos bonnes fortunes ! Et si je voulais dire ce que je sais !... tout ce que vous avez fait de formidable ! Ah ! ma chère amie, les hommes sont indignes, et vous êtes bien heureuse d'être veuve !...

— Vous ne dites pas ce que vous pensez, ma bonne, répond Mme de Fierville en souriant. Mais j'en reviens à ma question : Monsieur Chalupeaux, comment trouvez-vous la femme de mon neveu?

— Au fait, mon mari doit être fixé à cet égard, car, Dieu merci, il regardait assez cette dame !

— Moi ! murmure Chalupeaux tout troublé. Je ne la connais pas !... J'en suis incapable !

— Ah ! ceci devient inquiétant ! dit la grande dame sèche en envisageant son mari d'un air furibond. Vous ne connaissez pas cette dame qui sort d'ici... qui était là tout à l'heure?

— Mais... non... mais non... c'est-à-dire, je la connais à présent. Mais, je ne la connaissais pas auparavant...

— Eh ! qui vous parle d'auparavant, monsieur? On vous demande ce que vous pensez de sa figure...

— Sa figure?... elle est comme toutes les figures... Je ne lui ai rien vu d'extraordinaire...

— Hum ! insigne fourbe !... pourquoi étiez-vous si rouge en regardant cette dame?

— J'étais rouge?... C'est le froid peut-être !

— Il ne fait pas froid ici, monsieur.

— Alors, c'est la chaleur.

— Tenez, mon cher monsieur Chalupeaux, dit Mme de Fierville en faisant une voix doucereuse, moi, je vais vous dire tout bonnement, tout franchement, ce qui m'était venu à l'idée tout à l'heure ; j'aime à croire que cela ne vous fâchera pas... et, véritablement, je ne vois pas ce qui pourrait offenser vous ou madame dans tout cela.

— Parlez donc, mon aimable amie, dit Mme Chalupeaux que tous ces préliminaires inquiètent beaucoup.

— Eh bien, mes bons amis, tout à l'heure, pendant que mon neveu et sa femme étaient là... j'ai cru... il m'avait semblé... je puis fort bien m'être trompée !...

— Achevez donc, chère amie, par grâce !...

— Il m'avait semblé qu'en considérant la femme de mon neveu, M. Chalupeaux était devenu surpris... étonné, comme quelqu'un qui reconnaîtrait une personne qu'il a connue autrefois... et qui, pour des raisons qu'il ne m'appartient pas de qualifier, ne voudrait pas le laisser paraître.

— Vous avez un coup d'œil parfait, ma belle, dit la grande femme ; oui, la figure de mon mari exprimait tout cela, et une foule d'autres choses encore. Répondez, Némorin, madame a-t-elle deviné juste ?

— Ce n'est pas vrai ! Pardon, je veux dire que madame se trompe... je ne sais pas pourquoi vous voulez que j'aie connu cette dame !...

— Mon Dieu ! monsieur Chalupeaux, nous ne le voulons pas, c'est une simple question que je vous adresse ; et, après tout, qu'y aurait-il d'étonnant à ce que vous ayez rencontré Mme Dalbonne quelque part ? Il ne s'agit point ici d'une de ces demoiselles bien élevées qui ne quitte leur mère que pour passer dans les bras d'un époux. Mon neveu a fait la sottise de se marier à une fille... qu'il a rencontrée dans quelque bal public, probablement.

— Et justement, Némorin allait beaucoup à *Mabille* et au *Prado*... j'en ai eu des preuves...

— Je ne sais pourquoi on s'obstine à vouloir que j'aie été mauvais sujet... coureur... libertin... En vérité, mesdames, vous me mettez à la question !... Mais il ne faut pas oublier, madame Chalupeaux, que nous dînons chez mon oncle.... et qu'il n'aime pas à attendre... Il dîne à quatre heures... c'est province ; mais c'est son habitude.

Les deux époux prennent congé de Mme de Fierville, qui les reconduit jusqu'à sa porte en les accablant de politesses et de témoignages d'amitié. Lorsqu'elle est seule, la tante de Léon se dit :

— Ce M. Chalupeaux connaît la femme de mon neveu... ceci n'est pas douteux. Ah ! je percerai ce mystère... Je saurai les antécédents de cette Agathe !...

Est-ce que par hasard... autrefois... monsieur et moi... (P. 412.)

XLVII

UNE OUVREUSE DE LOGES

Peu de jours après leur visite chez Mme de Fierville, Léon et sa femme sont allés au spectacle. C'est la seule distraction qu'ils se donnent à Paris, où ils ne vont ni en soirée, ni aux concerts, ni au bal; mais le théâtre avait un grand charme pour Cerisette; peut-être le souvenir de ses essais dans cette carrière ajoutait-il au plaisir qu'elle éprouvait à voir jouer les autres.

Les jeunes époux arrivent au théâtre de la Porte-Saint-Martin, où l'on donne un grand drame qui attire la foule. Léon cherche une loge: une ouvreuse se présente. C'est une vieille femme extrêmement corpulente et mise avec une coquetterie qui fait encore ressortir les accidents de son visage bourgeonné; elle a une robe à ramages, retroussée sur les côtés comme les bergères de Watteau; elle porte sur sa tête un bonnet couvert de vieilles fleurs, et son énorme tour d'un noir d'ébène, dont les tire-bouchons tombent en girandoles sur son visage, a l'éclat et le brillant du cirage anglais. Cerisette a été saisie à la vue de cette ouvreuse, dans laquelle elle a sur-le-champ reconnu la mère d'Albertine. Mme Grattenboule, car c'est bien elle qui ouvrait alors les loges au théâtre de la Porte-Saint-Martin, demande à Léon où il veut se placer.

— Avez-vous une bonne loge, madame?

— J'en ai toujours pour les personnes comme il faut. Vous comprenez, monsieur, que l'on voit bien à qui l'on a affaire, moi qui suis née dans les coulisses...

— Je ne vous demande pas où vous êtes née, mais si vous avez une loge.

— Une délicieuse... où l'on voit divinement... avec un petit banc et même un coussin pour madame... plusieurs coussins, si madame les aime... si... ma... ma..

Mme Grattenboule venait de porter ses regards sur Cerisette, et elle bredouillait et ne pouvait achever sa phrase, parce que les traits de la jeune femme l'avaient frappée et qu'elle cherchait dans sa mémoire où elle les avait déjà vus. Mais, presque aussitôt, Cerisette tire vivement le bras de son mari en lui disant à demi-voix :

— Mon ami, je n'aime pas ce côté-ci... allons ailleurs, je t'en prie!

— Comme tu voudras, chère amie.

Le jeune couple s'est éloigné, laissant Mme Grattenboule d'abord ébahie, puis fortement contrariée de ce que l'on n'accepte pas la loge qu'elle proposait.

— Comment! ils s'en vont quand je leur offre une loge princière!... Qu'est-ce qui leur prend donc?

— Votre monde vous échappe, dit une autre ouvreuse à la mère d'Albertine.

— Oh! ce n'est pas ça qui m'interloque. Mais, figurez-vous, madame Finard, que la figure de cette jeune dame m'a frappée... Certainement, je la connais... mais j'en ai tant vu de ces visages! Ah! ça me revient! Comment, ce serait une jeunesse que j'ai vue débuter et qui jouait comme ma pantoufle!... Elle aurait joliment fait ses affaires, alors... car celle-ci a un pur cachemire!... C'est que je m'y connais!... ma fille en a eu sept, sous le prince Chemizakoff!

— Ah! vous avez une fille qui a été si huppée?

— Je crois bien! et il n'y a pas encore plus de trois ans qu'elle avait retrouvé hôtel, calèche, jockey... un train de polichinelle, chère amie!... On l'appelait Mme de Sainte-Tubéreuse et moi, de Grattenboule... J'ai supprimé mon *de* en entrant ici, parce qu'il faut se qualifier suivant les positions.

— Et votre fille a mangé toute cette fortune.

— Albertine! Elle mangerait tous les *placers* de la Californie et ceux qui les exploitent par-dessus le marché.

— Et où est-elle maintenant?

— En Russie; elle a voulu partir absolument pour Saint... chose... Saint-Pétersbourg; elle prétend que le pays des roubles doit lui porter bonheur et qu'elle en rapportera des masses à Paris. Le plus souvent! elle ne pourra peut-être pas se rapporter elle-même! Ce n'est pas ma faute! Je l'ai avertie!... Moi qui connais les usages de toutes les cours de l'Europe, je lui ai dit : « En Russie, ma chère; quand les étrangers ont fait des dettes, ils ne peuvent plus s'en aller sans les avoir payées; c'est un usage que je trouve très barbare... très tartare, mais, enfin, c'est leur loi, il faut s'y conformer. Or donc, toi qui ne peux pas acheter une botte de radis comptant, tu vas t'en flanquer par-dessus la tête, et, quand tu voudras revenir prendre ton petit bifteck chez *Passoir*, on te dira : « *Nix bas combrenir!* on ne s'en va pas comme ça, bel ange!... il y a opposition. » Je lui ai cité, à l'appui, une grande quantité de jolies femmes, d'artistes de sa connaissance, parties pour la Russie, qui voudraient bien revenir en France et qui ne le peuvent pas, toujours à cause de l'article des dettes. Rien n'a pu changer son idée; elle m'a répondu : « Je trouverai une foule de boyards qui payeront pour moi. » Oui, compte là-dessus! Elle est partie, et je gagerais bien que la voilà en Russie à perpétuité.

— Vous n'avez pas eu envie de l'accompagner?

— Ah! fichtre, non! je n'aime pas le froid. Si elle avait été dans le Levant à la bonne heure, ça m'aurait séduite; mais un pays d'engelures... jamais!

— Madame Grattenboule! voyez donc à vos loges... Il y a du monde, on cherche l'ouvreuse...

— Voilà, voilà, chère amie!... Voyons, monsieur... votre billet... vous voulez une place sur le devant pour madame?... ce sera difficile!... pourtant, nous allons voir .. nous allons faire notre possible...

La mère d'Albertine place un monsieur et une dame qui viennent d'arriver, et revient au bout d'un moment près de ses camarades en s'écriant:

— Ah! grand Dieu! *quéque* c'est que ça? *qué* pleutres! D'où donc que ça sort tout ce monde-là, qui se permet de venir aux premières loges et qui ne sait pas s'y comporter poliment?

On l'appelait Mme de Sainte-Tubéreuse, et moi, de Grattenboule.

— Vous avez fait *fiasco*, mère Grattenboule?

— Tout ce qu'il y a de plus *fiasco!* Comment, je les place tous les deux sur le devant... et la dame ne veut pas le petit banc, et le monsieur refuse un programme! Oh! les pingres! J'avais envie de les faire sortir en leur disant que je m'étais trompée et que c'était la loge du commissaire. Il faut avouer que je n'ai pas de chance depuis quelque temps! D'abord, hier, ce monsieur qui me fait une scène, parce qu'il prétend que lorsqu'elles ouvrent une loge maintenant, les ouvreuses commencent par y entrer les premières, qu'elles sont une heure à y disposer les petits bancs en se penchant sur les banquettes et en montrant leur derrière aux personnes qu'elles tiennent ainsi fort longtemps à la porte. Voyez donc le grand malheur! J'avais envie de lui dire : « Vous devriez payer un supplément pour voir cela. » Mais ce n'est pas tout! Il m'arrive deux dames et un monsieur... des gens bien ficelés, bon genre, avec un coupon. Je me dis : « Nous ferons nos frais. » Je donne deux petits bancs, que les dames acceptent gracieusement. C'est bien! voilà mon petit boniment soigné; on ne veut plus rien, je fais le mort jusqu'au dernier entr'acte. Alors, comme de raison, j'ouvre la loge et je dis au monsieur avec un sourire : « Monsieur, vos petits bancs, s'il vous plaît? » « Il me regarde d'un air étonné. Je réponds en saluant :

« — J'ai donné des petits bancs à ces dames.

« — Ah! très bien! très bien!

« Je crois qu'il va fouiller à sa poche; mais, pas du tout, voilà mon gentilhomme qui se baisse... qui se met à quatre pattes, puis qui prend les petits bancs sous les pieds de ces deux dames et me les présente gravement en me disant :

« — Voilà vos petits bancs!

« Au point que j'en reste médusée! »

— A votre place, mère Grattenboule, je lui aurais cassé mes bancs sur le nez! Il méritait ça.

— Il est bien probable que je me serais livrée à quelque chose de semblable... mais les deux dames, qui avaient vu la conduite de leur cavalier, s'empressèrent de fouiller à leur porte-monnaie et me donnèrent mon *quibus*.

— Et le monsieur les laissa payer?

— Parfaitement, ma chère; il ne fit pas un mouvement pour les en empêcher. Sans doute, c'étaient aussi les dames qui avaient aussi le coupon et avaient mené ce monsieur au spectacle; il est probable que, pour revenir, ce sont elles qui ont payé la voiture. En quel temps vivons-nous, mes enfants, pour qu'on voie des cancres pareils?

— Ah! tous les hommes ne sont pas comme ça!

— C'est fichtre bien heureux! S'ils étaient tous comme ça, faudrait les mettre sous cloche et ne jamais les ôter. Allons! je vas regagner ma place. Je m'embête ce soir!... Dites donc, mesdames, si on faisait un petit piquet dans les entr'actes?... comme ça couperait la soirée!

Puis, qui prend les petits bancs sous les pieds de ces deux dames, et me les présente gravement en me disant : « Voilà vos petits bancs. »

— Oui, belle idée!... et M. l'inspecteur qui ne veut pas que nous lisions, de peur que ça ne nous endorme.

— On est donc privé de tous les agréments ici! Tant pis; je propose de jouer une bouteille de cidre à pair ou non. Ça te va-t-il, Finard?

Mais avant que Mme Finard ait eu le temps de répondre, un monsieur mis en lion pur sang, et faisant beaucoup de bruit avec ses bottes et sa canne, arrive dans le couloir en se dandinant, en reculant, en fredonnant. Il regarde à plusieurs carreaux, puis va à Mme Grattenboule :

— Ouvreuse, avez-vous une loge agréable?

— Monsieur veut dire où l'on voit bien la scène, sans doute?

— Je me moque pas mal du spectacle. Je veux dire une loge où il y a de jolies femmes.

— Ah! très bien!... compris!... Monsieur est amateur?... Il a bien raison! Le beau sexe est l'image de la Divinité.

Le monsieur lorgne alors Mme Grattenboule, et se met à rire en s'écriant :

— Ah! vous trouvez? Ah! ah! si la Divinité avait un tour comme le vôtre! Eh! mais, c'est singulier!... j'ai déjà vu une face dans ce genre-là.

— Une face! Comment dites-vous, monsieur?

— Oui, oui... alors vous étiez déguisée en espèce de commissaire. Vous aviez une grande perruque à la Louis XIV qui vous tombait sur les épaules. Oh! c'est bien cela! Vous ne me remettez pas?

Mme Grattenboule fait des minauderies en balbutiant :

— Est-ce que par hasard... autrefois... monsieur et moi... Mon Dieu! j'ai connu tant de monde... ma mémoire est si volage!... Dites-moi votre petit nom... ça me remettra sur la voie, méchant!

— Que diable me chantez-vous avec mon petit nom? Cette vieille femme est folle!... Mais à Nemours... Oh! que vous étiez drôle!...

— A Nemours! Ah! mon Dieu... attendez donc... voilà que je me remémore... Un bel homme qui m'a payé à déjeuner à l'auberge où nous logions avec ma fille et la troupe?...

— C'est cela même... et à qui vous avez jeté votre perruque à la tête, du trou du souffleur où vous étiez, parce que je n'avais pas jeté de bouquet à votre fille.

— C'est vrai. Oh! je me rappelle tout, à présent. Quel excellent déjeuner nous avons fait! Vous étiez négociant en vins.

— Oui, autrefois!... mais, maintenant que j'ai hérité, j'ai abandonné le commerce pour ne songer qu'au plaisir, aux femmes surtout.

— Ah! monstre que vous êtes!... vous avez bien raison de nous aimer! nous sommes si aimables!

— Vous m'avez cru amoureux de votre fille.

— C'est vrai. Dame! elle en valait la peine. Qu'elle était jolie en houzard, ce soir-là... dans *le Déserteur!* Vous en souvenez-vous?

— Oh! je n'étais alors occupé que d'une autre... la petite débutante, Cerisette...

— Ah! oui, une momie! une rien du tout! ça n'approchait pas de ma fille!

— J'avais un caprice pour cette petite... elle a fait la bégueule!

— Elle n'avait aucune espèce d'éducation!

— En tout cas, cela ne lui pas réussi, car je l'ai vue dans une position...

— Malheureuse?

— Tout ce qu'il y a de pis... au coin de la rue...

— Ah! qu'est-ce que vous me dites-là? Ah! ben, et moi, qui tout à l'heure m'étais figuré la reconnaître dans une belle dame à cachemire, à diamants? J'avais la berlue!

— Vous aviez cru reconnaître cette petite Cerisette tout à l'heure?

— Oui... une vision.

— Et où est cette personne que vous aviez prise pour elle?

— Quand je vous dis que je m'étais trompée! Une dame sur un grand numéro avec un monsieur *idem*. Ils cherchaient des places par ici, mais ils ont été ailleurs.

— Où cela?

— Je ne peux pas vous dire, je ne m'amuse pas à suivre toutes les personnes qui me passent devant le nez. Et mon poste donc... est-ce que je puis l'abandonner?

— Voyons, ouvrez-moi quelque part.

— C'est que je n'ai guère de ce que vous me demandez. Les jolies femmes n'abondent pas par ici, ce soir.

Un monsieur qui traversait le corridor vient frapper sur l'épaule de la personne qui causait avec Mme Grattenboule en lui disant :

— Bonsoir, Froimont. Te voilà par ici?

— Tiens! c'est Brulevalle. Où es-tu placé?

— Là, dans une loge découverte avec une dame.

— As-tu une place à me donner près de toi?

— Oui, il y en a encore dans notre loge.

— Ça ne te gênera pas... si tu es avec une dame?

— Nullement! c'est une ancienne, viens. Madame, ouvrez-nous, s'il vous plaît.

C'est à Mme Grattenboule que ce monsieur vient de s'adresser pour rentrer dans sa loge, où il introduit M. Froimont, le ci-devant commis voyageur en vins, qui est devenu riche, comme il vient de nous l'apprendre, et auquel l'argent a donné encore plus d'insolence et de sottise : c'est assez l'habitude de la fortune de faire ressortir nos vices et nos travers.

Dans la loge, justement à côté de celle où vient d'entrer M. Froimont étaient deux dames : l'une, que nous connaissons fort bien, est Mme de Fierville, la tante de Léon ; l'autre, que nous avons déjà vue une fois, est Mme Chalupeaux, cette grande femme sèche dont le mari avait fait des mines si singulières en se trouvant en face de Cerisette.

Depuis ce jour-là, Mme de Fierville, qui, jusqu'alors, ne voyait que rarement les Chalupeaux, s'est éprise pour eux d'une amitié qui ne s'était point encore manifestée ; elle leur fait de fréquentes visites, les engage à dîner, et, lorsqu'elle a un coupon de loge de spectacle, elle fait proposer aux Chalupeaux d'y venir avec elle. C'est pourquoi la grande femme sèche se trouve là avec Mme de Fierville. Quant à M. Chalupeaux, qui dînait en ville, il doit venir plus tard chercher ces dames.

La tante de Léon est placée contre la loge du côté où est Froimont. Le spectacle était commencé. Mme Chalupeaux prêtait toute son attention à la pièce. Mme de Fierville écoutait peu ce que disaient les acteurs. Elle était fort occupée à regarder dans une loge qui faisait presque face à la scène ; elle lorgnait son neveu et surtout Cerisette, qui étaient placés là.

Après qu'il s'est installé dans la loge, le premier soin du ci-devant commis voyageur est de tirer de sa poche une paire de jumelles de la grosseur d'un télescope, et de les braquer sur les dames qui sont dans la salle. Après avoir passé en revue plusieurs rangs de loges, il est arrivé à celle dans laquelle sont Léon et sa femme. Quoique Cerisette se tienne un peu en arrière, elle se trouve justement placée de manière à ce que ce monsieur puisse voir sa figure. Une exclamation de surprise lui échappe.

— Qu'as tu donc, Froimont? lui demande son ami en se penchant vers lui. Est-ce que tu viens d'apercevoir une de tes maîtresses avec quelque cavalier servant?

— Non, non, ce n'est pas cela, mais je viens d'apercevoir une dame qui me rappelle d'une façon surprenante une jeune fille que j'ai beaucoup connue.

— Une jeune vestale?

— Oh! fichtre, non! ce n'était point une vestale, il s'en faut! La ressemblance est parfaite.

— C'est peut-être ta demoiselle?

— Ce n'est pas possible, celle-ci est plus forte, plus grasse. Il est vrai que depuis cinq ans à peu près que je ne l'ai vue, elle aurait pu changer. Mais cette tournure, ces manières élégantes, ça ne peut pas être Mlle Cerisette!

— Oh! Cerisette! le nom est original. Où donc est-elle, cette dame?

Elle s'avance d'un air aimable... (P. 448.)

— Tiens, en face, après cette loge où il y a deux petites filles sur le devant.

— Ah! je vois... une dame en chapeau de velours vert, des roses dessous.

— C'est cela même.

— Elle est fort jolie, cette femme-là!...

— Mlle Cerisette était très bien aussi!

Cette conversation avait lieu à demi-voix, pour ne pas gêner les voisins qui écoutaient la pièce; mais Mme de Fierville, qui n'écoute pas le spectacle, et qui est tout contre Froimont, n'en a pas perdu un mot. On doit juger si son attention redouble lorsqu'elle a la conviction que c'est de la femme de son neveu que son voisin parle en ce moment.

Au bout d'un instant, la conversation reprend dans la loge.

— Comment trouves-tu le drame, Froimont?

— Je n'en ai pas entendu un mot!

— Tu es toujours occupé de cette dame qui te rappelle ta petite?

— Toujours!... Ce qui prouve que la ressemblance est bien grande, c'est que l'ouvreuse de loges en a été également frappée.

— Comment, l'ouvreuse de loges connaissait ta Cerisette?

— Certainement! cette jeune fille était actrice dans une troupe ambulante dont l'ouvreuse était souffleur.

— Oh! la bonne farce!

— Après l'acte, je tâcherai de voir de plus près cette belle dame.

L'acte fini, M. Froimont sort de sa loge. Mme de Fierville examine attentivement la femme de son neveu; mais celle-ci est alors rentrée au fond de sa loge et on ne peut plus l'apercevoir. De plus, comme Léon avait aperçu sa tante et Mme Chalupeaux, il avait prévenu sa femme qui avait soin de ne pas regarder de ce côté-là, car il aurait fallu un salut que l'on eût été bien capable de ne point lui rendre.

M. Froimont revient prendre sa place peu de temps avant que le rideau lève, en disant à son ami:

— Pas moyen de rien voir! Il n'y a pas de carreaux à ces loges-là; les places sont prises à la galerie devant, et cette dame s'est retirée au fond : on ne peut plus l'apercevoir.

— Ah çà! mon cher Froimont, cette Cerisette te tenait donc bien au cœur? car tu n'es occupé que de cette ressemblance.

— Oui, je donnerais tout au monde pour retrouver cette petite, afin de me venger d'elle!

— Te venger! elle t'a donc fait des traits?

— Oui, de ces choses que je ne pardonne pas, moi. Ah! voilà cette dame qui se remet sur le devant. Oh! cette ressemblance est extraordinaire! Enfin... à la sortie, je pourrai peut-être m'approcher d'elle.

Le spectacle continue. Un peu avant le dernier acte, un monsieur d'un âge mûr et jouissant d'un air parfaitement bête vient souhaiter le bonsoir à Mme de Fierville, puis, au bout de quelques instants, échange un salut avec M. Froimont qu'il aperçoit à côté de lui.

— Vous connaissez ce monsieur qui est là à côté? dit tout bas Mme de Fierville à la personne qui est dans sa loge.

— M. Froimont! Oh! je le connais depuis longtemps. Il a hérité de son oncle qui avait bien douze mille francs de rente; il est fort à son aise. Il faisait le courtage en vins. Je pense qu'il ne le fait plus. Il m'en a vendu du bon, mais qui déposait. Ah! je crois que le dernier acte va commencer. Je vais aller reprendre ma place. Mesdames, j'ai bien l'honneur...

— Ah! surtout; M. Mitonnet, ne soyez plus si longtemps sans venir me voir. Vous me négligez, c'est fort mal! Vous savez pourtant que vous êtes toujours désiré!

M. Mitonnet a si peu l'habitude d'entendre Mme de Fierville lui dire des choses aimables, qu'il en demeure tout saisi. Son nez s'épanouit, sa bouche s'entr'ouvre, ses yeux se ferment; il cherche une réponse et ne peut que balbutier :

— Madame... certainement... je crois qu'on a frappé... J'aurai cet honneur... oui... les trois coups... avec grand plaisir.

Et le monsieur à l'air bête disparaît en manquant de rouler sous la banquette, parce qu'il veut sortir à reculons. Un peu avant la fin de la pièce, Léon et sa femme quittent leur loge. Aussitôt, M. Froimont se hâte d'en faire autant en disant un brusque adieu à son ami.

Mais, quelque diligence qu'il fasse, il ne peut rejoindre Cerisette qu'au moment où elle monte dans sa voiture avec son mari.

— Un coupé! une voiture bourgeoise! Allons, j'étais fou! se dit Froimont en regardant la voiture s'éloigner. Allons fumer un cigare.

XLVIII

PATTE DE VELOURS

Dans la semaine qui suit la soirée qu'ils ont passée au théâtre de la Porte-Saint-Martin, Léon et sa femme étaient seuls chez eux. Cerisette étudiait son piano; son mari l'écoutait et la regardait, toujours avec bonheur, toujours avec amour. Tout à coup la sonnette se fait entendre.

— Qui peut nous venir voir? dit la jeune femme que la moindre cause émeut.

— Si ce pouvait être Gaston?... Il y a au moins huit jours que nous ne l'avons vu.

— Tu oublies, mon ami, qu'il nous a dit alors qu'il allait faire un petit voyage au Havre?

— C'est vrai, mais il pourrait être de retour. Sinon, c'est mon brave Sabretache.

— Il est venu avant-hier, et tu sais bien qu'il ne vient pas si souvent. Il a toujours peur d'être importun.

— Et il a tort : n'est-il pas ici chez ses enfants?

Le domestique met fin à l'incertitude des jeunes gens en annonçant :

— Mme de Fierville.

— Ma tante! s'écrie Léon, ma tante qui vient nous voir!... Au fait, elle nous devait une visite, et elle est si sévère sur la cérémonie... Allons, ma bonne amie, oublions le froid accueil qu'elle nous a fait et soyons aimables avec elle ; ce sera de meilleur goût que si nous lui montrions de la rancune, n'est-ce pas?

— Oui, mon ami, et, d'ailleurs, ne faut-il pas rendre le bien pour le mal?

Mme de Fierville entre dans le salon ; mais ce n'est plus avec cet air froid, guindé et presque impertinent qu'elle prenait d'ordinaire avec Léon et sa femme ; elle s'avance d'un air aimable, le sourire sur les lèvres, elle va à Cerisette, lui prend les mains en lui disant bonjour, comme on ferait à une véritable amie. La jeune femme est tellement saisie de ce changement et des nouvelles manières de Mme de Fierville avec elle, qu'elle demeure toute troublée, toute interdite, et s'embrouille dans les réponses qu'elle lui fait.

De son côté, Léon, qui partage la surprise de sa femme, est resté au milieu du salon avec un siège qu'il avait l'intention d'avancer à sa tante. Celle-ci, en femme qui a de l'usage, n'a pas l'air de remarquer l'étonnement des jeunes époux, et se jette dans un fauteuil en s'écriant d'un ton qui frise la bonhomie :

— Oui, mes chers amis, c'est moi qui viens vous voir ; je suis un peu en retard avec vous, mais je pense que vous m'excuserez ; je sais que vous tenez peu aux cérémonies, et puis, entre tante et nièce, on ne doit pas compter les visites.

C'était la première fois que Mme de Fierville appelait Cerisette sa nièce : la jeune femme en éprouve une émotion qui fait venir des larmes dans ses yeux. Sans paraître y faire attention, la tante de Léon continue :

— Mon intention était de venir vous voir depuis longtemps, mais, à Paris, pour peu que l'on connaisse du monde, vous savez qu'on ne fait pas toujours ce qu'on avait projeté... Je vous ai aperçus, je crois, la semaine dernière, au théâtre de la Porte-Saint-Martin?

— En effet, ma tante, nous y étions, répond Léon, et j'ai cru aussi vous y voir...

— Et vous n'êtes venus me dire bonjour ni l'un, ni l'autre!... Savez-vous que c'est fort mal, cela, et que je devrais vous en vouloir beaucoup.

— Madame, j'aurais craint de vous déranger .. d'être indiscrète... murmure Cerisette.

— Indiscrète!... par exemple!. . J'étais avec Mme Chalupeaux... une excellente femme... dont le mari fut, dit-on, assez mauvais sujet autrefois. Espérons qu'il s'est rangé... Et vous allez souvent au spectacle, ma nièce?

— Mais oui, madame, nous l'aimons beaucoup, Léon et moi.

— Le spectacle est agréable quelquefois, mais lorsqu'on y va de trop on se blase. Il faut prendre d'autres plaisirs... Je pense bien que mon neveu n'a pas épousé une femme jeune et jolie pour la tenir éloignée du monde.

— Je ne désire pas aller dans le monde, madame.

— Quand je dis dans le monde, j'entends chez quelques amis... Enfin, j'espère que vous viendrez chez moi... Vous ferez un peu de musique... un whist, si vous aimez le jeu ; ou bien encore vous ne ferez rien, comme bien des gens qui, dans le monde, préfèrent le rôle de spectateur... Vous viendrez... c'est le jeudi que je reçois... Léon, vous vous en souviendrez, j'espère?

Un monsieur d'un âge mûr et jouissant d'un air parfaitement bête, vient souhaiter le bonsoir à Mme de Fierville.

— Oui, ma tante.

— Et vous m'amènerez votre femme?

— Vous savez bien que nous n'allons pas l'un sans l'autre.

— D'ailleurs, ma nièce retrouvera chez moi une ancienne connaissance, M. Dumarselle...

— M. Dumarselle! s'écrie vivement Cerisette. Ah! il y a bien longtemps que je ne l'ai vu, cela me ferait bien plaisir de me trouver avec lui.

— Eh bien! vous le verrez chez moi.

— Il est donc de retour de ses voyages? dit Léon.

— Oui, mon ami ; Sabretache l'a vu... il n'y a pas longtemps.

— Il est de retour, et son premier soin a été de venir me rendre visite.

Mme de Fierville soutient assez longtemps la conversation en passant en revue différents sujets, ce qu'elle fait avec beaucoup d'esprit et de malice, lorsqu'elle veut bien se donner la peine d'être aimable. Ensuite, elle prend congé des jeunes gens en témoignant encore beaucoup d'amitié à Cerisette, en lui répétant qu'elle compte sur elle à ses soirées. En sortant, elle lui a serré la main.

Lorsque la tante est partie, Léon et sa femme se regardent quelques instants sans parler. Enfin Cerisette s'écrie :

— Mon ami, je n'en reviens pas !

— Ma foi ! ni moi non plus !... Je t'avoue que je crois rêver !

— Mme de Fierville qui m'appelle sa nièce ! qui m'a pris la main !... me l'a pressée avec affection !... qui me témoigne de l'amitié !...

— Le fait est que cela est étrange !...

— D'où peut donc naître ce changement ?... Le devines-tu, Léon ?

— Non, j'ai beau chercher... je m'y perds... La dernière fois que nous avons été lui faire une visite, elle nous a reçus avec une froideur qui ressemblait bien à l'impertinence !...

— C'est vrai... mais, depuis ce temps, elle a peut-être réfléchi... elle aura été fâchée de nous avoir si mal reçus... Enfin, tu es son neveu, elle doit t'aimer... et, à cause de toi, elle se sera dit « : Pardonnons à sa femme. » Quel que soit son motif, je serai bien contente si, maintenant, elle daigne me traiter avec bonté... Peut-être parviendrai-je un jour à me faire aimer d'elle, et je t'assure que ce serait un grand bonheur pour moi. Eh bien ! mon ami, tu ne dis rien ; à quoi réfléchis-tu ?

— A ce changement dans les manières de Mme de Fierville à ton égard. Ma chère Agathe, je connais le monde mieux que toi ; je connais surtout, le caractère altier, inflexible de ma tante... et, s'il faut te l'avouer, je crains quelque perfidie.

— Ah ! Léon, pourquoi donc penser cela ?... Pourquoi supposer à ta tante tant de méchanceté ?

— Ma bonne amie, il y a un proverbe qui est bien vrai : « Chassez le naturel, il revient au galop. » Un loup ne devient pas un mouton, le renard ne se change pas en âne... Quand ils prennent ces allures, c'est toujours pour commettre quelque mauvaise action...

— Mais, pourquoi ta tante voudrait-elle me faire du mal ? Je ne lui en ai jamais fait, moi.

— Elle a été furieuse de notre mariage ; elle voudrait me prouver à présent que je dois m'en repentir... Plus elle nous voit heureux, plus elle éprouve de dépit... Il y a tant de gens pour qui le bonheur des autres est un supplice et qui font tout pour le troubler! Ce qu'il y a de plus triste, ma chère Agathe, c'est que, trop souvent, c'est dans le sein de sa famille, c'est chez ceux dont on ne devrait attendre que de l'affection, que l'on trouve ces sentiments de haine et d'envie auxquels on est bien heureux quand on peut ne pas ajouter l'ingratitude... car c'est aussi à ceux qui leur font du bien, à ceux auxquels ils doivent tout, que les méchants ne pardonnent point le bonheur.

— Ah! mon ami, le monde est donc bien perfide?

— Oh! oui, bien méchant, et nous avons, chaque jour, la preuve que le temps et l'expérience ne le corrigent pas! Mais, enfin, je puis me tromper sur les intentions de Mme de Fierville; je le désire sincèrement. Qu'elle revienne à nous franchement, et elle trouvera deux personnes qui ne demanderont qu'à l'aimer. En attendant, agissons avec prudence... et ne nous pressons pas d'aller chez elle.

Nous avons vu que Mme de Fierville était, depuis quelque temps, devenue d'une extrême amabilité avec les époux Chalupeaux, elle les comblait de prévenances et leur témoignait une amitié qui, de sa part, devait paraître une faveur, car elle était rarement aimable dans le monde. Aussi, M. et Mme Chalupeaux étaient devenus des habitués de chez Mme de Fierville; ils manquaient rarement à une de ses soirées du jeudi.

Depuis qu'elle a été au théâtre de la Porte-Saint-Martin, où elle a vu M. Mitonnet saluer le monsieur qui causait dans la loge à côté d'elle, Mme de Fierville a pris aussi en grande tendresse ce vieux bonhomme à figure bête, qui s'appelle Mitonnet, et dont, jadis, elle n'eût pas voulu accepter la main pour descendre un escalier.

Ce M. Mitonnet a donc été bien surpris, un jour, de recevoir un billet très aimable de Mme de Fierville, par lequel cette dame l'engageait à dîner pour le surlendemain. Le vieux rentier, qui ne sait jamais comment employer sa journée, n'a garde de manquer à cette invitation. Il se rend, au jour dit, chez Mme de Fierville, qui le reçoit comme les Chalupeaux, c'est-à-dire à bras ouverts, et a la patience d'écouter en dînant la manière dont M. Mitonnet apprivoise les petits poissons rouges et les carpes, ce qui doit fort peu l'amuser; mais, pour arriver à son but, cette dame était capable de tout.

Enfin, après avoir fait promettre à son convive de venir souvent à ses petites réunions du jeudi, Mme de Fierville lui dit :

— Je vous ai vu, l'autre jour, saluer un monsieur... nommé, je crois, Froimont?

— M. Froimont? C'est possible... Je connais un Froimont.

— Il m'a paru fort aimable, ce monsieur... sa conversation est spirituelle, amusante.

— Ah! vous croyez?

— Est-ce que vous ne le connaissez pas?

— Si fait, si fait...

— Et vous ne le trouvez pas aimable?

— Je crois que si... il est fort gai... c'est un gaillard!... Il a hérité de son oncle.

— Vous me l'avez dit... Dans nos réunions, savez-vous que les hommes d'esprit sont assez rares?

— C'est vrai... On a dit cela dans plusieurs maisons où j'allais.

— J'aimerais beaucoup à recevoir chez moi ce M. Froimont... il m'a plu sur-le-champ... Il y a comme cela des personnes qui nous conviennent au premier coup d'œil... Êtes-vous de mon avis, monsieur Mitonnet?

M. Mitonnet apprivoise les petits poissons rouges et les carpes.

— Parfaitement... c'est-à-dire, je ne sais pas...

— Tenez, mon cher monsieur Mitonnet, nous sommes de vieilles connaissances... d'anciens amis, et j'agis sans façon avec vous : il faut qu'un soir vous m'ameniez ce M. Froimont, le voulez-vous?

— Très volontiers, madame... Ah! mais... Je ne puis pas savoir s'il voudra venir, ce monsieur?

— Il me semble, monsieur Mitonnet, que je porte un nom assez honorable, que je tiens un rang assez élevé dans le monde pour que... M. Froimont doive être flatté d'être invité par moi...

— C'est ce que je voulais dire!... Je me suis mal expliqué... Il sera probablement très flatté de venir chez vous...

— Je vous le répète, j'ai l'intention cet hiver d'animer un peu mes soirées... Je donnerai quelques bals et quelques concerts...

Il trouve Léon en train de danser avec sa femme. (P. 460.)

— Des bals !... Il faudra que j'apprenne à polker !...

— Vous n'y êtes pas obligé... surtout, si vous nous amenez de jeunes cavaliers...

— Cela ne fait rien... J'apprendrai aussi quelques figures; on peut avoir besoin d'un quatrième.

M. Mitonnet a quitté Mme de Fierville en se demandant s'il n'avait pas fait sa conquête ; et la tante de Léon regarde le vieux rentier s'éloigner, en se disant :

— Il faut bien du courage pour supporter ce monsieur... mais, encore un peu de patience, et j'arriverai à mon but. Ah! monsieur Dumarselle, vous aussi, vous la trouverez charmante, cette femme! Ah! c'est une raison de plus pour que je la déteste!

Sabretache n'était jamais plus de deux jours sans aller voir Cerisette, depuis qu'elle était revenue à Paris; mais il acceptait rarement l'invitation qu'on lui faisait toujours de rester à dîner; le vieux troupier aurait craint d'être indiscret, et, dans les beaux salons de Paris, il ne se sentait pas aussi à son aise qu'à la campagne. Pourvu qu'il vît un instant son ancienne protégée, qu'il lui pressât tendrement la main, l'ancien soldat était content, et il revenait chez lui avec du bonheur pour toute la journée, bonheur qu'il partageait souvent avec Pétarade, qui, aussitôt qu'il voyait son camarade, lui demandait des nouvelles de Mme Agathe-Cerise.

Sabretache est donc bien vite informé du changement de manières de Mme de Fierville à l'égard de la femme de son neveu. En apprenant cela à son ancien protecteur, Cerisette croit qu'il va être aussi joyeux qu'elle; elle est fort surprise de lui voir au contraire froncer le sourcil et secouer la tête d'un air soupçonneux.

— Comment, mon ami, s'écrie Cerisette, est-ce que vous ne regardez pas comme un bonheur que Mme de Fierville me traite maintenant comme sa nièce?

— C'est selon, mon enfant : si cette amitié-là était venue tout de suite, à la première escarmouche, j'aurais dit : « C'est bien, la petite lui plaît, et, au fait, elle devait lui plaire. » Mais, quand je vois une femme qui vous fait à la campagne une mine de chat-huant, qui semble furieuse de ne point trouver à mordre sur vous, devenir tout à coup, ici, charmante, mielleuse, et vous engager à aller la voir... Hum! je me dis : « Cela n'est pas naturel... le chat fait patte de velours, c'est pour mieux égratigner. »

— Vous voilà comme Léon, qui ne veut pas croire que sa tante soit sincère!

— C'est qu'il la connaît, la payse! et qu'il sait ce dont elle est capable.

— Je dois donc mal recevoir les avances de cette dame?

— Je ne dis pas... Méfiez-vous, petite, méfiez-vous!

— Mon ami, c'est bien cruel de toujours se méfier! Moi qui n'ai jamais eu de mère à entourer de mes soins, de mes caresses... vous ne voulez pas que je trouve une amie dans une parente de mon mari!

— C'est pas moi qui ne le veux pas! C'est ma mémoire qui me rappelle tous les mots méchants que cette chère tante vous lançait à bout portant, là-bas... aux Grands-Chênes.

— Mais vous ne savez pas, mon ami; M. Dumarselle va chez Mme de Fierville; je le verrai sans doute chez elle, et je vous avoue que je m'en fais un grand plaisir. Il a été si bon... si aimable pour moi, à Neuilly! Ai-je tort aussi de croire à l'amitié de ce monsieur?

— Oh non!... Quant à M. Dumarselle... c'est un digne homme... je lui dois tout... votre santé, mon bien-être... S'il va chez la tante... alors c'est différent; ça fera la balance... Au reste, votre mari sera là... c'est un brave, aussi... et il saura veiller sur sa femme. Mais tout ça ne fait rien... méfiez-vous tout de même.

Sabretache a quitté Cerisette qui ne comprend pas que Mme de Fierville puisse être son ennemie, et se demande dans quel but elle l'inviterait à aller la voir si elle avait encore de la prévention contre elle.

Le jeudi qui suit, Mme de Fierville a réuni une société assez nombreuse. Elle a les Chalupeaux, et le vieux Mitonnet ne tarde point à lui présenter M. Froimont.

Le ci-devant courtier en vins a voulu, en devenant riche, prendre le ton, les manières de la belle société; mais c'est en vain qu'il s'y applique; ce monsieur sent la pipe; il entremêle sa conversation d'expressions très libres; il se vautre sur les divans au lieu de s'y asseoir. Enfin il parle très haut, tranche sur tout et ne comprend pas que l'on joue autre chose que le lansquenet. Mme de Fierville supporte tout cela, et semble trouver ce monsieur très aimable; elle pousse la complaisance jusqu'à former un lansquenet pour lui être agréable. Mais, de temps à autre, elle tourne ses regards vers la porte de son salon, et le dépit se peint sur sa figure en voyant l'heure s'avancer sans que Léon et sa femme arrivent.

Sur les onze heures, M. Froimont, qui a gagné l'argent de tout le monde, s'en va avec le vieux Mitonnet, auquel il dit :

— Où diable m'avez-vous mené, vieux farceur? On s'embête horriblement chez votre dame!... c'est rococo à vous faire tourner en bourrique... Et des gens qui n'osent pas tenir dix francs au lansquenet!... Ah! fi! quels croquants. J'en ai assez de votre Mme de Fierville... Je n'y retournerai pas... Du punch qui ne sent rien!

— Mais, monsieur Froimont, vous m'étonnez, les réunions de

Mme de Fierville sont très recherchées... elle n'a que du beau monde.

— Ah! ouiche, je n'ai pas vu une jolie femme... et ses moins laides faisaient leur prude à faire reculer un pompier. D'ailleurs, je vous le répète, on s'ennuie dans cet maison. Ils font le whist!... Comme c'est gai! Ils lèvent les yeux au ciel et regardent le plafond avant de jouer une carte. Tout cela ne me va pas. Ah! si on dansait, passe encore... parce qu'en dansant les plus revêches s'adoucissent... Je connais ça! Je n'ai jamais été à un bal sans y faire de conquêtes!

— Je crois que Mme de Fierville a l'intention de faire danser cet hiver... aussi j'apprends à polker.

— Alors ça pourra être drôle... On pourra rigoler... Jusque-là vieux Mitonnet, ne comptez pas sur moi pour vous accompagner chez cette dame.

Le jeudi suivant, Léon dit à sa femme :

— Ma bonne, il faut être poli... et les choses que l'on ne fait que par politesse sont rarement amusantes; mais, enfin, le monde a ses usages... et quand on ne veut point passer absolument pour des Welches, il faut s'y soumettre.

— Tout cela veut sans doute dire que nous irons ce soir chez la tante?

— Justement! Fais une grande toilette. Pour beaucoup de gens, cela impose et donne de la considération... Il y a même des personnes qui préfèrent cela à du mérite, car elles savent juger l'une et ne sont pas capables de deviner l'autre; nous partirons vers huit heures et demie.

A l'heure dite, Cerisette est prête, parée de ses propres avantages, puis de cette élégance de bon goût qui donne encore plus d'éclat à la beauté; cependant, elle est tremblante, elle éprouve une vive émotion en songeant qu'elle va aller dans le monde; mais son mari lui prend la main, la rassure et lui dit.

— Ne crains rien... tu feras des jalouses; moi, des envieux... En société, ce sont les plus beaux rôles.

Il y avait une vingtaine de personnes réunies dans le salon de Mme de Fierville, lorsqu'on y annonce M. et Mme Dalbonne. La figure de la maîtresse de la maison s'épanouit; elle va au-devant de Cerisette qui, d'abord, s'est sentie chanceler en se voyant au milieu de tant de monde. Mais son mari la regarde; elle crompremd qu'il souffrirait de sa gaucherie, de son embarras, et, surmontant sa frayeur, elle parvient à la vaincre de manière à soutenir si bien les chuchotements des dames et les regards des hommes, que, bientôt, dans toute la réunion, on est d'accord pour la trouver charmante. Car le monde est ainsi : un nouveau venu dans un cercle, c'est un débutant sur le théâtre; s'il ne sait pas entrer, sortir, saluer, on le siffle;

s'il montre beaucoup d'aplomb, on l'applaudit. C'est partout de la comédie.

Léon est enchanté de l'effet que produit sa femme et du triomphe qu'elle remporte; Mme de Fierville a de la peine à cacher l'étonnement dans lequel cela la jette, et, tout en demandant à plusieurs personnes, en leur désignant Cerisette : « Comment la trouvez-vous? » on voit que le dépit perce dans son sourire, quand c'est par un éloge qu'on lui répond.

Cependant, Mme de Fierville dissimule; elle redouble d'attentions, de prévenances pour Cerisette, mais, à chaque instant, elle se flatte que la scène changera. Les espérances de cette dame ne se réalisent point. Les époux Chalupeaux ne viennent pas, parce que Némorin est indisposé : enfin, M. Mitonnet arrive seul.

— Et votre ami, M. Froimont, pourquoi ne l'amenez-vous pas?... Va-t-il venir, au moins? demande Mme de Fierville au vieux monsieur qui a l'air bête.

Celui-ci, sans rien perdre de sa physionomie habituelle, répond :

— Je ne crois pas que vous le voyiez ce soir. Je pense même qu'il ne viendra pas.

— Pourquoi cela? Ce monsieur ne s'est donc pas plu chez moi?

— Oh! si fait!... mais il préfère la danse au jeu... Il va de préférence dans les bals.

Mme de Fierville pince ses lèvres avec force, puis tâche de sourire en répondant :

— Eh bien! nous ferons danser ce monsieur.

Cerisette est sortie de chez Mme de Fierville toute surprise elle-même de la facilité avec laquelle on peut réussir dans la société, mais sans se sentir plus de penchant pour le monde.

— Mon ami, ce n'est pas du tout amusant une soirée au milieu de personnes que l'on ne connaît pas, dit la jeune femme à son mari. Je n'aime pas le jeu. Que faire donc? Écouter des choses qui ne vous intéressent point, en dissimulant son ennui.

— Je suis de ton avis... Nous irons fort rarement chez ma tante.

— Si j'y avais rencontré M. Dumarselle... c'eût été bien différent.. mais il n'y est pas venu.

— Je crois même qu'il y va fort peu, maintenant. Ah! ma bonne amie, une petite réunion de vrais amis, voilà le bonheur. Mais cela même est encore chose difficile à réaliser! Vois Gaston... depuis notre retour à Paris, si on l'aperçoit une fois en quinze jours! et, quand il vient, il est toujours pressé... il refuse de dîner avec nous! Et, pourtant, nous étions si amis autrefois!

Cerisette ne répond rien; elle baisse les yeux ou tâche de changer la conversation. Léon observe sa femme; mais il garde pour lui ses réflexions.

XLIX

UN BAL

Cerisette a déjà oublié sa soirée passée dans le monde, où elle n'a nulle envie de retourner, malgré le succès qu'elle y a obtenus; mais, un matin, son mari se présente devant elle avec une lettre à la main, et lui dit en riant :

— Voilà bien autre chose, ma bonne amie, ce n'est plus d'une simple soirée qu'il est question! Il paraît que, décidément, ma tante redevient amie du plaisir... J'avoue que je ne la reconnais plus!... Ceci est une invitation de bal... oh! mais tout à fait bal... pour dans dix jours. On a soin d'envoyer les invitations d'avance, afin que les dames aient tout le temps de faire préparer leur toilette, car ce n'est pas une petite chose qu'une parure de bal. Voyez, madame, ce que vous voulez faire.

— Mon cher Léon, je n'aime pas le monde, je ne sais pas danser, si cela ne te contrarie pas, j'aimerais mieux ne point aller à ce bal.

— Comme tu voudras; quant à moi, je n'y tiens pas le moins du monde.

Mais, deux jours après la réception de la lettre, les jeunes époux voient arriver chez eux Mme de Fierville, encore plus aimable, plus affectueuse que la dernière fois. Elle vient, dit-elle, s'assurer que son neveu et sa nièce se rendront à son bal, dont elle prétend que Cerisette fera le plus bel ornement. Les jeunes gens hésitent à répondre; Mme de Fierville s'aperçoit qu'on n'avait pas l'intention de se rendre à son bal; elle redouble d'instances, de prières; elle déclare que c'est pour sa chère nièce qu'elle a eu l'idée de donner cette fête, et que cela lui ferait beaucoup de peine si elle n'y venait pas.

Cerisette se sent touchée de cette nouvelle marque de bienveillance, et elle regarde son mari en murmurant :

— Mon ami, puisque cela contrarierait ta tante, il faut accepter son invitation.

Léon sourit en déclarant qu'il fera ce qu'elle voudra.

— Alors, je puis compter sur vous, dit Mme de Fierville à Cerisette; vous me promettez de venir?

— Oui, madame, nous vous le promettons. Vous me témoignez maintenant trop de bonté pour que je ne cherche pas à la mériter.

Mme de Fierville est enchantée; elle accable encore la jeune femme de compliments; puis, comme si elle craignait qu'on ne se rétractât, elle se hâte de prendre congé en prétextant une foule de visites à faire.

— Le sort en est jeté ! dit Léon, nous allons au bal !

— Est-ce que j'ai eu tort d'accepter, mon ami? Mais ta tante est si bonne avec moi à présent, que j'aurais craint de la fâcher.

— Tu as bien fait... tu as toujours raison... Au reste, à ce bal, comme à sa soirée, je veux que tu obtiennes un grand succès de gentillesse, de toilette et de danse même ; car tu danseras, je me charge de t'apprendre les figures... Ce n'est pas difficile... Tu as de la grâce, de l'oreille, avec tout cela on danse toujours bien. Mais songe à ta parure de bal... C'est une chose importante, et tu n'as pas trop de temps.

Cerisette suit les intentions de son mari. Une délicieuse robe de bal est commandée, et, le soir, lorsque Sabretache vient voir les jeunes gens, il trouve Léon en train de danser avec sa femme.

— Tiens, mille cartouches ! il paraît qu'on est gai ici? dit l'ancien soldat.

— Mon ami, je prends une leçon, dit Cerisette ; mon mari m'apprend à danser.

— Ah ! oui-dà, il me semble que vous sautiez quelquefois assez gentiment !

— Oh ! ce n'est plus cela !... il faut que je sache la danse du grand monde pour aller au bal chez Mme de Fierville !

— Vous allez au bal... chez cette dame?

— Oui, c'est une fête qu'elle donne pour moi.

— Pour vous?... Ça dure donc toujours, son amitié?

— Plus que jamais ! Demandez à Léon.

— C'est vrai. Ma tante est charmante avec ma femme... C'est à ne pas y croire !

— Nom d'une pipe ! ça me passe ! C'est égal, méfiez-vous toujours, mes enfants, je ne vous dis que ça !

La veille du jour fixé pour le bal de Mme de Fierville, Gaston Brumière vient faire visite à son ami, qu'il trouve, cette fois, apprenant la polka à sa femme.

Cerisette s'arrête en rougissant ; mais Léon veut absolument continuer et s'écrie :

— Je suis bien aise que Gaston nous voie polker ; lui qui est excellent danseur, nous dira si nous allons bien.

Gaston ne peut s'empêcher de sourire ; il se jette dans un fauteuil en disant :

— Soit, je vais être le prévôt... le maître de danse. C'est donc une passion qui vous est venue?

Regardant les dames d'une façon très cavalière. (P. 466.)

— Non, mon ami, c'est l'éducation de ma femme que je complète, Il faut bien savoir danser et polker pour aller au bal.

— Au bal! Je croyais que madame n'aimait pas le bal?

— Mais ma tante donne une grande soirée dansante : elle veut absolument y avoir Agathe... Nous ne pouvons pas nous dispenser d'y aller.

— En effet, j'ai reçu une invitation pour un bal chez Mme de Fierville, invitation qui m'a fort étonné, car je n'ai jamais eu l'honneur ni le désir d'aller chez ta tante.

— Ah! tu as reçu une invitation?

— A laquelle je compte bien ne pas me rendre, je te prie de le croire. Quand je n'aime pas les gens, ils donneraient les fêtes les plus magnifiques que cela ne me tenterait pas. Mais je t'avoue que je suis surpris d'apprendre que vous allez chez Mme de Fierville.

— Mon ami, tu ne sais pas que ma tante est totalement changée à l'égard de ma femme. Depuis que nous sommes revenus à Paris, elle l'accable de marques d'affection, de prévenances; enfin, elle l'appelle sa chère nièce... et c'est en l'honneur d'Agathe qu'elle donne cette fête.

— Ah! c'est différent.

Gaston ne dit plus rien, mais il semble pensif. Léon continue de faire polker sa femme. Enfin, la fatigue force les danseurs à s'arrêter, et le jeune mari, qui est tout en nage, quitte le salon pour aller changer de vêtements.

Cerisette se trouve seule avec Gaston; c'était la seconde fois que cela lui arrivait depuis qu'ils s'étaient revus.

Le jeune homme s'approche lentement de Cerisette et lui dit à demi-voix:

— Madame, j'espère que vous ne doutez pas de l'intérêt que je vous porte... et de la satisfaction que j'ai de vous savoir heureuse?

— Oh! non, monsieur, non, je n'en doute pas! répond Cerisette que ces paroles ont rendue tremblante.

— Eh bien! madame, veuillez en croire le conseil d'un ami sincère... N'allez pas à ce bal chez Mme de Fierville; car cette femme-là vous hait... et je ne sais quoi me dit qu'elle a tramé quelque complot contre vous.

— Mon Dieu!... si cela était!... Vous m'effrayez! Mais comment faire maintenant pour nous dégager?

— On trouve toujours des prétextes.

— Mais j'ai promis... elle compte sur nous... cela pourrait fâcher Léon.

— Le voici... ne lui dites rien... mais, croyez-moi... je ne sais pourquoi il me semble que ce bal cache quelque trahison.

Gaston s'est éloigné bien vite de Cerisette, et, au bout de quelque temps, il prend congé des deux époux.

— Ainsi, tu ne veux pas venir au bal chez ma tante? lui dit Léon.

— Non, certes, et, si tu m'en croyais, tu ferais comme moi... Rappelle-toi nos classiques :

Timeo Danaos et dona ferentes.

— Gaston devient vraiment tout à fait sérieux depuis qu'il a été en

Orient, dit Léon après le départ de son ami. Les Turcs nous l'ont gâté.

Cerisette ne dit rien, elle réfléchit. Mais son cœur se refusait à croire à des perfidies; elle aurait craint de se brouiller entièrement avec Mme de Fierville; l'avis de Gaston n'est donc pas écouté.

Les salons de Mme de Fierville étincellent de l'éclat des bougies; des fleurs sont placées dans les appartements, où tout a pris un air de fête. Déjà les musiciens sont à leur poste, les tables de jeu sont dressées; et la maîtresse de la maison, parée avec une élégance qui s'accorde pourtant avec son âge, regarde les apprêts de son bal avec un sourire de satisfaction dans lequel perce une expression sombre et presque satanique.

« Enfin, ils viendront tous cette fois, se dit-elle; ce Froimont lui-même... ce manant, qui s'ennuie chez moi! Il viendra, car j'ai eu soin, par un billet anonyme, de piquer sa curiosité. Nous saurons donc cette nuit ce que c'est que cette femme! »

Le monde commence à arriver, d'abord fort lentement, comme c'est l'usage. Ce sont les intimes qui viennent de bonne heure; ce sont les dames qui préfèrent voir arriver les autres, pour ne point subir l'inspection de l'entrée et de l'introduction dans les salons. Mais bientôt les autres invités viennent en foule; on fait queue sur l'escalier; les salons se remplissent; encore quelques instants, et l'on ne pourra plus circuler : alors ce sera charmant.

Les époux Chalupeaux sont arrivés, puis le vieux Mitonnet, puis M. Dumarselle, que Mme de Fierville a eu le talent de faire venir à son bal, en lui écrivant qu'il y verrait Mme Dalbonne.

La maîtresse du logis fait les honneurs de chez elle avec beaucoup de grâce; elle fait commencer les quadrilles, elle forme les tables de jeu. Mais elle s'inquiète, car Léon et sa femme ne paraissent point. Enfin, sur les dix heures et demie, le jeune couple fait son entrée au bal. Un murmure flatteur s'élève de toutes parts à l'apparition de Cerisette, qui, dans sa toilette de bal, réalise ces nymphes ravissantes dépeintes par les poètes. Une vive émotion dont elle n'est pas maîtresse donne encore plus de charme à ses traits. Tous les hommes la regardent avec admiration, et, chose bien rare, les femmes elles-mêmes lui rendent justice

Léon se sent heureux et fier en traversant les salons avec Cerisette, qu'il conduit à sa tante. M. Chalupeaux, qui se trouve sur leur passage, devient pourpre, et ne peut se lasser de regarder la jeune femme en s'écriant :

— C'est bien surprenant! bien extraordinaire! Si ce n'était pas l'épouse de M. Dalbonne, je croirais que c'est elle!

Mme de Fierville accueille Cerisette avec empressement et la fai asseoir dans l'endroit du salon où l'on est le plus en évidence. Mais un mari ne reste pas près de sa femme dans un bal, et celle-ci se voit avec effroi isolée au milieu de cette foule, lorsqu'un monsieur s'avance vers elle en la saluant avec respect. Cerisette a reconnu M. Dumarselle; une exclamation de plaisir lui échappe. M. Dumarselle s'empare vivement d'une place qui se trouve vacante près de la jeune femme.

Enfin sur les dix heures et demie le jeune couple fait son entrée au bal.

— Que je suis contente de vous revoir, monsieur! dit Cerisette; combien il y a longtemps que je le désirais!... Mais que vous devez être étonné, vous, monsieur, de me trouver ici!

— J'en suis surtout heureux, madame, et je vous y trouve si bien, vous y tenez si dignement votre place, que bien certainement la Providence vous avait créée pour y arriver.

— Ah! monsieur, ce bonheur, qui est devenu mon partage, ce n'est pas ici, dans le monde, que je le goûte, c'est près de mon mari qui m'aime, et qui est si bon pour moi!

— Je sais tout cela; je présume que vous êtes venue pour ne point contrarier Mme de Fierville. Je vous avoue que je craignais qu'elle ne m'eût bercé d'une fausse espérance en me promettant votre présence. Il me semble qu'elle vous voyait peu.

— En effet, la tante de Léon m'a pendant longtemps traitée avec une extrême froideur; mais, cet hiver, depuis que mon mari et moi nous sommes revenus à Paris, Mme de Fierville est tout autre pour moi.

— C'est avec joie que je la verrai vous rendre justice! J'en éprouve aussi une bien vive à savoir que vous ne m'avez pas oublié.

— Vous oublier, monsieur! Ah! j'aurais été bien ingrate! Vous, si bon pour moi... dans votre jolie maison de campagne de Neuilly, où j'étais si contente d'aller passer des journées... et où vous me donniez des bouquets. Et tout ce que vous avez fait pour Sabretache!

— Assez! de grâce, madame. Vous méritiez bien d'arriver à la fortune, vous à qui elle n'ôte pas la mémoire.

Pendant que cette conversation avait lieu, dans une autre partie du salon, Mme Chalupeaux querellait son mari qui, à chaque instant, allait boire du punch.

— Vous venez encore du buffet, Némorin.

— Oui, j'ai été me rafraîchir.

— Vous rafraîchir! Et vous ne buvez que du punch!

— C'est meilleur au bal que la boisson glacée.

— Est-ce que vous n'avez pas bientôt fini de regarder Mme Dalbonne? Est-ce que vous allez recommencer comme l'autre jour?

— Comment?... quoi?... qu'est-ce?

— Oh! ne faites donc pas le niais... indigne libertin! Depuis que la nièce de Mme de Fierville est entrée dans ce salon, les yeux vous sortent de la tête! C'est indécent, comme vous regardez cette dame!...

— Je vous assure, madame Chalupeaux, que vous faites erreur... Je ne puis pas mettre mes yeux dans ma poche!

— Si, monsieur, cela vaudrait mieux que de vous en servir pour examiner les femmes. Invitez-moi à danser, je veux danser!

— Mais, c'est que... je...

— Allons! vivement... votre main... je vous dis que je veux danser. Allons nous mettre en place!

Mme Chalupeaux entraîne elle-même son mari à un quadrille. Un jeune homme venait d'inviter Cerisette, qui n'ose point refuser parce que Léon lui a dit qu'elle se ferait plus remarquer si elle ne dansait pas; elle se trouve être du même quadrille que M. Chalupeaux, que cependant elle a le bonheur de n'avoir pas pour vis-à-vis; car Némorin, troublé par le voisinage de Mme Dalbonne et par les sarcasmes de sa femme qui le pince quand il regarde Cerisette, ne sait plus ce qu'il fait, embrouille les figures, donne des coups de pied aux dames, et finit par écraser un œil-de-perdrix appartenant à son épouse, qui retourne à sa place furieuse et en boitant.

Quant à Cerisette, elle s'est tirée de la contredanse comme de tout ce qu'elle entreprend : elle a eu de la grâce, de la décence, et, à peine l'a-t-on ramenée à sa place qu'elle a déjà reçu plusieurs autres invitations.

Il est près de minuit : le bal est dans tout son éclat, les salons sont encombrés de monde. Mme de Fierville fait parfaitement les honneurs de chez elle; cependant, déjà son front devient soucieux, elle porte, à chaque moment, ses regards vers la pendule; mais, tout à coup, sa physionomie redevient radieuse : elle vient de voir M. Froimont entrer dans le premier salon.

Le ci-devant commis-voyageur a une toilette tout à fait excentrique ; on voit que ce monsieur veut faire de l'effet, et, ses manières d'estaminet répondant à son costume, il ne peut manquer d'en produire dans une société de gens de bon ton. De plus, ce monsieur, craignant peut-être de ne pas être assez gai, et pour être plus vite en train, a fait ce que font quelquefois les jeunes gens avant d'aller au bal de l'Opéra, il s'est donné une petite pointe.

C'est donc le nez au vent, la parole haute et coudoyant tout le monde, comme s'il était dans un bal public, que M. Froimont fait son entrée dans les salons, où chacun se demande quel est ce personnage qui a l'air de se croire chez *Mabille*... et qui sent la pipe comme un corps de garde.

Mais Mme de Fierville a été au-devant de M. Froimont auquel elle dit :

— Vous venez bien tard, monsieur ; je désespérais déjà de vous posséder.

— Madame, il faut bien le temps de fumer quelques petits cigares... mais je n'avais garde de manquer à votre bal. Fichtre ! je m'en serais bien gardé. Ah ! diable !... c'est que j'ai pour cela des raisons... c'est un secret... je ne peux pas vous dire ça.

— Je respecte vos secrets ; mais j'espère que, ce soir, vous vous amuserez chez moi.

— Mais oui, ce soir, ça m'a l'air assez gentil... Vous avez du sexe, au moins. Allez donc à votre monde, je vous en prie, ne vous gênez pas pour moi ; oh ! je suis un gaillard qui sait aller tout seul... je n'ai pas besoin qu'on me présente.

Mme de Fierville quitte M. Froimont, mais elle ne le perd pas de vue. Celui-ci commence par prendre des verres de punch sur les plateaux qui circulaient devant lui, puis, il se fourre un petit carré de verre sur son œil droit, et, au moyen d'un clignotement qui le rend encore plus laid, il parvient à maintenir ce petit lorgnon sur son visage. Il se promène avec cela dans les salons, regardant les dames d'une façon très cavalière, en se disant :

— Voyons si ce billet anonyme me dit vrai... Je dois rencontrer ici une femme que j'ai connue autrefois, et que je désire depuis longtemps retrouver. Une femme... c'est bien vague, j'en ai tant connu ! N'importe ! nous examinerons, nous chercherons... Mais qui diable peut m'avoir écrit cela ?

La danse a recommencé, et Cerisette fait partie d'un quadrille, lorsque M. Froimont porte enfin ses regards de son côté. Il demeure d'abord frappé d'admiration : la jeune femme est si jolie, elle porte si bien sa toilette, il y a tant de grâce dans sa danse, qu'il ne peut se lasser de la regarder; mais, à mesure qu'il l'examine, il connaît ces yeux, cette bouche, ce sourire fin qui le charment et se dit :

— Mais, que diable! je connais cette femme-là. Eh! oui!... c'est la petite Cerisette... embellie encore... mais ce sont bien tous ses traits!; A coup sûr, ce doit être cette dame-là que j'ai aperçue l'autre soir au théâtre de la Porte-Saint-Martin! Si ce n'est pas ma petite coquine, la ressemblance est extraordinaire! D'ailleurs, ce billet où l'on me prévient que je rencontrerai ici une femme que j'ai connue autrefois! C'est donc elle? Oh! nous allons nous assurer du fait : si c'est elle, ma présence lui fera un drôle d'effet.

Le quadrille est à peine terminé que Froimont, perçant la foule, s'approche de la place où Cerisette a été ramenée, et s'inclinant vers la jeune femme, lui dit avec une affectation dans laquelle il y a de la raillerie :

— Madame sera-t-elle assez bonne... assez aimable pour m'accorder la faveur de la première contredanse?

Cerisette lève les yeux sur ce monsieur qui vient de s'arrêter devant elle, et tout en lui répondant, elle se sent frémir, parce que la figure lui est connue, et qu'enfin elle ne doute plus, au bout d'un moment, qu'elle a en face d'elle l'homme qui s'est sans cesse acharné à la poursuivre, et qui lui a toujours inspiré la plus profonde aversion.

— Je suis invitée, monsieur.

— Vous êtes invitée... cela ne m'étonne pas... Les jolies femmes sont toujours retenues ; mais vous me donnerez bien un numéro?

— Je suis encore invitée pour plusieurs quadrilles, monsieur... et je ne sais pas même si je resterai pour les danser.

— Ah! diable! mais voilà qui est fâcheux... Il faut pourtant que je danse avec vous.

Tout en disant cela, Froimont regardait Cerisette fixement, et remarquait avec une secrète joie le trouble, l'émotion, la terreur qui se peignaient sur le visage de la jeune femme, et qu'elle cherchait en vain à dissimuler.

— Voyons, belle dame... accordez-moi une contredanse?

— Je vous répète, monsieur, que j'ai déjà trop d'invitations.

— Mais il me semble qu'on peut bien faire quelque chose... pour une ancienne connaissance.

— Je ne sais pas ce que vous voulez dire, monsieur.

— Vraiment! Vous avez la mémoire courte, madame... mais je vous ai parfaitement reconnue, moi : d'abord, à vos traits charmants, ensuite, votre voix a confirmé mes soupçons ; vous êtes Cerisette. Oh! la toilette n'est plus la même... mais la personne est identique.

— Je vous répète, monsieur, que je ne sais ce que vous voulez dire, et que je ne vous connais pas.

— Vraiment, madame! Pourquoi donc alors ma présence vous a-t-elle bouleversée à ce point? Ah! à propos, j'avais quelque chose de fort important à vous apprendre... Angely est mort... vous savez bien, ce jeune premier si mauvais?... Il est mort en Angleterre, il y a un an... Ah! cela vous émeut; la mémoire commence donc à vous revenir?

Cerisette faisait tous ses efforts pour rappeler son courage : elle aurait voulu pouvoir lutter contre cet homme qui l'accablait; elle aurait voulu, par son énergie, le forcer à douter que ce fût bien à Cerisette qu'il parlait, mais elle sentait ses forces lui manquer, ses esprits se troubler.

En ce moment, M. Dumarselle s'approche de la jeune femme en lui disant :

— Qu'avez-vous, madame? Vous êtes pâle... vous paraissez souffrir!

— Oh! oui, monsieur... j'ai besoin de prendre l'air... Emmenez-moi, de grâce, emmenez-moi!

Cerisette a pris le bras de M. Dumarselle et quitte aussitôt sa place; M. Dumarselle soutient la jeune femme et l'emmène dans un autre salon.

— C'est comme ça!... Ah! l'on ne veut pas me reconnaître! se dit Froimont en regardant Cerisette s'éloigner. Eh bien! nous allons voir!... nous allons en faire, de ce scandale!

Connaissez-vous cette jolie femme qui est là-bas contre cette fenêtre?

Et le monsieur de mauvaise compagnie suit de loin la jeune femme qui est allée se placer contre une croisée et boit un verre d'eau que M. Dumarselle lui présente.

— Connaissez-vous cette jolie femme... qui est là-bas... contre cette fenêtre? dit Froimont à un monsieur qui se trouve près de lui.

Ce monsieur était Chalupeaux, qui venait encore d'ingurgiter un

M. Froimont se fend et lui passe son épée à travers le corps. (P. 476.)

verre de punch, et qui, animé par les fréquents rafraîchissements qu'il prenait, suivait Cerisette dès que sa femme n'avait pas les yeux sur lui.

— Cette jolie dame... qui est là-bas... contre la fenêtre? Mais c'est Mme Dalbonne?

— Ah! oui-da?... Et qu'est-ce que c'est que ça?... D'où ça sort-il, Mme Dalbonne?

— Comment! vous ne savez pas que Mme Dalbonne est la nièce de Mme de Fierville?

— Vraiment! Eh bien! je lui en fais mon compliment, de sa nièce. Je la connais beaucoup, moi, cette jolie brunette; oh! elle a fait bien des métiers... mais, autrefois, elle ne s'appelait pas Mme Dalbonne... C'était tout bonnement Cerisette.

— Cerisette!... qu'est-ce que vous me dites là? s'écrie Chalupeaux en faisant des yeux effarés. Oh! mais, je ne m'étais pas trompé... c'est donc elle! C'est que je la connais beaucoup aussi, moi, cette Cerisette.

— Mon cher monsieur, tout ce que je puis vous dire, c'est que j'ai couché avec cette femme-là.

— Et moi, aussi, j'y ai couché avec cette charmante femme-là.

— Et moi, messieurs, j'y couche toutes les nuits, car je suis son mari.

Ces paroles sont prononcées par Léon qui, en cherchant sa femme, avait entendu prononcer son nom et s'était arrêté derrière ces deux messieurs qui parlaient d'elle.

En reconnaissant la voix de Dalbonne, en le voyant près de lui, Chalupeaux devient vert, et il s'empresse de balbutier :

— Comment!... par exemple!... tout ceci est une plaisanterie ! .. ne croyez pas un mot de ce que j'ai dit!... ce n'est pas vrai !... c'est le punch!... Je vous jure que je n'ai plus ma tête à moi!

Quant à Froimont, en apercevant le jeune homme dont les traits sont contractés et qui attache ses regards sur les siens, il le toise d'un air insolent en s'écriant :

— Ma foi! monsieur, j'en suis fâché pour vous... mais, si vous êtes le mari de cette petite femme... qui est là-bas... vous avez été complètement floué... et je ne reprends pas mes paroles.

— Assez, monsieur, assez!... répond Léon en saisissant le bras de Froimont et en le serrant de manière à y laisser l'empreinte de ses doigts. Demain, à huit heures, à la porte du bois de Boulogne, et si vous avez le malheur de ne point vous y trouver...

— Soyez tranquille, mon petit monsieur, on y sera, et on y fera votre affaire... Nous avons la main heureuse et l'habitude de ces choses-là.

— A demain donc, et un seul témoin nous suffira.

— Comme vous voudrez.

Après avoir dit ces mots, Léon se retourne pour chercher Chalupeaux duquel il veut obtenir une réparation; mais, déjà Némorin n'était plus là, il avait disparu... Léon est sur le point de courir à sa recherche, lorsqu'il entend un cri douloureux : c'est Cerisette qui, ayant aperçu son mari parler à Froimont, est tombée sur le parquet, saisie par une violente attaque de nerfs. Léon ne songe plus à Chalupeaux; il court à sa femme, que M. Dumarselle a relevée et à laquelle il prodigue ses soins. Mme de Fierville, qui, de loin, avait tout vu, s'approche de Cerisette en s'écriant :

— Mon Dieu! qu'y a-t-il donc? Comment, Léon, c'est votre femme qui se trouve mal! Quelle est donc la cause de cet incident? Comme vous semblez vous-même bouleversé! Que s'est-il donc passé? Il faut porter votre femme dans ma chambre... appeler un médecin.

— Non, madame, non, dit Léon en repoussant vivement sa tante qui voulait s'approcher de Cerisette. Ce n'est pas chez vous que ma femme doit trouver du secours; ce qu'il faut avant tout, c'est qu'elle sorte de cette maison... où je comprends maintenant pourquoi vous teniez tant à ce qu'elle vînt ce soir!

Et Léon, prenant sa femme sur ses bras, l'emporte hors du salon et la met dans sa voiture, aidé de M. Dumarselle qui, avant de s'éloigner a jeté sur Mme de Fierville un regard qui l'a terrifiée.

Cependant la société afflue autour de Mme de Fierville; on vient s'informer de ce qui est arrivé. Bientôt Mme Chalupeaux augmente la confusion générale : elle accourt en jetant des cris et en demandant son mari qui a disparu.

— Eh! mon Dieu! ma chère amie, pourquoi donc cet effroi? lui dit Mme de Fierville. M. Chalupeaux se sera senti indisposé... Il n'aura pas voulu vous le dire... pour ne point vous obliger à quitter le bal.

— Madame... je sais bien que mon mari avait beaucoup bu de punch, mais, s'il ne se retrouvait pas... c'est à votre nièce que je m'en prendrais, madame... elle lui avait tourné la tête.

— Eh! mais, il paraît que la femme de mon neveu a mis ce soir tout en révolution chez moi... Plus tard nous saurons, je l'espère, la cause de ces incidents... mais ce n'est pas une raison pour que mon bal en soit troublé!... Allons, messieurs, allez inviter vos dames. Tenez, l'orchestre joue la ritournelle... le quadrille va commencer.

Chacun retourne à la danse, parce que, dans le grand monde, il n'est pas de bon ton de s'occuper d'affaires qui ne regardent que la maîtresse de la maison. Quant à M. Froimont, il sort de chez Mme de Fierville d'une façon aussi impertinente qu'il y était entré, et, lorsque cette dame le cherche pour lui demander des détails sur ce qui est arrivé, elle ne le trouve plus, il était déjà parti.

Léon avait ramené sa femme chez lui. Le grand air avait calmé les nerfs de Cerisette, elle n'était plus que complètement abattue en arrivant chez elle. M. Dumarselle, qui n'a point quitté les jeunes gens, leur propose d'aller réveiller un médecin et de le ramener avec lui. Mais Cerisette s'y oppose; elle remercie cet homme généreux dont l'amitié ne s'est jamais démentie à son égard, et qui vient encore de lui en donner des preuves. Léon joint ses remerciements à ceux de sa femme, et M. Dumarselle s'éloigne en demandant la permission de venir savoir des nouvelles de la malade, ce qu'on lui accorde avec empressement.

Ta visite ne me surprend nullement... je t'attendais: je gage que tu as un duel ce matin.

Lorsqu'il est seul avec sa femme, Léon redouble pour elle de soins, de tendresse ; car il voit qu'elle le regarde avec crainte, qu'elle semble avoir peur de lui parler. Enfin, Cerisette balbutie d'une voix tremblante :

— Mon ami... je t'ai vu parler à ce bal avec un homme... oh!... un homme qui a toujours cherché à me faire du mal... Mon Dieu!... il m'a reconnue, cet homme!... et, quoique je lui aie répondu qu'il se trompait... il n'a pas moins persisté à vouloir me reconnaître. Ah! Léon, tu dois rougir de ta femme!... tu dois ne plus m'aimer! Cependant, avant de m'épouser, tu as entendu Sabretache.., il a dû te parler de ce commis-voyageur, de ce M. Froimont qui me parla de son amour quand j'étais avec des comédiens... et me fit ensuite lâchement siffler parce que je n'avais pas voulu l'écouter...

— Oui, je sais tout cela. Calme-toi, mon Agathe, et, surtout, ne pense pas que je puisse jamais cesser de t'aimer... Va, ils auront beau faire, ils ne parviendront pas à t'enlever mon amour.

— Cher Léon! Mais cet homme... ce Froimont... que te disait-il?

— Fort peu de chose... Je l'entendais dire à M. Chalupeaux qu'il croyait te reconnaître ; alors, je me suis avancé et lui ai demandé où il avait connu ma femme. Ma question l'a troublé... il est resté tout interdit, puis il a balbutié qu'il se trompait.

— Quoi! c'est là tout ce qu'il t'a dit?

— Tout, absolument.

— Léon! tu ne m'abuses pas?... Cet homme ne t'a pas dit autre chose?

— Rien autre chose.

— Ah! quand je t'ai vu lui parler, je me suis sentie mourir... Je voulais courir... vous séparer... mais, tout à coup, je n'ai plus rien vu autour de moi.

— Prends du repos, tu en as besoin... et oublie les événements de cette nuit.

— Ah! mon ami, tu vois bien que je n'aurais pas dû aller dans le monde. Mais ce Froimont chez ta tante!

— Il y a là-dessous quelque perfidie. Gaston avait raison!

— Et Sabretache aussi... quand il nous disait de nous méfier.

Léon est parvenu a calmer les craintes de sa femme. En redoublant pour elle de tendresse et d'amour, il ramène un peu de tranquillité dans son âme, et fatiguée de tous les incidents de cette nuit, Cerisette parvient enfin à trouver le sommeil lorsque les premiers rayons du jour commencent à poindre.

Ce personnage tient des épées sous son bras.

Alors, Léon se lève sans faire du bruit, et, regardant sa femme endormie, il murmure :

— Dors en paix.., pauvre Cerisette!... toi... dont je connais toute la vie... car Sabretache m'a tout dit... à moi... il a voulu que je sache tout, avant de te donner mon nom... afin que jamais je ne puisse vous accuser l'un ou l'autre de m'avoir trompé. Ah! je ne me repens pas de t'avoir associée à ma vie!... Ton cœur ne fut jamais souillé par le vice... Au revoir, cher ange, je vais te venger de ce misérable qui ose te poursuivre encore!... Oh! oui, si le ciel est juste, ce Froimont recevra le prix de son indigne conduite.

Léon va dans le cabinet. Là, il écrit une lettre qu'il place dans le secrétaire ; ensuite, il achève sa toilette, prend sa boîte à pistolets, et sort doucement de chez lui, avant qu'aucun de ses domestiques soit levé.

Il n'est que six heures et demie, lorsque Léon, qui est parvenu, non sans peine, à se faire ouvrir par le portier de Gaston, sonne chez son ami et demande au domestique si son maître est chez lui.

— Si monsieur est chez lui! murmure le domestique en bâillant. Pardi !... à l'heure qu'il est... Oh! monsieur n'est pas si matinal, il doit dormir encore.

— Très bien, je vais l'éveiller.

— Mais, monsieur, permettez, puisque mon maître dort!

— Eh bien ! c'est justement pour cela que je vais l'éveiller.

Et Léon entre sans écouter le valet qui veut le retenir. Il pénètre dans la chambre de Gaston. Celui-ci avait entendu du bruit, il était éveillé. Il ne paraît nullement surpris en voyant Léon entrer chez lui si matin.

— Pardon, mon cher Gaston, de venir troubler ton repos, dit Léon, mais une affaire qui ne souffre aucun retard...

— Ta visite ne me surprend nullement... je t'attendais; je gage que tu as un duel ce matin!

— Justement! Mais qui t'a dit?...

— Personne; mais je l'avais prévu : c'est la suite de la soirée de ta tante.

— Oui... tu avais raison... Oh ! tout cela était arrangé par elle... Mon Dieu ! que lui a donc fait Agathe pour qu'elle veuille la perdre?

— Avec qui te bats-tu?

— Avec un nommé Froimont, qui a l'air d'un habitué d'estaminet, et qui, chez ma tante, produisait un effet singulier sur la compagnie.

— Il fallait que Mme de Fierville eût de bien grandes raisons pour inviter ce monsieur à son bal.

— Oh! oui... je le devine maintenant. Oh! c'est affreux !

— Enfin, cet homme?

— Le misérable ! il montrait ma femme... à un autre... que je retrouverai aussi. Il disait... Enfin, Gaston, l'insulte est si grave qu'elle veut non seulement du sang, mais la mort de cet homme.

— C'est bien! à quelle heure le rendez-vous?

— À huit heures, au bois de Boulogne.

— Je me lève, et je serai bientôt prêt.

Gaston saute à bas de son lit et s'habille lestement, demande à son ami s'il a des armes, et, à sept heures moins un quart, les deux jeunes gens montent dans une voiture en disant au cocher :

— A la porte Maillot, avant huit heures, et dix francs pour vous.

Le cocher part comme un remise. Pendant le trajet, les deux amis parlent peu : tous deux sont plongés dans de graves réflexions. Enfin, Léon dit à Gaston :

— Si le sort m'est contraire... j'ai écrit mes dernières volontés... Tu trouveras la lettre dans mon secrétaire... Je laisse tout ce que j'ai à celle que j'aime tant. C'est toi, Gaston que je charge de faire exécuter mes volontés.

— Si tu succombais?... Ah! sois tranquille, Léon, je me chargerais aussi de te venger. Mais je ne peux pas croire qu'un homme d'honneur sera la victime d'un infâme, et d'un misérable!

— Eh! mon ami, cela s'est vu quelquefois; je te promets, malgré cela, que ce monsieur ne me fait pas peur.

On est arrivé à la porte Maillot. Les amis descendent de voiture. Léon regarde sa montre, il n'est pas encore huit heures. Les jeunes gens se tiennent à l'entrée du bois : le temps est sombre, froid, il n'y a pas encore un seul promeneur.

Sept minutes s'écoulent. Enfin un cabriolet-milord arrive; deux hommes en descendent : c'est M. Froimont et un grand maigre, serré dans un paletot comme dans un étui de parapluie, et porteur d'une figure longue, blême et enjolivée d'une barbe de sapeur. Ce personnage tient des épées sous son bras.

M. Froimont s'avance vers Léon avec l'air insolent qui lui est habituel et en se dandinant comme un tambour-major.

— Pardon, monsieur... Je ne pense pas être en retard... Il n'est que huit heures... Je vais comme la ville... De quel côté nous dirigeons-nous?

— Veuillez nous suivre, messieurs.

— Vous suivre, c'est-à-dire vous accompagner. Lambourlot, viens, petit... emboîte le pas.

Léon se dirige vers un fourré qu'il connaît; puis on trouve une petite clairière et il s'arrête en disant :

— Nous serons bien ici.

— Mais oui, pas mal; qu'en penses-tu, Lambourlot?

L'homme sec se contente de faire un signe de tête; mais Froimont reprend en s'adressant à Léon :

— Je vois, monsieur, que vous avez apporté des pistolets, moi, j'ai apporté des épées... et, comme j'ai le choix des armes, si vous le voulez bien, c'est à l'épée que nous nous battrons.

— Sur quoi vous fondez-vous pour avoir le choix des armes? dit Gaston.

— Comment! sur quoi? Pardieu! sur ce que c'est monsieur qui m'a provoqué!... Je ne le connaissais pas, moi! je ne lui disais rien. Vous ne connaissez donc pas l'affaire? Si vous voulez, je vais vous la conter... Un témoin doit connaître les faits.

— C'est bien, monsieur, dit Léon; mon ami sait ce dont il s'agit : je pourrais rétorquer vos arguments, car c'est moi qui ai été insulté... mais il me tarde d'en finir; prenons l'épée; j'y consens, et le pistolet ensuite si l'épée ne suffit pas.

— Pourquoi céder aux désirs de cet homme? dit Gaston à son ami. Il te propose l'épée parce que sans doute il y est fort. Pourquoi donner cet avantage à ce monsieur qui a l'air si impertinent?

— Encore une fois, je veux en finir; habit bas, monsieur!

— Oh! soyez tranquille, monsieur, nous savons comment cela se pratique... Lambourlot, viens présenter les épées : que monsieur choisisse celle qui lui conviendra... elles sont excellentes toutes deux.

Gaston va examiner les épées que tient M. Lambourlot, elles sont égales en longueur et aussi légères l'une que l'autre; il en prend une qu'il remet à Léon, en lui disant :

— Du calme! du sang-froid surtout!

Mais Léon est tellement pressé de se battre, qu'il saisit vivement l'arme qu'on lui présente et court sur son adversaire en lui criant :

— En garde, monsieur.

Froimont attendait son adversaire, ferme sur les jarrets et tout à son affaire. Le combat s'engage avec impétuosité d'un côté, avec prudence de l'autre. Léon attaque toujours, son adversaire semble ne faire que se défendre. Gaston frémit en voyant son ami se laisser emporter par sa fureur. En effet, profitant bientôt d'une faute de Léon, M. Froimont se fend et lui passe son épée à travers le corps. Léon veut se soutenir... il essaye de se battre encore, mais son épée s'échappe de ses mains, et il tombe lui-même dans les bras de Gaston qui a couru pour secourir son ami.

— Cela ne pouvait pas finir autrement, dit Froimont en reprenant son habit et en essuyant son épée : M. Dalbonne se bat comme un fou... Ah! ce n'est pas comme ça que cela se joue. Je puis lui rendre des points! Lambourlot, aide monsieur à porter son ami... je vais vous envoyer la voiture. Vous avez eu tort de ne point amener un chirurgien. Messieurs, je suis bien le vôtre.

Et M. Froimont s'éloigne fort paisiblement, tandis que Gaston, tout occupé de Léon qui perd connaissance, cherche à le faire revenir en lui faisant respirer des sels, et pose son mouchoir sur sa blessure. Enfin, aidé de M. Lambourlot, il parvient à placer le blessé dans la voiture; il y monte près de lui, et on reprend le chemin de Paris.

Cerisette dormait encore lorsqu'un bruit confus parvient jusqu'à elle

Mille pardons, monsieur ; je suis un drôle de vous adresser la parole sans être connu de vous. (P. 482.)

et la réveille ; elle rappelle ses idées, elle sonne sa femme de chambre qui arrive enfin, pâle et troublée.

— Que se passe-t-il donc? J'ai entendu un bruit... comme des pas d'hommes? Où donc est mon mari? s'écrie Cerisette.

La femme de chambre demeure muette et baisse la tête pour cacher ses larmes. Au même moment, Gaston ouvre la porte et dit à Cerisette :

— Votre mari vient de se battre en duel, madame, il a été blessé grièvement. Mais, rassurez-vous, sa blessure n'est pas mortelle, et le chirurgien vient de me dire qu'il répondait de lui :

— Blessé ! blessé ! Oh ! mon Dieu !... et c'est pour moi ! Ah ! monsieur, je veux le voir... je veux m'établir près de lui... Léon ! Léon !

Cerisette fond en larmes. Gaston s'approche du lit ; il prend la main de la jeune femme avec affection.

— Si vous voulez que votre mari guérisse, songez qu'il faut, surtout dans les premiers jours, lui épargner les fortes émotions. Habillez-vous... et venez le voir ; mais du courage !... ne lui montrez pas ce profond désespoir ! Sa blessure est grave ; mais, je vous le répète, nous le sauverons. Je retourne près de lui.

Au bout de quelques minutes, Cerisette entrait pâle et tremblante dans la chambre où l'on avait établi le blessé. Léon ne pouvait pas parler, mais il essaye de faire un léger sourire à sa femme, comme pour lui dire :

— Ne pleure pas... je guérirai.

— Et maintenant, se dit Gaston en voyant Cerisette installée près du lit du blessé, songeons à ce qui nous reste à faire.

L

LE PETIT CHIEN

Après son duel, M. Froimont est allé déjeuner avec son ami Lambourlot. Le déjeuner se prolonge jusqu'à près de trois heures de l'après-midi ; après quoi, ces messieurs, qui sont un peu *allumés*, vont jouer au billard dans un estaminet.

— Crois-tu qu'il en revienne ? dit Froimont tout en mirant un carambolage.

— Qui ça ?

— Comment ! qui, imbécile ! Est-ce que je me suis battu avec une carotte ?

— Ah ! l'adversaire ? Hum ! c'est bigrement grave, sa blessure ! Tu lui as traversé le côté. Pour peu que cela ait touché quelques parties essentielles... c'est un homme fichu !... Ça fait quatre à cinq.

— Et celui-ci donc que tu ne comptes pas. Il y est ! Cinq à cinq ! Vois-tu, j'étais bien sûr d'embrocher ce petit monsieur... Passe-moi du blanc... Cela veut se battre, et cela ne sait pas se tenir en garde. Ah ! si j'avais accepté le pistolet... mais, pas si bête ! Gueuse de bande qui ne rend pas !

— Tiens, en v'là un qui est joué. Six à cinq !

— C'est un raccroc !

— Oui, comme ton coup d'épée à ce monsieur. Tu lui en voulais donc beaucoup?

— Moi? nullement! Je ne le connais pas! C'est à sa femme que j'en veux... mais je la retrouverai... ce n'est pas fini entre nous! J'ai une mauvaise queue!... Ah! qu'est-ce que ces procédés-là?

— Sept à cinq!... Huit à cinq!

— Dis donc, est-ce que tu n'as pas bientôt fini, Lambourlot? Que je trouve une bonne queue, et je te rattrape bien vite. Et son témoin, qu'est-ce qu'il t'a dit?

— Le témoin de quoi?

— Sapristi, que cet animal-là devient mufle! C'est à lui donner la becquée comme à un vrai canard!

— Ah! le témoin!... c'est que je ne pensais plus à tout cela... je voyais un si bel effet à faire!

— Enfin, répondras-tu, à présent?

— Le témoin? Il ne m'a rien dit. Ah! si, il m'a seulement demandé ton adresse.

— Eh bien?

— Neuf à cinq! Comment trouves-tu celui-là?

— Oh! que tu m'embêtes! Est-ce que tu la lui as donnée?

— Oui, oui... parfaitement, rue et numéro.

— Tu as eu tort.

— Pourquoi cela?

— Parce que c'était inutile. Je n'ai pas besoin d'avoir encore celui-là sur les bras.

— Il n'aura pas envie de s'y frotter... tu as trop bien lardé son ami.

— C'est égal, tu as eu tort!... On ne donne pas comme ça une adresse! Tu deviens mastoc!

— Et dix! j'ai gagné!

— Ah! va te faire lanlaire! J'en ai assez!

M. Froimont ne rentre chez lui que fort tard. Son portier lui remet la carte de Gaston en lui disant que ce monsieur doit revenir le lendemain de bon matin, s'il n'a pas entendu parler de lui dans la journée.

— Diable! il est encore bien pressé, celui-là! s'écrie Froimont; nous verrons quand cela me plaira. Je veux me reposer un peu la main, d'abord. Et quel est ce billet à mon adresse? Qui l'a apporté?

— Un domestique en livrée qui a demandé si monsieur y était.

— Ah! bigre! et ça sent le jasmin!... C'est une lettre de femme!... Tiens! si la petite s'était ravisée de peur que je ne parle, voyons.

Froimont décachette vivement la lettre et lit

« Monsieur,

« J'ignore quelle scène s'est passée hier entre vous et mon neveu, mais il faut que j'en sois instruite. Il faut que ce soit bien grave, car j'apprends, à l'instant, qu'un duel s'en est suivi. On m'assure que c'est au sujet de la femme qu'il a épousée et que vous connaissiez depuis longtemps. Veuillez avoir la bonté de passer chez moi pour me dire tout ce que vous savez touchant Mme Dalbonne : vous devez juger combien cela m'intéresse. Je vous attends demain. Si vous désirez savoir des nouvelles de mon neveu, il demeure rue Neuve-des-Mathurins, n° 28.

« De Fierville,
née Dalbonne. »

Il m'a menacé de sa canne si je ne vous avertissais pas.

Froimont froisse le billet avec humeur, et monte se coucher en murmurant :

— Et moi qui croyais que c'était un poulet galant! Qu'est-ce qu'elle me chante, cette tante? Elle veut connaître la femme de son neveu... elle y tient beaucoup! Eh bien! on lui procurera ce plaisir... mais je ne suis pas à ses ordres. Plus tard! Avant, j'ai autre chose à faire.

Le lendemain, à sept heures, Froimont est éveillé par son domestique qui lui dit :

— Il y a là un monsieur qui veut absolument vous parler. Je lui disais de revenir plus tard ; il m'a menacé de sa canne si je ne vous avertissais pas.

— Comment, sacrebleu! je ne pourrai donc plus dormir? Je n'ai pas le temps... je ne veux pas recevoir si matin.

— Et moi, monsieur, je veux vous parler sur-le-champ, dit Gaston qui avait suivi le domestique qui venait d'entrer dans la chambre à coucher de Froimont.

Celui-ci devient pâle de colère à l'aspect de Gaston et se met sur son séant en s'écriant :

— Et depuis quand, monsieur, entre-t-on chez les gens quand ils dorment? Pour un homme qui a l'air d'aller dans le beau monde, vous vous conduisez là comme un *voyou!*

— Assez de paroles, monsieur! Vous saviez pourquoi j'étais venu hier, je vous avais laissé ma carte; en venant chez moi, vous m'auriez évité la peine de vous réveiller ce matin.

— Mais, monsieur, j'ai mes affaires, et...

— Ce qui m'amène doit passer avant tout. Quand nous battrons-nous, monsieur?

— Eh! pourquoi voulez-vous que je me batte avec vous? Je ne vous connais pas... vous ne m'avez rien fait... J'ai donné un coup d'épée à votre ami, c'était loyalement; les choses se sont passées dans les règles... D'ailleurs, vous en avez été témoin. Mais, s'il fallait ensuite se battre avec les témoins, cela n'en finirait pas!

— Je veux venger mon ami, parce que je connais la cause de votre duel, parce que vous avez lâchement insulté une femme dont la conduite est à l'abri de tout reproche, parce que vous avez menti sur le compte de cette femme. Enfin, je me suis promis de vous tuer, et je tiendrai mon serment.

— Ah! ah! ah!... comme c'est joli!... des menaces!... comme ça me fait peur!

Eh bien! monsieur Minos, je crois, moi, avoir retrouvé Cerisette.

— Je n'ai nullement l'intention de vous faire peur, monsieur; d'ailleurs, vous êtes assez fort à l'épée pour ne craindre personne, et j'accepte cette arme. A quelle heure aujourd'hui?

— Encore une fois, monsieur, je ne veux pas me battre avec vous, et je ne me battrai pas.

— Vous ne vous battrez pas?

En achevant ces mots, Gaston a levé sa canne sur Froimont et s'apprête à le frapper. Froimont devient livide, il écarte la canne ; il est tellement exaspéré qu'il peut à peine articuler :

— Ah ! c'est comme ça ?... Eh bien ! on t'embrochera aussi, toi !... et tu resteras cloué sur le terrain.

— Votre heure ?

Froimont réfléchit quelques instants, puis répond :

— Demain, neuf heures.

— Pourquoi pas aujourd'hui ?

— Parce qu'aujourd'hui... j'ai des affaires importantes à terminer...

— A demain donc ! Je serai avec un seul témoin à l'endroit où mon ami est tombé... C'est à la même place que je veux le venger.

— C'est à la même place que je vous donnerai votre compte.

— A demain, monsieur.

Lorsque Gaston est parti, Froimont se hâte de s'habiller : puis, il sort, va, suivant son habitude, déjeuner au café ; mais cette fois il mange à peine, il a hâte de finir son repas. Il sort du café en se disant :

— Ah ! l'on prétend que j'ai menti sur cette femme... quand j'ai dit que j'avais couché avec elle... Oui... je conviens que cela n'a pas été... mais pouvait être... Ce vilain petit homme à qui je parlais au bal s'est bien écrié qu'il y avait couché, lui... et, d'ailleurs, puisqu'elle était dans une maison de tolérance... c'est tout comme !... Mais voilà ce que je veux prouver ! Bigre !... il y a cinq ans passés de cela... pourvu que je trouve encore quelqu'un de cette époque... En avant !...

M. Froimont allonge le pas, et arrive en quinze minutes devant cette demeure infâme où il a un soir trouvé Cerisette. Il regarde la maison, l'allée, s'assure qu'il ne se trompe pas, et va entrer pour prendre ses informations, lorsqu'un monsieur fort sale, quoique mis avec prétention, et qui est suivi d'un petit chien presque aussi crotté que son maître, s'avance en souriant vers Froimont, et lui dit en minaudant :

— Mille pardons, monsieur ; je suis un drôle de vous adresser la parole sans être connu de vous, mais il m'a semblé que vous lorgniez cette maison... Comme j'y ai quelque accointance... si vous désiriez causer avec une de ces demoiselles, je pourrai vous servir de truchement... Ici, Grignedent !... polisson ! Je crois que vous menacez monsieur ! Tout beau !... ou vous n'aurez point de faisan aujourd'hui.

— Ma foi ! monsieur, je suis charmé de la rencontre, et vous pourrez peut-être me renseigner tout aussi bien que la maîtresse du logis... Il s'agit d'une petite qui était dans cette maison il y a cinq ans environ...

— Cinq ans ! oh ! mais alors c'était sous Mme Tancrède !... une bien digne femme dont j'étais le mignon chéri!... Elle est morte, cette chère amie, eh! mon Dieu! oui, monsieur, elle est morte, d'un excès de homard! Je lui avais dit souvent: « Prenons garde, ne nous abandonnons pas trop au homard! c'est de l'étain sur l'estomac! » elle ne m'a pas écouté et *requiescat!*... Elle a vécu!...

— Ah! diable! alors, ce n'est plus la même personne qui tient cette maison?

— Naturellement. Oh! tout le personnel est renouvelé... Je fais assez peu de cas de la nouvelle matrone; on dîne mal chez elle... mais j'y viens encore par un reste d'attachement pour l'entreprise!... vous savez... on a comme ça des habitudes :

Le bonheur se forme, dit-on,
Des habitudes de la vie.

C'est une chanson que je connais là-dessus... Grignedent, soyez sage... je ne vous dis que ça!

Et M. Minos, car on a dû reconnaître ce personnage, donne une chiquenaude sur l'oreille de son chien.

Froimont, après avoir réfléchi et toisé l'individu qui lui a parlé, dit à celui-ci :

— Monsieur, voulez-vous accepter un verre de kirsch au prochain café?

— Monsieur, j'accepterai tout ce qu'il vous sera agréable de m'offrir, trop heureux de faire la connaissance d'un aussi galant homme

Froimont conduit Minos dans un café, s'attable avec lui dans le coin le plus obscur de la salle, fait venir un flacon de kirsch en ordonnant de le laisser sur la table, et, s'accoudant de manière à pouvoir parler presque dans le nez de son vis-à-vis, reprend la conversation.

— Vous souvenez-vous d'une jeune fille, qui, alors, pouvait avoir dix-sept à dix-huit ans... brune, jolie, bien faite... qui se nommait Cerisette?

— Cerisette?... Oh! oui, palsambleu, je m'en souviens!... Cerisette!... une charmante fille, ma foi!...

— Vous vous la rappelez?... A votre santé!... Il est bon, ce kirsch!...

— J'ai mille raisons pour me souvenir de cette petite... elle nous a causé assez de tracas... et tout cela pour qu'elle nous échappe... sans que nous ayons fait nos frais!...

— Que voulez-vous dire?

— Figurez-vous, monsieur, que le hasard conduisit un soir cette petite chez Mme Tancrède; elle ignorait entièrement le but philosophique de l'endroit. Elle venait chercher à Paris... un amoureux... un protecteur... je ne sais quoi; mais elle ne trouva personne. Bref, elle n'avait pas de ressources... ne trouvait pas de travail: c'était donc une bonne action de la part de Mme Tancrède de l'admettre parmi ses pensionnaires... action qui, du reste, aurait dû lui rapporter gros... car la Cerisette était ravissante, mordioux !... Ce kirsch est excellent !...

— Ne le ménagez pas...

— C'est bien ce que je compte faire... Mais figurez-vous, monsieur, que cette petite était une bégueule, une sotte !... Elle refusait de se soumettre à sa position... C'étaient chaque jour des scènes... scandaleuses... Croiriez-vous, monsieur, que, pendant huit jours environ qu'elle passa chez Mme Tancrède, un seul habitué... M. Chalupeaux... c'est comme j'ai l'honneur de vous le dire... et, encore, il fallut agir de ruse...

— M. Chalupeaux... un homme petit... gros, vilain... très coloré de visage?...

— C'est cela même... c'était un de nos meilleurs actionnaires. Enfin, monsieur, un soir qu'on avait eu la bêtise de laisser Cerisette prendre l'air à la porte, elle disparut... Impossible de remettre la main dessus... Une après-midi, pourtant... c'était quelques mois après, je la rencontrai au bras d'un vieux malotru... Je voulus la repincer... mais le vieux se permit de me bousculer... Je ne connais pas ces façons-là... palsambleu ! je sais me battre en gentilhomme, mais des coups de poing... pouah ! c'est bon pour des truands !... Depuis ce temps, je n'ai jamais retrouvé la Cerisette.

— Et si vous la rencontriez maintenant, la reconnaîtriez-vous encore?

— Si je la reconnaîtrais !... Oh ! je vous en réponds !... Et, d'ailleurs, si je me trompais, tenez, voilà un gaillard qui ne se tromperait pas, lui... il a le nez fin !... Et ce polisson de Grignedent avait un profond attachement pour la petite en question ; quand je la revis sur le boulevard, il lui avait déjà léché les pieds que je ne l'avais pas encore reconnue.

— Très bien, très bien, je vois que vous pourrez parfaitement me fournir les preuves qu'il me faut. Vous saurez, mon cher monsieur...

— Minos, rien de plus, j'ai renoncé à mes anciens titres.

— Eh bien ! monsieur Minos, je crois, moi, avoir retrouvé Cerisette ; mais, aujourd'hui, c'est une grande dame : elle a voiture, laquais, diamants, et, ce qui vous surprendra bien plus, elle est mariée, très bien mariée, à un homme du grand monde.

— Cela ne me surprend pas du tout : beaucoup de nos pensionnaires finissent ainsi ; et, ce qu'il y a de mieux, c'est qu'elles deviennent d'excellentes femmes de ménage.

— Celle-ci se nomme Mme Dalbonne, je vais vous donner son adresse. Maintenant, voici en quoi vous pouvez me servir ; il faut que vous trouviez

Après avoir distribué de nombreuses aumônes. (P. 490.)

un prétexte pour voir cette Mme Dalbonne, pour vous assurer que c'est bien la Cerisette d'autrefois.

— J'emmènerai Grignedent, il me le dira tout de suite.

— Vous aurez de la peine à pénétrer jusqu'à cette dame; son mari est blessé, peut-être mort maintenant.

— Ceci est mon affaire; le principal, c'est que je la voie, chez elle ou ailleurs.

— Oui, mais il faut que ce soit aujourd'hui, il faut que, demain sur les dix heures et demie, pas plus tard, vous me rendiez une réponse positive.

— Si vite que cela?

— C'est indispensable.

— J'adore ce kirsch!... Eh bien, monsieur, ce sera fait comme vous le voulez.

— Tenez, monsieur Minos, veuillez accepter ces deux napoléons pour vos menus frais de dérangement, je vous en compterai autant quand vous viendrez me dire le résultat de votre démarche.

— C'est une affaire arrangée, monsieur... Ah! votre adresse, s'il vous plaît, puisque je vais chez vous demain matin?

Froimont sort de sa poche une de ses cartes; avec un crayon il met derrière le nom et l'adresse de Mme Dalbonne, que Mme de Fierville avait eu soin de lui envoyer, puis il donne cela à Minos en lui disant :

— Ne perdez pas de temps! je vous attends demain matin.

Après avoir réglé l'heure de son duel, Gaston était allé chez Léon pour avoir de ses nouvelles. Comme il sortait de chez le blessé, il aperçoit Sabretache qui venait savoir si Cerisette s'était amusée au bal de Mme de Fierville.

Le jeune homme arrête le militaire en lui posant la main sur le bras. Sabretache reconnaît Gaston; mais, en considérant son visage, il s'écrie :

— Mille carabines! vous avez l'air ému, monsieur Gaston! Il s'est passé quelque chose, je le gagerais! Hum!... ce maudit bal! On a fait de la peine à ma chère Agathe, n'est-ce pas? Parlez, parlez, dites-moi tout!

Gaston raconte à Sabretache ce qui s'est passé au bal, le duel de Léon, enfin, tout ce qui en est résulté.

Le vieux troupier écoute en tremblant, en serrant les poings, en frémissant de colère.

— Pauvre Léon!... brave jeune homme!... il en reviendra, dites-vous?

— Le médecin en répond.

— Ah! cela me rend un peu de respiration; sans cela, voyez-vous, je crois que je n'aurais pas le courage d'aller consoler cette chère enfant. Mais, avant que je monte près d'elle, encore un mot, de grâce : où trouverai-je ce misérable qui l'a insultée, qui a blessé son mari? Ah! c'est qu'il faut que je lui dise deux mots, à celui-là.

— Mon cher monsieur Sabretache, je suis fâché de ne pouvoir vous céder ce plaisir ; mais j'avais promis à Léon de le venger s'il était vaincu et un honnête homme n'a que sa parole.

— Que voulez-vous dire?

— Que j'ai vu ce matin ce Froimont, l'adversaire de Léon, et que je me bats avec lui demain, à neuf heures, il n'a pas voulu avant.

— Comment, vous voulez que je vous laisse ferrailler avec ce gredin? Non, sacrebleu! Permettez à un vieux soldat de vider cette affaire. Je m'en tirais pas mal en Afrique, je vous réponds de lui faire passer l'arme à gauche.

— Cela ne se peut pas; je ne cède jamais ma place en pareille circonstance! Mais, par exemple, je vous offre d'être mon second, et, si je succombe, de me remplacer : de cette façon, il faudra que ce monsieur reçoive enfin ce qui lui est dû.

— Allons! soit! puisque je ne puis faire mieux, je serai votre second.

— Voici ma carte; je vous attendrai demain, à huit heures. Maintenant, allez voir notre blessé et sa femme... mais pas un mot sur tout ceci.

— Me prenez-vous pour une recrue? C'est entre nous, c'est mort.

En apercevant Sabretache, Cerisette court se jeter dans ses bras en sanglotant :

— Vous me l'aviez bien dit, mon ami, que j'avais tort d'aller à ce bal... Ah! si je vous avais écouté... vous et M. Gaston!...

— Ne pleurez pas, chère enfant, ce qui est fait... est fait. Heureusement, votre mari en reviendra.

— Ah! s'il ne guérissait pas, je mourrais aussi, moi.

— Oui, mais vous vivrez tous deux, et cela vaut mieux... Du courage. Et, quant au misérable...

— C'est ce même homme qui un soir... sans vous...

— Oui, oui... je m'en doutais!... Mais on l'empêchera de recommencer... je veux dire que s'il osait... mille caronades! je ne sais plus ce que je dis... Peut-on voir le blessé?

— Le médecin dit qu'il vaut mieux, pendant deux ou trois jours, qu'il ne voie pas de monde : on lui a défendu de parler.

— Respectons la consigne du médecin... Je m'établis dans cette chambre, j'y resterai jusqu'au soir; je passerai la nuit si vous avez besoin de moi. Maintenant, faites vos affaires, petite, comme si je n'étais pas là.

Cerisette presse la main de Sabretache et retourne près de son mari. De temps en temps, elle revient près du vieux soldat lui dire comment est Léon, et Sabretache lui répond :

— Cela marche... la chose suit son cours; mais cela finira bien.

Dans le milieu de la journée, le domestique dit à Mme Dalbonne qu'un monsieur qui voulait voir son maître demande à parler à madame.

Je m'en tirais pas mal en Afrique, je vous réponds de lui faire passer l'arme à gauche.

—Monsieur est malade, et je n'y suis pour personne, répond Cerisette.

— Il prend bien son temps pour faire des visites, celui-là! murmure Sabretache.

Le médecin, qui revient dans la soirée, est satisfait de Léon, et renouvelle l'assurance qu'il sera sauvé. Dans sa joie, la jeune femme sauterait au cou du docteur. Apprendre que l'on conservera un objet adoré, c'est recevoir une seconde fois la vie. Sabretache, voyant que l'on n'a point besoin de lui chez Cerisette, cède à ses instances, et la quitte pour se livrer au repos; mais, avant de retourner chez lui, le vieux militaire se rend à l'endroit où il sait trouver Pétarade, qui ne manque pas de lui dire en l'apercevant :

— Comment va Mme Cerise... Agathe?

— Mal!

— Mal?...

— C'est-à-dire pas elle... Son mari s'est battu et a été blessé.

— Nom d'une pipe!

— Il en reviendra; mais c'est pas tout ça. Demain matin je sers de second à un brave jeune homme qui veut venger le pauvre Léon. Si, par hasard, nous avions le dessous, ce sera à mon tour de tuer l'autre... et si, par hasard, je n'étais pas plus heureux, car il paraît que le misérable est un dur à cuire, c'est toi, Pétarade, que je charge de me remplacer.

— C'est un honneur que j'accepte avec joie, camarade.

— Ce n'est pas tout, si tu devais te battre, tu aurais soin, auparavant, de t'assurer un remplaçant.

— Convenu!... Je connais un petit boucher qui tue un bœuf d'une chiquenaude, c'est un gaillard sur lequel on peut compter. Je le retiendrai.

— Et à présent, bonsoir. Viens chez moi demain vers onze heures, tu sauras le résultat de notre affaire du matin.

Et, serrant la main à Pétarade, Sabretache entre chez lui.

Le lendemain, Cerisette, qui a bien peu dormi dans la nuit, parce qu'elle épie le moindre mouvement de son mari, est sur pied, dès sept heures du matin, et, après s'être assurée que Léon repose, après avoir bien recommandé à sa domestique de ne point le quitter une seule minute, elle s'habille à la hâte, le plus simplement possible, et sort en marchant très vite pour arriver en peu de temps à l'église de la Madeleine dont elle est voisine. La jeune femme veut aller prier Dieu dans son temple; elle veut lui demander le rétablissement de son époux. Cette idée toute pieuse et toute naturelle devait venir à celle pour qui la Providence avait déjà fait tant de choses, et qui n'avait pas attendu le jour de la souffrance pour avoir la foi. En sortant de chez elle, tout occupée de son but, de ses pensées religieuses, Cerisette n'a point aperçu un homme qui était posté dans un renfoncement, presque en face de sa maison.

La jeune femme chasse un chien qui s'attache à elle.

M. Minos s'était présenté deux fois la veille; il n'avait pu réussir à être admis près de Mme Dalbonne, et, la seconde fois, le domestique lui dit assez sèchement qu'il était inutile qu'il revînt. M. Minos n'ayant pu faire ce jour-là ce dont il était chargé, s'était dit :

— J'ai encore demain jusqu'à dix heures et demie. . Je trouverai autre chose.

Et le lendemain, dès six heures, il s'était placé avec son chien en face de la demeure de Cerisette. Lorsque, à sept heures et demie, il vit une dame à tournure élégante sortir légèrement de la maison, il ne prononça que ces mots :

— Attention, Grignedent!

Et il suit de loin la jeune femme ; mais bientôt, son chien l'a devancé; bientôt M. Grignedent est tout contre Cerisette et se met dans ses jambes en voulant sauter après elle, pour lui témoigner sa joie de la revoir. La jeune femme chasse un chien qui s'attache à elle, sans faire aucune attention à ce chien ; elle double le pas, elle a hâte d'arriver.

M. Minos en sait assez : il est certain que Grignedent a retrouvé une ancienne connaissance; il le rappelle pour ne point donner l'éveil à la personne qu'il suit.

Lorsqu'il aperçoit Cerisette entrer dans l'église, M. Minos va par précaution mettre son chien en garde chez un marchand de vin, puis il entre seul dans l'église et se place de façon à voir Cerisette sans être aperçu par elle.

Au bout de huit minutes, la jeune femme qui a fini sa prière sort de l'église après avoir distribué de nombreuses aumônes, et M. Minos va chercher son chien en se frottant les mains et en se disant :

— L'affaire est faite, c'est bien elle !... J'ai conduit cela assez adroitement... et sans me donner de peine... Palsambleu ! j'étais bien sûr d'en venir à mes fins ! A dix heures et demie, j'irai chez ce M. Froimont chercher mes deux autres napoléons...

Et vogue ma nacelle,
Qui porte mes amours !

En attendant, je vais faire un déjeuner fin ; il y a longtemps que cela ne m'est pas arrivé.

A dix heures un quart, M. Minos paye sa carte chez le traiteur où il a déjeuné, et, après avoir passé sa main dans ses cheveux, s'être souri dans une glace, et avoir mis un cure-dents dans sa bouche, il se met en route avec Grignedent en se disant :

— A la demie je serai rue de Seine, chez ce M. Froimont ; il est difficile de mettre dans les affaires plus de ponctualité... j'aurais dû tenir un haut emploi dans l'État... mais on ne sait jamais découvrir le mérite où il est.

LI

LA DAME DE CARREAU

Minos est exact comme il l'avait promis. Il entre à dix heures et demie dans la maison où demeure Froimont, et demande au portier si ce monsieur est chez lui.

Le portier regarde Minos d'une façon singulière et répond en secouant la tête :

— Oui, M. Froimont est chez lui, mais, si vous voulez le voir, hâtez-vous ; car il paraît qu'il n'y sera pas longtemps.

— Comment, que voulez-vous dire par là, suisse?

— Je veux dire que M. Froimont s'est battu en duel ce matin, qu'on l'a rapporté il n'y a pas vingt minutes, et que le chirurgien qui vient de s'en aller m'a dit qu'il ne passerait pas la nuit, que son affaire était faite.

— Ah! bigre! que m'apprenez-vous là? Pourvu qu'il ait le temps de me payer les quarante francs qu'il me doit!

M. Minos monte quatre à quatre l'escalier. Il dit au domestique qui lui ouvre :

— Je sais que votre maître est très mal, mais il faut qu'il me voie, lui-même le désire. Annoncez-lui M. Minos.

Le domestique s'éloigne, et revient bientôt avec Lambourlot qui dit d'un ton brusque à Minos :

— On vous attendait, dépêchez-vous. Froimont ne peut aller loin, et il a des instructions à vous donner.

Minos suit M. Lambourlot qui l'introduit près du mourant. Froimont était étendu sur son lit, pâle et ayant déjà les yeux éteints par l'approche de la mort.

Le blessé ne s'abusait pas sur son état; son chirurgien lui avait d'ailleurs laissé deviner la vérité; mais, voulant obtenir encore quelques instants de force, au risque de hâter sa fin, Froimont se faisait donner à chaque instant, par Lambourlot, un petit verre rempli d'eau-de-vie, dans lequel il mouillait ses lèvres.

A l'aspect de Minos, une expression de joie féroce ranime les traits du blessé.

— Palsambleu ! mon cher monsieur, dit Minos en saluant, il paraît que vous n'avez pas été bien heureux au bâtonnet ce matin?

— Non, un coup de maladroit, une botte bien dangereuse quand elle ne réussit pas. Mais hâtons-nous.

Le moribond fait un signe à Lambourlot qui lui présente le verre d'eau-de-vie. Il en boit cette fois une gorgée, puis reprend avec une voix plus forte :

— Heureusement, j'avais d'avance écrit à cette Mme de Fierville, j'avais comme un pressentiment d'un malheur. Eh bien ! cette Mme Dalbonne?

— C'est en effet Cerisette ; oh ! je l'ai bien reconnue, et Grignedent aussi.

— J'en étais sûr ! Vous l'attesterez à la personne à qui vous remettrez cette lettre ; il faut la porter aujourd'hui, l'adresse est dessus.

— Je vais m'y rendre en sortant d'ici.

— Tenez... voilà Lambourlot... donne-lui...

Lambourlot compte à Minos quarante francs ; celui-ci les prend ainsi que la lettre.

Froimont, dont la force factice diminue à chaque instant, reprend d'une voix éteinte :

— La dame où vous irez vous donnera encore une récompense.

— Je l'accepterai.

— Oui, allez, affirmez ce que vous savez sur Cerisette. Je veux, en mourant, avoir la certitude d'être vengé... des dédains...

— C'est juste, c'est une satisfaction que vous avez le droit de vous procurer.

Je vais remplir vos intentions. Je viendrai, plus tard, vous apprendre le résultat de ma commission.

Froimont ne répond pas. Il est retombé en arrière ; ses traits se sont contractés, il ne voit plus, il n'entend plus rien.

— Ce ne sera pas la peine que vous reveniez, dit Lambourlot à Minos en le reconduisant ; je crois que dans un quart d'heure ce sera fini, si ça ne l'est pas déjà.

— Vous croyez? Il paraît que le coup était malsain !

— Oh ! oui ! Cette fois il a eu affaire à un gaillard de sa force. Et puis, je ne sais ce qu'il avait ce matin... mais on aurait dit qu'il tremblait !

Tenez, lisez un peu ce qu'il m'a écrit sur vous. (P. 500.)

— Cela s'est vu; il m'est bien arrivé de trembler une fois, à moi qui ai eu cinquante-neuf duels! Cela dépend souvent de la digestion. Monsieur, je vous baise les mains.

Le lendemain du bal de Mme de Fierville, M. Dumarselle s'était présenté dans l'après-midi chez Mme Dalbonne pour savoir si son indisposition de la veille avait eu des suites; alors, il avait appris qu'un nouveau malheur était venu frapper les jeunes époux ; que Léon Dalbonne s'était battu en duel le matin et avait été blessé grièvement. Après être monté s'informer près des gens du malade, et avoir su par le médecin lui-même que l'on espérait sauver le blessé, M. Dumarselle s'était rendu en toute hâte chez Mme de Fierville.

Ce n'était point M. Dumarselle que cette dame attendait; on doit se rappeler qu'elle avait écrit à Froimont pour le prier de venir lui expliquer la cause de son duel avec son neveu.

En voyant paraître M. Dumarselle dont la figure est pâle, dont la physionomie exprime une profonde émotion, la tante de Léon se sent frémir; mais elle surmonte son trouble, elle essaye même de sourire à celui qui entre chez elle et lui dit :

— Quoi! c'est vous, monsieur? Je n'espérais point avoir si tôt le bonheur de vous revoir!

— En effet, dit M. Dumarselle en se plaçant devant Mme de Fierville et la foudroyant de son regard, je ne comptais pas remettre les pieds chez vous, après avoir été témoin du piège infâme dans lequel vous avez attiré une jeune femme que vous aviez feint de traiter comme votre nièce pour mieux cacher vos projets.

— Monsieur, qui vous a dit?...

— Laissez-moi parler, madame, et ne m'interrompez pas. On ne m'a rien dit: il m'a été facile de tout deviner.

Un homme, que vous n'auriez jamais reçu dans votre salon s'il n'avait dû servir votre haine, a été invité, accueilli par vous. Vous saviez que cet homme avait pu autrefois connaître la femme de votre neveu, vous avez voulu les faire se trouver ensemble.

Cet homme tenait sans doute des propos outrageants à Mme Dalbonne, car, en l'écoutant, elle tremblait, pâlissait; sans moi elle se serait évanouie sous les yeux de ce misérable qui continuait de la torturer. Cet homme aura répété ses propos devant votre neveu; celui-ci a dû venger sa femme et punir l'insolent.

Un duel a été la suite de cette soirée arrangée par vous; et votre neveu frappé grièvement par l'épée d'un manant, est maintenant mourant près de sa femme désespérée.

Voilà ce que vous avez fait, madame; je tenais à vous dire que j'en étais instruit. Ah! votre conduite est infâme, épouvantable! Il est donc vrai que celle qui n'a pas les sentiments d'une mère est capable des actions les plus lâches, les plus odieuses! Je m'en doutais déjà, madame: vous venez de m'en donner la conviction.

Mme de Fierville suffoque; elle roule des yeux hagards autour d'elle. Enfin elle balbutie:

— Vous m'insultez, monsieur, vous m'insultez chez moi... vous qui vous posez en défenseur des femmes?

— Oh! mais vous n'êtes pas une femme, vous, madame, vous n'avez rien de votre sexe.

— Et tout cela pour qui?... De qui prenez-vous la défense?... Si M. Froimont n'avait pas eu des relations intimes avec cette... Agathe... lui aurait-il parlé comme il l'a fait? Est-ce ma faute à moi si mon neveu a épousé une... je ne sais quoi?

— Assez, madame! ne joignez pas le mensonge, la calomnie à toutes vos perfidies! Vous avez voulu faire le malheur d'une femme qui méritait votre amitié, le ciel ne permettra pas que vos méchants desseins s'accomplissent.

Quant à moi, j'ai voulu vous convaincre que je vous connaissais telle que vous êtes; désormais, rassurez-vous, vous n'aurez plus à supporter ma présence, et tout est fini entre nous.

M. Dumarselle est parti, laissant Mme de Fierville dévorer sa colère et se disant:

— Et point de nouvelles!... point de réponse de ce Froimont! Me faudra-t-il être toujours accusée de calomnie et n'avoir aucune preuve, aucun renseignement positif sur les antécédents de cette femme?

La journée se passe sans que Mme de Fierville ait entendu parler de Froimont; celle du lendemain s'écoule de même, et cette dame commence à perdre toute espérance, lorsque le jour suivant, vers une heure, son domestique lui annonce un monsieur d'une mise douteuse qui demande à lui parler, pour une affaire pressée et importante, de la part de M. Froimont.

— Ah! enfin! s'écrie Mme de Fierville.

Et elle ordonne qu'on introduise l'étranger.

M. Minos entre, fait un salut de menuet, et fouille dans sa poche pour chercher la lettre qu'il doit remettre, en disant:

— Madame, je vous apporte une missive de M. Froimont : il paraît que cela est très important, il tenait beaucoup à ce que je vous la donnasse en main propre.

— M. Froimont n'a donc pas pu venir lui-même me parler? Je l'attendais depuis deux jours avec impatience.

— Madame, je ne sais pas s'il aurait pu venir hier ou avant-hier, mais ce que je puis certifier, c'est qu'il lui serait impossible de venir aujourd'hui !

— Pourquoi cela, monsieur?

— Par une seule raison... mais elle est majeure... c'est qu'il est mort.

— Mort ! M. Froimont est mort?

— Oui, madame, blessé en duel ce matin, il a expiré il n'y a pas plus d'une demi-heure. Je sortais de chez lui, où il m'avait communiqué ses dernières intentions, je l'avais laissé si mal que j'eus l'idée d'entrer au café d'en face prendre un verre de kirsch à sa santé, et pour attendre de ses nouvelles.

En effet, deux cigares à peine s'étaient fumés, quand un de ses amis... un homme fort distingué... M. Lambourlot, vient me rejoindre en me disant que tout était fini.

— Il s'était battu en duel encore ! Mais avec qui donc?

— Je n'en sais pas plus... mais la lettre vous en dira sans doute davantage.

Mme de Fierville brise le cachet, et lit la lettre que Froimont lui avait écrite avant d'aller se battre avec Gaston.

« Madame,

« Avant d'aller me battre avec un ami intime de votre neveu, qui se pose en défenseur de la vertu de sa femme, je suis bien aise de vous apprendre ce que c'est que cette vertu.

« Le véritable nom de cette personne est Cerisette : je la rencontrai à Nemours il y a cinq ans ; elle était avec une troupe de comédiens ambulants et vivait avec le jeune premier.

« Je la perdis de vue quelques mois, puis la retrouvai à Paris dans une maison de tolérance. M. Chalupeaux, que j'ai vu chez vous, y avait connu cette Cerisette.

« Tout ceci est de l'histoire et peut encore vous être affirmé par l'homme qui vous remettra cette lettre ; il était attaché à la susdite maison, et peut donner sur Cerisette des détails curieux et positifs... surtout si vous le payez bien.

« Adieu, madame, voilà ce que vous désiriez savoir ; je ne vous fais pas compliment de votre nièce.

« FROIMONT. »

Mme de Fierville a relu trois fois de suite cette lettre. Elle craint de s'être trompée, d'avoir une fausse joie.

Enfin, bien sûre que ses yeux ne l'ont point abusée, elle se tourne vers Minos en lui disant :

— Est-il bien vrai, monsieur, que vous connaissez une certaine Cerisette, que mon neveu a fait la sottise d'épouser et qui est maintenant Mme Dalbonne?

— Si je connais Cerisette? Oh! parfaitement. Et, tenez, mon chien Grignedent aussi la connaît. Cet animal avait pour la jeune fille un attachement profond et peu réciproque, aussi l'a-t-il tout de suite reconnue ce matin, quand elle est sortie de chez elle pour aller jusqu'à l'église de la Madeleine.

— Cerisette vous connaît aussi? Elle ne pourra pas démentir ce que vous lui direz?

— Elle ne l'oserait pas. D'ailleurs, j'ai encore à elle quelque chose... qu'elle ne se doute pas que je possède.

— Monsieur, vous sentez que je ne puis souffrir une telle femme dans ma famille, que je tiens à la confondre! Vous allez venir avec moi chez mon neveu M. Dalbonne.

— Madame... ceci est fort délicat. Aller chez cette dame... lui faire un affront... je m'expose beaucoup.

Mme de Fierville comprend ce que cela veut dire : elle ouvre un meuble, y prend dix pièces d'or qu'elle présente à Minos, en lui disant :

— Tenez, monsieur, ceci est un acompte... Je m'engage à vous en donner trois fois autant lorsque vous m'aurez aidée à démasquer cette femme.

Minos empoche les pièces d'or en répondant :

— Madame, vous avez une façon d'agir si noble, qu'il faut vous obéir quoi qu'on en ait! Je suis tout à votre service.

— C'est bien, monsieur. Ah! attendez... je vous prie... asseyez-vous.

Mme de Fierville se met à son secrétaire, où elle écrit à la hâte ce billet :

« Mme de Fierville tient à rendre une éclatante justice à sa nièce devant M. Dumarselle.

« Elle le prie donc de vouloir bien se trouver dans une heure chez Mme Dalbonne ; elle s'y trouvera aussi. »

Après avoir cacheté cette lettre, Mme de Fierville envoie un de ses domestiques la porter chez M. Dumarselle.

Ensuite, elle dit à Minos :

— Monsieur, il est une heure un quart, dans une heure, nous partirons.

— Cela suffit, madame ; je vais aller au café ingurgiter un petit verre en attendant.

— Oh! non, monsieur, vous attendrez ici ; je craindrais trop que vous ne fussiez après cela en retard. Mais on va vous servir de quoi vous rafraîchir.

— Palsambleu! je vois bien qu'il faut faire toutes vos volontés.

On apporte à Minos du madère et du curaçao : il finit les deux bouteilles.

A deux heures un quart Mme de Fierville lui dit :

— Monsieur, une voiture nous attend en bas, partons!

— Partons, madame ; je suis votre valet!

Mme de Fierville monte dans un fiacre avec Minos et donne au cocher l'adresse de son neveu ; elle a caché dans son sein la lettre de Froimont. Elle est vivement émue ; elle se dit qu'elle va perdre à jamais une femme qu'elle déteste ; cette idée devrait réjouir son cœur, et, pourtant, il semble qu'il soit glacé.

Dans le trajet, elle ne dit pas un mot ; en revanche, Minos, qui est très ému par des excès qu'il vient de faire en madère et en curaçao, fait son possible pour avoir un air rassis et siffiote des airs d'opéra.

On arrive chez Léon, Mme de Fierville monte la première. Elle veut parler à Cerisette, mais sans voir son neveu. Un domestique lui apprend que M. Dalbonne va bien et se repose, et que madame vient de passer dans sa chambre.

Mme de Fierville dit à Minos de rester un moment dans l'antichambre jusqu'à ce qu'elle l'appelle. Puis elle ordonne à la domestique de l'introduire en s'écriant :

— Je suis la tante de votre maître, je ne suis pas faite pour attendre.

Cerisette reste toute saisie en voyant Mme de Fierville entrer chez elle ; cependant, elle songe aussitôt que cette dame a dû apprendre l'événement arrivé à son neveu, et qu'il n'est pas étonnant qu'elle vienne elle-même savoir de ses nouvelles ; elle se dispose à lui en donner, lorsque

Mme de Fierville s'avance vers la jeune femme en la fixant comme si elle voulait la pulvériser de ses regards, et elle lui dit d'une voix aigre et en appuyant sur chacune de ses paroles :

— C'est donc vous pour qui l'on se bat? C'est donc vous, qui, après avoir apporté le déshonneur dans ma famille, serez cause encore de la mort de mon neveu !

Cerisette demeure immobile, interdite ; elle croit rêver.

— Oh ! vos airs de vertu ne peuvent plus abuser personne ; je vous connais maintenant, mademoiselle Cerisette ! ce nom vous fait pâlir ; il vous rappelle des choses que vous espériez tenir bien cachées ; mais M. Froimont, qui vous connaissait parfaitement, m'a donné des détails sur votre jeunesse.

— Madame... cet homme est un misérable !... Vous ne devez pas le croire.

— Tenez, lisez un peu ce qu'il m'a écrit sur vous.

Cerisette prend d'une main tremblante la lettre que lui présente Mme de Fierville, et celle-ci, pendant que la jeune femme lit, ouvre la porte, fait signe à Minos d'avancer ; puis, lorsqu'il est dans l'appartement, elle s'écrie :

— Et si vous osiez nier ce qui est dans cette lettre, démentirez-vous le témoignage de cet homme qui vous a connue quand vous étiez fille perdue ?

Cerisette, après avoir lu la lettre, était tombée à genoux devant Mme de Fierville, mais, en apercevant Minos, elle perd tout à fait connaissance et tombe étendue sur le tapis.

— Fichtre, ma vue lui a fait de l'effet, dit Minos ; mais il faut la faire revenir.

— Comédie que tout cela ! Cette fille veut encore se rendre intéressante.

En ce moment trois personnes pénètrent dans l'appartement : ce sont M. Dumarselle, Gaston et Sabretache.

Celui-ci vole porter secours à Cerisette, et M. Dumarselle se tourne vers Mme de Fierville en lui disant :

— C'est donc pour que je sois encore témoin d'une de vos mauvaises actions que vous m'avez fait venir, madame ?

— Non, monsieur, c'est pour vous faire enfin connaître cette femme, cette fille qui a vécu dans la position la plus abjecte, qui a été le rebut de la société.

Vois-tu, là-bas, cet homme qui frôle les maisons. (P. 506.)

— Vous en imposez, madame!

— Monsieur, j'ai des preuves, cette fois... Tenez, lisez d'abord cette lettre de M. Froimont.

Et Mme de Fierville cherche des yeux la lettre que Cerisette avait laissée tomber à ses pieds; mais, déjà, Sabretache s'en était emparé, et, après l'avoir parcourue, il la jette dans la flamme qui étincelle dans le foyer en s'écriant :

— Voilà le cas que nous faisons des lettres de ce monsieur... et je vous certifie que désormais il n'en écrira pas d'autres; M. Gaston y a mis bon ordre.

Mme de Fierville frémit de rage en voyant brûler la lettre; mais elle interpelle Minos, qui semble un peu embarrassé en se trouvant avec tant de monde.

— Monsieur, je vous somme de dire la vérité sur cette fille. N'est-il pas vrai qu'elle a été dans une de ces maisons que l'on n'ose nommer, que vous l'y avez connue?

— Madame, répond Minos en cherchant à se poser avec grâce, il est vrai que cette jeune dame, qui, je le pense, était jeune fille alors, est entrée dans l'établissement de Mme Tancrède, croyant loger dans un simple hôtel garni : elle cherchait un gîte.

— Ah! je te connais, toi, gredin! murmure Sabretache en fixant les yeux sur Minos; nous aurons deux mots de conversation, tout à l'heure.

— Mais cette femme est restée dans ce lieu de prostitution, sachant bien, ensuite, où elle était?

— Madame... oui... c'est-à-dire... on l'a un peu violentée pour la retenir... mais c'était dans son intérêt.

— Misérable! s'écrie M. Dumarselle, vous osez outrager cette jeune femme en débitant sur elles d'infâmes calomnies! Heureusement, son oncle est là pour vous démentir.

— Son oncle? répond Minos; ah! permettez, monsieur. La petite Cerisette que voilà... car je la connais bien, n'avait pas d'oncle, pas de parents; c'était une enfant perdue, ou trouvée, elle nous l'a répété plusieurs fois.

— Serait-il vrai? murmure M. Dumarselle en considérant Cerisette qui est toujours évanouie, et dont Sabretache imbibe le front avec de l'eau fraîche.

— La preuve que je ne suis point un imposteur, reprend Minos en fouillant dans un vieux carnet qu'il sort de sa poche, c'est que j'ai là sur moi une carte que cette... demoiselle portait précieusement sur elle, et qui devait, peut-être l'aider à se faire reconnaître de ses parents; elle perdit un jour cette carte dans l'escalier, et, comme j'ai l'habitude de ne rien laisser traîner, je la ramassai, c'est la dame de carreau; mais il y a de l'écriture derrière...

— Donnez! donnez donc! s'écrie M. Dumarselle en arrachant presque des mains de M. Minos la carte que celui-ci vient de retirer de la poche de son carnet.

Mais à peine a-t-il jeté les yeux dessus, à peine a-t-il reconnu l'écriture, qu'un cri lui échappe; il devient tremblant, il peut à peine balbutier :

— Oh! mon Dieu! mon Dieu! cette écriture, c'est la mienne! Oui, oui, c'est moi qui ai écrit cela.

— La vôtre, mon officier! s'écrie Sabretache. Mais on a trouvé cette carte sur la nourrice qui ramenait cette petite à Paris, et qui est morte presque subitement dans une auberge près de Nemours où cette enfant a été recueillie et élevée, il y a vingt ans à peu près.

— Il serait possible! je retrouverais enfin ma Clotilde, cette fille que je pleure et que je cherchais en vain depuis tant d'années. Mais si c'est elle, elle devait porter à son cou un petit médaillon, pareil à celui-ci.

— Oui, parbleu, elle ne l'a jamais quitté, mon officier. Tenez!.. tenez!... le voilà!

En disant cela, Sabretache écarte le haut de la robe de Cerisette; on aperçoit un cordon de soie, il le tire doucement, et le médaillon paraît bientôt.

M. Dumarselle examine un moment le bijou, le compare au sien, puis tombe à genoux près de Cerisette, dans laquelle il vient de reconnaître sa fille. Il lui prend la tête, la couvre de baisers, l'appelle à grands cris son enfant.

Gaston et Sabretache partagent son ivresse; M. Minos juge convenable de gagner la porte avec son chien. Quant à Mme de Fierville, elle est devenue morne, atterrée; elle est tombée sur un siège et baisse les yeux vers la terre.

Enfin, Cerisette reprend ses sens.

En voyant M. Dumarselle, à genoux près d'elle, en l'entendant l'appeler sa fille, lui prodiguer les plus tendres caresses, la jeune femme croit rêver... mais Sabretache est là qui lui tient les mains, qui rit et pleure à la fois, en lui disant :

— Eh! oui, petite... ce n'est point un songe. M. Dumarselle est votre père. Ce médaillon qu'il vient de voir à votre cou lui en a donné la preuve.

— Oui, chère enfant, oui... vous êtes cette Clotilde dont j'avais ignoré le sort depuis vingt ans, et que, pourtant je cherchais toujours, car une voix secrète me disait qu'un jour je retrouverais ma fille, et c'est aussi cette voix qui me portait à vous aimer.

— Oh! monsieur!... il serait vrai? Un tel bonheur!

— Appelez-moi votre père. — Mon père!...

Mais, presque aussitôt, Cerisette, apercevant Mme de Fierville au fond de la chambre, redevient pâle, change de visage, et murmure :

— Oh! mon Dieu! mais j'avais oublié!... La tante de Léon... connaît mes fautes... elle vous les dira!... Ah! monsieur, je n'oserai plus vous appeler mon père!... vous pourriez rougir de moi!

— Jamais, chère enfant! Cerisette n'existe plus, c'est Clotilde Dumarselle, l'épouse de Léon Dalbonne, qui la remplace : oubliez entièrement le passé! Si le malheur vous avait poussée dans un abîme, vous avez, par votre conduite, prouvé qu'il n'est jamais trop tard pour revenir à la vertu.

— Votre lâche persécuteur, l'indigne Froimont, n'existe plus, dit Gaston; j'ai vengé votre mari.

— Et la canaille qui était là tout à l'heure n'ira pas loin, murmure Sabretache.

— Quant à madame de Fierville, répond Dumarselle, je ne pense pas qu'elle veuille, désormais, vous causer la moindre peine... Une mère doit se montrer indulgente pour sa fille.

— Une mère! s'écrie Cerisette.

— Une mère! répètent Sabretache et Gaston.

— Oui, ma fille... voilà celle qui vous donna le jour... En divulguant ce mystère, je sais que je porte un coup terrible à madame... mais je n'ai plus aucun ménagement à garder pour celle qui jadis vous repoussa de ses bras, et qui, aujourd'hui, espérait vous fermer ceux de votre époux.

Mme de Fierville a tressailli; elle cache sa figure dans ses mains; elle semble anéantie.

Cerisette s'avance doucement et tombe à deux genoux devant elle; puis, levant les mains jointes vers madame de Fierville, elle murmure d'une voix entrecoupée par des larmes :

— Madame!... de grâce!... dites-moi aussi que vous me pardonnez!...

Mes fautes furent involontaires... mon repentir sincère... Ah! si j'avais eu près de moi une mère, j'aurais été si heureuse de l'aimer... de la chérir... Vous ne me haïrez plus, n'est-ce pas, madame? Que ce soit là votre pardon!

Mme de Fierville semble hésiter; on dirait qu'un violent combat se livre au fond de son cœur; enfin, sans regarder sa fille, elle lui présente sa main, que Cerisette couvre de baisers et de larmes; puis, se levant brusquement, et sans ôter le mouchoir qu'elle tient sur son visage, madame de Fierville sort vivement de l'appartement.

— Maintenant, dit M. Dumarselle en embrassant Cerisette, venez, ma fille, près de votre époux, et ne lui apprenons cet événement que s'il a assez de force pour pouvoir supporter la nouvelle de notre bonheur.

— Allez... dit Sabretache, je vous rejoindrai plus tard : j'ai encore quelque chose à terminer ailleurs.

Et l'ancien soldat sort de chez Léon avec l'intention de se mettre à la recherche de M. Minos.

A la porte de la maison il aperçoit Pétarade qui portait deux briquets sous son paletot et qui va à son camarade :

— Tu n'es pas venu me dire des nouvelles de ton duel; j'étais inquiet, je me suis mis sur tes trousses, et j'avais pris, par précaution, ces deux briquets pour te remplacer en cas qu'on t'eût endommagé.

— Merci, camarade! Nous avons été vainqueurs sans que j'aie eu besoin de m'en mêler. Le gredin qui avait blessé M. Léon a été proprement enfilé. La chose n'a pas été longue.

Ce n'est pas tout, ma chère Cerisette... Agathe... qui s'appelle Clotilde maintenant, a retrouvé son père, ce bon M. Dumarselle, chez qui nous allions à Neuilly... Il semble vraiment que la Providence ait conduit tout cela.

— Il se pourrait?... Nom d'un lion! ça me rend tout joyeux... Cette chère demoiselle... je ne sais plus son nom, à présent.

— Qu'importe le nom! Elle sera heureuse; voilà ce que tu voulais savoir, n'est-ce pas?

— Alors, mes briquets sont inutiles! Je vas les porter à ceux qui me les avaient prêtés.

— Attends encore; tiens, vois-tu là-bas cet homme qui frôle les maisons, suivi d'un vilain chien noir?

— Oui... je soupçonne cet homme d'être un peu dans les vignes... il ne marche pas d'aplomb.

— Rejoignons-le... C'est ce même homme qui, un soir, sur le boulevard, osa arrêter Cerisette.

— Et à qui tu fichas une roulée, je m'en souviens.

— Il paraît que cela ne l'a pas corrigé, car il vient, aujourd'hui, de recommencer ses turpitudes. Cette fois, s'il a un peu de sang dans les veines il faut que nous en finissions.

Les deux amis doublent le pas. Quand ils ne sont plus qu'à une légère distance de M. Minos, Sabretache fait signe à Pétarade de ralentir la marche et de se taire : car, ainsi que beaucoup d'ivrognes, M. Minos parlait tout haut en marchant, et le vieux soldat n'est pas fâché d'entendre ce qu'il dit :

— Par la sambleu!... par la mordioux!... je n'entends pas que cela se passe ainsi! J'ai fait ponctuellement ce que la dame voulait... elle doit remplir ses engagements... elle m'a donné dix jaunets pour que je l'accompagne chez l'autre... où l'on m'a assez mal reçu... mais elle m'en avait prômis trois fois autant quand j'aurais fait connaître Cerisette... et, tout à l'heure, à la porte où je l'attendais, quand elle est sortie... je lui demande mon reste... et elle me repousse brutalement en me disant : « Retirez-vous, malheureux! »

Et elle monte en voiture... et psst! bonsoir!... c'est joli! c'est coquet!... Son curaçao était bon... c'est vrai... mais je crois son madère falsifié. Nous irons lui rendre visite, à cette dame. Je sais son adresse... En attendant, je vais baigner mon chien. Venez, Grignedent, vous êtes malpropre... moi aussi, mais je suis en fonds... je me changerai... et toi, Grignedent, tu ne peux pas te changer.

— Il va baigner son chien, dit Pétarade à Sabretache.

— J'entends bien. Suivons-le. S'il ne se bat pas, il faudra qu'il se baigne aussi.

M. Minos, après avoir fait beaucoup de zigzags, est arrivé sous le pont de la Concorde ; il a mis plus d'une heure pour faire ce chemin, et, comme les jours sont fort courts, la nuit arrive déjà lorsqu'il se trouve enfin sur les bords de la rivière où l'on ne rencontre personne, parce que le temps est sombre et brumeux.

Minos a pris dans ses bras le chien qui ne semble nullement avoir envie de se baigner; il vient de le lancer dans l'eau, lorsque Sabretache se place devant lui.

— Tiens!... un homme!... deux hommes!... et je n'avais vu personne tout à l'heure. Ce sont des pêcheurs.

— Non, monsieur Minos, ce ne sont point des pêcheurs. Vous ne me reconnaissez pas?

— Je ne crois pas... Ah! si fait.... attendez, vous étiez tout à côté de la petite dame... qui se trouvait mal.

— Grâce à vous, misérable, qui veniez encore pour la déshonorer.

— C'était pour être agréable à l'autre dame qui m'avait amené.

— Mais, il y a cinq ans, lorsque vous avez rencontré Cerisette, un soir, sur le boulevard, vous vouliez encore la faire retourner dans cet asile infâme d'où je l'avais tirée, moi.

— Ah! palsambleu, c'est donc vous, alors, qui vous êtes permis de me renverser sur le boulevard?

— Justement, et, aujourd'hui, je vais faire mieux que cela, je vais te tuer.

Allons, ne perdons pas de temps; mon camarade a apporté deux bancals, nous sommes très bien sous ce pont... Prenez, et finissons.

Pétarade présente un des sabres à M. Minos, qui recule tout effarouché en s'écriant :

— Qu'est-ce que ceci? un guet-apens? Je ne me bats qu'à l'épée, messieurs.

— Tu te battras au sabre, ou je te coupe la figure avec.

— Arrangeons les choses... je paye à dîner.

— Misérable! tu crois avoir affaire à l'un de tes pareils! En garde, ou je te larde!

— Laissez-moi d'abord retirer mon chien qui va se noyer.

— Le chien vaut le maître, dépêchons ou je te balafre.

— Ah! mordioux! vous vous en repentirez.

Minos se décide à prendre un des briquets. Le combat s'engage; mais M. Minos recule continuellement.

Pour l'obliger à ne plus rompre, Sabretache pousse son adversaire du côté de la rivière en lui disant :

— Si vous continuez de rompre, je vous préviens que vous irez rejoindre votre vilaine bête.

Minos ne tient pas compte de cet avis, et, pour éviter les bottes que lui porte le vieux troupier, il disparaît tout à coup dans l'eau où il est tombé en reculant toujours.

Sabretache s'arrête et cherche des yeux son adversaire qui a disparu; il fait presque nuit : on entend un clapotement dans l'eau.

— Où diable est-il passé? s'écrie l'ancien soldat.

Et les deux amis avancent tout au bord de la rivière. (P. 511.)

— J'ai idée qu'il a aussi voulu se baigner, reprend Pétarade.

— Tu crois? Sacrebleu! je veux bien le tuer avec mon sabre, mais je ne veux pas le noyer.

Et les deux amis avancent tout au bord de la rivière; ils appellent, ils regardent de tous côtés; mais le maître et le chien avaient disparu, entraînés par le courant.

Après dix minutes de recherches inutiles, Sabretache quitte le bord de l'eau avec Pétarade, en disant :

— Après tout, ce Minos ne méritait même pas de mourir en duel.

. . . .

. . . .

. . . .

. . . .

Léon Dalbonne, dont l'état continue à s'améliorer, a appris le secret de la naissance de Cerisette; il sait que c'est sa cousine qu'il a épousée. Bientôt, il apprend aussi que Gaston l'a vengé de M. Froimont, et Sabretache n'a pas manqué d'instruire Cerisette de la fin de M. Minos.

Il n'y avait plus qu'une personne à laquelle chacun pensait en secret, et que Léon se proposait de retrouver dès qu'il serait en état de sortir : c'était M. Chalupeaux.

Mais, un matin, M. Dumarselle, en venant voir ses enfants, car Léon était aussi son fils, dit à l'époux de Cerisette :

— Je viens de rencontrer Mme Chalupeaux... que vous avez dû voir souvent chez Mme de Fierville.

Au nom de Chalupeaux, Cerisette baisse les yeux, Léon fronce légèrement les sourcils, et Sabretache, qui est assis dans un coin de la chambre, fait entendre comme un grognement sourd. M. Dumarselle, qui n'a rien remarqué de tout cela, continue :

— J'ai été tout surpris de voir cette dame en grand deuil.

— En deuil! et de qui? s'écrie Léon.

— De son mari...

— M. Chalupeaux serait mort?

— Par un accident. Sa femme dit que, depuis la nuit du bal donné par votre tante, son mari était devenu comme un fou. Il était parti le soir, subitement, laissant là sa femme au bal; le lendemain, sous prétexte que l'air de Paris ne lui valait rien, il s'embarquait pour l'Angleterre, toujours sans prévenir sa femme.

Celle-ci était partie pour rejoindre son mari; mais, en arrivant à Londres, elle apprit que M. Chalupeaux avait sauté la veille avec un convoi qui le menait en chemin de fer à Birmingham, et cette dame est revenue veuve à Paris.

Un sourire de satisfaction paraît sur les traits de Léon; Sabretache caresse ses moustaches et dit tout bas :

— Bon voyage!... Décidément, les chemins de fer sont une belle invention!...

Quant à Cerisette, elle respire plus librement; elle songe qu'elle peut, à présent, aller dans le monde sans être exposée à rougir.

Lorsque la blessure de Léon est entièrement cicatrisée, les jeunes époux cèdent aux désirs de M. Dumarselle : ils se logent avec lui et ne forment plus qu'une seule famille; il est bien entendu que, sans demeurer avec eux, le vieux soldat a toujours une place réservée à leur table et au coin de leur foyer.

Mme de Fierville s'est entièrement retirée du monde, depuis que M. Dumarselle a fait connaître le secret de la naissance de Cerisette; cette dame juge convenable de faire pénitence de sa faute passée; il y a tant de gens qui préfèrent la pénitence à la réparation!

Cerisette avait retrouvé son père : mais il fallut qu'elle se contentât de savoir le nom de sa mère.

Gaston, dont la conduite avait toujours été si noble si généreuse, dit un matin adieu à ses amis.

Il part pour l'Amérique, il a besoin de voyager, de voir un monde nouveau; peut-être, sans le laisser paraître, a-t-il aussi besoin de l'absence pour se distraire et oublier.

Pétarade continue d'être le fidèle compagnon de Sabretache; mais ne se marie point, parce qu'il prétend qu'il ne trouvera jamais une femme qui vaille Mme Cerise.

— Oh! oui, dit Sabretache, c'est une femme charmante... elle réunit tout pour plaire : esprit, talents, grâce, bonté; elle fait le bonheur de son époux, elle est l'idole de son père, et je suis fier en la regardant, car je me dis : « Sans moi, pauvre petite, quel eût été ton sort!... » Sais-tu ce que cela prouve, Pétarade?

— Mon camarade... oui... c'est-à-dire... non, je ne sais pas.

— Cela prouve que l'on a beau être tombé bien bas : avec du courage et une volonté ferme de se bien conduire, il y a toujours moyen de se relever.

www.ingramcontent.com/pod-product-compliance
Lightning Source LLC
LaVergne TN
LVHW011256110826
845149LV00001B/149

* 9 7 8 2 0 1 9 2 1 2 5 6 8 *